U0513515

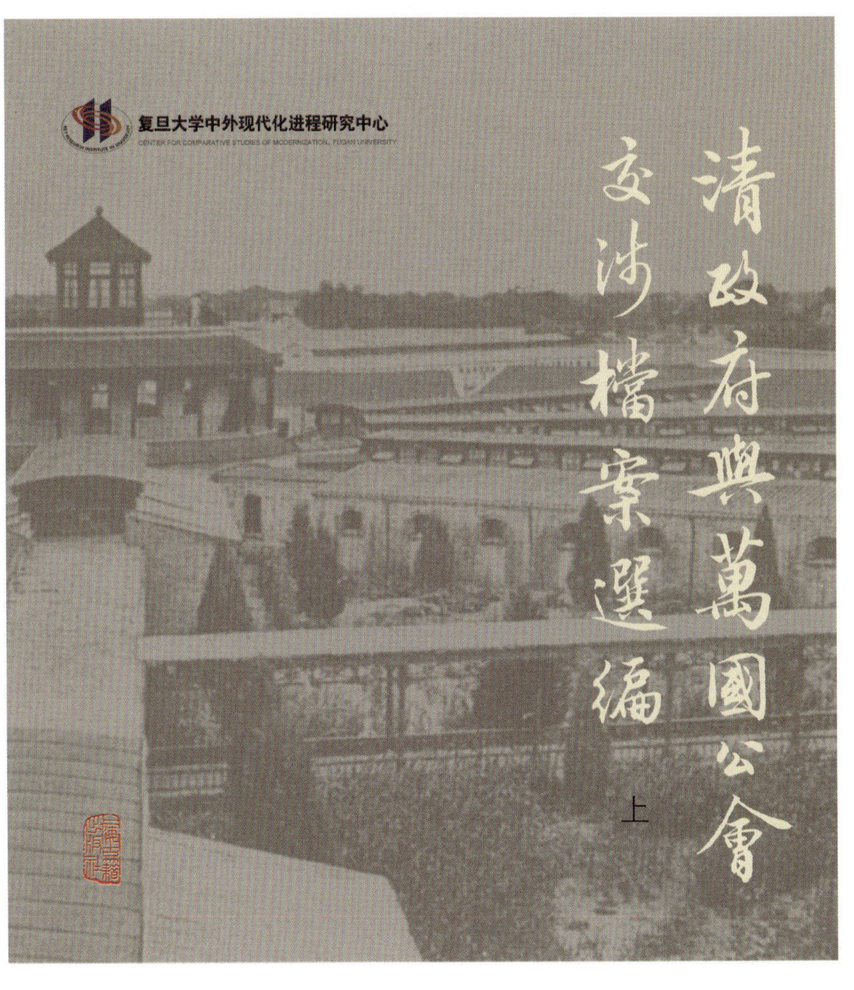

清政府與萬國公會交涉檔案選編

上

近代中外交涉史料丛刊

刘洋 整理

近代中外交涉史料丛刊

第二辑

法部奏派赴美第八次萬國監獄改良會會員報告書

謹將京師高等檢察廳檢察長徐謙法部參議上行走奉天高等審判廳廳丞許世英所具之第八次萬國監獄會報告書照繕清單恭呈

御覽

計開

第一節　萬國監獄改良之緣起

監獄制度泰西各國在十七世紀以前或粗陋荒敗而不足論或殘慘貪酷而不忍言自十八世紀時有英國之博愛家約翰華爾德氏出始倡議改良氏蓋世界改良監獄之泰斗也氏生於千七百二十六年卒於千七百九十年數十年間專以改良監獄爲事業嘗五游歐亞著書立說鼓吹當世並

徐谦等具呈赴美万国监狱改良会会员报告书

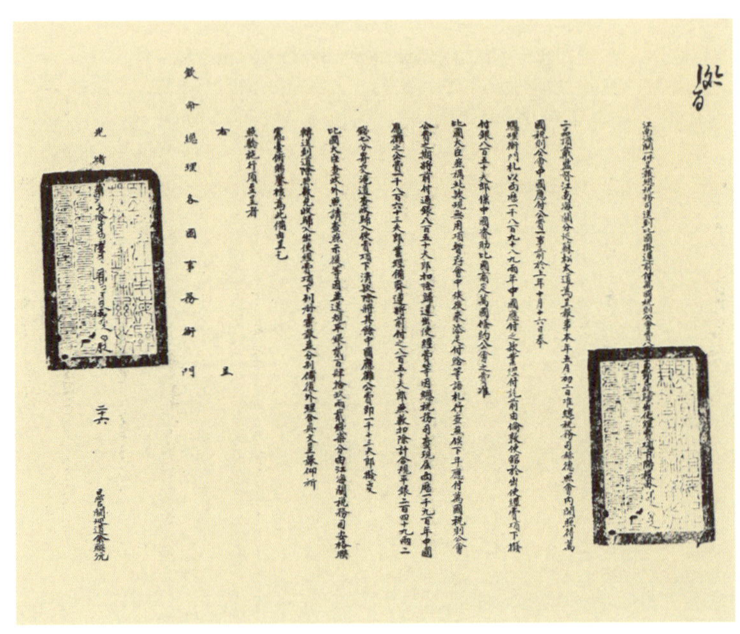

閱

江南海關一件呈報總稅務司送到比國撥還前付萬國稅則公會費[illegible]

二品頂戴監督江南海關分巡蘇松太道為呈報事。本年五月初二日准總稅務司赫德照會內開：照得萬
國稅則公會中國應付公費一事，前於上年十月十六日奉
總理衙門札以西歷一千八百九十八、九兩年中國應付之款業經付託前由倫敦使館於出使經費項下撥
付銀八百五十大佛郎，係中國參助比國商定萬國條約公會之費，准
比國大臣照稱此款現無用項，暫存會中，俟後來添定付給等語，札行查照。茲於下年應付萬國稅則公會
公費之期，將前付過銀八百五十大佛郎扣除歸還出使經費等因。總稅務司查現屆西歷一千九百年中國
應攤之公費一千八百六十三大佛郎，業經備函送將前付之八百五十大佛郎照數扣除，計合規平銀二百四十九兩二
錢七分，其應交還道台歸入使費項下清款，除將其餘中國應攤公費即一千十三大佛郎撥交
比國大臣查收外，所請查照示復等因。並送到[illegible]銀貳百肆拾玖兩貳錢柒分由江海關稅務司安格聯
轉送到道。准此，除歸入出使經費項下列揭奏銷並分別備復外，理合具文呈[illegible]仰祈
憲台衙門鑒核，為此備由呈乞
照驗施行。須至呈者。

右　呈

欽命總理各國事務衙門

光緒二十六年

[illegible]關道余聯沅

前万国税则公会费用已归出使经费项下开报事

（江南海关苏松太道致总理衙门呈文）

赴米郎行船會日記

八月二十三日午時二十分自羅馬啟程開車赴米郎（即密拉諾）行船會沿途多荒郊極少種植車路沿諦白江築造江水不深無船行駛二鐘十分到屋堆即東北鐵路分岔之處初義人馬軍守備侯爵包羅溪邀觀堆爾尼鍊鋼廠至此另買火車票三鐘五分到堆爾尼往訪包君陪觀營房屋宇頗陋大者居兵十餘人小者四五人武官自租民房另居每兵支領六出短鎗一枝重三基羅長刀一柄短靴二雙長靴一雙服役衣三套禮衣一套馬一匹均稱肥壯每日溜馬二次兵日三餐中餐食肉廚役皆兵充當兵床可折

翟青松《赴米郎行船会日记》

序言

處全球交通時代則一國之政教設施不能不隨世界爲轉移苟自域焉其弊豈止隔閡而已考萬國電報公會創設於法蘭西之巴黎時在同治四年我中國電報尚未成立卽外洋各國亦甫發軔會中所議僅及鄰國接遞各要端迨光緒元年續開會於俄國之聖彼得堡歐洲各國相率入會於是有公約有章程公議設總會於瑞士越五年會議一次奉行以迄於今上年開會於葡萄牙萬[illegible]奉郵傳部之命前往代表赴會聽講藉廣見聞爲入會之預備計與會者五十國未入會而與者尚有美利堅隨行者吳君烓靈桀君永清洋員德連陞君會中規模完備成效昭著修正之萬國電報通例計公約二十一欵章程二十

《万国电报通例》序言

（上海电政局译刊，宣统纪元孟冬）

总　序

梁启超在20世纪初年撰《中国史叙论》，将乾隆末年至其所处之时划为近世史，以别于上世史和中世史。此文虽以“中国史叙论”为题，但当日国人对于“史”的理解本来就具有一定的“经世”意味，故不能单纯以现代学科分类下的史学涵盖之。况且，既然时代下延到该文写作当下，则对近世史的描述恐怕也兼具“史论”和“时论”双重意义。任公笔下的近世史，虽然前后不过百来年时间，但却因内外变动甚剧，而不得不专门区分为一个时代。在梁启超看来近世之中国成为了“世界之中国”，而不仅仅局限于中国、亚洲的范围，其原因乃在于这一时代是“中国民族连同全亚洲民族，与西方人交涉竞争之时代”。不过，就当日的情形而论，中国尚处于需要“保国”的困境之中，遑论与列强相争；而面对一盘散沙、逐渐沦胥的亚洲诸国，联合亦无从说起，所谓“连同”与“竞争”大抵只能算作“将来史”的一种愿景而已。由此不难看出，中国之进入近世，重中之重实为“交涉”二字。

“交涉”一词，古已有之，主要为两造之间产生关系之用语，用以表示牵涉、相关、联系等，继而渐有交往协商的意思。清代以前的文献记载中，鲜有以“交涉”表述两个群体之间的关系者。有清一代，形成多民族一统的大帝国，对境内不同族群、宗教和地域的治理模式更加多元。当不同治理模式下的族群产生纠纷乃至案件,或者有需要沟通处理之事宜时,公文中便会使用“交涉”字眼。比如“旗民交涉”乃是沟通满人与汉人,“蒙民交涉”或“蒙古民人交涉”乃是沟通蒙古八旗与汉人,甚至在不同省份或衙门之间协调办理相关事务时,也使用了这一词汇。乾隆中叶以降,“交涉”一词已经开始出现新的涵义,即国与国之间的协商。这样的旧瓶新酒,或许是清廷“理藩”思维的推衍与惯性使然,不过若抛开朝贡宗藩的理念,其实质与今日国际关系范畴中的外交谈判并无二致。当日与中国产生“交涉”的主要是陆上的邻国,包括此后被认为属于“西方”的沙俄,封贡而在治外的朝鲜与服叛不定的缅甸等国。从时间上来看,“交涉”涵义的外交化与《中国史叙论》中的“乾隆末年”基本相合——只是梁启超定“近世史”开端时,心中所念想必是马嘎尔尼使华事件,不过两者默契或可引人深思。

道光年间的鸦片战争,深深改变了中外格局,战后出现的通商口岸和条约体制,致使华洋杂处、中外相联之势不可逆转。故而道咸之际,与“外夷”及“夷人”的交涉开始增多。尤其在沿海的广东一地,因涉及入城问题等,“民夷交涉”蔚然成为一类事件,须由皇帝亲自过问,要求地方官根据勿失民心的原则办理。在《天津条约》规定不准使用“夷”字称呼外人之前一年,上谕中也已出现“中国与外国交涉事件”之谓,则近百年间,“交涉”之对象,由“外藩”而“外夷”,再到“外国”,其中变化自不难体悟。当然,时人的感触与后见之明毕竟不同,若说“道光洋艘征抚”带来的不过是“万年和约”心态,导致京城沦陷的“庚申之变”则带来更大的震慑与变化。列强获得直接在北京驻使的权力,负责与之对接的总理衙门成立,中外国家外交与地方洋务交涉进入常态化阶段。这是当日朝廷和官员施政新增的重要内容。因为不仅数量上“中外交涉事件甚多”,“各国交涉事件甚繁”,而且一旦处置不当,将造成“枝节丛生,不可收拾”的局面,所以不得不“倍加慎重”,且因“办理中外交涉事件,关系重大”,不能“稍有漏泄”,消息传递须“格外严密”。如此种种,可见从同治年间开始,“中外交涉”之称逐渐流行且常见,“中外交涉”之事亦成为清廷为政之一大重心。

在传统中国,政、学之间联系紧密,既新增“交涉”之政,则必有“交涉”之学兴。早在同治元年,冯桂芬即在为李鸿章草拟的疏奏中称,上海、广州两口岸“中外交涉事件”尤其繁多,故而可仿同文馆之例建立学堂,往后再遇交涉则可得此人才之力,于是便有广方言馆的建立。自办学堂之外,还需出国留学,马建忠在光绪初年前往法国学习,所学者却非船炮制造,而是“政治交涉之学”。他曾专门写信回国,概述其学业,即“交涉之道”,以便转寄总理衙门备考。其书信所述主要内容,以今天的学科划分来看大概属于简明的国际关系史,则不能不旁涉世界历史、各国政治以及万国公法。故而西来的“交涉之学”一入中文世界,则与史学、政教及公法学牵连缠绕,不可区分。同时,马建忠表示“办交涉者”已经不是往昔与一二重臣打交道即可,而必须洞察政治气候、国民喜好、流行风尚以及矿产地利、发明创造与工商业状况,如此则交涉一道似无所不包,涵纳了当日语境下西学西情几乎所有内容。

甲午一战后,朝野由挫败带来的反思,汇成一场轰轰烈烈的变法运动,西学西政潮水般涌入读书人的视野。其中所包含的交涉之学也从总署星使、疆臣关道处的职责攸关,下移为普通士子们学习议论的内容。马关条约次年,署理两江的张之洞即提出在南京设立储才学堂,学堂专业分为交涉、农政、工艺、商务四大类,其中交涉类下又有律例、赋税、舆图、翻书(译书)之课程。在张之洞的设计之中，交涉之学专为一大类，其所涵之广远远超过单纯的外交领域。戊戌年，甚至有人提议，在各省通商口岸无论城乡各处，应一律建立专门的“交涉学堂”。入学后，学生所习之书为公法、约章和各国法律，接受交涉学的基础教育，学成后再进入省会学堂进修，以期能在相关领域有所展布。

甲午、戊戌之间，内地省份湖南成为维新变法运动的一个中心，实因官员与士绅的协力。盐法道黄遵宪曾经两次随使出洋，他主持制定了《改定课吏馆章程》，为这一负责教育候补官员和监督实缺署理官员自学的机构，设置了六门课程：学校、农工、工程、刑名、缉捕、交涉。交涉一类包括通商、游历、传教一切保护之法。虽然黄遵宪自己表示“明交涉”的主要用意在防止引发地方外交争端，避免巨额赔款，但从课程的设置上来看包含了商务等端，实际上也说明即便是内陆，交涉也被认为是地方急务。新设立的时务学堂由梁启超等人制定章程，课程中有公法一门，此处显然有立《春秋》为万世公法之意。公法门下包括交涉一类，所列书目不仅有《各国交涉公法论》，还有《左氏春秋》等，欲将中西交涉学、术汇通的意图甚为明显。与康梁的经学理念略有不同，唐才常认为没必要因尊《公羊》而以《左传》为刘歆伪作，可将两书分别视为交涉门类中的“公法家言”和“条例约章”，形同纲目。他专门撰写了《交涉甄微》一文，一则“以公法通《春秋》”，此与康梁的汇通努力一致；另外则是大力鼓吹交涉为当今必须深谙之道，否则国、民利权将丧失殆尽。在唐才常等人创办的《湘学报》上，共分六个栏目，“交涉之学”即其一，乃为“述陈一切律例、公法、条约、章程，与夫使臣应付之道若何，间附译学，以明交涉之要”。

中国传统学问依托于书籍，近代以来西学的传入亦延续了这一方式，西学书目往往又是新学门径之书。在以新学或东西学为名的书目中，都有“交涉”的一席之地。比如《增版东西学书录》和《译书经眼录》，都设“交涉”门类。两书相似之处在于将“交涉”分为了广义和狭义两个概念，广义者为此一门类总名，其下皆以“首公法、次交涉、次案牍”的顺序展开，由总体而个例，首先是国际法相关内容，其次即狭义交涉，则为两国交往的一些规则惯例，再次是一些具体个案。

除“中外交涉”事宜和“交涉之学”外，还有一个表述值得注意，即关于时间的“中外交涉以来”。这一表述从字面意思上看相对较为模糊，究竟是哪个时间点以来，无人有非常明确的定义。曾国藩曾在处理天津教案时上奏称“中外交涉以来二十余年”，这是以道光末年计。中法战争时，龙湛霖也提及“中外交涉以来二十余年”，又大概是指自总理衙门成立始。薛福成曾以叶名琛被掳为“中外交涉以来一大案”，时间上便早于第二次鸦片战争。世纪之交的1899年，《申报》上曾有文章开篇即言“中外交涉以来五十余年”，则又与曾国藩所述比较接近。以上还是有一定年份指示的，其他但言“中外交涉以来”者更不计其数。不过尽管字面上比较模糊，但这恰恰可能说明“中外交涉以来”作为一个巨变或者引出议论的时间点，大约是时人共同的认识。即道咸年间，两次鸦片战争及其后的条约框架，使得中国进入了一个不得不面对“中外交涉”的时代。

“交涉”既然作为一个时代的特征，且历史上“中外交涉”事务和“交涉”学又如上所述涵纳甚广，则可以想见其留下的相关资料亦并不在少数。对相关资料进行编撰和整理的工作，其实自同治年间即以“筹办夷务”的名义开始。当然《筹办夷务始末》的主要编撰意图在于整理陈案，对下一步外交活动有所借鉴。进入民国后，王彦威父子所编的《清季外交史料》则以“史料”为题名，不再完全立足于“经世”。此外，出使游记、外交案牍等内容，虽未必独立名目，也在各种丛书类书中出现。近数十年来，以《清代外务部中外关系档案史料丛编》、《民国时期外交史料汇编》、《走向世界丛书》（正续编）以及台湾近史所编《教务教案档》、《四国新档》等大量相关主题影印或整理的丛书面世，极大丰富了人们对近代中外交涉历史的了解。不过，需要认识到的是，限于体裁、内容等因，往往有遗珠之憾，很多重要的稿钞、刻印本，仍深藏于各地档案馆、图书馆乃至民间，且有不少大部头影印丛书又让人无处寻觅或望而生畏，继续推进近代中外交涉相关资料的整理、研究工作实在是有必要的，这也是《近代中外交涉史料丛刊》的意义所在。

这套《丛刊》的动议，是在六七年前，由我们一些相关领域的年轻学者发起的，经过对资料的爬梳，拟定了一份大体计划和目录。复旦大学中外现代化进程研究中心的章清教授非常支持和鼓励此事，并决定由中心牵头、出资，来完成这一计划。以此为契机，2016年在复旦大学召开了“近代中国的旅行写作、空间生产与知识转型”学术研讨会，2017年在四川师范大学举办了“绝域輶轩：近代中外交涉与交流”学术研讨会，进一步讨论了相关问题。上海古籍出版社将《丛刊》纳入出版计划，胡文波、乔颖丛、吕瑞锋等编辑同仁为此做了大量的工作。2020年7月，《近代中外交涉史料丛刊》第一辑十种顺利刊行，荣获第二十三届华东地区古籍优秀图书一等奖。《丛刊》发起参与的整理者多为国内外活跃在研究第一线的高校青年学者，大家都认为应该本着整理一本，深入研究一本的态度，在工作特色上表现为整理与研究相结合，每一种资料均附有问题意识明确、论述严谨的研究性导言，这也成为《丛刊》的一大特色。

2021年11月、2024年6月,由复旦大学中外现代化进程研究中心与复旦大学历史学系联合举办的“钩沉与拓展:近代中外交涉史料丛刊”学术工作坊、“出使专对:近代中外关系与交涉文书”学术工作坊相继召开,在拓展和推进近代中外关系史研究议题的同时,也进一步扩大充实了《丛刊》整体团队,有力推动了后续各辑的筹备工作。《丛刊》计划以十种左右为一辑,陆续推出,我们相信这将是一个长期而有意义的历程。

这一工作也是国家社科基金重大项目《晚清外交文书研究》(23&ZD247)、教育部人文社科重点基地重大项目《全球性与本土性的互动:近代中国与世界》(22JJD770024)的阶段性成果。

整理凡例

一、本《丛刊》将稿、钞、刻、印各本整理为简体横排印本，以方便阅读。

二、将繁体字改为规范汉字，除人名或其他需要保留之专有名词外，异体、避讳等字径改为通行字。

三、原则上保持文字原貌，尽量不作更改，对明显讹误加以修改，以〔　〕表示增字，以（　）表示改字，以□表示阙字及不能辨认之字。

四、本《丛刊》整理按照国家标准标点符号用法，进行标点。

五、本《丛刊》收书类型丰富，种类差异较大，如有特殊情况，由该书整理者在前言中加以说明。

目　录

前　言

清政府参与万国公会的历程，是近代中国走向世界的一个重要面相。学界对这方面关注不多，很大程度上在于相关史料的匮乏。由于历史原因，清政府外交档案流散于海峡两岸，一部分收藏于中国第一历史档案馆，一部分收藏于台湾“中研院”近代史研究所档案馆。21世纪以来，随着相关档案的公布，我们能够通过对这些史料的挖掘，了解清政府参与万国公会这一不为人知的尘封史事，进而管窥晚清中国进入国际大家庭曲折、复杂的历程。

万国公会在近代的兴起

虽然有些学者把中国春秋战国时代的会盟体制，或者古希腊时期的城邦会议视作万国公会的雏形，但一般认为，以多个主权国家为基本单位组成的万国公会是近代西方国际社会外交实践的产物，其中，1648年召开的威斯特伐利亚和会是近代国际会议的起点。①

---

① 例如，何茂春将春秋战国时期各诸侯国之间的盟会比作为古代“国际会议”。据其统计，单是“鲁史《春秋》记载的诸侯盟会就有450多次，可见整个春秋时代平均一年就有两次‘国际会议’”。见何茂春：《中国外交通史》，北京：中国社会科学出版社，1996年，第36页。关于西方国际会议的起源和发展情况，可以参考杨闯主编：《外交学》，北京：世界知识出版社，2010年，第331—412页。

原因在于,这次和会签订的《威斯特伐利亚和约》破除了中世纪以来形成的以罗马教皇为中心的神权政治体制,确立了主权平等和独立的民族国家所组成的国际社会,从而奠定了欧洲国际关系新的基础。[①] 当然,不可否认的是,这种新的国际社会的形成并非一蹴而就,而是经历了漫长的发展过程,[②]但这次和会的重要意义在于开启了欧洲历史上"大国协调"与"多边外交"的传统,即以举办国际会议的方式解决各国之间的分歧和争端,并通过国际条约把结果固定下来。同时,一些重要的政治性万国公会的召开,往往伴随着一种新的国际体系的确立。例如,除1648年和会确立的威斯特伐利亚国际体系之外,还有1815年拿破仑战争后维也纳和会确立了维也纳体系、1919年第一次世界大战后巴黎和会与华盛顿会议确立了凡尔赛-华盛顿体系,以及1945年第二次世界大战后雅尔塔会议确立了雅尔塔体系等。[③]

除上述政治性万国公会之外,自19世纪以来,越来越多的专业性万国公会活跃于国际舞台。清末时人对此观察到:"至十九世纪时代,即有几许国际会议,起于世界平和暨世界公共利益之间,畀与几许之便利。如邮政、电报会议,著作权会议,特许专利会议,红十字会议,监狱会议,其他宗教学术等种种会议,各国各遣代表。以社会、学术、宗教、伦理,更或以财政、政治等旨趣而为国际会议

---

① 王绳祖主编:《国际关系史》第1卷,北京:世界知识出版社,1995年,第63页。

② 1648年的《威斯特伐利亚和约》往往被赋予一种国际法和国际关系史上的特殊内涵,成为主权国家体系诞生的标志。但是,越来越多的历史学家注意到,主权国家体系的建构是一个持续的历史过程。对于国际法和国际关系史这一普遍观点的解构,可以参考(日)明石钦司:《ウェストファリア条約——その実像と神話》,东京:庆应义塾大学出版会,2009年。

③ 潘忠岐:《国际政治学理论解析》,上海:上海人民出版社,2015年,第169页。

者，不可胜数焉。”[①]一方面，受近代“学术分科”影响，这些专业性万国公会涉及领域非常广泛，包括法律、监狱、航船、邮政、电报、铁路、税则、财政、商务、科学、技术、农业、医学、卫生、教育、慈善、文化、艺术等。另一方面，所谓专业性并非意味其排斥政治性，很多专业性万国公会有赖于政府在背后的支持和推动才得以蓬勃发展。早期，这些公会更多活动于不同国家内部，由各国不同领域的民间团体发起和组织。进入19世纪，他们的活动对各国政府的内政和外交产生越来越大的影响，于是受到国家的重视和政策扶持，不仅许多新成果多为政府采用，而且政府在公会举办过程中发挥出日益重要的作用。因此，有学者将这一过程概括为从民间交往到政府间会议。[②]

当一些国际会议定期举行之后，开始出现国际组织。例如，万国监狱大会（International Prison Congress）起源于英国监狱学者约翰·霍华德（John Howard，1726—1790）在18世纪中后期发起并迅速向欧陆和美国拓展的监狱改良运动。到19世纪40—50年代，各国监狱改良者们召开了三次国际性监狱会议（1846年德国法兰克福会议、1847年比利时布鲁塞尔会议和1858年德国法兰克福会议），但由于其“标榜范围过广，议论多而成功少，于是该会议之信用逐渐薄弱，该会之命运因此以中绝”。[③] 1872年，在美国伊诺克·科布·瓦恩斯博士（Enoch Cobb Wines，1806—1879）的积极推动下，第一届万国监狱大会在英国伦敦顺利举行。到1885年

① 《论第二次平和会始末情形》，《外交报》1906年第16期。
② 梁西：《国际组织法（总论）》，武汉：武汉大学出版社，2001年，第23—24页。
③ 孙雄编著：《监狱学》，据商务印书馆1936年版排印，北京：商务印书馆，2011年，第233页。

第三届大会时，各国政府代表签署了《国际监狱委员会条例》(*Regulations of the International Penitentiary Commission*)，成立了大会的常设机构，并规定每五年召开一次会议，从此万国监狱大会成为制度化和标准化的国际组织。其如第12届大会秘书长托尔斯滕·塞林(Thorsten Sellin)所言："万国监狱大会作为一个政府间的组织，最终是在1885年的罗马大会上成立的。"[①]此外，包括万国税则公会、万国邮政公会、万国铁路公会、万国行船公会、万国电报公会、万国无线电公会等以国际组织形式存在的万国公会在近代也经历了相似的发展过程。

这里有必要对Congress和Conference两种国际集会的概念予以辨析。西方历史上经历了交替使用Congress和Conference的情况。例如拿破仑战争后的维也纳和会(1815)、克里米亚战争后的巴黎大会(1856)等，都使用Congress；而比利时叛乱后的伦敦会议(1830—1833)、一战结束后的巴黎和会(1919)等，都使用Conference。在19世纪，凡是国家元首参加的，或为缔结和约而召开的代表大会通常称为公会(Congress)，而商讨次要问题的代表大会则称为会议(Conference)。但是，20世纪时，"公会"(Congress)这一名称几乎不再使用了。[②] 这是因为，自20世纪以来，Congress和Conference的界限不再分明，而且随着君主国数量减少，前者使用的频次越来越少。因此，1900—1906年担任过英国驻华公使的萨道义(Ernest Satow)在《外交实践指南》中指出：

---

① Thorsten Sellin, "The End of the International Penal and Penitentiary Commission and Establishment of the International Penal and Penitentiary Foundation," *The Journal of Criminal Law, Criminology, and Police Science*, Vol. 43(1952), p.221.

② 苏联科学院法律研究所编，国际关系学院翻译组、北京大学国际法教研室译：《国际法》，北京：世界知识出版社，1959年，第322页。

“从国际法的观点来看,大会(Congress)和会议(Conference)并没有基本上的区别。二者都是讨论和解决国际事务的全权代表会议;二者都包括决定政治问题和处理社会事务或经济事务的会议。”[①]不过,在晚清时期的外交档案里,无论是Congress或是Conference,它们大多翻译成“公会”,有时也翻译成“会议”,两者并行不悖。虽然20世纪初受日本影响,“万国”逐渐为“国际”所替代,[②]但本文仍沿用晚清时人的习惯用法,以“万国公会”统称当时各种国际集会。

万国公会能够在近代兴起有着多重原因。首先是西方各国彼此设立常驻使馆,为国家之间长期而稳定的沟通和交流创造了条件。从此,参加万国公会的代表可以从各驻在国或邻国就近参与,而非必须从本国出发。可以说,随着常驻使节的出现,这种国际集会成为17世纪后半叶以来所确立的现代外交史发展中最突出的特征。[③] 其次是西方在18世纪后期和整个19世纪工业革命过程中创造出的技术手段,特别是蒸汽轮船、蒸汽火车以及电报、无线电的发明和使用,为国际间频繁交流提供了物质条件。从此,地球的空间被折叠,距离不再成为制约人们集会的重要因素。最后,与西方在全球范围内的殖民扩张密切相关。西方列强不仅通过坚船利炮打开亚非拉国家的大门,而且将西方那套国际规则强加给后者。无论是否主动,在处理如改良刑罚和监狱,架设电报线,划定

---

① (英)萨道义著,中国人民外交学会编译室译:《外交实践指南》,北京:世界知识出版社,1959年,第349页。

② 参考金观涛、刘青峰对“万国”和“国际”两词条的解释,见氏著:《观念史研究:中国现代重要政治术语的形成》,北京:法律出版社,2009年,第555—557、559—560页。

③ R.T.B Langhorne, “The Development of International Conference, 1648 - 1830,” *Studies in History and Politics*, Vol.1, No. 2 (1981 - 1982), pp. 61 - 91.

统一的邮政、航运和铁路标准,防止疫情传播蔓延等一系列新问题上,那些被西方国家视作“半文明”甚至“野蛮”国家的代表往往也有所参与。从此,万国公会不再局限于欧洲一隅,而是拓展至包括亚洲、非洲、美洲在内的各个地区,真正具有所谓的“国际性”,世界也日益从分散成为一个整体。

总之,万国公会在近代从起源到发展,西方在其中发挥着主导性的关键作用。这一过程是全球化的重要表现,本质上是以西方为中心的国际秩序在世界范围内的扩散和确立。不过,广大殖民地半殖民地国家并非一开始就主动融入其中,近代中国参与万国公会的历程便是一个典型案例。根据西方国际法学者的统计,在19世纪40年代,这种万国公会大概只有10次;到了90年代,则超过470次;发展到20世纪10年代,就已经接近1 000次。[①] 各种万国公会在19世纪下半叶的兴起,与近代中国从封闭走向开放处于同一时期。换言之,清政府与万国公会的互动过程,是近代中国走向世界、进入国际大家庭(Family of Nations)[②]的重要面相。目前,学界更多是对某些具体万国公会的个案研究,缺乏对清政府参与万国公会的整体把握与系统讨论。[③] 例如,清政府曾经和哪些万

---

① Pitman B.Potter, *An Introduction to the Study of International Organization*, New York: The Century Co, 1922, p. 291.

② 按照徐中约的看法,“国际大家庭”一词喻指世界上的国际社会。其最初涵盖范围有限,仅指签订1648年《威斯特伐利亚和约》的西欧基督教国家。当处于不断扩张态势的西方国际大家庭来到东方以中国为中心的国际大家庭时,两者发生碰撞,最终前者战胜了后者。见(美)徐中约著,屈文生译:《中国进入国际大家庭:1858—1880年间的外交》,北京:商务印书馆,2018年,第8—9页。本文沿用徐中约“国际大家庭”的表述,具体而言,本文“国际大家庭”特指19世纪中后期至20世纪初期(即晚清时期)以西方为中心的国际社会。

③ 具体万国公会的研究,例如海牙保和会有唐启华:《“大国地位”的追求——二十世纪前半期中国对海牙保和会之参与(1899—1907)》,《兴大人文学报》第32期,2002年6月;红十字会有周秋光:《晚清时期的中国红十字会述论》,《近 (转下页)

国公会往来？其参会情形如何？清政府的参会前后经历了怎样的变化？参会代表有什么群体特征？近代中国对于万国公会有什么样的认识？清政府参与万国公会受到哪些因素的制约，其根源又在哪里？等等。要弄清楚这些问题，还需借助有关档案，从而促进我们对近代中国与世界互动历程的理解。

档案所见清政府参会基本史事

清朝官方编纂的光绪朝《大清会典》记载了当时国际社会各类万国公会："美国有赛奇会、医会、技艺会、棉花会、万国武会、传教会、驾驶公法会；法国有捕鱼会、牲畜会、邮政会、五金会；意国有养生会，瑞典国有文社会，比国有炫奇会、税则公会。"[①]清末在袁世凯的主持下，仿照英国蓝皮书和法国黄皮书体例编纂的《交涉要览》记载了光绪朝乙巳(1905)、丙午(1906)和丁未(1907)三年与各国交涉成案，其中邮电门、订约门、赛会门也提及这些年份清政府参与万国公会的一些情况。[②] 此外，《清季外交史料》《清实录》

(接上页)代史研究》2000 年第 3 期；万国公法会有张建华：《郭嵩焘与万国公法会》，《近代史研究》2003 年第 1 期；万国禁烟大会有张勇安：《万国改良会与国际禁毒合作的缘起——以 1909 年上海"万国禁烟会"的召开为中心》，《学术月刊》2009 年第 8 期；万国监狱大会有刘洋：《万国监狱大会与晚清中国》，《历史档案》2020 年第 4 期；万国农业会有尹新华：《晚清中国与万国农业会》，《历史教学》2012 年第 4 期；万国电报公会有夏维奇：《拒请与申入：近代中国与万国电报公会》，《复旦学报》2012 年第 6 期；美国军医会有徐鹤：《清末中国军医参加美国军医大会考论》，《史学月刊》2019 年第 6 期等。

① 昆冈等续修：《清会典》(光绪朝)卷九九《总理各国事务衙门》，上海：商务印书馆，1936 年，第 1148 页。

② 例如乙巳年有法国巴黎考求痨瘵公会、墨西哥京城万国地学会、义国密拉诺设渔业分会、义国密拉诺举行河船会议、义国罗马实用化学会、义国罗马农务公院会议、比利时黎业斯举行交友公会、比利时孟斯举行通商等会、比利时黎业斯万国商务会、比利时黎业斯举行电气医学会、马加国布大贝斯提京城举行兽医会、美 (转下页)

以及出使大臣的文集、日记等也零星可见一些万国公会的记载。不过,这些史料涉及的万国公会数量有限,或集中于某个年份,或集中于某次具体的会议,难以看到近代中国参与万国公会的全局样貌。

目前专门收录晚清政府参与万国公会的档案主要有两种。其一,中国第一历史档案馆编《晚清国际会议档案》。[①] 该档案主要选自清宫藏"外务部档",同时还从"邮传部档""军机处照会档""电报档""税务处档""农工商部档""顺天府档""会议政务处档""兵部-陆军部档""端方档""赵尔巽档"等十几个案卷中辑录出相关内容,最终收录清政府与145次国际会议交涉往来的相关档册。其二,台湾"中研院"近史所藏01-27和02-20"赛会公会档"。[②] 该所于1955—1956年三次接受有关机构移交的晚清至民国时期政府的外交档案,经过专门整理和分类归档,分别形成总理衙门时期和外务部时期清政府参与万国公会、赛会的专档,并编号为01-27和02-20。此外还有一些散见于其他卷宗,如02-21"保和会档"等。不过,需注意的是,上述档案中很多由编者拟定的不同名目的国际会议或国际组织,实际上都是同一万国公会。这是因为,晚清时间跨度较长,有些万国公会的名称前后并不一致,于是容易

(接上页)国军医会等。丙午年有义国罗马邮政公会、义国密拉诺财政商务公会、义国密拉诺万国行船会、义国密拉诺第四期万国公私接济会、义国罗马第六次万国化学会、德国柏林无线电会、比利时万国行船恒久会、比利时万国公立地理极地会、比利时万国人种学局、美属满尼拉城医学会、美国海陆军赛会、美国第十五次军医会、葡国黎息承围电务公会、和国海牙万国农务会等。丁未年有德国柏林卫生民学会、德国柏林万国玩耍排列馆会、美属非利宾万国驱疫会、丹国东方各国语言文字考稽古文研究会等。见北洋洋务局纂辑:《光绪乙巳年交涉要览》,光绪三十三年(1907),北洋官报局铅印本;《光绪丙午年交涉要览》,光绪三十四年(1908),北洋官报局铅印本;《光绪丁未年交涉要览》,宣统二年(1910),铅印本。

① 中国第一历史档案馆编:《晚清国际会议档案》,扬州:广陵书社,2008年。

② 见台湾"中研院"近史所档案馆网站 https://archivesonline.mh.sinina.edu.tw/。

让人误以为是不同的公会,因此有必要予以厘清。这两种档案相互结合,再补充前述其他史料,基本上能够为我们呈现清政府参与万国公会的整体状态。

根据这些档案,清政府参与万国公会可以划分为两个阶段。首先是总理衙门时期,其基本情况如下:①

1878 年:

8 月 2 日,瑞典斯德哥尔摩万国刑罚监牢会(第二届万国监狱大会)。未参加。

9 月 16 日,德国法兰克福第六次万国公法会。驻英使馆随员马建忠参加。

1881 年:

1 月 1 日,美国华盛顿万国医病会(养生公会)。驻美大臣陈兰彬参加。

1882 年:

9 月 4—9 日,瑞士日内瓦万国养生公会第四次会。未参加。

1884 年:

4 月 2 日,法国巴黎万国电报公会。驻法使馆翻译官马格里、庆常参加。

未知,德国黎色万国邮政公会。参加(会外旁观,并未加入该组织)。

1885 年:

5 月 15 日—?,意大利罗马养生防病公会。驻意大臣许景澄、

① 表中信息包括:① 年份,② 具体日期(如档案没有,则写“未知”),③ 公会名称,④ 参会状态(包括参加、未参加和未知三种情况。在参加情况下,档案里有参会人员信息则写上,没有则不写)。下同。

使馆参赞陈季同参加。

1886 年：

10 月 3 日，瑞士万国文社会议第二次会。未知。

1887 年：

7 月 8 日—?，意大利米兰第二届万国铁路公会。未参加。

9 月 25 日—10 月 2 日，奥国维也纳第六届养生防病公会。未参加。

10 月 1—20 日，美国芝加哥万国武会。未知。

1888 年：

3 月 15 日，比利时布鲁塞尔万国海关税则公会。未参加。

9 月下旬，比利时布鲁塞尔第二届万国海陆商务则例公会。未参加。

1889 年：

4 月 17 日，美国华盛顿万国保护行海船只会议。出洋肄业学生贾凝禧、陈恩焘，洋员毕士壁参加。

1890 年：

6 月 15—24 日，俄国圣彼得堡第四届万国监牢会。参加。

1891 年：

未知，英属札美格岛制造格物公会。未知。

1892 年：

8 月 20 日，俄国莫斯科第四届万国铁路公会。驻俄大臣许景澄参加（正式加入该国际组织）。

9 月，葡萄牙里斯本考稽东方博士会第十次会。未参加。

未知，美国华盛顿海务总会。船厂学生（未知）参加。

1893年：

7月26日—?，美国华盛顿测候天气万国会。参加。

8月21—28日，美国芝加哥考究电气会。驻美使馆参赞彭光誉、赴美游历章京丰伸、寿廷参加。

10月10日—?，美国洛杉矶万国灌田会。未参加。

未知，美国芝加哥万国度支会。驻美使馆二等参赞官彭光誉参加。

未知，美国芝加哥集议训课童蒙会。驻美使馆二等参赞官彭光誉参加。

（当年在芝加哥举行的公会附设于1893年芝加哥博览会）

1894年：

未知，比利时布鲁塞尔第一届万国化学会议。未参加。

1895年：

6月，英国伦敦第五届万国铁路公会。参加。

1897年：

7月21—29日，俄国莫斯科万国医生会。参加。

9月5—12日，法国巴黎东学公会（考稽东方博士会第十一次会）。未知。

9月16—21日，德国柏林第一届麻风病公会。未知。

12月1日—?，比利时布鲁塞尔万国雍睦保护制造生业会。未参加。

未知，美国华盛顿第五届万国邮政公会。驻美大臣伍廷芳、副税务司赫承先参加（会外旁观，并未加入该组织）。

1898年：

6月1—3日，美国堪萨斯第八届军医会。未参加。

7 月,比利时布鲁塞尔万国行船公会。参加(会外旁观,并未加入该组织)。

8 月 1 日,比利时列日城各国地质水学公会。驻英使馆三等参赞罗忠尧参加。

1899 年:

5 月 18 日—7 月 29 日,荷兰海牙第一次保和会。驻俄大臣杨儒,参赞官何彦升、胡惟德,翻译陆征祥、金楷理参加。

8 月 9—14 日,德国巴顿各国兽医会。未知。

未知,意大利罗马东语总会(考稽东方博士会第十二次会)。未知。

1900 年:

8 月 1—5 日,法国巴黎裨益瞽者万国公会。未知。

8 月 6—13 日,比利时布鲁塞尔监牢会。未知。

8 月 10—17 日,法国巴黎管理卫生及考究民人等学万国公会。未知。

10 月 15 日,法国巴黎第六届万国铁路公会。参加。

纵观总理衙门时期清政府参与万国公会的历程,可以发现:第一,虽然清政府在 1861 年设立总理衙门和西方驻华公使打交道,但目前档案所见,其与万国公会的交涉始自 1876 年对外派遣常驻使节之后。从此,清政府与世界的关系不再是“世界→中国”的单向传导,而是“中国↔世界”的双向互动。这说明驻外使馆在清政府走向以万国公会为载体的国际大家庭过程中发挥了重要作用。第二,这一时期共涉及 41 例万国公会,其中有 20 次参加。大体上,清政府对于法律类万国公会保持较高警惕。例如，总理衙门担心万国监狱大会讨论的监狱、刑罚等政治内容会给中国造成不必要的麻烦，于是以大会“会议政务”拒绝参加。[①] 对于电报、邮政类万国公会，则考虑到国内电报、邮政事业发展状况特别是中外之间存在的巨大差距，多以观察国而非会员国身份参与。对于卫生、税则、航船、铁路类万国公会，则出于实用主义原则持较积极的态度。例如，分别于 1893 年加入万国铁路公会、1894 年加入万国税则公会两个国际组织，并承担相应会费。第三，这一时期的参会者以驻外使馆人员特别是参赞和翻译为主体，甚至有不少洋员，对于专业性万国公会则缺乏专业人员。一方面，在清政府实际参加的 20 次万国公会中，有专业人员参与的仅 4 次。另一方面，因人才匮乏，所以受邀参加专业性万国公会时往往无人可用。例如，1892 年，总理衙门以“本国仍系无员可派”为由，婉拒葡萄牙里斯本考稽东方博士会第十次会议的邀请。[②] 此外，虽然清政府参加了当时非常重要的政治性万国公会——1899 年第一次海牙保和会，但受次年庚子事变与八国联军之役影响，“前项约本遗失无存”，未能按时批准保和会公约。[③] 总之，整体而言，总理衙门时期清政府对于万国公会是在被动因应下进行有限参与。

其次是外务部时期，其基本情况如下：

---

① 《总署奏议复郭嵩焘奏请派员赴万国刑罚监牢会片》（光绪三年九月二十五日），王彦威等编，李育民等点校：《清季外交史料》第 2 册，长沙：湖南师范大学出版社，2015 年，第 218 页。

② 《考稽东方博士会此次中国仍不入会由》（光绪十八年闰六月十九日），台湾“中研院”近史所藏，档号：01－27－008－01－006。

③ 孙学雷等主编：《国家图书馆藏清代孤本外交档案》第 38 册，北京：全国图书馆文献缩微复制中心，2003 年，第 15911 页。

1902 年:

6 月 19 日—7 月 5 日,德国杜塞尔多夫万国航海公会。洋文参议官金楷理、三等参赞官陆长葆参加。

8 月 3—11 日,德国汉堡东语士会第十三次会议。驻德大臣荫昌参加。

8 月 6—10 日,比利时布鲁塞尔万国恤瞽公会。驻比使馆参赞刘玉麟参加。

8 月 26—30 日,比利时奥斯登万国商务公会。驻比使馆参赞刘玉麟、翻译魏子京参加。

9 月 1 日,比利时布鲁塞尔第二届讲求脏症会。未知。

9 月 1—6 日,比利时万国病症医道公会第二次会。驻比使馆翻译魏子京参加。

9 月 1—7 日,比利时安我斯疯人并代管疯人家事公会。驻比使馆翻译魏子京参加。

1903 年:

4 月 2—9 日,意大利罗马万国史学会。驻意大臣许钰、法文翻译官翟青松、意文翻译洋员毕梯蓬参加。

4 月 19 日,意大利罗马博议农学会。驻意使馆随员许沐镕、翻译学生赵诒璹参加。

5 月 19—21 日,美国色斯顿第十二届军医会。未参加。

5 月,比利时列日第四届万国保婴公会。驻比使馆参赞参加。

9 月 2—11 日,比利时布鲁塞尔万国保身公会。驻比使馆参赞衔随员祁师曾、翻译官徐家庠参加。

未知,德国柏林化学会议。未参加。

1904年：

5月16—21日，美国圣路易斯万国修造马路会。未参加。

6月28日—7月1日，美国圣路易斯万国学堂教法学问会。驻纽约正领事官夏偕复参加。

8月29日—9月3日，美国圣路易斯万国牙医会。驻美使馆二等参赞官周自齐、三等参赞官孙士颐参加。

9月8—20日，美国华盛顿第八届万国地理会。驻美大臣梁诚参加。

9月10—17日，美国圣路易斯万国电气会。未知。

9月26日—10月1日，美国圣路易斯万国精制饮食会。驻美使馆二等参赞官周自齐、三等参赞官孙士颐参加。

9月28—30日，美国圣路易斯万国律司会。驻美使馆二等参赞官周自齐、三等参赞官孙士颐参加。

10月10—15日，美国圣路易斯万国医馆会。未参加。

10月17—22日，美国圣路易斯万国书籍会。驻美使馆翻译官苏锐钊参加。

12月13日，荷兰海牙议免红十字会施医船税钞会。驻俄大臣胡惟德、钦差保和会专使大臣本任出使和国大臣陆征祥参加。

（该年在圣路易斯举行的公会附设于1904年圣路易斯博览会）

1905年：

3月，法国署地阿尔日考求东瀛博学公会。同文馆学生唐在复参加。

5月28日，意大利罗马万国农业会。驻意大臣黄诰参加。

6月12—18日，奥国维也纳第二届考求花草学问总会。驻奥使馆参赞衔法文翻译程福庆、德文四等翻译薛锡成参加。

6月26日—7月1日，比利时列日万国考查矿物五金机器土产会。参加。

7月，美国华盛顿第七届万国铁路公会。未参加。

8月16—18日，比利时列日万国人品总会。参加。

8月20—22日，比利时列日聋瞽公会。参加。

8月，比利时列日万国交友会。参加。

8月，比利时列日保护罪满人犯会。参加。

9月3—5日，匈牙利布达佩斯各国兽医会。驻奥使馆参赞衔法文翻译官程福庆参加。

9月12—14日，比利时列日万国电气医学公会。参加。

9月24日，比利时蒙斯推广万国通商交涉筹事宜会议。驻比大臣杨兆鋆参加。

9月24—29日，意大利米兰万国行船公会第十次会议。驻意使馆参赞衔法文三等翻译官瞿青松参加。

9月26—28日，美国底特律第十四届军医会。北洋陆军正军医徐英扬、北洋海军正军医何根源、南洋陆军正军医钟文邦参加。

9月，比利时列日万国商务公会。驻比大臣杨兆鋆参加。

10月2—7日，法国巴黎考求劳瘵等症各国公会。驻法使馆随员夏循垍参加。

10月，法国巴黎万国牛乳会。驻法使馆随员李煜瀛参加。

（当年在列日举行的公会，是1905年比利时布鲁塞尔各类赛会之一）

1906年：

4月7日—5月26日，意大利罗马万国邮政会。驻意大臣黄诰、副税务司赫承先参加。

4 月 25 日，意大利罗马第六次万国化学研究会。驻意使馆随员凤恭宝、翻译官黄恩尧、学生陈鸿鑫参加。

5 月 23—27 日，意大利米兰万国公私拯济会。驻意使馆参赞衔翻译官翟青松、黄恩尧参加。

6 月 11 日，瑞士伯尔尼修改红十字公约会议。驻荷大臣陆征祥参加。

9 月 6—13 日，墨西哥墨西哥城第十届万国地学会。驻墨使馆二等参赞兼总领事浙江补用道梁询参加。

9 月 11—14 日，美国布法罗第十五届军医会。正医官陈世华、周桂生参加。

9 月 17—21 日，意大利米兰商务教育会。驻意使馆随员兼商务委员凤恭宝参加。

9 月 24—28 日，意大利米兰财政商务会。驻意使馆随员兼商务委员凤恭宝参加。

9 月 26—30 日，意大利米兰万国护持疯痴会。未参加。

10 月 3 日—11 月 13 日，德国柏林万国无线电会议。驻德大臣杨晟、参赞衔福兰克、电学毕业生吴烓灵参加。

10 月 27 日，意大利巴威亚万国谷米会。驻意使馆翻译官黄恩尧参加。

未知，罗马尼亚布加勒斯特万国煤油商务公会第三次会。未参加。

未知，意大利米兰商务学法万国总会。未知。

未知，比利时万国人种学公会。未参加。

未知，比利时万国考察地理极地会。未参加。

1907 年:

2 月 27 日—3 月 2 日,美属菲律宾马尼拉医学会。医科进士谢天保参加。

5 月 21—25 日,奥国维也纳第八届万国农务学会。驻奥使馆随员李殿璋参加。

6 月 10—14 日,英国伦敦红十字会议。未参加。

6 月 15 日—10 月 18 日,荷兰海牙第二次保和会。保和会专使大臣陆征祥,驻荷大臣兼保和会副议员钱恂,军务议员丁士源,副议员张庆桐、赵诒璹,参赞施绍常、陈箓、王广圻参加。

8 月 5—9 日,英国伦敦各国学堂卫生研究会。驻英代办大臣陈贻范参加。

8 月 19—23 日,美国波士顿万国研究动物学会第七次会。驻美使馆二等参赞官容揆参加。

8 月,美属菲律宾万国驱疫会。未知。

9 月 23—29 日,德国柏林万国第十四次卫生民学会。驻德使馆三等参赞官冯祥光参加。

9 月,荷兰医治疯人及心病会议。未参加。

10 月 15—18 日,美国詹姆斯敦第十六届军医会。候选知府何守仁参加。

12 月,意大利罗马万国卫生总会。未参加。

1908 年:

3 月 4—7 日,美属菲律宾马尼拉医学会。医科举人郑豪参加。

3 月 10—17 日,美国华盛顿万国研究卫护幼稚保姆会。进士颜惠庆参加。

5月29日,奥国布拉格万国商会国会。未参加。

5月31日—6月7日,俄国圣彼得堡万国行船公会第十一次会。驻俄使馆二等通译官郑延禧,学生陈瀚、范其光,驻比使馆翻译官刘锡昌参加。

5月,葡萄牙里斯本万国电报公会。电政局襄办周道万鹏、电政局主事吴烓灵、电报洋总管德连升参加。

6月8日,德国法兰克福第一届万国扶伤救生协会。未知。

8月3—8日,英国伦敦各国绘事总会。未参加。

8月15日后,丹麦哥本哈根万国东方各国语言文字考稽古今研究会。驻法帮办商务随员闽省自费生王继曾参加。

9月21日—10月12日,美国万国研究内伤医学会。未知。

9月21日—10月12日,美国华盛顿万国研究医治劳症会。参加。

9月25日,英国伦敦各国善德教育总会。参加。

9月,英国俄克司佛德万国考查宗教史学总会。参加。

10月1—4日,法国巴黎劝学公会。未知。

10月5—11日,法国巴黎调寒积冷实业万国公会。驻法使馆三等参赞官林桐宝、试署商务委员朱诵韩参加。

10月6—9日,美国亚特兰大第十七届军医会。未参加。

10月11日,法国巴黎第一届万国道途公会。驻法使馆试署二等通译官吴克倬参加。

10月12—16日,意大利罗马万国保险会。参加。

10月14日,德国柏林万国保全文艺及美术权利公会。驻德使馆馆员沈瑞麟、水钧韶参加。

10月14—20日,西班牙萨尔廓斯城万国古时大会。参加。

未知,意大利米兰万国护持疯痴会。未参加。

未知,比利时万国博文学公会。未知。

未知,英国第九届万国地理研究会。未知。

未知,法国巴黎第二期万国建筑公会。未知。

1909 年:

2 月 10—13 日,美属菲律宾马尼拉医学会。吕领属通译官唐虞年参加。

3 月 30 日—4 月 3 日,意大利拿波里整顿万国矇瞽谋生会。参加。

5 月 23 日,意大利罗马百工人等有危险之事医生研究会。驻意使馆通译官赵诒璹参加。

5 月 24—29 日,奥国维也纳音乐纪念会。驻奥使馆通译官胡德望参加。

5 月,意大利米兰万国纺棉会。未参加。

6 月 6—12 日,英国伦敦第七届万国实业化学研究会。留法学生吴匡时、留英学生俞同奎参加。

6 月 7—13 日,奥国维也纳万国保险会。驻奥使馆通译官胡德望参加。

6 月,匈牙利布达佩斯第四届考究牛奶国会。未知。

6 月,法国巴黎万国殖民地农学公会筹备会议。参加。

7 月 1—3 日,法国巴黎调查生人物化原因大会。参加。

8 月 9—14 日,美国华盛顿民立农务溉田会。驻波尔洞代理领事梅伯显参加。

8 月 16—19 日,挪威白尔根第二届万国消除麻风病会。医科举人郑豪参加。

8 月 23—28 日，德国柏林第五届万国牙医会。未知。

9 月，丹麦哥本哈根第五届万国试验建造材料公会。驻比使馆翻译官刘锡昌、随员王慕陶，学生张景尧、王明照、杨宝南，驻俄馆员章祖申、彬熙参加。

10 月 5—9 日，美国华盛顿第十八届军医会。军医学堂监督唐文源、军医总局正军医官徐英扬参加。

未知，荷兰海牙万国兽医公会。未知。

未知，荷兰海牙倡议保存天然物产会。驻波尔洞代理领事梅伯显参加。

1910 年：

3 月，美属菲律宾东亚医会。参加。

4 月 30 日—5 月 3 日，比利时布鲁塞尔万国耕圃公会。参加。

5 月 9—11 日，比利时万国交通社大会（社会公会）。参加。

5 月 14—22 日，比利时布鲁塞尔第三次万国植物公会。参加。

6 月 20—23 日，德国迪森德夫城万国矿物炼金工艺及地质会议。未知。

6 月 23 日，荷兰海牙万国汇兑公会。驻荷使馆参赞王宠惠参加。

6 月 27 日，法国巴黎归并分析食料总会。参加。

6 月，比利时布鲁塞尔万国道路常年公会第二期会议。驻比大臣杨枢、驻比使馆一等书记官王慕陶参加。

7 月 3—16 日，德国柏林第八届万国铁路公会。詹天佑、沙多参加。

8 月 5—12 日，美国科罗拉多各国聋人大会。驻旧金山总领事黎荣耀、翻译官欧阳祺参加。

8月10—13日，比利时布鲁塞尔第三届万国青年体操会。参加。

8月14—20日，美国华盛顿第六届万国语言会。驻美使馆一等书记官伍常、三等通译官卢炳田参加。

8月15—20日，奥国斯第利亚省城郭拉慈城万国动物学会第八次会。比国游学生监督学部七品小京官高逸参加。

8月30—31日，比利时布鲁塞尔万国民人教育会。驻比留学生监督学部小京官高逸参加。

8月，瑞典斯德哥尔摩第十一届万国地学会。德国留学生金大明参加。

9月5—7日，奥国维也纳第二次万国猎务公会。驻奥使馆通译官胡德望参加。

9月5—8日，比利时布鲁塞尔万国研究维新事务会暨万国研究实业工艺公会第三次会。参加。

9月8—14日，墨西哥墨西哥城第十七届美洲访查会。驻美代理墨参赞谭培森参加。

9月9—12日，比利时布鲁塞尔万国专门高等学堂公会。参加。

9月13—18日，西班牙巴塞罗那第五届研究电质及矿质药品研究会。驻日(西)使馆二等通译官黄履和参加。

9月15—18日，比利时布鲁塞尔万国讲求小民卫生建造花园公会。驻比大臣杨枢参加。

9月19日—?，比利时布鲁塞尔万国商务税册公会。驻奥使馆参赞周传经、珲春关署副税务司贺伦德参加。

9月20—22日，比利时布鲁塞尔万国股本公司会。参加。

9年25—27日，意大利马切拉塔利玛窦名士三百年纪念会。参加。

10月1—15日，法国巴黎第二次万国研究毒疮会（万国瘫痟医科公会）。北洋官费医学生夏循垍参加。

10月2—8日，美国华盛顿第八届万国刑律及改良监狱会（第八届万国监狱大会）。京师高等检察厅检察长徐谦、奉天高等审判厅厅丞许世英、法政科举人分部员外郎沈其昌、法部学习主事罗文、法律馆纂修大理院刑科推事金绍城、法政科进士法律馆纂修大理院候补五品推事李方参加。

10月3—7日，德国柏林第四届调养精神病人会。未知。

10月5—8日，比利时布鲁塞尔第九届万国防范肺病会。参加。

10月6—11日，奥国维也纳寒术会。驻奥使馆通译官胡德望参加。

10月24日—?，比利时布鲁塞尔万国公工会。未知。

10月31日—11月4日，美国里士满第十九届军医会。军医科监督游敬森参加。

未知，比利时第二次万国工艺特别防病公会。参加。

未知，比利时布鲁塞尔家庭教育会。参加。

未知，比利时布鲁塞尔万国乡里社会。未参加。

未知，比利时万国电气暨测内照相公会。参加。

未知，比利时布鲁塞尔热带农学会。参加。

未知，比利时布鲁塞尔讲求万国卫生饮食公会。未知。

未知，瑞典万国铁路研究会。工程师詹天佑参加。

未知,比利时布鲁塞尔集议国政科会。参加。

未知,法国巴黎蒙学讨论会。未知。

1911 年:

5 月 29 日—6 月 3 日,英国伦敦万国音乐研究会。未参加。

5 月,意大利罗马打把会第六次会。未参加。

6 月 8—13 日,英国埃西德城万国瞽目会第三次会。未知。

6 月 28 日—7 月 11 日,瑞典斯德哥尔摩万国研究牛奶会。参加。

8 月 12—18 日,比利时布鲁塞尔万国育婴会第一次会。参加。

8 月 22—24 日,意大利罗马万国聋哑教育会。驻意使馆通译生黄树年参加。

9 月 12—16 日,奥国维也纳万国实业会。驻德留学生监督山东候补直隶州江国珍参加。

9 月 22 日—?,意大利都朗万国丝业研究会。留法工科毕业生江南官费生钮孝贤、留法自费农学生徐球参加。

9 月 26—29 日,美国密尔沃基第二十届军医会。陆军第二镇正军医官黄毅、第五镇正军医官陆昌恩参加。

10 月 2—7 日,德国德累斯顿第三届万国房舍卫生会。赛会委员周启濂参加。

10 月 2—10 日,意大利罗马万国建筑学研究会。留法工科毕业生江南官费生钮孝贤、留法自费农学生徐球参加。

10 月 10 日,法国巴黎万国卫生公会。医官林文庆、驻法三等通译官李世中参加。

10 月 16—20 日,美国科罗拉多第六届万国遇旱益农会。

参加。

12月,荷兰海牙万国禁烟会。外务部主事唐国安、陆军协参领军医学堂会办伍连德、外务部候补主事胡振平、署总税务司处襄办汉文书籍官葛枚士、度支部研究所评议员翰林院编修嵇芩孙、驻和参赞代办使事章祖申、驻德大臣梁诚参加。

可以发现,相较于总理衙门时期,外务部时期清政府参与万国公会的状态发生了明显转变。第一,不仅此一时期档案中万国公会的数量大为增长,达到160例,是前一时期的近4倍,而且清政府实际派员参加的万国公会次数也达到121例,参与程度大幅提升。同时,较之于总理衙门时期仅参加过一些与卫生、邮政、电报、铁路、航船等事务有关的万国公会,外务部时期参与万国公会的种类则更加多元,拓展至包括司法改良、禁烟、慈善、教育、化学、农学、史学、建筑、地质等诸多领域。第二,就参会群体而言,除驻外使馆人员外,有更多的以归国留学生、国内新式学堂毕业生以及其他职能部门官员为代表的专业人员走上了国际舞台。例如,就卫生防疫类万国公会而言,从1905年开始,清政府参加一年一届的美国军医会(Association of Military Surgeons of the United States)的代表均毕业于天津总医院西医学堂。[①] 就监狱和司法改良类国际会议而言,清政府在总理衙门时期曾长期拒绝参加万国监狱大会,

① 例如,徐英扬是西医学堂第五届毕业生,何根源是第六届毕业生,钟文邦是第四届毕业生,陈世华是第六届毕业生,周桂生是第六届毕业生,何守仁是第三届毕业生,唐文源是第四届毕业生,梁景昌是第六届毕业生,游敬森是第五届毕业生,黄毅是第七届毕业生,陆昌恩是第七届毕业生。见高时良等编:《洋务运动时期教育》,陈元晖主编:《中国近代教育史资料汇编》,上海:上海教育出版社,2007年,第585—586页。

但1910年专门选派京师高等检察厅检察长徐谦、奉天高等审判厅厅丞许世英、法律馆纂修大理院刑科推事金绍城、法政科进士法律馆纂修大理院候补五品推事李方等法政专门人员参加第八届大会。同时，清政府更加注重华员而非洋员担任中国代表。例如，盛宣怀在考虑万国铁路公会的中国代表人选时，便强调"既派洋员，若不兼派华员，似亦有失国体，且明示以中国无人，启外人轻视之心"。[①] 第三，就当时重要的政治类万国公会——海牙保和会而言，相较于1899年第一次保和会仅由驻使参会，清政府更加重视派遣专使参加1907年第二次保和会。这是因为在外务部看来："倘各国皆系专使，则中国驻使之地位，势难与之抗衡，征祥品秩较微，更不足以示重。……此次日本必派大员，中国相形见绌，倘列强误会，关系非轻。各国每于公会之顷，纷纷以此相询。恳特简位望相当之大员充赴会专员，仍以驻使会同办理，实于国体、会务两有裨益。"[②]最终，陆征祥被任为保和会专使大臣，并组成庞大的代表团一同参加。总之，无论是参会数量、种类，还是人员安排，清政府在外务部时期有更加积极主动地参与万国公会、融入国际大家庭的倾向。

晚清时人对万国公会的认识及其变化

（一）甲午—庚子以前

1876年清政府派往英国的首任公使郭嵩焘，应该是近代最早

① 《为应于津榆等铁路每路派华洋各一人赴万国铁路公会》（光绪二十九年九月二十一日），中国第一历史档案馆编：《晚清国际会议档案》第4册，第2112—2113页。

② 《为遵旨议覆保和会事宜并请简派陆征祥为全权专使事》（光绪三十三年三月二十五日），中国第一历史档案馆编：《晚清国际会议档案》第2册，第482—483页。

直接接触到万国公会的中国人之一。当美国的瓦恩斯博士于19世纪70年代初致力于召集由世界主要国家参加讨论监狱和司法改革事宜的万国监狱大会时,借由该公会,郭嵩焘不仅注意到当时万国公会在国际社会兴起的潮流,而且对其给予高度评价:"西洋考求政务,辄通各国言之,不分畛域。而其规模气象之阔大,又务胥天下而示之平。近年创立各会,孜孜考论。如所知者:会议刑罚监牢,本年聚会于瑞典国斯德哥尔摩;会议信局章程,本年聚议于葡国立斯本。其会并创自近数年。岁一集议,数千里争往赴之。其议论并准刊刻,呈之各国政府与议绅会议。此西洋风气所以蒸蒸日上也。"[①]为此,郭嵩焘就是否参加1878年瑞典斯德哥尔摩第二届万国监狱大会询问国内意见。除作为洋务枢纽的总理衙门以该公会"会议政务"为由拒绝其请外,当时实际负责外交事务的北洋大臣李鸿章也告诉他:"瑞典刑罚监狱会即使往观,势难尽废数千年老例,咸与维新。"[②]李鸿章深知改革国内狱政之艰难,认为参加万国监狱大会对于中国狱政维新并无益处,所以让郭嵩焘打消念头。最终,郭氏未如愿参加。直到1900年在布鲁塞尔举行第六届大会时,总理衙门仍以"中西情形稍异,入会似无甚益"为由拒却。[③]

无独有偶,接替郭嵩焘的曾纪泽也遇到类似困境。1884年,当收到万国电报公会的邀请时,虽然曾纪泽对是否加入该国际组织保持谨慎,但仍以观察国的身份派遣参赞马格里、庆常前去旁

---

① 郭嵩焘:《伦敦与巴黎日记》,长沙:岳麓书社,2008年,第590页。

② 李鸿章:《复郭筠仙星使》(光绪三年十一月初四日),顾廷龙、戴逸主编:《李鸿章全集》第32册,合肥:安徽教育出版社,2008年,第163页。

③ 《比京监牢会事已咨罗大臣届期派员赴会由》(光绪二十六年三月初八日),台湾"中研院"近史所藏,档号:01-27-002-01-006。

听。曾纪泽之所以能够这么做,一个重要原因在于向清政府阐明参与该公会“无关国政”,[①]从而为外交活动腾出空间。参会后,曾氏在对公会作进一步了解的基础上,认为“入会之国可得享受约中之权利,不入会之国不能独违约中之章程,似中国亦以入会为便”。[②] 为此,总理衙门询问李鸿章,李鸿章再转问负责总办电报事宜的盛宣怀。盛宣怀依据上海电报局总董以及洋参赞博来、洋总管博怡生会同考察的意见,不仅逐条批驳了曾纪泽所说的入会“五利”,担心“若中国今即入会,未免过速。后来中国入会,果能得沾利益与否,须熟思审虑,方可定度。若遽许入会,恐西人又多一法以制中国,则将来权利尽归于彼也”。而且博来(H.Bobr)对曾纪泽不无挖苦,认为“曾大臣之请劝入会,是勤于政务,专为敦睦外邦起见,于电务则有损无益”。[③] 换言之,在这些专办电报事宜的一线人员看来,曾纪泽申请入会只是利于联络邦交,讨好外国人(外交层面),反而对中国电政事业造成损害(内政层面)。最终,清政府采纳盛宣怀等人的意见,并未以会员国身份加入万国电报公会。

还例如,1885 年 5 月 15 日开始在意大利罗马举行养生防病公会。该会宗旨在于“议出良法,如遇霍乱或别样传染等症,均能防制,使无蔓延变更之虞,又为设法减其株连生灵之害”,并邀请清政

① 《各国电学比律公会无须订约画押因无关国政故未具牍辞却》(光绪十年闰五月十六日),台湾“中研院”近史所藏,档号:01-09-007-05-012。

② 《英外部请一律遵守各国电线条约请示应否照覆入会》(光绪十年闰五月十六日),台湾“中研院”近史所藏,档号:01-09-007-05-013。

③ 《附件:照录清折》(光绪十二年正月初一日),台湾“中研院”近史所藏,档号:01-09-010-01-001。

府派员参加。[①] 驻德意公使许景澄一方面肯定了养生公会的积极意义:"查西国疫病,传染为害最重,迭经法、土、奥、美各国集商防治之策,迄无成议。每遇疫病,各国禁令不一,商民交累。此次义外部订请诸国派员赴会,自为爱民恤商起见。"但另一方面,对中国是否参与其中,表示必须持之以慎:"中国治病之术,方书药品,与西法炼水、薰气迥不相同。至查禁行船,集资设局等事,苟为政体所关,中外尤多隔阂。惟所送告白已声明各国能否照行,听其自行酌夺一层,将来操纵在我,尚无窒碍。本大臣已将不能另派医员,于复义外部函中声叙缘由。一面委派署参赞官陈季同,于四月初三日前往罗马,随众赴会。援仿庆常赴法国海底电线会例,令其但采听众论,不必插议,期于联络之中寓持慎之意。"[②]

通过郭嵩焘、曾纪泽、许景澄等人的案例,可以看到,虽然这些对外交往比较开明的早期驻外使臣已经注意到参与和加入万国公会的重要性,但此时或出于担忧公会讨论内容关涉中国内政,或出于中外现实之间的巨大差异,清政府对这些万国公会处处谨慎。在不得不参与的情况下,更倾向于发挥参会所起到的"联络邦交"作用。同时,中国代表也较少在公会中有所展示。例如,1895 年参加第五届华盛顿万国邮政公会时,总税务司赫德描述中国代表"在那里无事可做,只不过是发表一篇简短的讲话和露一下面"罢了。[③]

---

① 《义使照请派员赴罗马养生防病公会由》(光绪十一年三月二十日),台湾"中研院"近史所藏,档号: 01-27-015-02-043。

② 《咨呈总署义设养生公会遵饬派员赴会文》(光绪十一年五月十七日),许景澄著,朱家英整理:《许景澄集》第 1 册,杭州: 浙江古籍出版社,2015 年,第 73 页。

③ 陈霞飞主编:《中国海关密档(1894—1899)》(第 6 卷),北京: 中华书局,1995 年,第 614 页。

清政府这种谨小慎微的表现亦可通过与万国税则公会(Bureau international pour la publication des Tarils douaniers)的交涉看出。1888 年 1 月 26 日,比利时署使米师丽照会总署,“望中国派员前至本国都京外部衙门”,参加 3 月 15 日举行的万国海关税则公会。“倘中国入会之后不克始终,会办亦可随时撤出。”①不过,总署认为“现在中国商船前赴外洋各国贸易者无多,应俟以后商务畅行再拟入会,此时尚须从缓”。② 其实,自鸦片战争以来,不仅不平等条约规定清政府须与外国协定关税,不能自主定订税则,而且海关也逐渐为外国人控制。所以,清政府对该公会格外谨慎,害怕再次招致列强对中国税则的干涉。一直到 1894 年 1 月 1 日,总署在比使的不断追问下,不得不札行赫德,询问:“此会究于中国商务、税务有无裨益?”③10 日,赫德回复:“入会各国并无庸派员前往,只须将现行则例等项咨送比国,由该局译刊英、法、德、日、意五国文字,布告入会各国”,“不但长各国之学识,且又联各国之睦宜,其未入会之国,则反是也”;同时,入会“于华商与来华贸易之洋商均有裨益”,且“入会之经费甚少,而各国之欣望良殷”,极力主张中国入会。为打消清政府的疑虑,赫德还专门提醒,如果入会,须向各国提前言明“内地厘捐及落地税等项名目繁多,时有更改,与外国无涉,故俱不在此例”。④ 最终,在赫德的积极引导下,

① 《本年四月比京开万国税则公会希望中国入会由》(光绪十三年十二月十四日),台湾“中研院”近史所藏,档号:01-27-014-01-001。

② 《商务会事仍须从缓入会由》(光绪十四年四月初二日),台湾“中研院”近史所藏,档号:01-27-004-01-045。

③ 《万国税则会中国可否入会即申复由》(光绪十九年十一月二十五日),台湾“中研院”近史所藏,档号:01-27-014-01-009。

④ 《比税则会于华洋商人来往有益况各国公摊经费为数无多倘入此会只将通商税则咨送译刊其内地厘捐等不在此例由》(光绪十九年十二月初四日),台湾“中研院”近史所藏,档号:01-27-014-01-010。

清政府终于在次年正式加入该公会，并每年分摊经费一千八百六十三佛郎，由总税司在罚款项下支销。[①] 从这些案例亦可看出，包括博来、赫德等洋员，他们在清政府早期参与万国公会决策过程中发挥了重要作用。

（二）甲午—庚子以后

甲午特别是庚子之后，中国逐渐放下对万国公会的戒心，转而对参会充满热情。究其原因，其与中国朝野对万国公会认识的转变密切相关。例如，戊戌时期，支持维新变法的易鼐便提出加入万国公会，遵从万国公法的重要性，甚至为此不惜全盘西化："若欲毅然自立于五洲之间，使敦槃之会以平等待我，则必改正朔、易服色，一切制度悉从泰西，入万国公会，遵万国公法。庶各国知我励精图治，斩然一新，一引我为友邦。是欲入万国公会，断自改正朔、易服色始。"在他看来，只有加入万国公会，"然后各国之要求我而无厌者，可据公法以拒之；我之要求各国而不允者，可据公法以争之；向之受欺于各国、损我利权者，并可据公法以易之"。[②] 换言之，如果中国不得入于万国公会，那么就会被永远排斥在文明国家享有的万国公法体系之外。同年，张之洞在《劝学篇》外篇《非弭兵》篇中批评了弭兵会的虚伪，表明中国人对万国公会的不信任："不得与于万国公会，奚暇与我讲公法哉？知弭兵之为笑柄，悟公法之为讏言，舍求诸己而何以哉？"[③]一年后，何启、胡礼垣合撰《〈劝学篇〉书后》，在《〈非弭兵〉篇辩》一文反驳了张之洞的观点，认为："'弭兵

---

① 《申复中国入税则会实无妨碍至入会公费似可由总税司在罚款项下支销由》（光绪二十年二月初七日），台湾"中研院"近史所藏，档号：01-27-014-01-015。

② 易鼐：《中国宜以弱为强说》，《湘报》1898年第20号。

③ 张之洞：《劝学篇》，赵德馨主编：《张之洞全集》第12册，武汉：武汉出版社，2008年，第191页。

勿恃'则可,'弭兵为非'则不可。……'不得与于万国公会,奚暇与我讲公法'云云,则是明于责人,昧于责己。"然后分别从厘金、内河通商、会审衙门等方面说明中国自身存在的问题,并总结说:"凡此数者,皆于一国治法有未能明也。一国治法,犹未能明,万国公法如何能晓?此中国之所以不能与于万国公会,而外国不暇与中国讲公法也。不知自责,徒知责人,中国自振之基,何时可望?"[①]在他们看来,即使弭兵会不足恃,也不能因此完全否定。正是由于中国自身昧于公法,所以才被排除在享有万国公法的万国公会之外。

同时,美国传教士林乐知(Young John Allen,1836—1907)也不遗余力地宣扬参与万国公会的重要性。例如,1897年,林氏撰写《中国度支考跋》一文,强调中国只有入于万国公会,西方才会把中国视作平等的"与国":"中国与太西各国订约通商,久历年所。虽尚未得列于万国公会,执公法以与世周旋,而各国之视中国,往往休戚相关,无日不以兴利除弊,变法维新,望于中国。使在今日不失为东方声名文物之大国,即可望将来得联为西方一视同仁之与国。中东战后,西人期望之心,尤为迫切。"[②]1899年,林氏在《日本得入万国公会论》一文中又以日本为例,通过日本对内修订完善司法监狱体系,对外积极参与万国公会,特别是参加1899年第一次海牙保和会,最终成功废除列强在日领事裁判权,成为被列强平等对待的文明国家的经验,再次强调中国参与万国公会的重要性:"今闻东偏一小国,已得列于万国公会,深冀大邦之君相,

① 何启、胡礼垣著,郑大华点校:《新政真铨:何启、胡礼垣集》,沈阳:辽宁人民出版社,1994年,第393—395页。

② (美)林乐知:《中国度支考跋》,《万国公报》1897年第104期。

亦共知半权被削之为大辱，而学日本之善自振刷。”[①]1902年，林乐知又写成《闻英日联盟事感书》一文，强调日本加入万国公会后，使得列强都不得不对其刮目相看，英国甚至愿与之结为盟国：“因日本为亚东入万国公会之第一国，兹复与欧洲最有名望之大国，订联盟之约，光宠岂待言喻。”[②]林乐知这些话主要是说给中国人听，在改良派和外国传教士的共同宣传下，人们开始对参与万国公会愈发重视。

这种认识的转变，与自甲午—庚子以后中国日益严重的危机息息相关。例如，1897年爆发胶州湾危机，在清政府看来，德国的强占行径有悖于公法和战例，遂清政府加以责备。但是德国人诡辩道：“本国以中国律法互异，不能厕万国公会之列，凡公法得享之权利，不能并论也。”[③]强调中国未入万国公会，不能享有万国公法所赋予的权利。1900年，因为庚子时期爆发的“仇洋排外”运动，中国更是被列强视作“野蛮”国家，被完全摒弃于万国公会之外。时人詹万云对此描述道：“西人之视中国也，不曰半教，即曰野蛮。……盖泰西万国，皆有公法，有公理，凡入会之国，彼此遇有交涉，即可据理与法以争，不至动成龃龉。而中国因不崇西教，故不能入万国公会，以致凡事皆逊人一筹，每年所失利益何可胜计？若崇西教，则西人必以平等相待，决无此虑矣。”[④]虽然作者重在宣扬尊崇西教有利于中国入万国公会，但也可以看出，中国在国际上因长期被排斥于万国公会之外而遭受不平等待遇。李竹痴也指出：“向之

---

① （美）林乐知：《日本得入万国公会论》，《万国公报》1899年第126期。

② （美）林乐知：《闻英日联盟事感书》，《万国公报》1902年第158期。

③ 尹彦鉌：《论刑律》，甘韩编：《皇朝经世文新编续集》，商绛雪斋书局石印本，1902年，第291页。

④ 广东詹万云：《崇西教以救亡论》（中），《申报》1902年3月18日，第4版。

称为东亚洲之望国，地球之大国者，今且削为半主之国摈于万国公会之外，不得享平等之权利矣。向自称为礼仪之邦，今且骂为不教之邦矣。向之视人为野蛮，今则人骂我为野蛮矣。”[①]换言之，因列强在华拥有领事裁判权，中国法庭无权审理外国人，所以，“半主权之国”的中国是不可能被拥有“完全主权”的西方国家平等对待的。

因此，参与万国公会，特别是那些有助于废除列强在华领事裁判权的万国公会，成为外务部时期清政府外交活动的重要目标。在时人看来，要收回领事裁判权，则非改良国内刑制与监狱不可，否则“外人鄙我为野蛮，将不服我法权”。[②] 因此，清政府一改之前对于万国监狱大会的消极态度，专门选派“品秩稍崇、通晓新旧法律而夙有经验之员”参加1910年在美国华盛顿举行的第八届万国监狱大会。[③] 会议期间，金绍城在美国塔夫脱总统宴会上作为中国代表发言，更是向各国明确宣示中国改良监狱和裁撤各国在华领事裁判权的决心：“今我国于改良监狱已办有端绪，此次幸得躬逢盛会，与闻各国大方家之伟论，归国后自当力图扩充。顾监狱之事与司法相关联，司法不能独立，即监狱之改良不能期于完善。……前者英国商约曾声明‘中国如改良刑法监狱，英国首先承认撤去领事裁判’。此次监狱协会开于美洲，而第九次即在英国。英与中国通商极广，贵国与中国感情至深，其他有条约各国无不重邦交、敦睦谊，所望协力

---

① 李竹痴：《广智学会序》，《知新报》1900年第124期。

② 《监狱改良两大纲》，《新民丛报》1902年第14期。

③ 《附件：为遴员赴美京刑律及改良监狱会事奏折》（宣统二年正月二十七日），中国第一历史档案馆编：《晚清国际会议档案》第10册，第5420页。

赞成。一俟我国新律实行、监狱改良之后，概将领事裁判撤去。”[①]在代表们看来，“万国公会虽非立法机关，而每次解决问题，各国多见诸实用”。因此在回国后，不仅撰写了详细记载第八届大会各项议案的报告书，而且提出一系列改良监狱和司法的建议，并提交资政院、宪政编查馆、修订法律馆、法部分别采择，以便施行。[②]

在外务部时期，也能看到时人对万国公会的认识，受到所谓“世界大同”潮流的影响。例如，20世纪初，康有为在《大同书》里认为，大同始基之据乱世的重要特征之一，便是“各国政府握全权，开万国公会，各国各派议使公议”。[③] 1907年，驻法公使刘式训强调：“际此大同世界，在我势难永远立异，自处公例之外。”主张中国应尽早加入万国电报公会。[④] 同年，负责修订新刑律的沈家本也指出：“方今各国政治日跻于大同，如保和会、红十字会、监狱协会等，俱以万国之名组织成之。近年我国亦有遣使入会之举。”[⑤]1909年，《大公报》一篇介绍世界教育公会的文章写道：“近代文化日趋大同，国家主义驯变为世界主义。举凡政治、实业、技艺，多各有万国联合之公会，专门教育其规制方法，亦大致从同。”[⑥]1910年，参加第八届万国监狱大会的代表徐谦、许世英

---

① 金绍城著，谭苦盦整理：《十八国游历日记》，南京：凤凰出版社，2015年，第28—29页。

② 《附件：徐谦等具呈赴美万国监狱改良会会员报告书》（宣统二年十一月二十一日），中国第一历史档案馆编：《晚清国际会议档案》第10册，第5518页。

③ 康有为著，周振甫、方渊校点：《大同书》，北京：中华书局，2012年，第91页。

④ 《中国如愿加入万国电报公会请商邮传部酌派专员赴会并附俄京改定之公约由》（光绪三十三年正月十八日），台湾“中研院”近史所藏，档号：01-27-005-01-035。

⑤ 沈家本：《为〈刑律草案〉告成分期缮具清单恭呈御览并敬陈修订大旨折》（光绪三十三年八月二十六日），李欣荣编：《中国近代思想家文库·沈家本卷》，北京：中国人民大学出版社，2015年，第472页。

⑥ 《世界教育公会公启》，《大公报》1909年9月13日，第6版。

更是大声疾呼："方今世界立国之道，皆本于大同主义。举凡风俗、习惯、政教、法制，已渐趋同一之势。故创一公会也，一国和之，各国群起而趋附之。行一新法也，此国因之，他国必从而推广之。盖交通便利，国际频繁，风气所之，几如水之汇海、山之归岳而不可遏抑。"①此前，清政府总是借口"中外不同"，拒绝各种万国公会的邀请。用总理衙门的话说，即是"中国向遇各国此等公会，因中外情形各异，均未派员前往"。② 然而庚子以后，"世界大同"潮流开始在时人的思想观念里占有越来越重要的位置。时人不仅强调万国公会起于世界大同主义，视其为世界大同的重要象征，而且呼吁人们应顺应这一潮流，积极参与和加入万国公会。

毫无疑问，这种"世界大同"是对当时全球一体化的反映。但不应忽视的是，所谓"世界大同"，在19世纪中后期至20世纪初期更多的是"西方中心主义"式的"大同"。其建立在西方"文明论"的基础上，即把西方文明视作普世价值，要求其他国家遵守西方文明的秩序，并按照西方文明的标准进行改造。这在清政府收到的各种万国公会章程和邀请函中屡见不鲜。例如，1898年，意大利公使马迪纳以"所有地球开化之国无不特派委员前往"为由，要求中国派员参加罗马东语总会，"似不可不照办"。③ 1907年，美国公使柔克义又以"凡天下万邦，均视瘟疫如仇敌，各文明国理宜并力拒绝"为

① 《附件：徐谦等具呈赴美万国监狱改良会会员报告书》（宣统二年十一月二十一日），中国第一历史档案馆编：《晚清国际会议档案》第10册，第5525—5526页。

② 《比京万国税则公会未便派员由》（光绪十四年正月初六日），台湾"中研院"近史所藏，档号：01-27-014-01-002。

③ 《罗马东语总会已定期开会附送章程已请中国派人前往照复由》（光绪二十四年十二月二十六日），台湾"中研院"近史所藏，档号：01-27-008-01-024。

由,[①]邀请清政府参加菲律宾万国驱疫会。1910年,布鲁塞尔第九届万国防范肺病会以“方今文明各国咸知此会关系之大”,邀请清政府“协力襄助,共谋世界人民卫生之利益”。[②] 同年举行的第八届万国监狱大会的宗旨同样是强调“务使人格日趋于高尚,世界日进于文明”。[③] 为了不被视作“未开化国”或“不文明国”,清政府不得不派员参加这些万国公会,表现出“善与人同”的“文明开化”倾向。其如时人总结:全地球不得列入万国公会者,“不能列于文明之邦”。[④] 除前述参与的万国公会外,还例如1905年在美国华盛顿举行的第七届万国铁路公会,各国代表人数以认捐会费数核算。在时任督办铁路大臣盛宣怀看来,中国不仅要派员参加,“断不得自甘落后,有忝文明”,而且就参会人数而言,认为“事关文明义务,似不宜惜此小费也”,主张“凡中国已经开办铁路,如津榆、卢汉、粤汉、正太、沪宁等路,每路均派华员一人,洋员一人”参会。[⑤] 总之,与西方国家同入万国公会,成为时人心目中“文明开化”的象征。

另一方面,当面对不可逆转的“世界大同”潮流时,时人逐渐意识到需要因势利导来维护自身利益,特别是愈发注意发挥参与万国公会在现实中的重要作用。一方面,参会固然能起到联络邦

---

① 《为菲律宾医学会议设万国驱疫会请核夺见复事》(光绪三十三年二月十四日),中国第一历史档案馆编:《晚清国际会议档案》第7册,第3989页。

② 《咨送万国防范肺病会洋文章程会员名单并来函由》(宣统二年二月初九日),台湾“中研院”近史所藏,档号:02-20-009-02-046。

③ 《附件:为遴员赴美京刑律及改良监狱会事奏折》(宣统二年正月二十七日),中国第一历史档案馆编:《晚清国际会议档案》第10册,第5419页。

④ 尹彦鉌:《论刑律》,甘韩编:《皇朝经世文新编续集》,第291页。

⑤ 《为应于津榆等铁路每路派华洋各一人赴万国铁路公会》(光绪二十九年九月二十一日),中国第一历史档案馆编:《晚清国际会议档案》第4册,第2112—2113页。

交的效果。例如,出席1904年荷兰海牙议免红十字会施医船税钞会的驻俄公使胡惟德便指出:"各国又均以中国渐次预列各种会议,为与列邦联合之证,群相引重。"[①]另一方面,此一时期参与万国公会不再被视作单纯的外交活动,而是同清政府推行新政与立宪改革等一系列内政活动息息相关。例如,1903年,外务部因"中国现正谋求律学,自应派员入会,以期集思广益",于是派员参加次年在美国圣路易斯举行的专为"商议万国公法和海洋公法"的万国律司会。[②] 1907年,农工商部又因"中国宜取法欧西,扩兴农学",支持派员参加奥国维也纳万国农务学会。[③] 1910年,大理院考虑到"中国现正更定刑律,改良监狱,为环球各国所瞩目,派员入会,足以发抒己见,考证列邦。既为司法独立之取资,亦验法律完全之进步",派遣金绍城、李方参加第八届万国监狱大会。[④] 1911年,驻英公使刘玉麟也认为,"我国正在厘定乐章,乘此机会派员来研究万国音律,以资采择",于是提请外务部派员参加英国伦敦万国音乐研究会。[⑤] 不过,这并不意味着此一时期清政府参加万国公会就完全没有联络邦交的考虑,而是这种本属于外交活动的参会行为往往与清政府的内政改革形成一种良性互动。换言之,外交与内政愈发融为一体,不可两分。通过积极参会推动内部革新

---

① 《为遵旨复荷兰会议红十字施医船免税条约并业已画押事》(光绪三十年十一月二十一日),中国第一历史档案馆编:《晚清国际会议档案》第5册,第2547页。

② 《美使照请派员赴万国律司会希届期派员赴会并希声复由》(光绪二十九年十一月初四日),台湾"中研院"近史所藏,档号:01-27-002-01-009。

③ 《为业悉派员赴奥京农务会各节希俟会友论说全书印就即购寄送部事》(光绪三十三年六月十八日批文),中国第一历史档案馆编:《晚清国际会议档案》第6册,第3334页。

④ 《附件:为派员赴美京刑律及监狱改良会并调查一切事奏折》(宣统二年二月十一日),中国第一历史档案馆编:《晚清国际会议档案》第10册,第5426页。

⑤ 《本年五月伦敦开万国音乐研究会英政府照请派员来英研究由》(宣统三年二月二十六日),台湾"中研院"近史所藏,档号:01-27-007-01-031。

与“文明化”进程，从而能让清政府在外部世界更好展现新形象并维护权益。

参会之局限与时人之反思

毋庸置疑的是，清政府参与万国公会的历程无可避免地受到历史局限的制约。就政治性万国公会而言，国家力量的衰弱无疑是其中的关键因素。就专业性万国公会而言，其本身大多是由西方民间团体发起，后来才逐渐转由政府主导，而中国则完全由政府负责，缺乏民间力量的参与。例如，万国监狱大会便是由英国、美国等国民间监狱改良协会发起，而中国直到第八届万国监狱大会前夕，才成立协助政府改良监狱事宜的监狱协会组织。[①] 这里着重从人才匮乏的角度，谈谈其对清政府参会的影响。

早在1885年，许景澄在参加罗马养生防病公会时，便注意到各国参与万国公会的人员一般分为两类：一类为“考究学问，与议者为专门之人”；一类为“讲求治理，与议者为出使之人”。“专门之人，应查核历次公会旧案，与近来精进学问、成效方术，比较以定留存增减。出使之人，应考核查禁防救各章程，与通商行船各章程比较、拟议、约稿，呈请各国国家核办。”[②]换言之，前者注重从理论上推进学理之研究，后者注重从实践上落实政策之施行，两者缺一不可。但是，在清政府实际派员参加的141例万国公会中，明确得知有专业人员参与的万国公会只有35例，仅占参会总数的近四分之一。相较于其他国家，多“出使之人”而少“专门之人”的清政

① 《监狱协会举定会长》，《申报》1910年8月10日，第4版。
② 《养生公会告白》，许景澄著，朱家英整理：《许景澄集》第1册，第77页。

府,在参加各类万国公会时不免相形见绌,参会效果也会大打折扣。各种专门议题的万国公会,本身与西方自近代以来分科设学培养人才的模式密不可分,对于与会人员的专业性要求极高。虽然清末已经开始废科举,兴办新式学堂,但人才的成长并非一蹴而就。例如,1905年参加奥国第二届考求花草学问总会的驻奥使馆参赞程福庆曾对此总结:"所惜我此时农务虽设学尚无成才,倘此后有农务毕业之员入会观摩,获益当匪浅鲜。"①这里的"虽设学尚无成才"不仅是针对农学一科,而是对整个晚清时期中国参与各万国公会人才匮乏的真实写照。

就清政府参与万国公会的重要目标——成为被列强接受的"文明国家"一员而言,可以说并未实现。其中,最让晚清时人感受到"屈辱和愤怒"的便是参加1907年举行的荷兰海牙第二次保和会。一方面,中国政府派遣保和会专使大臣陆征祥,驻荷大臣钱恂,洋员福士达,军务议员丁士源,副议员张庆桐、赵诒璹,参赞施绍常、陈箓、王广圻等人组成的庞大代表团参会。可以说,这是近代中国第一次就参加重要政治性万国公会派遣专门使团。另一方面,在第一次保和会结束后、第二次保和会开始前,就常设公断法院(Permanent Arbitration Court)公断议员的人数问题,中国政府按照头等国的标准缴纳会费,认摊25股,成为当时公断法院十个头等国之一。② 但在第二次保和会期间,意大利和美国提请另设新

① 《为派法文翻译程福庆等赴奥京考究花草学问总会并呈报会中情形事》(光绪三十一年六月初十日),中国第一历史档案馆编:《晚清国际会议档案》第5册,第2516—2517页。

② 公断法院十个头等国分别为德、奥、美、法、英、意、俄、土、日本和中国。见《咨报仲裁裁判所摊款由》(光绪三十四年三月二十五日),台湾"中研院"近史所藏,档号:02-21-004-02-006。

的公断法院，主张新法院常驻公断员额只有17名，其中原本的八个头等国英、美、德、法、俄、奥、意、日可以独任，各占一个名额；剩下9个名额由其他国家共任，有十年、四年、二年、一年之别。原本是头等的中国，被列强“以法律不备为词”，强行降至共任中仅四年的三等地位，甚至次于同样被头等除名，但仍有十年共任期而居于二等地位的土耳其。① 为此，中国代表钱恂揭露出万国公会弱肉强食的本质：“至于万国捕获审判所一约，附列派员任期表，又指明英、德、法、美、义、奥、日、俄为八大国，其余皆目为小国可知矣。夫国无大小强弱焉耳，强弱之别，视其国之政教、法律、海陆军各大端之完缺如何。在会中列表比较，固无可遁饰，故无论何国，一预公会，即不啻自表其国之列于何等。而彼数大国者又不免恃其权力之大，借法律以制人而自便。”②1911年，朱全璻在社会讲演中更是强调：“虽有万国公会，人家也看你强弱下评议，不见高丽、台湾么？不见安南、印度么？国亡家灭，人作马牛。言到残酷灭种之惨，真令人哽咽，鼻酸啜泣，莫可如何之叹。”③受国力孱弱的制约，中国很难通过以列强为中心的万国公会，真正以平等身份进入国际大家庭。

其实早在第二次保和会开始一年前，就已经有人对万国公会提出批评。例如，一篇刊登在清末《外交报》上的文章，作者首先质疑所谓的“万国公会”：“天下者，天下人之天下也。然今日则不

---

① 《请奏定公断员常驻事会年限及早筹办法律由》（光绪三十三年七月十二日），台湾“中研院”近史所藏，档号：02－21－002－03－033。

② 钱恂：《奏报保和会会议情形折》（光绪三十三年），《近代中国对西方及列强认识资料汇编》第5辑第1分册，台北：“中研院”近代史研究所，1990年，第374页。

③ 朱全璻：《大杨家讲演》（1911年3月13、14日），李日等编：《朱全璻社会教育讲演集》，北京：人民出版社，2014年，第17页。

啻为白种人所独有之天下,使有白种多数之国集为一会,即可名为万国公会,使其会中有多数之人主持一议,即可名为天下公议,而其独抱之主义,则不过以利己为全会之标准。故其所谓保全和平者,保全此数国之和平也,非保全他人之国之和平也。非惟不加保全,且将以人之不和平为己之和平也。所谓谋进幸福者,谋进此数国之幸福也,非谋进他人之国之幸福也。非惟不为谋进,且将以人之非幸福为己之幸福也。"在作者看来,万国公会徒有虚名,只不过是列强在国际舞台推行强权政治的工具。不过另一方面,即使万国公会有不少缺点,作者也不得不承认入会胜于不入会:"犹忆西人当同治年间开万国公法会时会遣使告我,其时朝臣无以为意者,惟郭筠先侍郎颇主入会,某邸诘之,则对曰:'入会则可不亡国。'朝议乃大哗,目为病狂,侍郎由是不能安于其位。由今观之,入会而可不亡国,侍郎所蕲未必然也,然入会则必胜于不入会矣。"最后,作者进一步指出:"今者形见势绌,又非昔时。即入会,亦将见拒,且无国力以盾其后,入会亦无所用之。为今之计,惟有速行豫备立宪,必使数年之内国会即成,而其他职官之制、理财之法亦不能不从速制定,以为立宪之基础,而尤要在使外国望我乎?宗旨已定,有可兴之机,而后其瓜分之念可以暂已,及其后,我国新政已立定,然后求升进于万国公会而不难。"①强调只有迅速推进预备立宪,增强国力,中国才能避免被瓜分的命运,真正以平等身份进入万国公会。

总之,时人在批判万国公会的虚伪及其弱肉强食本质的同时,却又不得不顺应"世界大同"潮流参与其中,并希望借由加入万国

① 《论第十四次国际议会会议》,《外交报》1906年第29期。

公会的方式推进内部革新，树立“文明”新形象，从而维护国家权益。这种矛盾状态，恰是近代中国进入国际大家庭复杂且曲折历程的真实写照。就此而言，透过万国公会视角，无疑能帮助我们进一步重审近代中国融入世界的历史细节。

本书的整理点校，依据的是中国第一历史档案馆编《晚清国际会议档案》（2008年广陵书社影印出版）和台湾“中研院”近史所藏01－27和02－20“赛会公会档”。本书选取清政府与当时代表性的六个万国公会——万国监狱大会、万国税则公会、万国铁路公会、万国行船公会、万国邮政公会、万国电信联盟的交涉档案共604件，包括：中外往来照会、节略、信函，总理衙门（外务部）与出使大臣、北洋大臣以及其他中央部门之间的往来咨文，总理衙门（外务部）与总税务司及其僚属之间的函札与申呈，总理衙门（外务部）、出使大臣、北洋大臣以及其他中央部门的奏折，万国公会的章程、通告、衔名单、说略、议程，参会代表的日记、演说和报告书等。本书按公会分目，每目依时间顺序排列，并在每个公会前作一简要介绍。档案标题名称由时间（先中国纪元，括号内补充公元纪元）、文件收发者（有时只有产生者）和事由梗概三部分构成，其均来自《晚清国际会议档案》和“赛会公会档”原标题，只是对时间顺序稍加调整。其中，选自“赛会公会档”的档案还会在末尾处加上原定档案编号信息，没有编号的则来自《晚清国际会议档案》。档案中出现的人名、地名、译名等与现代常见用法不一样的，除对明显讹误修改外，尽量保持原貌，不作更改。

万国监狱大会

万国监狱大会（International Prison Congress）是近代各国围绕监狱和刑罚改良而召开的重要国际大会。1872年，万国监狱大会第一届会议在英国伦敦举行。至1950年第十二届会议，其职能被正式移交联合国预防犯罪和罪犯待遇大会（United Nations Congress on the Prevention of Crime and the Treatment of Offenders）。在晚清时期，万国监狱大会也被称作万国监牢会、万国刑罚监牢会、万国刑律监狱改良会等。本册共收录40件档案。

光绪二十四年六月十一日(1898-7-29)　比国公使费葛致总署照会

比使照请派员赴都城监牢之类公会由　01-27-002-01-001

六月十一日,比国公使费照会。称:

照得光绪二十一年间所开监牢之类公会在法国京都会晤。查议定此会于光绪二十六年在比国都城开设,所有商议之事,其内将各国人如何各国惩罪商论各法。若有派员之国愿意,该会即将缮单各节之外另商别事,该会则如何照办。贵国特派委员入会,本国甚欣慰焉。援照本国之命,本大臣相应照会贵王大臣查照办理,希贵国即照前几日别会办理,仍特派委员前赴此会可也。

光绪二十四年六月十七日(1898-8-4)　总署致比国公使费葛照会

照复所开监牢会等会已咨罗大臣就近派员赴会由　01-27-002-01-002

六月十七日,给比国公使费照会。称:

光绪二十四年六月十一日接准照称,所开监牢之类公会,于光绪二十六年在比国都城开设。兹援照本国之命相应照会,即照前几日别会办理,仍派员前赴此会。又准照称,本年七月三十日在安法尔斯地方开设万国公会,以论税务则例,并立工匠之举等事,即希贵国派员前往赴会等因前来。

查除监牢惩罪办法,中西情形稍异,其余所设之会系有益之举,应咨行出使罗大臣就近派员届期前往外,相应照会贵大臣查照可也。

光绪二十四年六月十七日(1898－8－4)　总署致出使英国、意大利、比利时大臣罗丰禄咨文

比国所开监牢等会希届期就近派员赴会由　01－27－002－01－003

六月十七日,行出使大臣罗丰禄文。称:

光绪二十四年六月十一日,准比国驻京费大臣照,称光绪二十一年间所开监牢之类公会在法国京都会晤。查议定此会于光绪二十六年在比国都城开设,所有商议之事,其内将各国人如何各国惩罪商论各法。若有派员之国愿意,该会即将缮单各节之外另商别事,该会则如何照办。贵国特派委员入会,本国甚欣慰焉。兹援照本国之命相应照会,即照前几日别会办理,仍派员前赴此会。又准费大臣照称,本年七月三十日在安法尔斯地方开设万国公会,以论税务则例,并立工匠之举等事。又该会将商务章程数节商办。若照前者,各会即希贵国仍派委员前往赴会等因。

查该国所开各会,惟监牢惩罪办法,中西律例不符,入会似无甚益。至税务则例等项,实系有益之举,相应咨行贵大臣查照,就近派员,届期前往赴会可也。

光绪二十六年二月二十九日(1900－3－29)　比国公使贾尔牒致总署函

比使照称1900年京城开设监牢会请派员赴会由　01－27－002－01－004

二十六年二月二十九日,比国公使贾尔牒函。称:

前因驻华费大臣于光绪二十四年六月十一日照会贵署,因本国京都光绪二十六年间开设监牢之类公会,各国公议惩罪之法,前曾照会在案,旋准贵署允准派员赴会等语。本署大臣查开会日期系于一千九百年八月初六日在本国京都开会,相应照会贵王大臣查照,即希作速派员赴会,并望详示所派之员衔名为荷。须至照会者。

光绪二十六年三月初八日(1900－4－7)　总署致出使英国、意大利、比利时大臣罗丰禄咨文

比国照请派员赴比京监牢会公议惩罪之法请届期派员赴会由

01－27－002－01－005

三月初八日,行出使大臣罗文。称:

光绪二十六年二月二十九日,准比国贾署使照会,本国京师于光绪二十六年开设监牢之类公会,公议惩罪之法,前经费大臣照会在案。本署大臣查开会日期系于一千九百年八月初六日,即希贵王大臣作速派员赴会,并望详示所派之员衔名等语。

本衙门查光绪二十四年六月十一日准比国费前使照称,本年七月三十日在安法尔斯地方开设万国公会以论税务,并立工匠之举等事,即希贵国派员赴会等因。本衙门以监牢惩罪,中西情形稍异,入会似无甚益;其余百益之举,应咨行出使大臣就近派员赴会照复费使并咨行贵大臣查照在案。兹复准前因,应再咨行贵大臣查照前咨事理,就近派员届期赴会,并将所派之员衔名照会比国外部可也。

光绪二十六年三月初八日(1900－4－7)　总署致比国署使贾尔牒照会

比京监牢会事已咨罗大臣届期派员赴会由　01－27－002－01－006

三月初八日,给比国公使贾照会。称:

光绪二十六年二月二十九日接准照称,本国京都于光绪二十六年开设监牢之类公会,各国公议惩罪之法,前经费大臣照会在案。本署大臣查开会日期在本年八月初六日，即希贵王大臣作速派员赴会，并望详示所派之员衔名等语。

本衙门查光绪二十四年六月十一日准贵国费大臣照称，本年七月三十日在安法尔斯地方开设万国公会，以论税务并立工匠之举等事，即希贵国派员赴会等因。本衙门以监牢惩罪，中西情形稍异。其馆所设之会，系有益之举，应咨行出使罗大臣就近派员赴会，当经照复在案。兹准前因，除由本衙门再咨行罗大臣届期查照本衙门照复事理派员前往赴会外，相应照复贵大臣查照可也。

宣统元年十二月十五日(1910－2－17)　美驻华署使费勒器致外务部信函

为西历十月拟在华盛顿开酌商各国刑律及改良监狱会请派员事

径启者：

兹因各国向有定章，每届五年开会一次，酌商各国刑律及改良监狱等事。上次曾在奥国开会，今年又届会期，本国政府拟定西十月二号起在本国京师照章开会七日。其各国会员名单，须先于西二月宣布。特嘱本署大臣函达贵亲王转询贵政府是否派员与会，即希贵部先行咨商该管部院妥定见复。兹奉上英文册一本，内系开会中应商各事项，即希查收是荷。

此泐。顺候日祉。附洋文并书一本。

费勒器启，十二月十五日

附件：信函原文

To F.O. No. 612.　　January 25, 1910.

Your Imperial Highness：

It has loog been the custom to hold International Congresses at intervals of five years at the capitals of different countries to discuss questions connected with Criminal Law and Prison Administration. The last meeting of this Congress was held in Austria, and by invitation of the United States Government the next meeting will assemble at Washington on the 2nd, of October, 1910, will continue for one week.

I am directed by my Government to extend an invitation to Your Highness's Government to be represented at the International Prison Congress by delegatee. As it is considered important that by the end of February next, I beg to request Your Highness to refer this matter to the proper authorities for their early consideration.

I avail myself of this opportunity to renew to Your Highness the assurance of my highest consideration.

Henry P.Fletcher

Charge d'affaires

To His Imperial Highness, Prince of Ch'ing,

President of the Board of Foreign Affairs.

Enclosed One Pamphlet "The International Prison Congress, Its Origin, Aims, and Objects."

宣统二年正月初八日发(1910－2－17)　外务部致法部等咨文为美京拟开各国刑律及改良监狱会应否派员请核复事

庶务司呈为咨行事。

宣统元年十二月十五日准美费署使函称,各国定章,每届五年开会一次,酌商各国刑律及改良监狱等事。上次曾在奥国开会,今年又届会期,本国政府拟定西十月二号起在本国京师照章开会七日。其各国会员名单,须先于西二月宣布。特嘱本署大臣函询贵政府是否派员与会,即希咨商该管部院妥定见复。兹奉上英文册一本,内系会中应商各事,希查收等因。

应否派员赴会之处,相应将原送英文册饬员译汉,咨行贵部院查照酌核见复,以凭转复该使可也。须至咨者。法部、大理院、法律馆。附抄件。

附件:万国刑律监狱改良会通告

美 总 统 信

美国前曾商请各国刑律监狱改良会于西历千九百十年九月会于华盛顿。兹准国务大臣转呈该会长所拟下次议事单前来,相应行知贵议院查收可也。

总统罗斯福

国务大臣上总统书

美国邀请各国刑律监狱改良会于西历一千九百十年会于华盛顿一案,兹由该会长拟就议事单咨送前来,应请总统发交议院为幸。

国务大臣贝康

各国刑律监狱改良会会长上国务大臣书

美国议院曾由总统商请各国刑律监狱改良会于西历千九百十年会于华盛顿,各国刻已愿意前来。本会长谨拟就议事单及此会历史、界限、宗旨等项,恭请咨送议院,及期宣布为幸。

会长柏罗斯

历史

三十七年前,美国总统古连派令乌永士组织各国刑律监狱改良会。乌遂游说欧洲各国,为英、法、德、奥、意、比政府人民所欢迎。一千八百七十二年,各国刑律监狱改良会成于英之伦敦,决定每五年开会一次。此五年内,各会员仍任调查研究之责。

宗旨

会所考研者,一为罪案之缘起及如何阻止之法,二为各国防范罪犯,三为教令罪人悔过,四为保护未及丁罪犯。

章程

会中事宜都为四端:一、刑律,二、监狱,三、阻止罪犯,四、保护童稚。

会员

凡入会之国年纳捐款者,各派会员一名,责任本国报告,调查他国事宜。

经费

已开之会凡七次也,每次约为各政府所商请正用经费,亦视政府之津贴为挹注,善会、善人之津贴亦复不少。

请简

本会虽为美国所提倡,第一次会长亦系美国官员,惟七次开会均在欧洲,美国政府引以为憾。故上下议院邀请本会于千九百十年九月聚于华盛顿,各国赞成此举。

扩充

美洲各国与斯会者,墨西哥、古巴而已。此次既在美洲开会,应请南美各国亦来与会,冀文明可以普及,范围可以扩充。

成绩

本会成立四十年以来，与世界刑律进步极有关系，且因本会之立，各处地方研究刑事公会日益加多。此次开会，除力求进步外，拟将四十年成绩编书问世。

协助

本会宗旨，半在刑事之改良，半在阻止罪犯于未然，保卫童稚于平日。凡我同志，无论或为善社，或为刑律及社会学之教员，有愿到会及以意见相惠者，本会均极欢迎。

第八次刑律监狱改良会拟办事件目录

本会向章，于开会前一年先将拟办事件宣布，俾各国代表得以调查其国内情形，以便于开会时议决。

各国代表调查后，请即钞送到会，本会编集成书，译成法文，于开会前分送各国，以便参考。

函寄美国纽约东十五街百卅五号门牌，美国代表柏罗斯收。

此会提议事件都为四端：

刑　律

一、何种罪犯得以减等治罪，何种罪犯不得减等？

一、罪犯减等，至重者减几等，至轻者减几等？

一、凡经外国公堂判断有罪之人，本国如何对待？按：美国凡进口工人之经外国审判监禁以上罪名者，得驱逐出境之罪。又各邦中有外人犯监禁以上罪犯过若干次者，得监禁二十五年或终身之罪。

一、各国死罪情形。例如，本国有无死罪条例。倘旧有死罪令已豁免，国民犯从前死罪之罪者，其增减如何？大略列问答十五条：

（一）千九百零五年时，国内有无死罪条例？

（一）何等罪犯拟死？

（一）千八百五十年时，尚有何罪拟死？

（一）此种死罪何时免去？

（一）千八百五十年后有无增加死罪条例？

（一）所免死罪用何罪代替？

（一）千八百五十年以来，每年全国户口若干，被告死罪犯若干人？判实死罪者若干名？

（一）本国刑人于市，抑有行刑场？

（一）何时设此行刑场？

（一）行刑系用刀斩，抑用绳缢，抑用电击？

（一）何等死罪得以减等？

（一）减等之利弊？

（一）国民对于减等办法意见如何？

（一）改设行刑场后，国内死罪之增减？

（一）各代表意见？

监　狱

一、悔过所应有之宗旨，应否有年岁之限制及种类之限制？

一、监禁之犯在监时极守本分，应否减去受禁日期？凡减此日期应归何官判定？应否罚锾抵罪？

一、罪犯工艺局办法？此节应察看本地情形及本国工艺形势。

阻止罪犯

一、欧美各国，凡第一次罪次，可审看情形从宽缓办，交公正人随时察看。此种办法,各国能否仿照办理?应如何审酌该犯之年岁、平日品行及其家世?

一、应如何设立工艺局、养贫院收留极贫百姓,免其流入罪犯?

一、犯罪者为全家所仰给之人,应如何办理此犯,使其家仍可仰给该犯?

保卫童稚

一、童稚犯罪应否与成丁之人同科?

一、童稚生有怪癖凶顽成性者,应否另设地方收养?

一、通都大邑无所归之童稚,应否另设地方收养?

一、地方应否设法收养保护私生子?

四者之外,本会尚望各代表于大小监狱应如何建筑、如何管理,各举所见相示。

宣统二年正月十六日(1910-2-25)　法部致外务部片呈为京师高等检察厅检察长徐谦奉天高等审判厅厅丞许世英堪派赴美刑律会事

法部为咨覆事。

准外务部咨,准美费署使函称,各国定章,每届五年开会一次,酌商各国刑律及改良监狱等事。上次曾在奥国开会,今年又届会期,本国政府拟定西十月二号起在本国京师照章开会七日。其各国会员名单,须先于西二月宣布,特嘱本署大臣函询贵政府是否派员与会,即希咨商该管部院妥定见复。兹奉上英文册一本,内系会中应商各事,希查收等因。应否派员赴会之处,相应将原送英文册饬员译汉,咨行贵部院查照酌核见复等因。

本部查有京师高等检察厅检察长徐谦、奉天高等审判厅厅丞许世英堪以派往赴会。除由本部另行具奏外，相应片呈贵部查照转覆可也。须至片呈者。

右片呈外务部。宣统二年正月十六日。

宣统二年正月十七日（1910-2-26）　大理院致外务部咨呈为本院刑科推事金绍城候补五品推事李方堪以派赴刑律监狱改良会事

大理院为咨呈事。

准外务部咨称，宣统元年十二月十五日准美费署使函称，各国定章，每届五年开会一次，酌商各国刑律及改良监狱等事。上次曾在奥国开会，今年又届会期，本国政府拟定西十月二号起在本国京师照章开会七日。其各国会员名单，须先于西二月宣布，特嘱本署大臣函询贵政府是否派员与会，即希咨商该管部院妥定见复。兹奉上英文册一本，内系会中应商各事，希查收等因。应否派员赴会之处，相应将原送英文册饬员译汉，咨行贵部院查照，酌核见复等因前来。

查各国开会酌商刑律及改良监狱等事，既经该使函询是否派员与会，自应选定通晓中外法律人员派令赴会，以崇国体。本院查有候选知府、法律馆纂修、本院刑科推事金绍城，法政科进士、法律馆纂修、本院候补五品推事李方，均于中外法律具有心得，且皆精熟西国语言文字，可以直接与议，相应开送衔名并译成英文，咨呈贵部查照转复。至该二员出洋费用及应否具奏之处，再行续商办理可也。须至咨呈者。

右咨呈外务部。计衔名一纸。宣统二年正月十七日。

宣统二年正月二十一日发(1910－3－2)　外务部致美国署使费勒器信函

为拟派徐谦等赴万国刑律监狱改良会请查照并转贵国政府事

径复者:

上年十二月间,准函称各国酌商刑律及改良监狱等事,上次曾在奥国开会,今年又届会期,本国政府拟定西十月二号起在本国京师开会七日,特嘱本署大臣函询是否派员与会,希咨商该管部院妥定见复等情。当经本部咨行法部、大理院酌核。去后,兹准法部咨复,查有京师高等检察厅检察长徐谦、奉天高等审判厅厅丞许世英堪以派往赴会。旋又准大理院咨复,查有候选知府、法律馆纂修、本院刑科推事金绍城,法政科进士、法律馆纂修、本院候补五品推事李方,均熟悉中外法律及西国语言文字,可以直接与议各等因前来。相应函复贵署大臣查照,转达贵国政府可也。专此。即颂日祉。

宣统二年正月二十七日(1910－3－8)　法部致外务部咨呈

为奏派徐谦等赴美京刑律及监狱改良会一折现录旨刷奏请遵照事

法部为钦奉事。

本部奏派京师高等检察厅检察长徐谦、奉天高等审判厅厅丞许世英前赴美国改良会,并请将许世英暂在本部参议上行走一折,于宣统二年正月二十六日具奏。奉旨:知道了。钦此。相应刷印原奏,咨呈贵部遵照可也。须至咨呈者。

右咨呈外务部。计原奏一本。宣统二年正月二十七日。

附件:为遴员赴美京刑律及改良监狱会事奏折

法部谨奏,为美国举行万国刑律监狱改良会,遴员前往赴会,以资任使而便调查,恭折仰祈圣鉴事。

宣统二年正月初九日准外务部咨称,准美费署使函称,各国定章,每届五年开会一次,酌商各国刑律及改良监狱等事。上次曾在奥国开会,今年又届会期,本国政府拟定西十月二号起在本国京师照章开会七日。其各国会员名单,须先于西二月宣布,特嘱本署大臣函询贵政府是否派员与会,即希咨商该管部院妥定见复。兹奉上英文册一本,内系会中应商各事,希查收等因。应否派员赴会之处,相应将原送英文册饬员译汉,咨行贵部院查照酌核前来。

查万国刑律监狱改良会之设,系于三十七年前倡始于美国,欢迎于欧洲各邦。其立会宗旨,系对于各种刑事犯罪,力求阻止防范与感化保护之法,务使人格日趋于高尚,世界日进于文明。开会七次,成效可观。本年在美京举行,系初次知照我国,敦睦邦交,良堪欣幸。检阅原册提议之件,都为四端:一曰刑律,二曰监狱,三曰阻止犯罪,四曰保护童稚。用意深厚,条问綦详。诚以世界愈远,人类愈增,事实愈纷繁,学理愈精密。举凡研究本国之规制,参考列邦之情形,比较与国之成绩,会通各员之学说,皆于(与)此会大有关系。而在我国尤匪独内治攸关,且为外交所系,自非遴派品秩稍崇、通晓新旧法律而夙有经验之员,不足以咨任使。臣等公同商酌,查有京师高等检察厅检察长徐谦留心律例,兼贯中西;奉天高等审判厅厅丞许世英,明敏有为,实心任事。该厅长、厅丞均系创办各级审判检察厅人员,历官三载,确有经验,堪以派往赴会。会期在中历八月末,起程以前,一切本国调查事宜最为紧要,应令该厅长、厅丞查照译送原册,悉心考察,先期编寄报告,以便参考。

该厅丞许世英原系臣部主事,历充前直隶司主稿,总办秋审处差使,初由巡警部调补外城巡警厅行政处佥事,继经升任督臣徐世昌奏调赴奉筹办新设审判事宜，咨由臣部奏简今职。曾于去冬因病请假两月来京就医，臣等因便传见，查其病将就痊，假亦即满。现在奉省审判各事大有端绪，业经派员署理，并无经手，未完事件拟留该厅丞在京会同该检察长详细会商，暂派该厅丞许世英在臣部参议上行走，以便随时接洽并帮办一切司法行政事务，俾臣等得收指臂之助。所遗奉天高等审判厅厅丞篆务，应请仍令原署之管凤龢接署，即由臣部行文该督等转饬提法使呈报臣部存查。

再，司法独立为宪政之大纲，现各省审判、检察厅均依限筹设。臣部为全国监督所有应行改革各事，至为繁赜，拟令该厅长、厅丞就道之便，先后分赴东西各国加意调查，切实考证，务令报告详确，取则有资。应需经费，统容臣等详细考询，随时咨商外务、度支两部，斟酌情形办理。

除将该厅长、厅丞衔名咨呈外务部转复美使宣布，并俟起程时再行奏报外，所有遴员往赴万国刑律监狱改良会缘由，理合恭折具陈，伏乞皇上圣鉴。谨奏。

宣统二年二月十一日（1910－3－21）　大理院致外务部咨呈为派员赴美京刑律及监狱改良会一折现录旨抄奏请查照事

大理院为咨呈事。

宣统二年二月初七日本院具奏，美国举行万国刑律监狱改良会，派员赴会并调查一切一折。本日奉旨：该衙门知道。钦此。相应恭录谕旨，钞录原奏，咨呈贵部查照可也。须至咨呈者。

右咨呈外务部。计钞奏。宣统二年二月十一日。

附件：为派员赴美京刑律及监狱改良会并调查一切事奏折

谨奏，为美国举行万国刑律监狱改良会派员赴会并调查一切，恭折仰祈圣鉴事。

本年正月初九日准外务部咨称，准美费署使函称，各国定章，每届五年开会一次，酌商各国刑律及改良监狱等事。上次曾在奥国开会，今年又届会期，本国政府拟定西十月二号起在本国京师照章开会七日。其各国会员名单，须先于西二月宣布，特嘱本署大臣函询贵政府是否派员与会，即希咨商该管部院妥定见复。兹奉上英文册一本，内系会中应商各事，希查收等因。应否派员赴会之处，相应将原送英文册饬员译汉，咨行贵部院查照酌核前来。

窃维近数十年来，东西各国讲求刑律，规划监狱，日求进步，不遗余力，大都始于专家之学说，成于彼此之竞争，优劣因比较而知，同异因交通而泯，故设会协商，视之至重。美国于三十七年前创设万国刑律监狱改良会，欧洲各国从而和之，每届五年开会一次，已开七次，各国均派员入会，研究罪案缘起，力求阻止防范与感化保护之法，期有以更革之，意至善也。本年八月在美京开会，与会各国较前增多。据译送原册，会中提议之件凡四端，曰刑律，曰监狱，曰阻止罪犯，曰保护童稚。刑律则重在减等，监狱则重在悔过，阻止罪犯则重在矜全，保护童稚则重在收养。条问虽繁，宗旨可见，要以有耻且格、宽仁不杀为主。

中国现正更定刑律，改良监狱，为环球各国所瞩目，派员入会，足以发抒己见，考证列邦。既为司法独立之取资，亦验法律完全之进步，关系至重，未敢视为缓图。惟遴派人员颇难其选，非熟谙中外法律兼精西国语文者未能胜任。臣等公同商酌，查有候选知府、本院刑科第三庭推事金绍城，曾在英国英皇大学毕业；法政科进士、本院候补从五品推事李方，曾在英国甘别立大学毕业。该员等现均兼充修订法律馆纂修，于新旧法律贯通有素，且皆系留学西洋毕业，熟精外国语文，均可直接与议，堪以派令前往赴会，当将该员等衔名咨送外务部转复美使在案。现据会期尚有数月，应令该员等按照册内问题，参酌中外情形，精研博考，以为专对之资。所需经费，拟俟该员等起程有期，咨商外务部、度支部酌核办理，并将起程日期一并奏报。

再，臣院列入筹备宪政内，为建筑法庭与练习审判人才二端，拟令该员等就便将各国法庭规制、审判办法详细调查，确实报告，以备参考。所有派员赴会缘由，理合恭折具陈，伏乞皇上圣鉴。谨奏。

宣统二年三月二十日(1910-4-29)　法部致外务部咨呈

为赴美刑律及监狱改良会之徐谦等拟先到欧洲考察应由驻使指导事

法部为咨呈事。

本部奏请遴派京师高等检察厅检察长徐谦、奉天高等审判厅厅丞许世英等前往美国赴万国刑律监狱改良会，并就便调查东西各国司法事宜一折，奉旨：知道了。钦此。钦遵咨呈在案。

兹据该检察长等声称，美国开会，系由西历十月二号起，为期尚远，拟于五月间先到欧洲各国详加调查，以便悉心研究，庶到会时较觉相宜。计由西伯利亚铁路，首程经过俄国、德国、奥国、匈国、意国、比国、荷国、法国、英国，再赴美国、日本等处。应预行知照本国驻使，以资接洽等语。查该检察长等拟赴各国，既为道路所必由，均属调查所必及，自应由驻使详加指导，并通知各该国政府，务期考知司法、改良实际及一切相关事宜，以资借镜而便取法，相应咨呈贵部查照转咨可也。须至咨呈者。

右咨呈外务部。宣统二年三月二十日。

宣统二年三月二十四日发(1910－5－3)　外务部致驻俄等国大臣咨文驻法代办大臣札文

为徐谦等拟赴欧洲各国考察司法请详加指导事

庶务司呈为咨/札行事。

宣统二年三月二十日,准法部文称,本部奏请遴派京师高等检察厅检察长徐谦、奉天高等审判厅厅丞许世英等前往美国,赴万国刑律监狱改良会,并就便调查东西各国司法事宜一折,奉旨:知道了。钦此。

兹据该检察长等声称,美国开会,系由西历十月二号起,为期尚远,拟于五月间先到欧洲各国详加调查,以便悉心研究,庶到会时较觉相宜。计由西伯利亚铁路,首程经过俄国、德国、奥国、匈国、意国、比国、荷国、法国、英国,再赴美国、日本等处。应预行知照本国驻使,以资接洽等语。查该检察长等拟赴各国,既为道路所必由,均属调查所必及,自应由驻使详加指导,并通知各该国政府,务期考知司法、改良实际及一切相关事宜,以资借镜而便取法,咨请转咨等因前来。相应咨/札行贵大臣查照办理可也。须至咨/札者。驻俄萨大臣、驻奥雷大臣、驻比杨大臣、驻英李大臣、驻德荫大臣、驻意吴大臣、驻荷陆大臣、驻美张大臣、驻日本胡大臣。右札驻法唐代办大臣。准此。

宣统二年四月初六日(1910－5－14)　大理院致外务部咨呈

为开具金绍城等赴美刑律及监狱改良会所需经费请核复事

咨呈大理院。为咨呈事。

查本院奏派候选知府、刑科第三庭推事金绍城，法政科进士、候补五品推事李方前赴美京万国刑律监狱改良会并调查一切，折内声明所需经费，拟咨商外务部、度支部酌核办理等因。奉旨：该衙门知道。钦此。钦遵在案。现在该员等预备起程事宜，应将所需经费，比照法部酌量减省，开具清单，咨呈贵部，请即核定赐覆，以便咨商度支部核办可也。须至咨者。

右咨呈外务部。计清单一件。宣统二年四月初六日。

附件：预算经费清单

计开：

薪俸项下

会员，系奏派人员，比照二等参赞月薪发给。二人。每人月薪四百两，八个月计六千四百两。

书记官，照一等书记官。一人。每月三百两，八个月计二千四百两。

治装项下按照一个月薪俸。

会员，二人，八百两。

书记官，一人，三百两。

川资项下

由北京至日本轮船：会员，二人，一百六十两；书记官，一人，六十两。

由日本至美国轮船：会员，二人，一千两；书记官，一人，四百二十两。

由美国至欧洲轮船：会员，二人，五百两；书记官，一人，二百十两。

由欧洲至北京火车：会员，二人，一千两；书记官，一人，四百二十两。

旅费项下欧洲各国车费往来均在内。

住美国四十日

会员，二人，每人每日以美金二十五元，计约合银四十二两四钱。三千三百九十二两；书记官，一人，每日以三十四两计。一千三百六十两。

住欧洲英、法、德、比、奥、匈、荷、意、日、葡、俄等国，每国十日共约计一百日。

会员，二人，每人每日以英金三镑计，约合银二十五两五钱。五千一百两；书记官，一人，每日约二十两五钱。二千零五十两。

住日本二十日

会员，二人，每人每日约十两计。四百两；书记官，一人，每日约八两计。一百六十两。

交际项下

美国全体会员宴会，二百人，中下等膳，每人美金十元，约合银十七两。三千四百两。

请大臣宴会，二十人，上等膳，每人美金二十五元，约合银四十二两五钱。八百五十两。

预备项下

聘请法文翻译，在美国聘请报酬约一千两。调查开庭办法，购书费，照相费，拟将各国法庭监狱规则影照以作模范。入会会金，共约四千两。

共银三万五千三百八十二两。

宣统二年四月初九日发(1910－5－17)　外务部致大理院咨文

为赴美刑律会人员所需经费俟事竣开具确数报销以期核实事

榷算司呈为咨复事。

宣统二年四月初六日准咨称,本院奏派候选知府、刑科第三庭推事金绍城,法政科进士、候补五品推事李方前赴美京万国刑律监狱改良会并调查一切,折内声明所需经费,拟咨商外务部、度支部酌核办理等因。奉旨:该衙门知道。钦此。钦遵在案。

现在该员等预备起程事宜,应将所需经费,比照法部酌量减省,开具清单,咨呈贵部,请即核定赐覆,以便咨商度支部核办等因。本部查单开薪俸、治装、川资各项下数目,大致系比照本部现行出使经费章程核计。至旅费、交际、预备各项,从丰从俭,因事不同,原无一定,与各使馆常驻公费亦难比例。单开各数,不过预算大概,似应由该员等于事竣开具确数报销,以期覆实,相应咨复贵院查照办理可也。须至咨者。大理院。

宣统二年四月二十七日(1910-6-4) 法国公使马士理致外务部信函

为赴美刑律会之徐谦等途经各国护照现签押盖印送回事

径启者:

前经贵部将京师高等检察厅检察长徐谦等前往美国赴监狱改良会经过各国之护照一纸,并严志诚运柩回滇,取道香港、安南等处之护照一纸,均请签押盖印前来。兹本大臣业将二照签盖妥,协专函附,还望祈贵部转交该员等持执首途可也。

泐此。顺候日祉。附护照二纸。

马士理启,中四月二十七日,西六月初四日

宣统二年五月初十日(1910－6－16)　法部致外务部咨呈为恭报徐谦等赴美刑律会起程日期一折现录旨刷奏请遵照事

法部为钦奉事。

承政厅案呈,本部奏请赴美万国监狱改良会会员徐谦、许世英等起程日期一折,于宣统二年五月初九日具奏,奉旨:知道了。钦此。相应刷印原奏,咨呈贵部遵照可也。须至咨呈者。

右咨呈外务部。计原奏一本。

附件:为恭报徐谦等赴美刑律及监狱改良会起程日期事奏折

法部谨奏,为恭报会员起程赴会日期,缮折具陈,仰祈圣鉴事。

窃臣部前以美国今年举行第八次万国刑律监狱改良会,因美使知照,特奏请遴派京师高等检察厅检察长徐谦、奉天高等审判厅厅丞许世英前往赴会,并就近调查东西各国司法制度,曾于折内声明启程时再行奏报等因,于本年正月二十六日奉旨允准在案。

兹据该检察长、厅丞声称,自奉派后,将原送英文册提议问题详细研究,预备意见书,并将本国关于刑法、监狱、审判与慈善事业等项,凡从前之历史,现在之情形,将来之希望,均逐细编纂报告条件,以便送交会中参考,现在筹议大概。及与外务、度支两部支领经费各节,业经备办告竣。定于五月十四日启程,先赴欧洲调查司法制度。开会定期在中历八月之杪,自当先时到美赴会,即于开会后继续考察等语。查该厅长、厅丞此次奉派与会,不独采撷列邦之新制,增进我国之文明,而且调查各国司法制度,以期详尽,亦于宪政创始之时获益尤钜。臣等屡与该厅长、厅丞面商,凡会场之中所注意、考察时之所心得,总期于我国政教习惯切实可行,毋袭滥常,毋侈高远,以冀仰副朝廷慎重司法之至意。

所有恭报万国刑律监狱会会员起程日期缘由,理合缮折具陈,伏乞皇上圣鉴。谨奏。

宣统二年五月初十日(1910－6－16)　法部致政务处咨呈
为恭报徐谦等赴美刑律会起程日期一折现录旨刷奏请遵照事

法部为钦奉事。

承政厅案呈,本部奏请赴美万国监狱改良会会员徐谦、许世英等起程日期一折,于宣统二年五月初九日具奏,奉旨:知道了。钦此。相应刷印原奏,咨呈贵部遵照可也。须至咨呈者。

右咨呈政务处。计原奏一本。

宣统二年五月二十三日(1910－6－29)　大理院致外务部咨呈
为金绍城等拟于归途调查英法等国司法请转咨驻使及各国政府事

大理院为咨呈事。

本院奏请遴派刑科第三庭推事金绍城、候补从五品推事李方等,前赴美京万国刑律监狱改良协会,并就便将各国法庭规制、审判办法详细调查一折,奉旨:知道了。钦此。钦遵在案。

兹据该推事等声称,此次奏派,本系专为赴万国监狱协会而设,自应先行赴会,再行调查各国司法事宜。拟于西历十月二号赴会,毕后归途所经英国、法国、比国、荷国、意国、瑞士国、丹国、奥国、德国、俄国、日本国等,均逐细详加调查,应预行知照本国驻使,以资接洽等语。查该推事等拟赴各国,既属归途所必由,均系调查所必及,自应由驻使详加指导,并通知各该国政府,务期考知司法、改良实际及一切相关事宜,以资借镜而便取法,相应咨呈贵部查照可也。须至咨呈者。

右咨呈外务部。宣统二年五月二十三日。

宣统二年五月二十五日发(1910－7－1)　外务部致驻各国大臣咨文、代办大臣札文

为赴美刑律会之金绍城等拟于归途调查英法等国司法希照料事

庶务司呈为咨行事。

宣统二年五月二十三日,准大理院咨称,本院奏派刑科第三庭推事金绍城、候补从五品推事李方等前赴美京万国刑律监狱改良协会,并就便调查各国法庭规制、审判各事宜。该推事等拟于西历十月二号赴会,毕后归途所经英国、法国、比国、荷国、意国、瑞士国、丹国、奥国、德国、俄国、日本国就便逐细调查,请转咨各驻使详加指导,并通知各该国政府,务期考知司法、改良办法及一切相关事宜等因,相应咨行贵大臣查照,于该员到美、英、法、比、荷、意、奥、德、日本、俄、丹国时妥为照料,并通知该政府,俾使调查一切可也。须至咨者。出使各国大臣。

宣统二年六月初四日(1910－7－10)　法部致外务部咨呈

为沈其昌随赴刑律会其掣分外务部应俟文至作为到部日期并准免扣资俸事

法部为咨呈事。

举叙司案呈本部,前经奏派高等检察厅厅长徐谦,参议上行走、奉天高等审判厅厅丞许世英前往美国赴万国监狱会,并就便分赴东西各国调查司法事宜。查有法政科举人、分部员外郎沈其昌堪以派充一等书记官会同前往,当经札派在案。该会员等业经本部奏报,于上月十四日起程。兹查该员沈其昌现经掣分外务部,惟本部札派在前,自应补行咨明。查出洋人员向章,免扣资俸。该员奉差出洋,事同一律。因先期启程,未及到部,应否以吏部文到之日作为该员到部日期,准其免扣资俸之处,相应咨明贵部,请烦查照,并希转咨吏部备案可也。须至咨者。

右咨呈外务部。宣统二年六月初四日。

宣统二年六月十二日发(1910-7-18) 外务部致法部咨文

为沈其昌出洋免扣资俸一节碍难照办事

和会司呈为咨复事。

准咨称,本部奏派高等检察厅厅长徐谦等赴美国万国监狱会。查有法政科举人、分部员外郎沈其昌堪以派充一等书记官会同前往,业于上月十四日起程。兹该员沈其昌掣分外务部,惟本部札派在前,自应补行咨明。查出洋人员向章,免扣资俸。该员奉差出洋,事同一律。因先期启程,未及到部,应否以吏部文到之日作为该员到部日期,准其免扣资俸,请烦查照,转咨吏部等因前来。

查向章,凡出洋免扣资俸,皆系奏调人员。该员沈其昌尚未到部,即由贵部派充书记官随同出洋,与奏派出洋者不同,所称免扣资俸一节碍难转咨,相应咨复贵部酌核办理。须至咨者。法部。

宣统二年六月十六日(1910-7-22) 出使英国大臣李经方致外务部咨呈

为赴美刑律会之金绍城等到英后自当遵嘱照料事

钦差出使英国大臣李为咨呈事。

宣统二年六月十五日,准大部咨开,准大理院咨称,本院奏派刑科第三庭推事金绍城、候补五品推事李方等前赴美京万国刑律监狱改良协会,并就便调查各国法庭规制、审判各事宜。该推事等拟于西历十月二号赴会。毕后归途所经英国、法国、比国、荷国、意国、瑞士国、丹国、奥国、德国、俄国、日本国,就便逐细调查,请转咨各驻使详加指导,并通知各该国政府,务期考知司法、改良办法及一切相关事宜等因,相应咨行查照,于该员到英国时妥为照料,并通知该政府,俾便调查一切等因。本大臣准此,除遵照外,相应备文咨复大部,谨请查照备案。须至咨呈者。

右咨呈外务部。宣统二年六月十六日。

宣统二年六月二十九日(1910-8-4)　出使俄国大臣萨荫图致外务部咨呈

为徐谦等抵俄考察完竣现已起程赴德请转咨法部事

钦差出使俄国大臣萨为咨呈事。

宣统二年四月十二日,承准大部咨开,准法部文称,本部奏派京师高等检察厅检察长徐谦、奉天高等审判厅厅丞许世英等前往美国赴万国刑律监狱改良会,并就便调查东西各国司法事宜,请转咨本国驻使以资接洽等因前来,相应咨行查照办理等因。

承准此,当经本大臣照会俄外部所有应行考察各处,请即转行法部,饬知在案。兹徐厅长、许厅丞协同部派考察员于六月初三日抵俄,本大臣复派译员随同前往各处参观,现已将俄大审院、各级审判厅及监狱等处考察完竣,已于本月十四日起程前赴德国,理合咨呈大部,谨请查核,转咨法部。须至咨呈者。

右咨呈外务部。宣统二年六月二十九日。

宣统二年七月十九日发(1910-8-23)　外务部致法部咨文

为驻俄大臣称徐谦等抵俄考察完毕已于十四日起程赴德事

庶务司呈为咨行事。

宣统二年七月十七日，准驻俄萨大臣咨称，法部奏派调查各国司法事宜京师高等检察厅检察长徐谦、奉天高等审判厅厅丞许世英等，于六月初三日抵俄，经派译员随同前往各处参观。现已将俄大审院、各级审判厅及监狱等处考察完竣，于本月十四日起程前赴德国，请转咨法部等因。相应咨行贵部查照可也。须至咨者。法部。

宣统二年十月十三日（1910－11－14）　美国公使嘉乐恒致外务部会办大臣那桐信函

为万国监狱改良会全权代表丁义华拟往拜谒请定时日事

径启者：

兹有万国改良会全权代表员丁义华拟往拜谒借聆大教，请为函达介绍，谅贵中堂必肯为接待。惟未悉政躬，何时克暇。希于十六日后择订时日，先行见复，以便转达该员，遵照往谒可也。

此泐。顺候日祉。

嘉乐恒启，十月十三日

宣统二年十一月二十一日（1910－12－22）　法部奏折

为派员赴美京第八次万国监狱改良会现已蒇事具呈报告书事

法部谨奏，为前派第八次万国监狱会会员赴会事竣归国，具呈报告书，谨据情代奏，恭折缮单，仰祈圣鉴事。

窃据京师高等检察厅检察长徐谦，法部参议上行走、奉天高等审判厅厅丞许世英呈称，谦等于宣统二年正月二十六日经法部奏请派往美国赴第八次万国监狱会，并就便考察各国司法事宜，奉旨允准，并将启程日期奏报在案。谦、英遵于五月十四日偕续经奏派随同赴会之外务部员外郎沈其昌、法部主事罗文庄束装出都，取道西比利亚，首至俄京，次由俄而德、而奥、而义、而法、而比、而和、而英，先事考察。各国官府无不敦睦邦交，特派专员引导参观，接待既极殷勤，指示亦复恳切，而德意志尤为优异。调查所得，举凡法部之组织、审判之阶级、监狱之规模，及与司法有密切关系之感化事业，司法、警察两制度，均已略领其大凡。及八月渡大西洋至美与会，会期系中历八月二十九日开始，先十日美政府特备专车，派员在纽约迎候各国会员，导观各处法院与监狱。观毕，齐赴华盛顿谒见总统。届八月二十九日，即西历十月二号会期，假南北美洲会馆为会场，计到会者三十有五国，各国国家所派会员及以个人之资格与妇女之参入者，百有五十一人。会制分总会与部会，部会议决后，提出于总会决定。议案分四部，以刑罚为第一部，监狱为第二部，预防犯罪、幼年保护为第三、第四部。每日午前部会讨论，午后合议于总会。历时七日，解决问题十有三，得条文款目共六十有九，于九月初六日闭会，而会事竣。伏念此行，关系于改良司法之前途至重且远。谦、英等学识浅陋，膺兹重寄，敢不兢兢。矧入会之期迟，既无五年之预备；考察日浅，又无累岁之研求，心得几何，更增惭悚。第达中外之奥，通新旧之邮，使者之责，义无可辞，仅就所知者分具报告两种：一曰第八次万国监狱会报告书，一曰考察司法制度报告书。会事报告计分六节。欲知此会之情状，当先明监狱会之所由生。欲明监狱会之所由生，当先溯监狱改良之创始。故以万国监狱改良之缘起冠首，而万国监狱会之沿革次之，第八次万国监狱会之概况、会场演说及议案，与闭会后之预备又次之，篇末系以按语。凡谦、英等意见，以为应行进取之方法、办理之手续，皆备详焉。考查报告，计分五类：曰法部制度，曰审判制度，曰监狱制度，曰感化院制度，曰司法警察制度，逐类各加按语，比较异同，斟酌取舍。刍荛之献，虽无补于高深，然河岳之容，必不弃夫流壤，伏乞圣明垂鉴，并请将两种报告书饬交资政院、宪政编查馆、修订法律馆、民政部、法部酌量采择，以期实行，仍请将监狱会报告书由法部通行各省督抚、提法司转饬各属，俾一般官吏人民知监狱事业影响于社会甚巨，群相从事于改良，则狱制日善，斯犯罪日少，人格日高，而幸福日增矣。除考察司法制度报告书容俟拟就再行缮陈，并各国所赠及所购图式书籍送交法部编译，用费册报另送度支部备查外，理合恳请代奏前来。

臣等查阅报告书，所叙监狱改良之缘起、会事之沿革、此次开会时之状况，言简而明，所述之演说与议决之议案详慎周密，虑远思深，所拟按语亦皆动中窍要，切实可行。应请饬交臣部及资政院、宪政编查馆、修订法律馆、民政部分别添酌采用，总期见诸事实，不至徒托空言。仍分行各省督抚、提法使，俾得辅助进行，以收监狱改良之效。除考察司法制度报告书容俟该检察长、厅丞拟呈再行具奏外，理合将第八次万国监狱会报告书恭缮清单，伏乞皇上圣鉴训示。谨奏。宣统二年十一月二十一日具奏，奉旨：依议。钦此。

附件：徐谦等具呈赴美万国监狱改良会会员报告书

谨将京师高等检察厅检察长徐谦，法部参议上行走、奉天高等审判厅厅丞许世英所具之第八次万国监狱会报告书照缮清单，恭呈御览。

计开：

第一节　万国监狱改良之缘起

监狱制度，泰西各国在十七世纪以前，或粗陋荒败而不足论，或残惨贪酷而不忍言。自十八世纪时,有英国之博爱家约翰华尔德氏出,始倡议改良。氏盖世界改良监狱之泰斗也。氏生于千七百二十六年,卒于千七百九十年。数十年间,专以改良监狱为事业。尝五游欧亚,著书立说,鼓吹当世,并屡散家财以助之。于是朝野耳目为之震动,英国议院遂提出法案,决定改良监狱,是为万国改良监狱之嚆矢。继其后而实行者则为美人。千七百九十六年创设分房监于片苏巴尼亚州之非拉的尔肥亚,行昼夜分房之监禁法,即世所谓片苏巴尼亚制是也。千八百二十年,米的苦州创设新监狱于窝不伦,行昼杂居夜分房之监禁法,即世所谓窝不伦制是也。两制皆以分房为主要,所异者,前则昼夜分房,限制极严;后则昼间授以相当之工作,并许其室外之运动,惟夜间寝卧必使之独居。组织虽有等差,而其注重教诲,使囚徒改过迁善,出狱后复为社会良民之目的则同。两制各有真理,至今犹相持对抗,两存其说。

美国既实施改良之事迹,名誉乃转及于欧洲,各国遂群起相师。英国为始,德、法及大陆诸国继之,咸派专使调查新制,各以所见归报本国。有善片苏巴尼亚制者,有善窝不伦制者,于是片苏巴尼亚制行于英,窝不伦制行于欧洲大陆。近百年来,或以理论,或以实验,研究益深,真理日出,狱则之良否,几视为国际上竞争之事业。千八百四十六年,德人密梯梅惠尔玉卢斯、比人特披亚、和人司林格尔、法人毛卢苦利托夫、英人华托和司陆悉尔等,开万国监狱会于兰苦科尔托,提出议案,互相辩论。其最滋纷议者,则为分房制之利害,而终以最多数之意见,决定片苏巴尼亚制为善。而分房制之学说,遂纷腾于士大夫之口,而见诸实际,荷兰、比利时尤为完备。风潮所至,远及日本。日本自明治二十六年《第二次改正监狱则》发布后,虽未能骤行片苏巴尼亚制,然已参酌欧美诸国之精义,行阶级之制矣。阶级制者,以分房、杂居、假出狱为三段,而执行其刑者也。如一犯人获三年监禁之刑,初入使居分房监六个月或一年,是为第一级;期满再使居杂居监,是为第二级;在此级内,实能改过迁善,则使之假出狱,是为终极。此之谓阶级制。现今各国尤以改良监狱之事尚属幼稚时代,日事讲求,所至皆有监狱协会,以讨论其学理而调查其实况。将来各国监狱之进步,其裨益国家与社会者,殆不可思议也。

第二节　万国监狱会之沿革

监狱改良,自十八世纪以来,各国既已次第着手,成效大著。有美人瓦音司者,监狱学大家也,发议宜创立万国监狱会,沟通各国风俗习惯、政治法律,使日趋于大同。于是代表美国政府使于欧洲,游说各国,所至欢迎,万国监狱会于是成立。千八百七十二年,第一次会议开于伦敦,各国政府及各国监狱协会咸遣委员,到会者三百四十人,而以个人之资格与妇女之参入者,亦实繁有徒,是为万国监狱会之起源。以后定期,每五年开会一次。千八百七十八年,第二次会议开于斯托克夫俄尔,到会者二百九十七人。千八百八十五年,第三次会议开于罗马,到会者二百三十四人。千八百九十一年,第四次会议开于圣彼得堡,到会者七百四十人。千八百九十五年,第五次会议开于巴黎,到会者八百十七人,日本派员入会自此始。千九百年,第六次会议开于布鲁悉耳。千九百五年,第七次会议开于匈牙利,到会者日益增多。千九百十年,第八次会议遂开于华盛顿。

溯自万国监狱会成立迄今已三十八年,其创设宗旨,则在聚集各国法律家、慈善家以及鞅掌于审判监狱之官吏,使各就经验所得,讨论其利害,斟酌其异同,而刑罚改良与豫防犯罪及幼年保护制度,亦均在范围之内。计分四部,推阐益精。其初影响甚微,如风起秋之末;其后则蓬蓬勃勃,淹盖一世。各国政府且咸就会议,所得见诸施行,而国家文明进步亦赖以扶助。于是,万国监狱会遂为世界所注重。而我国特派专员入会,则自第八次始。

第三节　第八次万国监狱会之概况

万国监狱会虽发自美人,而前七次开会均在欧洲。千九百五年,美国议院提出议案,邀请政府通知各国,第八次会议开于华盛顿,各国咸悦。于是美政府预备美金二十万圆,为会场用费,定于千九百十年十月二号即中历八月二十九日在华盛顿开会。

先期十日,美政府派员在纽约迎候各国会员,导观各处监狱及审判署,后齐赴华盛顿。九月二十九号,各国会员在白宫谒见总统塔夫脱氏,会长憨德生代表全体致达颂词,总统答毕,一一握手为礼。美国监狱协会即于是日,假纽维拉旅馆为会场,各国会员亦皆加入,由事务所发给徽章,每人代价美金五圆,万国监狱会徽章亦同。

十月二号,万国监狱会开始,各国国家所派会员及以个人之资格与妇女之参入者,计百有五十一人,假南北美洲会馆为会场。首由美国总检察大臣代表总统演说,次由第七次会长、匈牙利人别离代表全体致述答辞,再次则会长憨德生宣布开会。自十月二号起,每日午前分四部研究:第一部,刑罚改良问题;第二部,监狱改良问题;第三部,预防犯罪制度;第四部,幼年保护制度。午后四部合议,晚间自由演说,通用法、英、德三国语言。四号、六号,美监狱协会与美政府公宴万国会员。至八号闭会,共计七日。解决议案,并决定第九次在伦敦开会,公举英国监狱协会会长拍拉士为会长,于是散会。所有各国到会人数，按照会场所用英文字母排列之次序列表于后。

地　名	人数	地　名	人数	地　名	人数
美利坚	五十三	希腊	四	挪威	一
阿真丁	一	加地马那	一	坤斯兰	一
奥大利亚	二	西印度海梯	二	俄罗斯	九
比利时	二	荷兰	九	三藩多	一
英吉利	七	罕都那司	一	暹罗	一
坎拿大	三	匈牙利	七	西班牙	三
中国	八	意大利	四	瑞典	一
哥伦比亚	一	日本	四	瑞士	三
古巴	三	奈巴利亚	一	突尼斯	一
芬兰	一	卢森堡	二	土耳其	一
法兰西	六	墨西哥	二	维尼斯允拉	一
德意志	三	新南威尔士	一		

第四节　会场演说

十月二号开会时，先由美国总检察大臣代表全国行开会礼，并代表总统致述颂词。其略曰：今日代表总统欢迎各国会员来至美京，深为荣幸。此会虽系美国于三十八年前创始，然在美国开会实系第一次。先是一千九百零五年三月三号，由议院函请总统，要请本年在华盛顿开会，故今日得有第八次之会议。当初此会倡议之目的,在欲知各国监狱制度及其成绩,并考求各国法律与执行方法,推而至于预防犯罪、幼年保护制度亦共同研究。综其大要,不外四端,而利益广被,实有不可以言语形容者。其故因会场虽非立法机关,而影响所及,能使立法者采取议论,见诸施行。近年来,各国刑罚主义由重改轻,由残忍变为仁慈,皆受是会之潮流,有以洗濯而陶铸之。即偶有用重刑,取惩一戒百之意者。然其要义,非如古时刑罚,徒使观者一方面之畏惧而已,盖欲使身受者自畏而不敢再犯也。总之,改良刑罚问题,皆以预防犯罪为基础。请略言改良之历史。从前刑罚与监狱种种设施,皆系报复与威吓主义,凡惩治一犯,只欲令平民警畏,不顾囚徒之痛苦,故残虐贪暴,史不绝书。自十八世纪英国有约翰华尔德及伯喀利亚两氏出,目击黑暗情形,著书立说,使上、下议院派员调查,逐渐改良,始得文明之效果。今日公会,即谓为约翰华尔德氏等之所赐可也。自有公会以来,各国监狱竞争改革,犯人在监时勤加教诲,使其改过自新,出狱时又有保护协会与之交接,代为谋生,使其能自存活,不再为非,且于幼年犯罪者特设幼年监狱与感化院以教养之,此皆受公会之所赐也。即以美国论,受公会之所赐者亦复不少。自前年政府派员调查全国监狱后,重新改建者已有八所,本京又购地六千余亩建筑感化院。去年三月,议院又将刑法修改,并拟定假出狱及免囚保护等法实行于可伦比亚。诸会员参观本国各处监狱甫归,当知所言之不谬。如是,则此会之进步不已满足乎?然而尤有一言进者,监狱至于今日,建筑已极美备,管理方法已极完全,待遇犯人已极优异,无可訾异,但恐看守人不能如法管理,则种种流弊因之而生,是宜多设协会以济其穷。夫如是,而监狱之能事乃尽云云。

次由会长憨德生演说。其略曰:今日承各国会员厚意,置憨德生于最关紧要、最有名誉之地位,不胜荣幸之至。今日为第八次监狱会开幕之初,萃各国之大公平家、大慈善家而聚处一堂,其乐何如?诸会员或从东方或从西方来至阿美利加少年之民主国,当极为欢迎。美国与世界交通,东有大西洋,西有太平洋。今从东方来者,羡其为文明发达最早之邦;从欧洲来者,羡其为改良进步之先锋;从非洲来者,羡其为竞争改革之新造。诸会员之大学问、真经验,若明灯照物,巨细不遗。在上古、中古时,此明灯早已发现,至今日得诸会员而放大之。其灯愈巨,其光愈明。诸会员来兹聚会,盖专为一种目的而来。目的维何?即社会公敌是也。此社会公敌,既思立严密法制使无可逃,一方面仍当许其自新,冀为良善。人皆云公正与慈爱两种心不能并立,其实不然。有罪必罚,是公正心,而慈爱即寓乎其中。如漫无限制,滥用慈爱,则非徒鼓励身受者之依赖心,久之且恐助长其为非,贻害于社会,而慈善心终不能遂。故公正与慈爱并立,始能达完全目的。方今世界大同,无论何种人类皆系同种,皆当研究此共同问题。近有分种界、国界者,皆系目光错误,不能从哲学上观察之所致也。故今日所重要者,即聚合万国学者之心思才识,推出一种真理,可以通行于全世界。真理一出,则虽各国风俗略有等差,办法小有出入,而精义流通,终可以贯彻无碍。有人云,感化罪犯非法官之责任,乃慈善家之义务,以为为法官者只应依法科断,执行者亦只应按罪惩罚,殊不知倡此议者,皆系古时报复与威吓主义,其亦不思之甚也。假使主义不变,犯人在监时受种种不良之待遇,出狱时身体较平时瘦弱、思想较平时恶劣、技艺较平时蠢拙,匪独此也,而且沾染恶习,向犯窃罪者必复为盗,向系初犯者必至再犯,此时责慈善家以义务,恐不胜其烦,且不胜其劳也。夫刑罚制度至于今日,饿髡刑早已全废,死刑亦少，身体刑亦已停止。所注重者，自由刑耳。而美国现时所注重者，又在自由刑中之一种，所谓不定期刑是也。不定期刑者何？即就诸会员公同之意见、公认之学理而寻思之，请言诸会员所公认者：(一) 幼年犯罪者，须另寄感化院，释放年限以能否改悔为断。(二) 因精神病犯罪者，须另置精神病院，释放与否，亦以已否痊愈为衡。(三) 偶犯轻罪者，须交保人担保，不付监狱，以全其名誉。(四) 囚徒能改悔者，须令之假出狱。(五) 职业犯罪者，其期限须交政府所派公正人酌定最长年限，以此等人最有危害于社会也。以上五端，诸会员共同之意见，即美国所行之不定期刑。名词之是否确当，未敢审知，然保护社会、改良罪犯之宗旨则一也。

何以言不定期刑之当注重也？盖被告人之性质，在法院流露往往非其真相。假如其人性质本善，当审问时或偶失检束，法官因而误会判之以重罪。又如其人性质本恶，当审问时或貌为驯谨，法官因而误会判之以轻罪。及至入狱后，经典狱官、看守人教诲，医师等平时体验，良恶真相轩豁呈露。斯时若将良者而释放欤，苦其期间未满；将恶者仍监禁欤，苦于法律所无。此中困难情形，当亦诸会员所深悉。以今日世界法官学问深邃、心术公平，本不患有此流弊。惟犯人性质变态百出，法庭少时之观察，不若监狱多时之体验，深望诸会员秉最大公正心，以为之解决也。此外尚有重要事件，则预防犯罪与幼年保护之法。此两种问题，系正本清源之道。恒人云：本固者枝自荣，源清者流自洁，深望诸会员悉心为之考究也。以上种种问题，必当分部讨论。惟分部讨论后，仍须各部会议，各将心得宣示大众，交换智识，庶几不致隔阂。况各部问题，彼此均属相通，各会员尤须存谦退心，庶可采集众见，以趣合真理，此即本会所祝望者也。法律之良否，当以真理为断，不必问与各国宪法合与不合,不必问与各国定制合与不合,不必问与各国风俗习惯合与不合。须破除各种成见,独往独来,切实研究,真理方出,诸会员万不可为种种成见束缚。在此七日中专精讨论,以期副此最大之责任。方今世运变迁,日新月异,种种法制,悉当与世运相推移。即如从前法制,人人皆以为是者,至今日人人皆以为非者,如斯变态,真不一而足,诸会员当恍然悟也。第八次监狱会今日开始,宜努力猛进,勿怠!勿怠云云。

附述万国会员谒见总统时总统演说。其略曰:今日深喜在斯地接见诸会员,更喜诸会员所经营之事业日益进步。既如刑法改良,自英国维罗伯扶斯及鲁密雪两氏出,各国咸次第减轻;监狱改良,自英国约翰华尔德氏出,各国亦次第变革。至今日,而刑法、监狱两问题已为世界所注重,精益求精。即以美国论,亦尝着手研究。曩曾游观全国监狱,觉理想仍超过事实,尚须再加整理,期与理想相合。虽然美国从事于监狱者亦已非一日,间有所得,深愿诸会员参观而质证之。今日诸会员来兹聚会,讨论刑法改良与监狱改良诸问题,实为各国文明进步之真据。从此日见发达,将使全世界人类皆享文明幸福,将使已犯罪之人涤除旧染,复为良民,实为诸会员是赖云云。

第五节　议案

会议大体组织,分总会与部会。部会决议后,提出于总会,更求总会之审定,而问题于是解决。所有议案,分部列后。

第一部　刑罚改良问题

第一问　不定期刑如与刑学原理不相违背,则何等罪犯及何等案情方可适用?若何设施方无窒碍?适用时,可否于判定刑罚后作为附加刑?

决议：

从前定期刑法应保存不废，惟幼年犯罪及累犯并有精神病者，方可引用不定期刑。但不定期刑名词既泛，范围太广，适用时恐生弊端，当附添三种条件方可适用。其条件列后：

甲，幼年犯罪者适用不定期刑时，当刑期中必须予以相当之教育。

乙，累犯者必系释放出监后确与(于)社会大有危害，方可适用不定期刑。

丙，当适用不定期刑时，须随时采用假出狱制度。

此外，定期刑中，亦有四种人当审判定期刑时，仍在定期刑外附判不定期刑，至刑期满日临时酌定适用与否。四种人如左：

甲，定最长期监禁者，例如二十年、三十年之监禁。

乙，习惯犯罪者。

丙，以犯罪为营业者。

丁，犯罪原因非由外界感触，乃其人有一种犯罪特性者。

此四种人，皆与(于)社会危害甚大，颇难望其自新，故必须附加不定期刑。其判断权，以审判官、警察官、监狱官、医官、行政官五部分之人组织临时法庭，公同酌定。当开临时法庭时，须独立判断，不得受外界摇动。

第二问　本国人在外国犯罪，经外国审判厅定罪，如逃回本国，是否应照外国所定之罪办理？

决议：

一、本国人在外国犯罪，经外国审判厅定罪，如逃回本国，应照外国所定之罪名办理，惟仍由本国审判厅按照本国刑法判令施行。

二、外国人在外国犯罪，经外国审判厅定罪，如逃至第三国，亦可由第三国审判厅按照法律办理。

三、凡犯人经法庭判定后,如逃出境外,无论至何国,其原定判词皆有效力。

四、各国须立约订明,如此国所定罪名,他国必须认可;如此国欲知犯人一切案情求他国详查者,他国必尽情相告。

五、应设立万国法律事务所,综理各国通行法律及审判与侦察事宜。

以上五条,国事犯不在其内。

六、凡犯人经法庭认许假出监狱后,无论至何国,皆当认其有假出狱之自由。

以上第三条、第五条、第六条,应俟下次会议时决定作为万国通法。

第三问　凡预防多数人聚合犯罪起见,应否定帮同犯罪人特别罪名?

决议:

一、凡帮同预备犯罪之人,如定特别罪名,似与刑法精神不合。

二、近日聚合同谋犯罪之人日益加多,凡系同谋犯罪者,审判官应有权加重治其罪。

第二部　监狱改良问题

第一问　近世感化院制度,应根何良法方为合宜?犯人入院,应否分年岁等级?应否将少年犯罪及不改过之犯特别监视?入院后,是否俟其恶性全化日始行释放?

决议:

一、凡犯人,无论年龄如何,及再犯、累犯,总宜令其改过迁善,不可存绝无希望之心。

二、凡犯人在监禁时,须从惩戒及感化两方面着手。

三、凡感化犯人须并用智育、体育、德育三种,使其出院后足以自立。

四、感化院期限以长期为宜,比之短期释放后或至再犯为有益,且可养成完全人格。

五、感化院既定长期,必须兼用假出狱制度,惟出院时必经临时法厅认定,出院后必须有合宜之人随时监督。

六、凡幼年犯罪者,应当有特别管理法。其法如左:

甲,幼年犯罪应付感化院者,其期限之长短由审判官临时酌定,不必拘定法律,总以幼年人何时可以改变性质为断。

乙,长期之犯,如于刑期未满时确能改悔自新,经临时法庭许其出院,则原判决之审判官亦当认可,不得异议。

丙,凡幼年犯罪者候审时,应与短期监禁人分别场所,不得合在一处。

第二问　能否将假出狱制度更加改良?何等官吏可以判定假出狱?

决议:

一、假出狱制度当有一定法罪,凡罪人在监,须满最短期之监禁刑,方能施行假出狱。无论何人,皆有享受假出狱利益之资格。

二、有判定假出狱之权者,即临时法庭之官吏,惟出狱后仍须随时监督,如察其不能改悔,仍可随时拘引入狱。

三、假出狱制度施行后,政府须设一定官吏监督假出狱之人。如一时未设专官,地方慈善会亦可受政府委托管理此事。惟犯人行为如何,须随时报告政府。

四、所有永远监禁及非假出狱罪犯,皆由审判厅独立办理,与临时法庭无关,临时法庭不得干涉。

第三问　监狱建筑之大小何者为宜?小监狱之犯人,应否一律工作?

决议:

一、全国监狱分散各处,宜立一专部统辖全国,专管各处监狱事宜,全国监狱皆当听其号令。

二、监狱中犯人,无论刑期长短,无论大小监狱,皆当令其作工。

三、宜立大监狱,可容多数犯人,庶可经营大工作,比多立小监狱较为有益。

四、如不能多立大监狱,则小监狱中亦必令犯人从事小工作,不可使之闲居。

五、大监狱中经营大工作,组织必求完备,须以此种监狱与工业学堂一律看待,此种监犯出狱后,可令其为小监狱中之执事人。

六、监狱官中至少须有一人深通工业,可以指挥一切。

第三部　豫防犯罪制度

第一问　犹豫执行制度有几国已经实行?其成绩如何?应否再行推广?

决议:

一、犹豫执行制度,各国刑法多经采用,成绩虽佳,必须添附三种条件方为有益:

甲,犹豫执行之罪犯,必使其不得扰害社会。

乙,罪犯得享犹豫执行之优遇者,必确信其人不必监禁即能自行改变。

丙,犹豫期间,必须有人随时监督。

二、犹豫执行制度应行推广,惟各国均须特设专官,专管监督犹豫执行之犯人。

第二问　防止浮浪无职业者,有何善法?

决议:

防止浮浪无职业者办法,应照第七次议决案办理。

附第七次决定案,以多设游民习艺所为主。

第三问　犯人监禁时,其家族应如何设法安养?

决议:

一、所有监犯在监作工,应照其所作工业高下酌予工资,分作二分,一分交其家族俾得养赡,一分俟出监时令作为营生资本。

二、监犯酌给工资,其法虽善,各国尚难实行。即如美国,监狱虽多,一时亦不能办到。惟慈善会及监狱协会宜负此义务,不可令犯人家族失所。

三、监犯酌给工资,既可保护其家族,复能使囚徒出狱后可以自立,其关系至为重要。第照目前情形,概难办到。宜请各国政府就此问题各发意见,俟下次开会再议。

第四部　幼年保护制度

第一问　幼年犯罪是否用普通刑事法科办?如不用普通刑事法,应以何法为善?

决议:

一、幼年犯罪者当特别办理,不得以普通刑事法科断。

二、审判幼年犯罪者,当照下列各条办理:

甲,审判官当有心理学、社会学之智识,方能通晓幼年人之种种习惯及其性情。

乙,幼年犯罪者,亦适用假出狱制度,出狱后必有特定之人监督,惟此监督人当法庭审问时必须到庭听审,俾深知其犯罪原因。

丙,当未审判之先,必须令深通心理学、社会学之医生详细考究其犯罪原因,密告于审判官,以助其审判。

丁,当发觉后受拘捕时,其脑筋必隐受伤损,是宜以别法令其到庭,不可拘捕。

戊,拘留场所当与成年人分别,审判时间亦当与成年人距离。

第二问　年龄太稚者犯罪,既不宜收入监狱,知识未开,亦不宜送入感化院,应以何法管理?

决议:

应多设幼稚园,多教手工,令其心有所系,仍须多设运动场,俾其性情活泼。

第三问　在大城镇之幼童,应用何法约束,以防其游惰犯法?

决议:

一、法律应明定三种办法:

甲,幼童犯罪者,父母当负其责任。

乙,有不顾家族之人,法律应强迫令其扶持家族。

丙,父母有恶习、家庭教育不良者,应将其童稚移入感化院,令受相当教育。

二、应多设演说场,讲演家庭教育,使有子女之父母来听,并劝令教堂帮同演讲。至报馆、著作,亦当注重家庭教育,以鼓吹世人。

第四问　私生子应否设立专法办理?如设立专法,应以何法为善?

决议：

一、管理私生子应有两种办法：

甲，明定法律专条保护私生子。

乙，应令慈善会多著浅近之书散布社会，使人知私生子之害，令其自悟，并注重德育，令无远识之男女皆知自重，庶可渐次断绝。

二、明定法律保护私生子。虽一时社会情状不能与正当婚姻所产之子一律看待，必当渐次平等。

三、判定私生子归何人管理，应以私生子将来利益为断，或归其父，或归其母，或归其亲族、邻里皆可。

四、私生子判定归何人管理后，如归其父管理，其母亦当帮同扶养；如归其母管理，其父亦当帮同教育。

五、凡女子私通受孕后，往往有堕胎者，有将私生子致死者，有堕落为娼者，此种流弊，皆当豫为保护。其保护之法，宜有多人帮助，慈善会办理，其办法亦分三种：

甲，女子私通受孕后，应由此种人妥为照料，不令堕胎，不令将私生子致死，并量为资助，不令堕落为娼。

乙，女子私通受孕后，应调查私生之父，令其负调护责任。

丙，女子虽私通生子，一切看待，仍当平等，遇有疑难时，须妥为指导。

第六节　闭会后豫备

第八次万国监狱会议案既已决定十月八号闭会，于是宣布常会章程。由各国政府派常会委员，每国一人，五年中聚会一次或二次，会期、会地临时酌定，专任调查本国刑罚、监狱与慈善事业之报告，并提出下次总会之议案，于开会前一年交齐。扩充本国之学说，增长全国之名誉，皆常会委员之希望。各国大都以常会委员为赴会会员,其经费由各国担任。出费多寡以人口计,每百万人年出美金五圆。中国以四万万人计,岁费美金二千圆。据会长憨德生云,各国人口无多于中国,为费太巨,届时似可酌量减少。至加入常会与否,亦由各国自定,惟必在闭会后第二年四月以前,由政府通知本届会长或第九次会长,其进行机关即寓于常会,而第八次万国监狱会于是告竣。

谨按:监狱制度与刑法、审判二者有密切之关系,监狱不良,则行刑之机关未完善,而立法与执法之精神均不能见诸作用。无论法律若何美备,裁判若何公平,而刑罚宣告以后,悉归于无效。故监狱、立法、审判三者之改良,必互重并行,始能达法治之目的,增人民之幸福。泰西各国自十八世纪改良刑法、审判以来,而于监狱一事,即一日趋重一日。考其组织,或以男女而分之为男监、女监,或以年龄而分之为幼年监、成年监,或以性质而分之为已决监、未决监,或以罪名而分之为重罪监、轻罪监,或以规模而分之为大监狱、小监狱,或以区域而分之为总监狱、分监狱,或以经费而分之为中央监狱、地方监狱,或以形式而分之为十字形、扇面形、星光形,或以制度而分之为分房制、杂居制、阶级制。论其要旨,则皆采用惩戒、感化两主义,使犯人各事工作,各受教诲,冀其改过自新。稽其实效,则囚徒出狱后大都能自改悔,能自生活,复为社会之良民,而犯罪之人数日益减少。是监狱之职务极为繁难,监狱之学问极为精密。监狱之良否,影响于国家人民者至深且远;监狱之优劣,关系于世界评议者至重且巨。故入其国,观其狱制之文野,即足以觇其国家进步之迟速,人民知识之高下。中国监狱制度向未完备。周秦以来,刑法既用报复主义,沿至隋唐,厘定刑名五等,无监禁之刑,流传至今,未能尽革,而监狱遂专以羁留未决之犯,其建筑则卑污草率，其管理则残惨贪酷。流弊所之，致使在监时有倾家荡产、瘐毙囹圄之忧，出监后有沾染恶习，犯罪增加之患迩者。

朝廷洞见此弊，改徒、流等刑为工作，创设罪犯习艺所以收容之。近又采取新法，创设模范监狱于京师及各省城，而府厅州县之监狱亦限于五年内一律成立，是行刑学之讲求，已为全国所注重。然而监狱法尚未颁布，则建筑管理诸事势必各异。其制各殊，其形破碎支离，不获收统一之效。又况从前旧监概未改革，种种需索苛暴情状，实有令人不忍言者。外观世变，内察国情，若狱制不善，终不能与各国跻于大同。谨竭一得之愚，献着手改良之策：

一、此次议决之案宜采用也。查万国公会，虽非立法机关，而每次解决问题，各国多见诸实用。此次议案，应请由资政院、宪政编查馆、修订法律馆、法部分别采择，以便施行。

一、监狱官吏宜养成也。查欧洲各国任用狱官之法虽有不同，而其必由学习而来，则一如德之用军人，义之用学生，和、比之二者并用。要皆于未受职前，使之修养练习，试可乃用，义更使之为终身官。应请由法部创设监狱学堂于京师，并转商学部通饬各省法律学堂添设监狱学一科，以期宏造人才。

一、监狱协会宜提倡也。查监狱协会之性质有二：一系研究学理，一系调查实况。东西各国斯会多如林立，亦多以法部大臣为名誉长，诚以学问日新月异，愈求愈出。且恐看守人不能奉法，得会员调查而报告之，其弊乃揭，法良意美。观于美总检察大臣之演说，益可深信。应请由法部拟定协会简章，通行各省督抚、提法使，劝令设立，以期补助进行。

一、监狱制度宜酌定也。查狱制近分分房、杂居、阶级三者，自美国创立片苏巴尼亚监狱后，学者群相推重，英、比二国全国施行，惟以建筑之费较巨，故他国未能尽改分房，有用昼杂居夜分房之制者，有用先分房、次杂居、终付之假出狱者。以中国现时情形而论，若全国尽建分房监狱，财力实有未逮。应请由法部通行各省，于建造监狱时内分分房、杂居两部，以免分歧。一俟新刑律宣布后，即可用假出狱之法而行阶级之制。

一、监狱形式宜规定也。查欧美各国监狱之形式，或用十字与一字，或用扇面与星光。荷兰新建之哈尔伦监狱，则又形如椭圆，似罗马二千年前之斗兽场。名目既多，理论亦异。然询之学者，佥谓看守之便利、费用之节省、光线之通明、空气之充足，仍以十字形为宜。故监禁二百人以下者宜用十字形，二百人以上、五百人以下者宜用双十字形，即世所称星光形也。应请由法部通行各省照办，以示整齐。

一、典狱司官宜重视也。查全国监狱监督之权虽操于法部大臣，而奉大臣之命令以赞助指挥者则在司官，司官学识之有无，即监狱良否之所系。欧洲各国有法部者，无不特设专司，遴选有学问有经验者为之。中国虽于监狱学尚少专科，而在外学成归国与已经设立模范监狱之典狱官，似不无练达之才。应由法部速调到部，优加廉俸，责令见功，以期提挈纲领。

一、感化院宜速立也。查感化院之意义，系辅助监狱权力之所不及。欧美各国大都收留幼年犯罪与不受家庭教育及家庭教育不良并浮浪乞丐者，良以幼稚之童血气未定，最易迁移，若寄之于普通监狱，必至耳濡目染，相习为非。根本不端，枝叶必败。易曰蒙以养正，即是此意。或者曰，中国古时所设之济贫院、育婴堂等，近时所设之教养局等，何莫非感化院之相似？殊不知我之所设者，偏重在养，又不仅限于幼年人。之所设者，系教养并重，且纯为幼年之感化。各国从经费上之区别,有国家与地方之分。然观其设置,凡学科、工艺以及田园花木,无一不备,几如一最新之村落。观其男女,无一不性天活泼,如小学校之学生。而朝士大夫以及慈善、宗教各家,方且孜孜不倦,日求扩充,斯为预防犯罪正本清源之道。应请由法部或民政部先行创设感化院于京师,以为之倡。一面通行各省,令地方官切实讲演,多方劝导,俾士绅均得从事斯业,以期培养人格。

一、保护事业宜劝设也。查刑罚之执行固属于监狱官吏,而所以终其刑之执行,使犯人出狱后有以生存而不至再犯者,则社会之责任,是即保护事业之所由生。详而论之,盖由私人公立一会,凡犯人释放时,保护会即与之交接,或给其衣食,或给其居住,或给其职业,或给其资本,或借贷其器用,或假予其旅费。如斯之类,不堪枚举。要而言之,凡于免囚之便利,无一不代为谋也。欧美各国此会甚昌,日本亦有免囚保护法。以我国现时人心而论,其对于出狱者嫌忌之不暇,遑云保护。然而监狱未改以前,实难责以义务。若自兹以往,而观念不变,窃恐免囚不得谋生,终必为害于社会,则狱费日增,斯担负益重。应请由法部或民政部创设一免囚保护通告通行各省,令地方官家喻户晓,并令各报馆大加鼓吹,俾得输灌知识于一般人民,以期慈善普及。

以上八策,除第一策系此次议案外,余皆为改良监狱之要事,亦皆为各国已行之良法,已著之成绩。倘不急起直追,匪但内政不修,抑恐第九次赴会时无以见重于各国也。方今世界文明,尊崇人格,刑法一事,已有主张去死刑之议,荷兰则已全废,比利时则置之适用之外,其他各国虽未删除,而引用之案岁不常有。人格愈高,犯罪愈少,刑罚愈轻。各国之日事讨论者,全在自由刑之问题。而监狱乃执行自由刑之场所，遂为刑法之主科。自十八世纪以来，竞先改革，日求进步，中国虽远处东陲，而大势所趋，日接日厉，断不能翘然立于风气之外。又况各国强行领事权于我国，其所借口亦每在刑法、审判、监狱之不良。又况海牙和平会抑中国为三等，虽以海陆军不能振兴，亦以法律不能齐一。以蕞尔之暹逻，尚能改正刑法，拒回领事裁判权；积弱之朝鲜，当未归并以前，经日本代修法典，普设审判，而领事裁判权以撤。中国有四千余年之开化、二十余省之土地、四百兆之人民，乃受此无公理之待遇，不平等之名誉一日不去，即国人忍垢蒙羞痛心疾首之一日。今者新刑律草案犹未议定，民商各法尚待调查，诉讼法亦未完全，监狱法亦甫告竣，将来核议颁行。若不将从前报复、威吓之主义概行涤荡，若不将撤去领事裁判权之宗旨公同抱定，窃恐拘牵迁就，新旧不成，法令愈多，政治愈增繁扰。外强日进程度日见距离，匪惟不能自立，抑且不足图存。立法、司法如此，推而至于行政，亦何莫不然？方今世界立国之道，皆本于大同主义，举凡风俗、习惯、政教、法制已渐趋同一之势。故创一公会也，一国和之，各国群起而趋附之。行一新法也，此国因之，他国必从而推广之。盖交通便利，国际频繁，风气所之，几如水之汇海、山之归岳而不可遏抑。主动者强，被动者弱，不动者亡。纵观欧美各国，得斯道者无不胜，失斯道者无不败，当可恍然悟也。美前总统卢斯福有言，划除村落思想；德皇威廉第二有言，破除家族主义。国之存立，其在斯欤！其在斯欤！

宣统二年十二月十二日收文(1911-1-12)　法部致外务部咨呈为奏报赴美刑律会之徐谦等呈具报告书一折现录旨刷奏请遵照事

咨呈，法部为钦奉事。

承政厅案呈本部，奏派赴美万国监狱改良会徐谦等回京报告一折，于宣统二年十一月二十一日具奏，奉旨：依议。钦此。相应刷印原奏清单，咨呈贵部遵照可也。须至咨呈者。

右咨呈外务部。计原奏清单一本。

宣统二年十二月十二日（1911－1－12） 法部致民政部咨文

为奏报赴美刑律会之徐谦等呈具报告书一折现刷印原奏清单请遵照事

法部为钦奉事。

承政厅案呈本部，奏派赴美万国监狱改良会徐谦等回京报告一折，于宣统二年十一月二十一日具奏，奉旨：依议。钦此。相应刷印原奏清单，咨呈贵部遵照可也。须至咨呈者。

右咨呈民政部。计原奏清单一本。

宣统二年十二月二十日签字（1911－1－20） 民政部致法部咨文

为赴美监狱改良会报告书颇可参酌采用希再送数本以便分发事

为咨行事。

准咨称，具奏派员赴美万国监狱改良会回京报告一折，恭录谕旨，钦遵到部。

查该报告书颇可分别参酌采用，相应咨行贵部查照，再将报告书咨送数本，以便分发可也。

咨法部。宣统二年十二月。

万国税则公会

万国税则公会(Bureau international pour la publication des Tarils douaniers)是各国旨在推动经贸往来,于1890年签订《国际海关税则出版联盟公约》成立的国际组织。根据公约,该公会在比利时布鲁塞尔设立总局,负责收集并出版各国海关税则以及修改税则的相关法令和行政条例,成员国之间并不需要定期举行会议。在晚清时期,该组织也被称作万国海关税则公会、刊印各国税则之会、万国税务恒久会、万国商务总会、万国海关税则局、万国税务公所等。根据档案,自1894年始,清政府正式加入该万国公会,并缴纳相应会费。本册共收录100件档案。

光绪十三年七月初七日(1887-8-25)　比国署使米师丽致总署照会

第二次万国公会现已展限请即入会并送商务则例呈阅由　01-27-004-01-039

七月初七日,署比国公使米照会。称:

兹接本国行知,内开:前于一千八百八十五年九月间在本国安法尔斯地方设立万国公会,面议往来各国海陆商务则例,各国均要画一以垂久远。此举均由本国主稿。嗣定于本年九月间系第二次议办之期,定地在于本国都京开办。兹于本年正月间,本国曾经照会驻扎本国大臣许大臣在案。嗣于五月初一日,接据许大臣复称,兹接本国行知,内开:现查中国商务民人船只赴外各国贩运情形,此举暂可缓办,殊为可惜等语。现今万国公会声称,第二次会办之期改于一千八百八十八年九月后半月间,展限一年,仍在本国都京面议。所以展限之由,盖因各国议论不同,各有所见。于此一年之内,为日正长,各将本意书明送至本国,再为面订商务则例,以归画一。即望转达中国查照。本国深远此会办理妥善,尤愿各国均来入会,于各国均有利益。谅中国亦必愿入会,公会尤为幸甚。今送去第二次所订商务则例一册,一并封送中国查阅。倘中国于册内,定稍有改变之处,不妨将己意书明,送至本国,俟届期面议。若议妥之后,无论何国,从否仍听其便等因前来。本署大臣接据之余,相应照会贵王大臣查照,即希示覆。外附则例一册,封送贵衙门查阅可也。

光绪十三年七月二十九日(1887-9-16)　总署致比国署使米师丽照会

会议商务则例一事与中国无关不能入会由　01-27-004-01-040

七月二十九日,给比国署公使米照会。称:

光绪十三年七月初七日,准贵署大臣照称,本国设立万国公会,面议各国商务则例。前定于本年九月间系第二次议办之期,今已改期,展限一年,将所订则例一册封送查阅等因。查中国与各国通商议订税则,通行载在各国条约,此外别无通商税则与西洋诸国情形不同。今贵国议办此举,于商务实有裨益。惟中国既无别项则例,无从入会。前准维大臣知照前来,业经出使贵国许大臣照复贵国外部在案。兹准前因,相应照复贵署大臣查照可也。

光绪十三年八月初四日(1887-9-20)　比国署使米师丽致总署照会

各国议定商务则例一事请将前送条例译明可否入会祈示复由　01-27-004-01-041

八月初四日,比国署公使米照会。称:

兹接来文,内称:查中国与各国议定税则,通行载在各国条约,此外别无通商税则,无从入会等因。本署大臣日前照会贵署,内开:商务则例并无税则字样。此商务条例系商民海陆贸迁其中,倘遇事争辩,往往难办。于今立有公会,将商务所有龃龉之处,各国议妥一定条例,载在简编,刷印成书,以归画而行久远。即如贵国将来往外各国商务盛旺,亦可照此办理,大有裨益。更望贵衙门将前次商务条例一卷译明,即可知悉中国与外国入会之益矣。

为此照复贵王大臣查照可也,并希示覆。

光绪十三年十二月十三日(1888-1-25)　总署致比国署使米师丽照会

公会税则一事中国暂缓入会由　01-27-004-01-043

十二月十三日,给比国公使米师丽照会。称:

万国公会面议商务则例一事,当经本衙门于七月二十九日照复贵署大臣在案。八月初四日,又准贵署大臣照称,商务条例系商民海陆贸迁,并无税则字样,望将条例译明,即可知中国与外各国入会之益等因。查此次公会所拟各条,现已译汉阅悉,甚为欣悦。惟现在中国商船前赴外洋各国贩运者无多,应俟以后商务如果畅行,再行按照一切情形酌拟入会,此时尚可缓议。为此照复贵署大臣可也。

光绪十三年十二月十四日(1888-1-26)　比国署使米师丽致总署照会

本年四月比京开万国税则公会希望中国入会由　01-27-014-01-001

十二月十四日,比国署公使米师丽照会。称:

光绪十二年十月三十日,本国维大臣照会贵衙门,内开:本国现拟将通晓律例、各国通商税则翻译妥协,共印成书,即在本国都京另立衙署总理此事,以归简易等语。兹接本国行知,内称:本国现拟设法办理此事简明之法,即请各国简派大员前至本国都京,会议应何设法,将此事修理妥协。因此,本国特以此事立一约条,以作入会之据,并有办理此事条例已印成书,嗣各国所派之员将此条例查照明悉，按照办理。今谅各国大概均欲照此办法，而中国尚未定议。本国深望中国照办此事，更料及中国亦欲本国将此事应办各节明细照会也。今将条例两卷封送中国，并声明入会之期，系于西历一千八百八十八年三月十五日开办，即望中国派员前至本国都京外部衙门会议。倘中国入会之后不克始终，会办亦可随时撤出。且查此会条例第九款，内载俟立定衙署，查纂修刊板刷印之费共用公项若干，即会办各国按股均摊，所摊之费若干，即分给印妥各国文字商务税则书籍若干卷，嗣后按年照办等因。本署大臣接据之余，相应照会贵王大臣查照可也。

附件：照录《税则条例》

第一章　所议设立万国税务公所节略

比王与各国与修商税（务）务（税）则，欲公同立定合同，是以各国拟派大员以办理，今将所拟条例开例于左。

第一款　各国会同商定立一商务会，以便办理税则。

第二款　该会之费均系公摊，一切税则应行删改之处须迅速布告各国。

第三款　俟删改税则后，须归比王在比国京都举办。

第四款　此会又名万国商务总会，凡入此会者须通晓通商言语。

第五款　凡办理此会诸公，应由比国外部拟派，以便经理帑项照料一切。

第六款　遇有呈报各国案件须用法文。

第七款　会中一切报销每年务须报明各国。

第八款　一切税则办法等情，应由各国抄录二分投递公所，以便照办。

第九款　会中一切花费等项须由各国立定办法。

第十款　自互换合同后，定以十年更换一次，如税则有应改之处，亦以十年为限。

第二章　所议商务公所办法节略

第一款　一切各国册单税务则例须用德、英、日、法四国文字。

第二款　造册之式，高以二十一桑的迈当为度，宽以十二半桑的迈当为度，册上字样除小楷外，均用大字，名嘎亚耳。

第三款　刷印单时所用文字，每以首数本为率。

第四款　各国须由各公所拟定用何国文字，以便核对一切用项。

第五款　刷印之费，在会之人定以十五弗郎，不在会中者定以二十夫郎。

第六款　各国商务公所会中所需费用，暂定以千夫郎。

第七款　需款所加增处，须量各国贸易如何。

第八款　每年进项各国须由公所取用。

第九款　一切官员及下役等薪水不得过七万夫郎，刷印及脚资等费又不得超过三万夫郎，共用十万夫郎。

第十款　所应纳会中之费共分六等：头等买卖至四十万万夫郎者，纳三十分；二等买卖由一千万至四十万万夫郎者，纳二十五分；三等买卖由五十万至十万夫郎者，纳二十分；四等买卖由一千万至五千万夫郎者，纳十五分；五等买卖由一千五百万至一千万夫郎者，纳十分；六等买卖至一千五百万夫朗者，纳五分。

第十一款　所有各国中如有不欲用本国文字者，按以上数目须减四成，亦分六等：头等纳十八分；二等纳十五分；三等纳十二分；四等纳九分；五等纳六分；六等纳三分。此接按贸易如何，以完纳会中之费也。

光绪十四年正月初六日(1888-2-17)　总署致比国署使米师丽照会

比京万国税则公会未便派员由　01-27-014-01-002

十四年正月初六日,给比国公使米照会。称:

光绪十三年十二月十四日,准贵署大臣照称,税例公会本国现拟办理简明之法,即请派员入会,并将条例两卷封送等因。当经本衙门译汉阅悉。

查中国向遇各国此等公会,因中外情形各异,均未派员前往。此次贵国税例公会自亦未便派员。相应照会贵署大臣查照可也。

光绪十四年三月二十八日(1888-5-8)　比国署使米师丽致总署照会

照送商务复议对票章程是否入会即希速复由　01-27-004-01-044

三月二十八日,比国署公使米师丽照会。称:

前因本国来文,内称于一千八百八十八年九月后半月间在本国京都议立万国商务公会,外附商务则例一册,本署大臣一并曾于光绪十三年七月初七日照会贵衙门查照在案。兹接本国来文,内开:如今万国商务会中诸会首兹复筹议商务章程,系彼此买卖对票各事。查本国前将商务则例业经照会中国,今又将此对票章程二卷照会中国等语。本署大臣接据之余,相应照会贵王大臣查照。倘贵国想此会诸多有益,即可派员入会之处,即希作速示复,以便行知本国可也。

光绪十四年四月初二日(1888-5-12)　总署致比国署使米师丽照会

商务会事仍须从缓入会由　01-27-004-01-045

四月初二日,行比国公使米师丽照会。称:

光绪十四年三月二十八日,准贵署大臣照称前因,本国京都议立商务公会则例,业经知照中国。兹复将筹议对票章程二卷送阅。中国如可派员入会,即希示复等因。查贵国议立商务公会一事,前经本衙门以现在中国商船前赴外洋各国贸易者无多,应俟以后商务畅行再拟入会,此时尚须从缓等语,于上年十二月十三日照复在案。兹准前因,除将送到对票章程收存外,相应照复贵署大臣查照可也。

光绪十四年六月二十三日(1888-7-31)　比国署使米师丽致总署照会

函送万国税则会章程一卷呈阅是否入会请示复由　01-27-014-01-003

六月二十三日,比国公使米师丽照会。称:

照得本国都京办理万国税则公会,兹于西历本年三月间入会者,已然面议各章底稿,此章犹接续光绪十三年十二月十四日照会贵衙门商办入会之条款也。本国今将议妥章程底稿刷印成书,此系会中照办之款。前于光绪十三年十二月十四日照会贵衙门,系入会之规也。本署大臣兹接本国行知,并有会中所议章程底稿一卷封送贵衙门查照,所为将会中始终美意特达贵衙门知悉也。现今本国都京办理此会。各国馆中定章,所有外各国于西历本年四月初一日起,限定六个月为期,外各国将其中会议底子及章程底稿查照明晰,是否中意。除此六个月外,尚有四个月限期,以定摊资若干,且是否允诺。如皆允诺,即在四个月后照准本国,按照会议底子画押,后永遵守,兹谅贵衙门不能不晓。外各国必乐从此会,因于商务有裨,如遇事即查照各国纳税各条,即可定货物之低昂也。为此照会贵王大臣查照,设或贵国阅悉此会于商务大有利益,或愿入会,嗣后再为照复本国可也。

光绪十四年十二月十七日(1889-1-18)　出使英国、法国、意国、比国大臣刘瑞芬致总署咨文

咨送比国与各国会议税则条款及往来照会并摘译各国会议税则条款呈阅由　01-27-014-01-004

十二月十七日,出使大臣刘瑞芬文。称:

光绪十四年九月十二日,准比国外部尚书喜照称:各国派员来比国都城会议关税税则事务。原定自西历本年四月初一日起,限六个月议定,现已限满,再展四个月,以便与会议之国分任会议局费。兹将所议各事刊印成书,封寄二本,请贵大臣查阅,并请以一本转呈中国总理衙门查核。缘此事曾经比国驻京公使诣总理衙门询及,未蒙允行,想总理衙门未详察有益情形,务乞贵大臣将本国所称要义达知总理衙门裁夺等因。本大臣细阅所刊条款,似于中国通商情形无甚关系,业经备文照覆在案。然该外部请将刊本呈送贵衙门察核,自应转呈,相应将与比外部往来照会并摘译比国会议各国税则条款,又比国原送各国税则公会条款洋文刊本一件,备文咨呈贵衙门,谨请查照施行。

照录清册,录呈与比国外部往来照会并摘译各国会议税则条款。

附件一：比国外部尚书喜梅来文，光绪十四年九月十二日到

为照会事。

照得一千八百八十八年五月十五日起，至是月二十一日止，各国派员来至比国都城会议海关税则事务。兹将所议事务刊印成书，封寄二本，请贵大臣查收。

贵大臣批阅之后，即可查明自本年四月初一日起，定限六个月，以便各国答允所议之事，准行会定之章。惟原定限期已满，兹又展限四个月，以便与议之国分任会议局费。俟二次限满之后，各国公使复来比京，会定各国拟立之约，并定行约之章。本部堂请烦贵大臣将寄去之书，以一本送呈贵国总理衙门查阅。再本部堂查本国驻华公使，已将比国创议税则条约事务曾向贵国询及，未蒙贵国如愿相偿。据本部堂之见，总理衙门所以未允所请者，因只为中国进口货物立论，未尝详察一切有益情事也。

窃查中华大国，不但由西洋各国运货入口，其出口之货亦渐增多，故各国税则，实系华民所宜知也。凡与中国相近之国，如日本、印度皆愿入会，同立约条。本部堂因此请贵大臣将本国所称要义达知贵国总理衙门，恳求裁夺施行。再，本部堂查自公会初次议事之后，尼喀拉瓜、玻力斐亚、哥伦比亚等国均已入会。又，义国原定查看各国情形之后再行入会之章，现已收回此章而入会矣。现计入会之国及各埠已有七十五处。合并声明，请烦查照施行。

照会大清钦差大臣刘。西一千八百八十八年十月十三日发。

附件二：摘译比国所印关税事务条款

兹将比国所印关税事务条款摘要译呈鉴核。

一、各国赴会公使等拟定刊印税则之约。

一、各国公使等拟定行约章程。各国赴会公使等拟定刊印税则之约，某国公使等奉命拟定此约，仍候本国应允始能批行。所定条款开列于左：

第一款　某国现与依行此约之某国等共立一会，名之曰刊印各国税则之会。

第二款　立会之意，系由各国分出使费，从速凑集天下各国确实关税税则，并集随时更改之税则等，一并刊印传闻。

第三款　各国因此之故，拟在比国都城设立各国公会之局，以便翻译各国税则，付梓刷印，传布闻知。举凡议院、政府议更改之章程等，均应一律由局翻译刊印，传布知悉。

第四款　所印成本之书，即名为各国税则，而以通商常用之某国文字印之。

第五款　会局之官，应由比国外部尚书选派。其会局应用之款，先由比国外部尚书垫付，并由该尚书稽查局务。

第六款　会局与依行此约之国分等，互致信函应用法国文字书之。

第七款　会局所办之事与其动用之钱款等，应于每年报闻依行此约之国。

第八款　会局每年动用钱款，至多不过一十二万五千佛郎。惟立局之首年，应另拨动五万佛郎交由比国外部尚书置买会局所用物件。凡照此约章第十四款所定章程，将来遵约入会之国分埠头等须照第九款所定分出使费之章，应将首年多用之五万佛郎一律分认交出。将来首届七年限满之日，如有某埠欲离公会者，该国该埠自应分得局产。日后如有卖产清债事故，局内公中钱款亦照第九款所定分出之章，由在会之国分埠头等分之。

第九款　立约国分，各应查照该国通商多寡之数分为　等国分。每一等国分，照其等分出　成使费，以昭公允。

使费成数

第十款　某国立约入会，而其文字非系会局所用之文字，此等国分，应照上款所定数目，减去五分之二使费，所有减定之数开列于左：

第十一款　每年使费总共之数，以各国共有若干之成数除之，即得每一成之数。次以每一成之数乘某一国应出成数之数，即得该国应交会局之若干钱文也。

第十二款　立约之国，应照以下所开之单，必于每项克即各寄二本送呈会局，以便确实妥编天下各国税则。

一、现行之关税章程与现行之关税税则。

一、随时更定之章程及随时更立之税则。

一、各国定行关税事务或改货物第，该国必有传谕税关之文，此项传谕之文可刊印者，即送会局酌刊印之。

一、各国所定通商条约及内地现行关税则章。

第十三款　此外另立行约章程，订明刊印税则之事，订明会局用款之数，订明局务办法等项事宜。

第十四款　现未入约之国分埠头等，将来均可续入公会。其欲入会之意，应先通知比国，比国转告约邦等知悉。至入会之后，即可照行约内诸条而得条约所予利益。

第十五款　此次所定之约，即于　年　月　日颁行，而以七年为限。如于首届七年未满以前六个月之内未给罢约之信，会局即应再设七年，然后陆续以七年为限，定其存留。停止所有罢约之信应达比国，俟限满之日，只准罢约国分停行此约，其余在会之国仍旧行约。各约邦等可能随时商改约内之章，各公使等尽约盖印，以昭信守。

附件三：各国公使等拟定行约章程

第一条　各国税则单应以德、英、日、法、义五国文字印之。

第二条　入会国分，其文字非会局所用者，可自出资译印税则全册，抑或抽绎、抽印，均听其便。入会之国，亦可摘出若干章，翻印于该国官报之内，或于议院文牍书籍之内翻印亦可。

第三条　会局应于翻译刊印税则章程事务详慎办理，惟入会国分不能因译文与原文偶有参差不符之故担任责成。如遇争论，仍以原文为主。此条之语，应于每本税则首页之下用大字印作告白，咸使闻知。

第四条　税则书之尺寸大小应由会局定之。

第五条　每国既已分出局费，自应分得税则若干本。该国可于会局所用五国文字之内，选用某国文内印其应得之书。每国于其应得之书，可索印以某一国文字者若干本。其余尚应找得之本数，可索印以其余四国文字者凑成找补之数。

第六条　会局只能取收有约国分所送每届税则书价。

第七条　每国既已分出局费，会局即按税则每届每套价钱十五佛郎价目，照其所出钱数送给税则若干套以补偿之。

第八条　会局用款约分以下数项：

一、会局员役俸薪辛工及加添一成半俸饷等项，共用七万五千佛郎。

一、刷印税则及分送各处信资脚费等项，共用三万佛郎。

一、会局房租及修理房屋、煤火油烛家具等项一切杂费，共二万佛郎。

以上三宗，共用一十二万五千佛郎。

第九条　比国外部尚书应照此次条约，并照此次所定章程，设法立局设官。

第十条　会局总办如蒙比国外部尚书允准，即可将上届未用之钱归入本届动用。此项盈余之款，即作预备不虞之用，而此项余款，永勿越过二万五千佛郎。此外，如再有余款，即可折减税则之价，以免各国额外多印税则之书。亦可以此余款，另于第一条所开五国文字之外，加添一国文字以印税则。至添加一国文字一节，应由在会之国分埠头等公同允定之后始可施行。各公使等同于立约之日，在比国都城续定以上各条章程。

一千八百八十八年三月十五日，各国公使会议条约章程之时，会首比国尚书男爵兰博孟向各国公使云：中国、波斯等国因其税则永远不改之故，辞却比国求其入会之请。此条见税则事务书内第七十八页。

附件四：照覆比国外部尚书喜梅文，十月十六日发

为照会事。

准贵部堂西历十月十三日来文，并附本年西五月各国派员在比国京城会议关税税则所刊条款两本，本大臣业已收到。惟查贵部堂咨称，中国未允入会，因总理衙门未详查一切各情等因。本大臣细阅所刊条款，似于中国通商情形无甚关系，是以总理衙门未允所请也。盖中国与各国通商所定税则章程，久已载明条约。所有进口、出口货物，多系有约各国商人承运，遵照税则完纳，已历多年。至于各国税则，亦非中国商人所欲尽知。并查公会每年所刊各国税则，照译印单，需款颇巨，于中国商人亦无利益。况公会所刊税则，系用英、法、德、日、义五国文字，若中国再译汉文，又需多费，中国工商人等亦难周知。本大臣审度此举，于中国商务似无利益。兹将附来公会所刊条款一本送呈总理衙门察核，诚恐入会刊印税单之事,仍未能允其所请也。相应备文照会贵部堂,请烦查照。须至照会者。照会比国外部尚书喜。

光绪十八年九月初十日(1892-10-30) 总署致海关总税务司赫德函

比税则会此次未便入会由 01-27-014-01-005

十八年九月初十日,致总税务司赫德函。称:

径复者。前准阁下到署面称,现在比国立有税则新会,陆大臣前有信致贵衙门,请中国入会,是否允行,望给一信,可将此节代为回明等语。本总办等当即回明堂宪,奉谕:此事前比国陆大臣来署说过,当告以中国与西洋穹远,商民鲜有带货赴西洋贸易者,所立税则,中国亦无所用。此次公会,未便派员入会,业已当面推却矣。

光绪十八年十月二十日(1892-12-8) 比国署使米师丽致总署照会

照送万国税则会书籍并请入会由 01-27-014-01-006

十月二十日,比国公使米师丽照会。称:

兹接本国行知内开,今据万国税则公会详报,内称于西历一千八百九十一年四月初一日起,至一千八百九十二年三月三十一日止,所有一年会办各事俱各刷印成书,即将此书送至中华总理衙门查悉等因前来。本署大臣兹将此书封送贵署,请将万国税则公会各事查照明晰,即晓入会之国甚有利益,所谓于办理商务殊属敏捷也。查一千八百九十年七月初五日,所有入会各国均本国京都会议,约章俱已画押。本署大臣如今仍请贵国按照前岁会议画押,于今入会,即本国聆之亦所深愿也。倘贵国如愿入会,而各国断不干预贵国税则。惟嗣后各口岸税则如有增改之处,随时将增改之条行知本国万国税则公会查照。外各国均有一定税则,会中亦任其低昂,绝不干预。本署大臣兹将会中刷印书籍一卷备文封送贵署检收,更望贵王大臣查照明晰,作速覆示纶音也。

附件:照录译文

督办比京刊布税则万国公局贾上署理外部大臣裴禀。

敬禀者:一千八百九十年七月初五日合同第七款内称,卑局办理情形暨支销事宜造具年报,呈递入会各国。兹遵九十一年二月初七日西王部谕,恳请大人转请各国查核。查卑局于九十一年四月初一日开办各国寄来文件,按照日期,用德、英、日、法、意五国文字挨次译刊,截至九十二年四月初一日止,统计刷印税则二十四册,附编二十一本,其发出册数若干,悉照税则数目为限,附编系另刊册本。查本京会议约估,卑局经费计十二万五千方。九十年七月初五日合同第八款载,每年经费总以上数为度。又载第一年局费计五万方兑交外部,现核已支经费计十一万九千零五十八方五十九生丁。开办局费,原可暂以二万八千二百五十六方四十二生丁为限,惟核计收款尚未如数。九十年七月初五日签画合同时,议定股款,限每年头三个月内解赴本京交兑,而各国谕令议院批准饬筹款项,迁延时日,本国未能守候。九十二年九月十三日,计收头年经费十万零五千三百五十三方,头次局费计四万二千一百六十二方七十八生丁。本国按照合同第五款,应于九十二年九月十三日先垫头年常费,计一万三千七百零五方五十九生丁。至头年局费比较,收款短少一万三千九百零六方三十六生丁以上,悬殊各款应归某某国缴付。按照九十一年七月初五日章程,作为存款应局,头年局费亦应严予限制。惟某某经费尚需支用,即如购买文牍、字典等项,以便翻译。头年经费,统计十一万九千零五十八方五十九生丁，分析如下：

一、局员司事薪水计六万六千五百六十二方三十六生丁。

二、刷印及寄费计四万五千三百四十四方十五生丁。

三、房租、局用煤火油烛计七千一百五十二方零八生丁。

局员司事除总办、帮办、书识不计外，共计十员。现在襄助译务各员，计德、英、日、法、意、美、比、俄各一员，荷二员。谨禀。

光绪十八年十一月初五日(1892-12-23)　总署致比国署使米师丽照会

税则公会事中国仍难入会由　01-27-014-01-007

十一月初五日，给比国公使米师丽照会。称：

光绪十八年十月二十日，准贵署大臣照称，接本国行知内开，今据万国税则公会详报，内称于西历一千八百九十一年四月初一日起，至一千八百九十二年三月三十一日止，所有一年会办各事俱刷印成书，即将此书送至中华总理衙门查悉等因。兹将此书封送查照，仍请按照前岁会议画押入会，更望作速示覆等因。当经本衙门译汉阅悉。查贵国设立万国税则公会原属有益商务。惟中外税则不同，地方相隔穹远，中国商民鲜有带货赴西洋贸易者，此次贵国税则公会仍难入会。相应照复贵署大臣查照可也。

光绪十九年十一月十三日(1893-12-20)　比国公使陆弥业致总署照会

万国税则会中国所摊经费为数无多仍请入会并附送书籍由　01-27-014-01-008

十一月十三日，比国公使陆照会。称：

照得万国税则公会事,前经米署大臣于光绪十八年十月二十日照会贵署查照在案。嗣于十一月初五日接准贵署覆称,查贵国设立万国税则公会,原属有益商务,惟中外税则不同,地方相隔寫远,中国商民鲜有带货赴西洋贸易者,此次贵国税则公会仍难入会等语。本大臣查中外税则不同一节,自系实在情形。中国税则原系随各国条约议定,必须彼此商议之后方能增删更改,但各国税则于中国通商事务亦大有关系。如按照西历一千八百九十年七月二十日会议画押入会,嗣后各国税则如有变通之处,立即奉告知悉,于中国商务不无裨益。又查虽然中国商民鲜有带货赴西洋贸易者,而洋商在中国各口设立行栈甚多,所有外各国通商贸易者亦不少。以海关所造册报征明,系属蒸蒸日上。虽云中国地方于西洋相隔寫远,而于东洋俄、英、法、和、日等西洋各国属地俱近在邻境。若明悉此数地方税则例章,于中国商务亦有关系,且其商务较中国徽(微)渺。而地方较中国相隔寫远之邦,即如东洋暹罗、巴西等国均已入会,谅中国海关亦并不辩驳,贵国亦可一律入会。至于各国所摊经费若干,若按每年商务统合出入货价综计多寡折算分为等第,按贵国商务系在三等,自五万万至二十万万夫浪止,综计每年应摊给经费一千八百六十三夫浪外,给创立局费四百四十七夫浪,统算为数无几。兹据该会自西历一千八百九十二年四月初一日起至次年三月三十一日止,所有第二次一年会办各事刷印成书,兹将此书送到本大臣,即请转致中国,仍望中国慨允入会等因前来。本大臣查所摊经费为数无多,贵国现已允准赴入万国铁路公会,我国国家聆之甚为欣慰。贵国若能一并入税则公会,而欣慰之情更不待言矣。为此备文附送书籍,即希贵王大臣查收。仍请可否入会之处,即行示复可也。

光绪十九年十一月二十五日（1894－1－1） 总署致总税务司赫德札

万国税则会中国可否入会即申复由 01－27－014－01－009

十一月二十五日，给总税务司赫德札。称：

光绪十九年十一月十三日，准比国陆大臣照称，万国税则公会一事，于中国商务不无裨益，所摊经费为数无多。为此备文附送书籍一卷，即希查收。可否入会之处，即行示复等因。查此事于上年十月间，曾经陆大臣照请入会，本衙门当以中外税则不同，地方穹远，碍难入会辞之。兹复准照称前因，相应钞录原文及书籍一卷，一并札行总税务司查照详核，此会究于中国商务、税务有无裨益。所摊经费中国应摊若干，如果无益于事，自不值摊给经费。希即申复，以便转复可也。

光绪十九年十二月初四日（1894－1－10） 总税务司赫德致总署咨呈

比税则会于华洋商人来往有益况各国公摊经费为数无多倘入此会只将通商税则咨送译刊其内地厘捐等不在此例由 01－27－014－01－010

十二月初四日，总税务司赫德呈。称：

奉到本年十一月二十五日钧札内开，准比国陆大臣照称，万国税则公会一事，于中国商务不无裨益，所摊经费为数无多，可否入会，即行示复等因。当以中外税则不同，地方穹远，碍难入会辞之。相应钞录原文及书籍札行详核申覆等因。

奉此，总税务司查此事于上年曾经论及，意见并未更改。伏以税则公会，其局设立比国，入会各国并无庸派员前往，只须将现行则例等项咨送比国,由该局译刊英、法、德、日、意五国文字,布告入会各国。其经费由入会各国分摊,每年合十二万夫浪,约核银三万两。既经分摊,各国应出之数自属无多。凡商民应得之益中有非由各国会同合办者,则其益不能得一事也。今日为此国此人用以收效,明日又为某国某人用以收效,缘既经各国合办,则人欲沾其利,即可从而取之,与他人并无妨碍。若未经合办,虽明明有美利,无论何人俱不得冀收其益,而其不便之处仍系众人之不便也。税则公会大旨如此。其为有益无损,可知是此会之设,洵为美举。不但长各国之学识,且又联各国之睦宜,其未入会之国则反是也。所刊印之书籍,乃系将各国现行则例及如何更改之处随时宣示众知,是以于华商与来华贸易之洋商均有裨益。缘得知何货运赴何国,以及何货由何国运来,各征税若干,借以预筹生息。中国货物恒运赴各外国,外国货物亦恒运来中国,故此项税则在中国之华洋商人俱应知晓。况入会之经费甚少,而各国之欣望良殷。倘入此会,似应由中国言明,只将通商税则咨送译刊,其内地厘捐及落地税等项名目繁多,时有更改,与外国无涉,故俱不在此例。所有万国税则公会拟请入会各缘由,理合备文申请鉴核,示覆遵行可也。

光绪二十年正月十八日(1894-2-23)　比国公使陆弥业致总署函

税则会事请速示复由　01-27-014-01-011

二十年正月十八日,比国公使陆弥业函。称:

于去岁十一月十三日,因万国税则公会照会贵署在案,至今未奉回音,曷胜翘盼之至。特函,惟望贵王大臣纶音速示为荷。

光绪二十年正月二十八日(1894-3-5)　总署致总税务司赫德札税则会于洋税变通时有无窒碍公费由何处支送望详复由　01-27-014-01-012

正月二十八日,给总税务司赫德札。称:

万国税则公会一事,前据申复,以入会各国无庸派员前往,须将现行则例等项咨送比国译刊布告入会各国,其经费由入会各国分摊,每年合十二万夫浪,约银三万两。既经分摊,应出之数自属无多。此会之设洵为美举。至所刊书籍,宣示众知,于华商运货出洋与来华贸易之洋商均有裨益。倘入此会,应由中国言明,只将通商税则咨送译刊,其内地厘捐及落地税等项名目繁多,时有更改,与外国无涉,俱不在此例。申请示复遵行等因。

本衙门查此公会于中外通商往来诚有公共利益,但各国税则、口岸情形有别,恐不能概照会中章程办理。除内地厘捐、落地税外,既入此会,洋税设有变通,能否不为公会所格?又每年入会公费为数无多,应由何处支送?均望详复,再行照会比国陆大臣可也。

光绪二十年正月二十八日(1894-3-5)　总署致总税务司赫德函前送税则公会书籍一本希即送还备查由　01-27-014-01-013

正月二十八日,致总税务司赫德函。称:

上年十一月间文,送比国陆大臣刊印万国税则公会书籍一卷,本总办等奉堂谕:请将此书送还本署,以备查核等语。奉此。专布。

光绪二十年正月二十九日(1894-3-6)　总税务司赫德致总署函
函缴万国税则会书籍由　01-27-014-01-014

正月二十九日,总税务司赫德函。称:

奉到本月二十八日钧函,以前送比国陆大臣刊印万国税则公会书籍一卷,饬将此书送还备查等因。奉此,总税务司兹特将原送税则一卷检出奉缴,即希贵衙门查收是荷。

光绪二十年二月初七日(1894-3-13)　总税务司赫德致总署申呈
申复中国入税则会实无妨碍至入会公费似可由总税司在罚款项下支销由　01-27-014-01-015

二月初七日,总税务司赫德申呈。称:

奉到本年正月二十八日钧札,以中国入万国税则公会,洋税设有变通,能否不为公会所格?又每年入会公费,应由何处支送等因。

奉此,总税务司查所询中国入此会,洋税设有变通,能否不为公会所格一节,此实无碍。在中国不过将现行税则咨送该会,如日后有变通之处,亦随时咨明而已,在该会不过将所接之税则等项刊印成帙,并无斟酌争论、拟议阻滞之事。至入会公费一节,现据比国陆大臣所云核计,如中国欲入此会,除应先纳入会费四百四十七夫浪,按随时行市约合银一百余两外,每年应分摊经费一千八百六十三夫浪,约合银四百五十余两。此项经费等项,似可由总税务司在罚款项下支拨开销。理合备文申覆贵衙门鉴查可也。

光绪二十年二月十五日(1894-3-21)　总署致总税务司赫德札

税则会事其经费等准于罚款项下支销开单申报由　01-27-014-01-016

二月十五日,给总税务司赫德札。称:

光绪二十年二月初七日接据呈称,中国入万国税则公会,不过将现行税则咨送,如日后有变通之处,亦随时咨明而已,在该会不过将所接之税则等项刊印成帙,并无斟酌争论、拟议阻滞之事。至入会公费,据比国陆大臣云核计,如中国欲入此会,除应先纳入会费约合银一百余两外,每年应分摊经费约合银四百五十余两。此项经费等项,可由总税务司在罚款项下支拨开销,申请鉴查等因。

本衙门现已将中国与各国通商税则检齐,照送比国陆大臣查收转送公会,并于照会内声明,不在各国通商税则之内地税厘,中国自行专主,无庸入此公会,以示区别。所有入会公费及每年分摊经费,即由总税务司于罚款项下支拨开销,仍随时申报本衙门可也。

光绪二十年二月二十二日(1894-3-28)　总税务司赫德致总署申呈

申报分摊税则会经费数目已送交比使查收由　01-27-014-01-017

二月二十二日,总税务司赫德申呈。称:

奉到本年二月十五日钧札,以中国入万国税则公会一事,现已将中国与各国通商税则检齐,照送比国陆大臣查收转送公会,并声明不在各国通商税则之内地税厘,中国自行专主,无庸入此公会,以示区别。所有入会公费及每年分摊经费,饬于罚款项下支销,仍随时申报等因。奉此,总税务司现特遵备入会公费,计四百四十七夫浪,并光绪二十年分应分摊经费计一千八百六十三夫浪,两共二千三百十夫浪,按二十五夫浪核英银一磅,共计九十二磅八西林。按现时行市核算计,每磅核关平银六两五钱七分八厘三毫,共合关平银六百七两八钱四分,已送交比国陆大臣查收。此项经费即归入罚款项下支销。所有遵拨入会经费等项缘由,理合备文申覆贵衙门鉴查可也。

光绪二十年二月二十六日(1894-4-1)　总署致比国公使陆弥业照会

照送中国与各国通商税则其经费俟有确数再由总税司拨照付由

01-27-014-01-018

二月二十六日,给比国公使陆照会。称:

光绪十九年十一月十三日接准照称,万国税则公会一事,前准贵署复称,中外税则不同,自系实情。但各国税则于中国通商事务亦大有关系,如会议画押入会,嗣后各国税则如有变通之处,立即奉告知悉,于中国商务不无裨益。至各国所摊经费若干,即按每年商务统合出入货价综计多寡折算分为等第,中国商务系在三等,自五万万至二十万万夫浪止,综计每年应摊给经费一千八百六十三夫浪外,给创立局费四百四十七夫浪,统算为数无几,仍望中国概允入会。附送书籍一卷,即希查收示复等因。本年正月十七日,复准函请速示前来。

本衙门查中外情形不同,税则互异,上年承约入会,尚待斟酌,未能率允。兹准贵大臣述贵国欣盼之情,一再相邀,本大臣等熟筹邦交友睦之谊,特将中国与各国通商税则检齐,照送贵大臣查收照送公会。其不在各国通商税则之内地税厘,中国自行专主,无庸入此公会。其经费俟定有确数,再由总税务司拨付。至入会各国税则,希于汇总刊齐时寄送本衙门可也。

光绪二十年三月初四日(1894－4－9) 比国公使陆弥业致总署照会

收到照送各国通商税则由 01－27－014－01－019

三月初四日,比国公使陆照会。称:

兹接贵署来文内开,兹准贵大臣述贵国欣盼之情,一再相邀,本大臣等熟筹邦交友睦之谊,特将中国与各国通商税则检齐,照送贵大臣查收照送公会。其经费俟定有确数,再由总税务司拨付。至入会各国税则,希于汇总刊齐时寄送本署等因。

本大臣捧读之余,不胜欣慰。除行知本国外部外,相应伸谢贵王大臣敦睦友邦之情也。

光绪二十年八月十三日(1894－9－12) 比国公使陆弥业致总署照会

照送万国税册四分由 01－27－014－01－020

八月十三日,比国公使陆弥业照会。称:

前因本国设立万国税则公会,准贵署照会,于光绪二十年二月二十六日来文相许入会等语。本大臣嗣于三月初四日照复贵署,内开俟税则公会将各国税则集印成书,再行照会贵署查照在案。

本大臣兹接本国万国税则公会来函,将首事所集各国税则用英文刷印成书,共为四分,递送前来。本大臣接据之余,为此备文,特将各国税则共印四分,封送贵王大臣查收可也。

光绪二十年十一月二十九日(1894-12-25)　比国公使陆弥业致总署照会

函送税则会章程由　01-27-014-01-021

十一月二十九日,比国公使陆照会。称:

照得光绪十九年十一月十三日,自本国万国税则公会函送刷印章程三分,自去岁二月十五日起至本年二月二十五日止,共议妥则例三分封送前来。本大臣接据之余,即将该会所议章程三分照送贵王大臣查阅可也。

光绪二十一年十月十三日(1895-11-29)　比国公使陆弥业致总署照会

照送税则会报单三份由　01-27-014-01-022

二十一年十月　日,比国公使陆照会。称:

照录洋文。

附件一:照译比陆使照会

为照会事。

照得万国税则局之事,本大臣业于去岁十一月二十六日西历行文贵衙门在案。今经万国税则公会局将第四次自去岁四月初一日起至本年三月三十一日止办理事宜及一切花费报单呈送前来,该报单系按一千八百九十年七月初五日约章第七款遵行。本大臣现将报单三本转咨贵衙门查照可也。为此照会。右照会大清钦命总理各国事务衙门王大臣。西历一千八百九十五年十一月二十九日,自北京发。

附件二:照译万国税则公会局呈送比国外部大臣报单

万国税则公会局为申报事。窃自本局设立以来将及五载,应将前四年所办事宜请贵大臣转知在会各国查照,由一千八百九十四年四月初一日起,至一千八百九十五年三月三十一日,《万国税则报》用五国文字,刊布税则三十五分,内十五分重编。续补税则六十九分。内三分重编。今税则各国名列左:英属印度、坎拿达、达斯马尼、那威、伯米得岛、波力斐、金边、阿依低、爱司兰得、德属东阿非力加、美国、阿根庭、番郎得、圣吕西、英属几亚那、达巴哥、西拉流讷、挂得马拉、海门属部、加美伦、色斐亚、萨巴、达合美、克勒纳得、三湾桑岛、中国、欧伯克、三多马、向风岛。续补税则各国名如左:瑞士、英国、英属印度、巴西、义大利、比利时、葡萄牙、葡属印度、三多马、胎墨尔、法国、俄国、西班牙、德国、和兰、墨西哥、日本、威内菊拉、丹马、奥斯马加、色斐亚、埃及、法属几亚那、古巴、好望角、马由特、爱力特雷、和属几亚那、波乃耳、和属东印度、三越司打士、古拉扫、阿鲁巴、那达勒、布勒加理、冈比、诺西贝、戒哥夏雷、马达加司加、阿勒日、都尼斯、日马衣格、瑞典、那威。

至第一、第二、第三等年刊布税则数目系二十四、三十七、四十八分,续补税则系二十一、二十八、六十四分。应请在会各国于现年开办之际,赶紧将各本国税则册籍寄下,以便刊布。近有各国将所有关系税务则例官报陆续寄到本局,即可照录印入报端。如此办理,各国即不必专寄册籍,似觉省事。倘于本局所刊报本查有缺遗之处,可以来讨,立即补足。惟同样报本,如欲讨要多分,恐报不敷,即难寄送。是以每次本局送到报本时,应请各国自己查点,以免事后讨要不能如愿。

第四年所用花费计十二万二千二百七十五夫郎八十一桑的桑的系夫郎百分之一,第三年系十一万六千五百二十八夫郎二十六桑的,第二年系十一万八千七百四十夫郎九十一桑的,第一年系十一万九千零五十八夫郎五十九桑的。

今第四年花费清单列左：局中人员夫役薪水，七万五千七百二十夫郎九十四桑的；刷印寄费，三万九千三百二十夫郎十一桑的；房租修费、煤斤灯火食用，七千二百二十九夫郎七十六桑的，统合十二万二千二百七十五夫郎八十一桑的。一千八百九十年九月十三日所收入项十一万九千七百零二夫郎十六桑的，前于一千八百九十四年九月间所收第一、第二、第三等年入项系十万零五千三百五十三夫郎、十一万零六十三夫郎六十一桑的、十一万零六十九夫郎七十四桑的。

自一千八百九十四年九月十三日初次开具报单以后，本局收到总办欠款数目：第二年，四千八百四十三夫郎七十五桑的；第三年，一万零四百三十四夫郎零五桑的；第一年账目无更动。进款，十二万三千八百六十二夫郎；出款，十一万九千零五十六夫郎五十九桑的；盈余，四千八百零夫郎四十一桑的。

按一千八百九十年七月初五日公订章程第十款，盈余之项归入次年核算，今将第二年账目列后：

进款，一千八百九十三年九月十三日以前入项，十一万零六十三夫郎六十一桑的；一千八百九十三年九月十三日至次年是日入项，八千六百九十六夫郎；一千八百九十四年九月十三日至次年是日入项，四千八百四十三夫郎七十五桑的。昔日盈余，四千八百零三夫郎四十一桑的，共十二万八千四百零六夫郎七十七桑的。出款，共十一万八千七百四十夫郎九十一桑；盈余，九千六百六十五夫郎八十六桑的。

第三年账目应暂行立定如下：

进款，一千八百九十四年九月十三日以前入项，十一万零六十九夫郎七十四桑的；一千八百九十四年九月十三日至次年是日入项，一万零四百三十四夫郎五桑的。昔日盈余，共十三万零一百六十九夫郎六十五桑。出款，共十一万六千五百二十八夫郎二十六桑的。盈余，一万三千六百四十一夫郎三十九桑的。

第四年账目列后：

进款，十一万九千七百零二夫郎十六桑的。昔日盈余，一万三千六百四十一夫郎三十九桑的，共十三万三千三百四十三夫郎五十五桑。出款，共十二万二千二百七十五夫郎八十一桑的；盈余，一万一千零六十七夫郎七十四桑的。

现年欠解各款均已垫付，应请各国速寄本局，以便轻减比国借垫本局支销各款之信。按一千八百九十年七月初五日公定章程第八款，由进款归入撙节项下者，于上次开具报单时已至两万一千九百九十七夫郎二十一桑的，欠解付还者二万二十一桑的，欠解付还二万二千五百九十三夫郎二十一桑。至撙节之数，作为比国公款，每年得利三厘，利息复归作本。

以上各节，皆赖局员均能勤奋从公，故本局得无遗误也。特此申报。

右咨大比国外部大臣布。万国税则公会局总办喀拜勒押。西历一千八百九十五年九月十三日，伯鲁色勒发。

光绪二十一年十月十三日（1895－11－29） 比国公使陆弥业致总署照会

照印税则会刷印章程三份由 01－27－014－01－023

十月十三日，比国公使陆照会。称：

照得本国万〔国〕税则公会递到刷印章程三分，自外国去岁四月初一日起至本年三月三十一日止，共印三分封送前来。本大臣接阅之余，即将章程三分照送贵署查收。此章系按西历一千八百九十年七月初五日所定办理。为此备文照会贵王大臣查照可也。照录外附章程三分，无文。

光绪二十一年十月十七日(1895-12-3)　总署致比国公使陆弥业照会

税则会印刷章程已阅悉存查由　01-27-014-01-024

十月十七日，给比国公使陆照会。称：

光绪二十一年十月十三日接准照称，本国万国税则公会递到刷印章程三分，自外国去岁四月初一日起至本年三月三十一日止，共印三分封送前来。本大臣接阅之余，即将章程三分照送贵署查收。此章系按西历一千八百九十年七月初五日所定办理，为此照会查照等因。本衙门均已阅悉。除将章程三分留署备查外，相应照复贵大臣查照可也。

光绪二十一年十一月初八日(1895-12-23)　总署致总税务司赫德札

札送万国税则会章程并望译送一份备案由　01-27-014-01-025

十一月初八日，给总税务司赫德札。称：

比国请入万国税则公会一事，前于光绪二十一年二月初七日接准申覆，中国入此会实无格碍，并无斟酌争论、拟议阻滞之事。入此公会经费等项，由总税务司在罚款项下支拨等因。当经本衙门将中国与各国通商税则捡(检)齐,照送比国陆大臣查收转送入会,并札行总税务司遵照在案。兹于本年十月十三日准比国陆大臣照送公会刷印章程三分,自外国去岁四月初一日起至本年三月三十一日止,此章系按西历一千八百九十年七月初五日所定办理等因前来。相应将章程三分札行总税务司查收,并望译送本衙门一分备案可也。

光绪二十二年十月十五日(1896-11-19) 比国公使费葛致总署照会

照送税则公会第五年记事簿由 01-27-014-01-026

二十二年十月十五日,比国公使费葛照会。称:

兹接万国税则公会来函,内开:现今那威国已入此会,今并将第五年记事簿刷印成本,共为三卷,递送前来。本大臣查那威国已入税则公会,该会将第五年记事簿刷印三分,即为封送贵王大臣查收可也。

光绪二十二年十月二十二日(1896-11-26) 总署致比国公使费葛照会

万国税则会记事簿已阅悉由 01-27-014-01-027

十月二十二日,给比国公使费葛照会。称:

光绪二十二年十月十五日,接准照称,兹接万国税则公会来函,内开:现今那威国已入此会,今并将第五年记事簿刷印成本,共为三卷,递到本大臣,即为封送贵王大臣查收外,附洋文记事簿三卷前来。本大臣等均已阅存。相应照复贵大臣查照可也。

光绪二十四年正月初五日(1898－1－26)　比国公使费葛致总署照会

照送税则公会第六年记事簿请查照由　01－27－014－01－028

二十四年正月初五日,比国公使费照会。称:

一千八百九十年万国税则公会第七款刷印第六年记事簿,自一千八百九十六年四月初一日至一千八百九十七年三月三十一日止,共成书籍三分。本大臣前于一千八百九十六年十一月十七日将第五年记事簿曾经照会贵署在案,兹特将第六年记事簿封送贵王大臣查照可也。

光绪二十四年正月十三日(1898－2－3)　总署致比国公使费葛照会

万国税则会第六年记事簿均已收讫存阅由　01－27－014－01－029

正月十三日,给比国公使费葛照会。称:

光绪二十四年正月初五日接准照称,查一千八百九十年万国税则公会第七款刷印第六年记事簿,自一千八百九十六年四月初一日至一千八百九十七年三月三十一日止,共成书籍三分,兹特将第六年记事簿封送查照前来。本衙门均已收讫。除原书存阅外,相应照复贵大臣查照可也。

光绪二十四年十二月二十八日(1899－2－8)　比国公使费葛致总署照会

照送税则会记事簿三份由　01－27－014－01－030

十二月二十八日,比国公使费葛照会。称:

案查前于光绪二十四年正月初四日,因本国万国税则公会刷印第六年记事簿三分,曾经照送贵署在案。兹接本国税则公会递到记事簿三分,系一千八百九十年四月一日起至第二年三月三十一日止,共计一年事务。本大臣特将记事簿三分照送贵王大臣查收。此系按照税则公会于一千八百九十年所定第七款按年印送记事簿之例也。

光绪二十五年正月初五日(1899-2-14)　总署致比国公使费葛照会

税则会书籍业已收到由　01-27-014-01-031

二十五年正月初五日,给比国公使费葛照会。称:

光绪二十四年十二月二十八日准照称,兹接本国税则公会递到记事簿三分,系一千八百九十年四月一日起至第二年三月三十〔一〕日止,共计一年事务。本大臣特将记事簿三分照送等因。本衙门查书籍三分,业经收到阅悉。相应照复贵大臣查照可也。

光绪二十五年五月二十八日(1899-7-5)　比国署公使贾尔牒致总署照会

税则会中国尚欠两年经费请电出使大臣速发由　01-27-014-01-032

五月二十八日,比国署公使贾照会。称:

兹接外部来文,内开所有设立万国税则公会,各国曾经入会,按年以六月三十日给费。中国已于西历一千八百九十年七月初五日入会,亦一律按年给费。前于西历一千八百九十七年四月二十一日自伦敦中国使馆来函,系第一百八十一号、七十八号信函封送公费,尚欠一千八百九十七年后半年,应于一千八百九十八年六月三十日给费。一千八百九十八年后半年,应于一千八百九十九年六月三十日给费。两年共欠洋银三千七百二十六夫郎。再于前一千八百九十六年六月初四日,自伦敦使馆发到洋银八百五十夫郎。除收此款,尚欠二千八百七十六夫郎,即行照知总署等因。本署大臣查税则公会按年给费。今贵国两年未给公费,除收陈款八百五十夫郎外,尚欠二千八百七十六夫郎,即请贵署电知出使本国大臣速发此款为要。相应照会贵王大臣查照可也。

光绪二十五年六月初四日(1899－7－11)　总署致副总税务司裴式楷函

税则会经费由罚款项下支拨现付至何时即查复至伦敦付过洋银系条约公会之费并抄照照会送阅由　01－27－014－01－033

六月初四日,致副总税务司裴式楷函。称:

光绪二十四年五月二十八日,准比国贾署大臣照称,所有万国税则公会,中国已于西历一千八百九十年七月初五日入会,一律按年给费,尚欠一千八百九十七、八、九等年经费未付等因前来。查比国请入万国税则公会一事,曾于光绪二十一年由总税务司申覆,中国入会实无窒碍,入会经费先给四百四十七夫郎,每年应摊经费一千八百六十三夫郎,可由总税司在罚款项下支拨,当经本衙门核准照办在案。此项经费,付至何时,即查明见复。至照会内又称,曾于一千八百九十六、七等年,由伦敦使馆发到洋银若干等语。查此款系中国资助比国商定万国条约公会之费,向由驻伦敦使馆按年发给八百五十夫郎,与税则公会似无干涉。兹特抄录照会,函送核阅。专此。顺颂日祉。

光绪二十五年六月二十四日(1899－7－31)　副总税务司裴式楷致总署函

中国入税则会经费计三千七百二十六夫浪已送交比贾署使查照由

01－27－014－01－034

六月二十四日,副总税务司裴式楷函。称:

奉到本年六月初四日钧函,以准比国贾署大臣照称,万国税则公会,中国入会尚欠经费未付等因。查此事曾由总税务司申覆,中国入会,每年应摊经费一千八百六十三夫郎,可在罚款项下支拨。当经本衙门核准照办在案。此项经费付至何时,即希查明见复。至照会内文称,曾由伦敦使馆发到洋银若干等语。查此款系中国资助比国商定万国条约公会之费,向由驻伦敦使馆按年发给八百五十夫郎,与税则公会似无干涉。钞录照会,函送核阅等因。

奉此,副总税务司查中国入万国税则公会,系于光绪二十年即西历一千八百九十四年之时,所有入会每年应摊经费一千八百六十三夫郎,计一千八百九十八、九两年之款尚未付给。兹特缮具银票一纸,计英金一百四十九镑十本士。按每镑二十五夫郎核算,共合三千七百二十六夫郎,即合去年与今年应付经费之数,已经送交比国贾署大臣查收,并经取回收银执据,相应函请贵衙门鉴查可也。专是布覆。顺颂升祺。

光绪二十五年六月二十七日(1899－8－3)　总署致比国署公使贾尔牒照会

欠付税则会费已由总税司照拨其前条约会费并希分别登款由

01－27－014－01－035

六月二十七日,行比国署公使贾照会。称:

光绪二十五年五月二十八日准照称，兹接外部文开，所有设立万国税则公会，中国已于西历一千八百九十年七月初五日入会，亦一律按年给费，今已两年未给公费，共洋银三千七百二十六夫郎。除收伦敦使馆发到洋银八百五十夫郎外，尚欠二千八百七十六夫郎，即请电知出使本国大臣速发此款等因前来。本衙门查万国税则公会，每年中国应出公费一千八百六十三夫郎，向由总税务司按年拨付。其伦敦使馆所发洋银八百五十夫郎，查系中国资助万国条约公会之费，不涉税则公会之款。当经查询总税务司，去后，兹据复称，税则公会之费计一千八百九十八、九两年尚未付给。兹特缮具银票一纸，计英金一百四十九镑十本士，按每镑二十五夫郎核算，共合三千七百二十六夫郎，即合去年与今年应付经费之数，已经送交比国贾署大臣查收等情。相应照复贵署大臣查照，并请将伦敦使馆前发八百五十夫郎分别登款，并转达贵外部可也。

光绪二十五年十月十二日(1899－11－14)　比国公使贾尔牒致总署照会

照送税则会收到中国付给公费回条此款该会现无用项暂存会中由

01－27－014－01－036

十月十二日，比国公使贾照会。称：

照得本国来文，内开：所有万国税则公会今收到中国付给公费银一百四十九镑，此系第八、第九公费，自西历一千八百九十八年四月初一日起至一千九百年三月三十一日止，收到回条，附送贵署查照。本署大臣查前于西历一千八百九十六年六月初四日，自伦敦华署拨付本国该会八百五十夫郎，声称办理该会应助之资。但此款该会现无用项，即将此款暂存会中，俟后贵国再至付给公费之期,即将此八百五十夫郎添足应给该会公费之数付给该会。相应照会贵王大臣查照可也。

光绪二十五年十月十六日(1899-11-18) 总署致总税务司赫德札

明年应付税则会之费应将前付之银扣除归使费由 01-27-014-01-037

十月十六日,给总税务司赫德札。称:

万国税则公会中国应付公费一事,前据裴副总税务司函称,所有入会之国,每年应摊公费一千八百六十三夫郎,计一千八百九十八、九两年之款尚未付给,已将英金一百四十九镑十本士共合去年、今年应付经费之数,送交比国贾署大臣查收等语。当由本衙门照会贾署大臣,并声明光绪二十三年间,伦敦使馆付给银八百五十夫郎,系中国资助比国商定万国条约公会之费,不涉税则公会之款。去后,照准复称,万国税则公会今收到中国付给公费银一百四十九镑,此系第八、第九公费,自西历一千八百九十八年四月初一日起至一千九百年三月三十一日止,收到回条,附送查照。本署大臣查前于西历一千八百九十六年六月初四日自伦敦华署拨付本国该会八百五十夫郎,声称办理该会应助之资。但此款该会现无用项,即将此款暂存会中,俟后来贵国再至付给公费之期,即将此八百五十夫郎添足应给该会公费之数付给该会等因。本衙门查比国条约公会,前于光绪二十三年间,曾由伦敦使馆于出使经费项下拨付银八百五十夫郎在案。兹准贾署大臣照称,此款现无用项,暂存会中,俟后来添足付给,相应札行总税务司查照。即俟明年应付万国税则公会公费之期,将前年付过银八百五十夫郎应行扣除,归还出使经费,由总税务司所发各随员安家银两项下抵消,以清款目,并将此次送来洋文收条附送存案可也。

光绪二十五年十月十九日(1899-11-21) 总税务司赫德致总署咨呈

税则会中国前付公费应行扣除抵销各节已遵办由 01-27-014-01-038

十月十九日,总税务司赫德呈。称:

奉到本年十月十六日钧札,以万国税则公会中国应付公费一事,准比国贾署大臣照称,收到中国付给公费银一百四十九镑,此系第八、第九公费,自西历一千八百九十八年四月初一日起至一千九百年三月三十一日止,收到回条,附送查照。查前自伦敦拨付八百五十夫郎,声称办理该会应助之资。但此款现无用项,即暂存会中,俟贵国再至付给公费之期,即将此八百五十夫郎添足应给公费之数付给该会等因,相应札行查照。俟明年应付万国税则公会公费之期,将前由伦敦华署付过银八百五十夫郎应行扣除,归还出使经费,由总税务司所发各随员安家银两项下抵消,以清款目,并将此次送来洋文收条附送存案等因。奉此,总税务司备悉一是。除遵照办理外,合行备文申复贵衙门鉴查可也。

光绪二十五年十月二十五日(1899-11-27) 比国公使贾尔牒致总署照会

照送税则会第八次章程由 01-27-014-01-039

十月二十五日,比国公使贾照会。称:

照得本国万国税则公会递到第八次纂修章程三卷,系西历一千八百九十八年四月初一起至一千八百九十九年三月三十一日止,所有办理关税章程刷印成书等因。本署大臣接据之余,即将税则公会递来章程三卷照送贵王大臣查阅可也。

光绪二十五年十月二十九日(1899-12-1)　总署致比国公使贾尔牒照会

收到万国税则会第八次章程刷印书籍由　01-27-014-01-040

十月二十九日,给比国公使贾照会。称:

光绪二十五年十月二十五日接准照称,本国万国税则公会递到第八次章程,系西历一千八百九十八年四月初一起至一千八百九十九年三月三十一日止,共刷印成书三卷,兹特封送查阅等因前来。本衙门均经收讫。除将原书存阅外,相应照复贵大臣查照可也。

光绪二十五年十二月二十八日(1900-1-28)　比国公使费葛致总署照会

照送税则会记事簿三本由　01-27-014-01-041

十二月二十八日,比国公使费照会。称:

案查前于光绪二十四年正月初四日,因本国万国税则公会刷印第六年记事簿三分,曾经照送贵署在案。兹接本国税则公会递到记事簿三分,系一千八百九十年四月十(初)一日起,至第二年三月三十一日止,共记一年事务。本大臣特将记事簿三分照送贵大臣查收。此系按照税则公会于一千八百九十年所定第七款按年印送记事簿之例也。

光绪二十六年五月二十六日(1900-6-22)　江南海关苏松太道致总理衙门呈文

为前万国税则公会费用已归出使经费项下开报事

二品顶戴监督江南海关分巡苏松太道为呈报事。

本年五月初二日,准总税务司赫德照会内开,照得万国税则公会中国应付公费一事,前于上年十月十六日奉总理衙门札,以西历一千八百九十八、九两年,中国应付之款业经付讫,前由伦敦使馆于出使经费项下拨付银八百五十夫郎,系中国资助比国商定万国条约公会之费。准比国大臣照称,此款现无用项,暂存会中,俟后来添足付给等语札行查照。俟下年应付万国税则公会公费之期,将前付过银八百五十夫郎扣除,归还出使经费等因。

总税务司查现届西历一千九百年,中国应摊之公费一千八百六十三夫郎业经备齐,遵将前付之八百五十夫郎照数扣除,计合规平银二百四十九两二钱七分,寄交沪道查收,归入使费项下清款。除将其余中国应摊公费即一千十三夫郎拨交比国大臣查收外,照请查照示复等因。并送规平银二百四十九两二钱七分,由江海关税务司安格联转送到道,除照数兑收归入出使经费项下列册汇报并分别备复外,理合具文呈报,仰祈宪台俯赐鉴核。为此备由,呈乞照验施行。须至咨者。

右呈钦命总理各国事务衙门。光绪二十六年五月二十六日。管关巡道余联沅。

光绪二十七年十一月初八日(1901-12-18)　比国署公使贾尔牒致外务部函

函送税则会所议各处海关估价奏章稿本请阅存由　01-27-014-01-042

二十七年十一月初八日,比国署公使贾尔牒函。称:

本署大臣今接得本国外部寄到万国税则公会所议各处海关估价奏章稿本三本，自西历一千九百年四月初一日起至一千九百零一年三月三十一日止。查此奏章系于一千八百九十年七月初五日所订条约按照第七款核办。兹特将接到稿本三本，送请贵王大臣查阅备存可也。专此。顺颂日祉。

光绪二十七年十一月初九日(1901－12－19)　比国署公使贾尔牒致外务部照会

照送捐助税则会银两收条由　01－27－014－01－043

十一月初九日，比国署公使贾尔牒照会。称：

本署大臣今接到本国外部寄来收到贵国国家捐助万国海关税则公会之银一千零一十三佛郎克，自西历一千九百年四月初一日起，至一千九百零一年三月三十一日止之收条。本署大臣今将此收条备文照送，为此照会贵王大臣查照接收可也。

光绪二十七年十一月十三日(1901－12－23)　外务部致比国公使贾尔牒函

收到税则会所议各海关估价奏章稿本三本由　01－27－014－01－044

十一月十三日，致比国公使贾思理函。称：

十一月初八日准函称，本署大臣接得本国外部寄到万国税则公会所议各处海关估价奏章稿本三本，送请查阅备存等因。查此项奏章，本部自应查照存案，以备考核。为此专函布复。顺颂时祉。

光绪二十八年十一月二十一日(1902－12－20)　比国公使姚士登致庆亲王奕劻照会

为呈万国海关公会第十一次会议税则奏章请查收事

大比钦差驻中华便宜行事全权大臣姚为照会事。

为万国海关税则公会一事,前于一千九百零一年十二月十八日曾经照会在案。兹本大臣用特照会并附送本会海关税则奏章三本,于西历一千九百零一年四月初一日起至一千九百零二年三月三十一日止,按照西历一千八百九十年七月初五日所订合约第七款内载办理。此系第十一次会,附送为贵国国家备查。为此照会贵亲王查照接收可也。须至照会者。

右照会大清钦命全权大臣总理外务部事务和硕庆亲王。光绪二十八年十一月二十一日。

光绪二十九年九月二十一日(1903－11－9)　比国公使姚士登致庆亲王奕劻照会

为呈万国海关公会第十二次会议税则奏章请查收事

大比钦差驻中华便宜行事全权大臣姚为照会事。

前于西历一千九百二年十二月十九日,本大臣曾经照会贵亲王,为万国海关税则公会一事在案。今本大臣又接本国寄来海关税则公会奏章三本,由西历一千九百二年四月初一日起,至一千九百三年三月三十一日止,此系第十二次会议,按照西历一千八百九十年七月初五日所订合约第七款内载办理。兹特将附送贵国国家备查。为此照会贵亲王查照收阅可也。须可(至)照会者。计照送奏稿三本。

右照会大清钦命全权大臣军机大臣总理外务部和硕庆亲王。

光绪二十九年九月二十一日。

光绪三十年四月十九日(1904－6－2)　比国署公使葛飞业致外务部照会

瑞士国已入万国海关税则会请查照由　01－27－014－01－047

光绪三十年四月十九日,收比国署公使葛照会。称:

照得本署大臣接奉本国国家来文,内开:接到瑞士国国家文开,本国国家按照西历一千八百九十年七月初五日在比国京城普鲁塞尔所订万国海关税则一事,本国业已入会等因。查该税则第十四款内所载,如有入会之国,本国应行知照各国查照等因。本署大臣今特备文照会贵亲王查照可也。

光绪三十年四月二十三日(1904－6－6)　外务部致总税务司赫德札

比使照称瑞士国已入万国税则会由　01－27－014－01－048

光绪三十年四月二十三日,发总税务司赫德札。称:

光绪三十年四月十九日,准比国葛署大臣照称,瑞士国按照西历一千八百九十年七月初五日在比国京城普鲁塞尔所订万国海关税则一事业已入会。查该税则第十四款内所载,如有入会之国,本国应行知照各国查照等因前来。相应札行总税务司查照可也。

光绪三十年四月二十三日(1904－6－6)　外务部致比国署公使葛飞业照会

瑞士国已入万国税则会本部已阅悉由　01－27－014－01－049

光绪三十年四月二十三日,发比国署公使葛照会。称:

光绪三十年四月十九日准照称,瑞士国按照西历一千八百九十年七月初五日在比国京城普鲁塞尔所订万国海关税则一事业已入会。查该税则第十四款内载,如有入会之国,本国应行知照各国查照等因前来。本部业已阅悉。相应照复贵署大臣查照可也。

光绪三十年八月初五日(1904-9-14)　比国公使葛飞业致外务部照会

德国来文愿入万国海关税则会由　01-27-014-01-050

光绪三十年八月初五日,收比国公使葛照会。称:

案查西历一千八百九十年七月初五日在比国京城普鲁赛尔会订万国海关税则一事,今本大臣接奉本国国家来文,内开:接准德国国家来文,愿入万国海关税则之会等因。本大臣为此照会贵亲王查照可也。

光绪三十年八月初八日(1904-9-17)　外务部致总税务司赫德札

比葛使照称德国愿入〔万〕国税则会由　01-27-014-01-051

光绪三十年八月初八日,发总税务司赫德札。称:

光绪三十年八月初五日,准比国驻京大臣照称,案查西历一千八百九十年七月初五日在比国京城普鲁赛尔会订万国海关税则一事,今奉本国国家来文内开:接准德国国家来文,愿入万国海关税则之会。为此照会,请为查照等因前来。除照覆外,相应札行总税务司查照可也。

光绪三十年八月初八日(1904－9－17)　外务部致比国公使葛飞业照会

德国愿入万国海关税则会已札总税司查照由　01－27－014－01－052

光绪三十年八月初八日,发比国公使葛照会。称:

光绪三十年八月初五日,接准照称,西历一千八百九十年七月初五日在比国京城普鲁赛尔会订万国海关税则一事,今奉本国国家来文内开:接准德国国家来文,愿入万国海关税则之会,请为查照等因前来。本部业已阅悉,并经札行总税务司备案。相应照复贵大臣查照可也。

光绪三十年九月十二日(1904－10－20)　比国公使葛飞业致外务部照会

巴拏马愿入万国海关税则会由　01－27－014－01－053

光绪三十年九月十二日,收比国公使葛照会。称:

照得本大臣今奉本国外部来文,内开:巴拿马国家照送比国国家文开,该国国家查照西历一千八百九十年七月初七(五)日在比国普鲁塞尔京城所订万国海关税则公会,该巴拿马国家已允入此公会等因。本大臣按照此会条约第十四款内载,凡有入会之国,应行通知各国,为此备文照会贵亲王查照,转达贵国国家可也。

光绪三十年九月十五日(1904－10－23)　外务部致总税务司赫德札

比使照称巴拏马入万国税则会由　01－27－014－01－054

光绪三十年九月十五日,发总税务司赫札。称:

光绪三十年九月十二日,准比国葛大臣照称,本大臣今奉本国外部来文,内开:巴拿马国家照送比国国家文开,该国国家查照西历一千八百九十年七月初七(五)日在比国普鲁塞尔京城所订万国海关税则公会,该巴拏马国家已允入此公会等情。本大臣按此会条约第十四款内载,凡有入会之国,应行通知各国,为此备文转达等因前来。相应札行总税务司查照可也。

光绪三十年十一月初三日(1904-12-9) 比国公使葛飞业致庆亲王奕劻照会

为呈万国海关公会第十三次会议税则奏章请查收事

大比钦差驻扎中华全权大臣便宜行事世袭一等男爵葛为照会事。

本大臣接奉本国外部寄来万国海关税则章程三本,由西历一千九百三年四月初一日起,至一千九百四年三月三十一日止,系第十三次会议。此章程与本大臣一千九百三年十一月初七日所照之件相同。为此备文,将章程三本照送贵亲王查收可也。须至照会者。计送章程三本。

右照会大清钦命全权大臣军机大臣总理外务部和硕庆亲王。光绪三十年十一月初三日。

光绪三十年十一月初六日(1904-12-12) 外务部致比国公使葛飞业照会

为已阅悉万国海关第十三次会议税则章程并札交总税务司事

榷算司呈为照复事。

光绪三十年十一月初三日,准照称,接奉本国外部寄来万国海关税则章程三本，由西历一千九百三年四月初一日起，至一千九百四年三月三十一日止，系第十三次会议。为此备文，照送查收等因前来。本部业已阅悉。除札交总税务司外，相应照复贵大臣查照可也。须至照会者。比葛使。

光绪三十年十一月初六日(1904－12－12)　外务部致总税务司赫德札文

为转比使所送万国海关公会第十三次会议税则章程请查照事

榷算司呈为札行事。

光绪三十年十一月初三日，准比国葛大臣照称，今接奉本国外部寄来万国海关税则章程三本，由西历一千九百三年四月初一日起，至一千九百四年三月三十一日止，系第十三次会议。此章程与本大臣一千九百三年十一月初七日所照之件相同，为此将章程三本照送查照接收等因前来。除照复葛大臣外，相应将洋文章程二本札送总税务司查照可也。须至札者。附洋文章程二本。

右札总税务司赫。准此。光绪三十年十一月初六日。

光绪三十一年二月初八日(1905－3－13)　比国公使葛飞业致庆亲王奕劻照会

为请将万国海关税则公会第十四次会款送交本馆以便转寄事

大比钦差驻扎中华全权大臣便宜行事世袭一等男爵葛为照会事。

照得万国海关税则公会一事，前于西历一千八百九十年七月初五日所订公会章程，按照会规，入会者每年应付会款一次。兹本大臣查贵国国家于西历一千九百四年四月初一日起至一千九百五年三月三十一日止第十四次，贵国应捐会款共欠一千八百六十三个佛郎，应请贵亲王查明此款，合计其数，送到本馆，以便本大臣转送该会查收。为此照会贵亲王查照可也。须至照会者。

右照会大清钦命全权大臣军机大臣总理外务部和硕庆亲王。光绪三十一年二月初八日。

光绪三十一年二月十二日（1905－3－17）　外务部致总税务司赫德札

比使称万国海关税则会中国应付第十四次捐款即查核拨交并声复由　01－27－014－01－056

光绪三十一年二月十二日，发总税务司赫德札。称：

光绪三十一年二月初八日，准比国葛大臣照称，万国海关税则公会一事，前于西历一千八百九十年七月初五日所订公会章程，按照会规，入会者每年应付会款一次。兹本大臣查贵国于西历一千九百四年四月初一日起至一千九百五年三月三十一日止，第十四次应捐会款共欠一千八百六十三个佛郎，应请查明此款，合计其数，送到本馆，以便转送该会查收等因。相应札行总税务司查核前数，拨交比馆转付该会，并声覆本部可也。

光绪三十一年二月十三日（1905－3－18）　总税务司赫德致庆亲王奕劻申呈

为遵将万国海关税则公会第十四次会款如数拨交比使查收转寄事

钦加太子少保衔花翎头品顶戴二等第一宝星总税务司赫德为申复事。

万国海关税则公会一事，奉到二月十二日钧札内开：准比国葛大臣照称，贵国应捐会款共欠一千八百六十三个佛郎，请查明其数，送到本馆，转寄该会查收等因。札行查核前数，拨交比馆，并声复本部等因。奉此，总税务司除遵将此款照数拨交比国葛大臣查收转寄，并另日呈请归款外，理合备文申复贵部鉴查可也。须至申呈者。

右申呈钦命全权大臣便宜行事军机大臣总理外务部事务和硕庆亲王。光绪三十一年二月十三日。

光绪三十一年二月十七日(1905-3-22)　外务部致比国公使葛飞业照会

海关税则十四次捐款已饬总税司照交驻京使馆由　01-27-014-01-058

光绪三十一年二月十七日，发比国公使葛文。称：

光绪三十一年二月初八日，接准照称，万国海关税则公会于西历一千九百四年四月初一日起至一千九百五年三月三十一日止第十四次，贵国应捐会款共欠一千八百六十三个佛郎，请查明送到本馆，转送该会等因。本部业经饬据总税务司申覆，遵将此款拨交贵馆收寄。相应照复贵大臣查照，希即于收到后转送该会查收可也。

光绪三十一年二月二十六日(1905-3-31)　比国公使葛飞业致外务部照会

照复收到万国海关税则会捐款致谢由　01-27-014-01-059

光绪三十一年二月二十六日，收比国公使葛照会。称：

接准贵亲王照复，为万国海关税则公会第十四次中国应捐会款，本部业经饬据总税务司申复，遵将此款拨交贵馆收寄等因。并收到七十镑十先零五本士,合计一千八百六十三个佛郎。本大臣如数核收,当即转寄该公会查收。本大臣并先代该公会谢谢矣。为此照复贵亲王查照可也。

光绪三十一年十二月十二日(1906－1－16)　比国署使博赉尔致庆亲王奕劻照会

为呈万国海关公会第十四次会议税则奏章请查收事

大比署理钦差全权大臣博为照会事。

本大臣查照前案,接奉本国外务部寄来万国海关税则章程三本,由西历一千九百四年四月初一日起至一千九百五年三月三十〔一〕日止第十四次会议,为此备文照送贵王大臣查照办理可也。须至照会者。

右照会大清国全权大臣总理外务部事务庆亲王。光绪三十一年十二月十二日。

光绪三十一年十二月十五日(1906－1－19)　外务部致比国署使博赉尔照会

为已阅悉万国海关第十四次会议税则章程并札交总税务司事

榷算司呈为照覆事。

光绪三十一年十二月十二日,准照称,接奉本国外务部寄来万国海关税则章程三本,由西历一千九百四年四月初一日起至一千九百五年三月三十〔一〕日止第十四次会议,请查照办理等因前来。本部业经阅悉。除札行总税务司外,相应照覆贵大臣查照可也。须至照会者。比博署使。光绪三十一年十二月十五日。

光绪三十一年十二月十五日(1906-1-19)　外务部致总税务司赫德札文

为转比使所送万国海关公会第十四次会议税则章程请查照事

榷算司呈为札行事。

光绪三十一年十二月十二日,准比国驻京署大臣博照称,接奉本国外务部寄来万国海关税则章程三本,由西历一千九百四年四月初一日起至一千九百五年三月三十〔一〕日止第十四次会议,为此照送查照办理等因前来。相应将原送海关税则章程三本札行总税务司查照可也。须至札者。附洋文章程三本。

右札总税务司赫。

光绪三十二年正月十五日(1906-2-8)　比国署使博赉尔致庆亲王奕劻照会

为请拨万国海关税则公会第十五次会议章程费用以便转寄事

大比署理钦差全权大臣博为照会事。

查得万国海关税则章程,前于西历一千八百九十年七月初五日公同签字,并在第二条载明,所有各国应付之费务于三个月内即系六月三十日以前一并付清等因。兹查自西历一千九百五年四月初一日起至一千九百六年三月三十一日止,第十五次会议之万国海关税则章程费,迄今贵国尚未发下。为此,烦请贵王大臣速为照拨,以便转寄。相应照会贵王大臣查照办理可也。须至照会者。

右照会大清国全权大臣总理外务部事务庆亲王。

光绪三十二年正月十七日(1906-2-10)　外务部致总税务司赫德札文

为比使催交第十五次万国海关公会税则章程费用请查核拨付事

榷算司呈为札行事。

光绪三十二年正月十五日,准比国博署大臣照称,万国海关税则章程前于西历一千八百九十年七月初五日公同签字,并在第二条载明,所有各国应付之费,务于三个月内即系六月三十日以前一并付清等因。兹查自西历一千九百五年四月初一日起至一千九百六年三月三十一日止,第十五次会议之万国海关税则章程费,迄今贵国尚未发下,请烦速为照拨,以便转寄等因前来。相应札行总税务司查核应付数目,拨交比馆转付该会,并声复本部可也。须至札者。

右札总税务司赫。准此。

光绪三十二年正月十九日(1906-2-12)　总税务司赫德致庆亲王奕劻申呈

为已将第十五次万国海关公会税则章程费用如数拨交比使查收事

钦加太子少保衔花翎头品顶戴二等第一宝星总税务司赫德为申复事。

奉到钧札,内开:准比国博署大臣照称,兹查自西历一千九百五年四月初一日起至一千九百六年三月三十一日止,第十五次会议之万国海关税则章程费,迄今贵国尚未发下,请烦速为照拨,以便转寄等因。相应札行总税务司查核应付数目,拨交比馆转付该会,并声复本部等因。奉此,总税务司查应捐会款即系一千八百六十三个佛郎,当已如数拨交比国博署大臣查收转寄矣。除将此项垫款另日呈请归还外，理合备文申复贵部鉴查可也。须至申呈者。

右申呈钦命全权大臣便宜行事军机大臣总理外务部事务和硕庆亲王。光绪三十二年正月十九日。

光绪三十二年正月二十二日(1906-2-15)　外务部致比国署使博赉尔照会

为总税务司已如数拨交第十五次万国海关公会税则章程费用请查照事

榷算司呈为照复事。

前准照称，兹查自西历一千九百五年四月初一日起至一千九百六年三月三十一日止，第十五次会议之万国海关税则章程费，请烦速为照拨，以便转寄等情。当经本部札行总税务司查照应付数目照拨。去后，兹据总税司复称，查应捐会款即系一千八百六十三个佛郎，当已如数拨交比国博署大臣查收转寄矣。合即备文申复等因前来。相应照复贵署大臣查照可也。须至照会者。比博署使。

光绪三十二年正月二十六日(1906-2-19)　比国署使博赉尔致庆亲王奕劻照会

为收到贵国所交第十五次万国海关公会税则章程费用并已转寄事

大比署理钦差全权大臣博为照会事。

接准覆称，自西历一千九百五年四月初一日起至一千九百六年三月三十一日止，第十五次会议之万国海关税则章程费，当经札行总税务司查照应付数目照拨。去后，兹据复称，查应捐会款即系一千八百六十三个佛郎，当已如数拨交矣。合即备文申复等因。

本署大臣业将该款如数查收，当经转寄本国外务部矣。相应照覆贵王大臣查照可也。须至照会者。

右照会大清国全权大臣总理外务部事务庆亲王。光绪三十二年正月二十六日。

光绪三十二年十月十七日(1906－12－2)　外务部致税务处咨文

为转比使所送第十五次万国海关公会税则章程请交总税务司事

榷算司呈为咨行事。

光绪三十二年十月十四日，准比国柯使照称，由本国外部寄来西历一千九百五年四月初一日起至一千九百六年三月〔三〕十一日止第十五次会议之万国海关税则章程三本，备文送交等因前来。相应将原送章程三本咨送贵处查照，札交总税务司可也。须至咨者。税务处。附章程三本。

光绪三十二年十月十七日(1906－12－2)　外务部致比国公使柯霓雅照会

为收到第十五次万国海关公会税则章程并已转行税务处事

榷算司呈为照复事。

光绪三十二年十月十四日，准照称，本国寄来自西历一千九百五年四月初一日起至一千九百六年三月三十一日止第十五次会议之万国海关税则章程三本，备文送交等因前来。本部已照收，转行税务处〔收〕讫。相应照复贵大臣查照可也。须至照会者。比国柯使。

光绪三十三年十一月十二日(1907－12－16)　外务部致比国公使柯霓雅照会

税务恒久会第十六期年表已阅悉由　01－27－014－01－066

光绪三十三年十一月十二日,发比柯使照会。称:

光绪三十三年十一月初五日,接准照称,本大臣接到万国税务恒久会寄来第十六期之期年表三册,系自西历一千九百零六年四月初一日至一千九百零七年三月二十二日止之期年表,照送查收等因前来。本部业已阅悉。相应照复贵大臣查照可也。

光绪三十三年十一月十二日(1907－12－16)　外务部致税务处咨文

为转比使所送万国税务恒久会第十六期年表请查照事

榷算司呈为咨行事。

光绪三十三年十一月初五日,准比柯使照称,本大臣接到万国税务恒久会寄来第十六期之期年表三册,系自第西历一千九百零六年四月初一日至一千九百零七年三月二十二日止之期年表,照送查收等因前来。除留存一分备查外,相应将原送万国税务恒久会第十六期之期年表二册咨送贵大臣查照可也。须至咨者。税务处。附表册二本。

宣统元年十一月十六日(1909－12－28)　比国署使博赉尔致庆亲王奕劻照会

为请如数拨交万国海关税则公会第十九期会款事

大比国署理钦差便宜行事全权大臣博为照会事。

案查西历一千八百九十年七月五号万国海关税则公会条约,各国应于三个月之先即六月三十号以前拨交捐款。兹查贵国政府应捐一千九百九年四月一号至十年三月三十一号第十九期会款一千八百六十三个伕郎尚未送到,本署大臣为此恳请贵部如数拨下是荷。相应照会贵亲王查照可也。须至照会者。

右照会大清国全权大臣总理外务部事务庆亲王。宣统元年十一月十六日。

宣统元年十一月二十二日发(1910-1-3)　外务部致署总税务司札文

为请照成案拨付万国海关税则公会第十九期应捐会款事

榷算司呈为札行事。

宣统元年十一月十六日,准比博署使照称,案查西历一千八百九十年七月五号万国海关税则公会条约,各国应于三个月之先即六月三十号以前拨交捐款。兹查贵国政府应捐一千九百九年四月一号至十年三月三十一号第十九期会款一千八百六十三个伕郎尚未送到,为此恳请如数拨下等因前来。相应札行署总税务司遵照历年成案拨给,并申复本部可也。须至札者。

札署总税务司。准此。

宣统元年十一月二十三日(1910-1-5)　比国署使博赉尔致庆亲王奕劻照会

为呈第十八期万国海关税则章程条陈请查照事

大比国署理钦差便宜行事全权大臣博为照会事。

兹由本国寄来一千九百八年四月一号至九年三月三十一号第十八期之万国海关税则章程并条陈三册,查系按照一千八百九十年七月五号之条约第七款所载办理。相应照送贵亲王查照可也。

须至照会者。

右照会大清国全权大臣总理外务部事务庆亲王。附章程条陈三册。

宣统元年十一月二十六日发(1910-1-8)　外务部致税务处咨文为转比使所送第十八期万国海关税则章程条陈请查照事

榷算司呈为咨行事。

宣统元年十一月二十三日,准比博署使照称,兹由本国寄来一千九百八年四月一号至九年三月三十一号第十八期之万国海关税则章程并条陈三册,查系按照一千八百九十年七月五号之条约第七款所载办理等因,并附送章程条陈三册前来。查万国税则公会,系于光绪二十年由驻京比使照请中国入会,其每年应摊经费经总理衙门饬总税务司在罚款项下支拨,历经办理在案。兹准比使照送洋文章程条陈。相应咨行贵大臣查照备核可也。须至咨者。税务处。附章程条陈三册。

宣统元年十一月二十六日发(1910-1-8)　外务部致比国署使博赉尔照会

为已阅悉第十八期万国海关税则章程条陈并转行税务处备案事

榷算司呈为照复事。

宣统元年十一月二十三日,准照称,兹由本国寄来一千九百八年四月一号至九年三月三十一号第十八期之万国海关税则章程并条陈三册,查系按照一千八百九十年七月五号之条约第七款所载办理等因,并附送章程条陈三册前来。本部业已阅悉,并转咨税务大臣备案。相应照复贵大臣查照可也。须至照会者。比博署使。

宣统二年十二月二十七日(1911－1－27)　比国公使贾尔牒致庆亲王奕劻照会

为请拨付万国海关税则公会第二十期会款事

大比国钦差便宜行事全权大臣贾为照会事。

万国海关税则第二十期会捐款,自一千九百十年四月一号至一千九百十一年三月三十一号,系一千八百六十三伏郎,中政府尚未送到,即应恳请贵部拨下可也。须至照会者。

右照会钦命全权大臣便宜行事军机大臣总理外务部事务和硕庆亲王。宣统二年十二月二十七日。

宣统三年正月初五日发(1911－2－3)　外务部致代理总税务司札文

为请照成案拨付万国海关税则公会第二十期会款事

榷算司呈为札行事。

宣统二年十二月二十八日,接准比贾使照称,万国海关税则第二十期会捐款,自一千九百十年四月一号至一千九百十一年三月三十一号,系一千八百六十三伏郎,中政府尚未送到,恳请拨下等因。相应札行代理总税务司遵照历年成案如数拨给,并申覆本部可也。须至札者。

右札代理总税务司。准此。

宣统三年闰六月十三日(1911－8－7)　督理税务大臣致副总税务司安格联札文

为比利时政府拟请加捐万国海关税则公会在事委员养老金请查办事

钦命督理税务大臣为札行事。

准外务部咨称，宣统三年闰六月初六日，准比贾使照称，本国所设之万国海关税则局在事委员向因病因老退位，皆无养廉金。现本国政府拟请与会各国商办，酌予养老金。如与会各国每年多加百分之十之捐资，则将来凡在该局有功者，因老或因病退位，即可以此金稍为小补。然非欲改一千八百九十年之万国条约责任，此举系与会各国应负之义务，必应乐为，并附说明节略一张等因。本部查万国海关税则会，中国每年应由总税务司在罚款项下拨助一千八百六十三佛郎克。今比政府请每年加捐百分之十为该会在事委员退位养老之费，事属善举，可否照允？应将原送洋文节略咨行查照酌核，转饬总税务司遵照办理并见复，以凭转复等因前来。查比政府所拟之加多万国海关税则会捐款，系为该会在局有功者因老病退位之养廉而设，且为数无多，自应照准。相应将原送节略札行署总税务司查照办理，申复本处，以凭转复可也。须至札者。

右札二品衔署总税务司副总税务司安。附原件。准此。宣统三年闰六月十三日。

宣统三年十二月初八日(1912－1－26)　比国驻华使馆致外务部照会

为呈万国海关税则局办事及费用节略请查阅事

大比国使馆为照会事。

兹准万国海关税则局自一千九百十年四月一号至一千九百十一年三月三十一号所办之事及所用之费，特开具节略三本前来。相应照送贵部查阅可也。须至照会者。

右照会大清国外务部。宣统三年十二月初八日。

宣统三年十二月十二日发(1912-1-30)　外务部致税务处咨文为转比使所送万国海关税则局办事及费用节略请交总税务司事

榷算司呈为咨行事。

宣统三年十二月初八日,准比贾使照称,兹准万国海关税则局将自一千九百十年四月一号至一千九百十一年三月三十一号所办之事及所用之费,特开具节略前来,应即照送查阅等因。相应将原送洋文节略二本咨送贵大臣查照备核,并转饬总税务司查核可也。须至咨者。附洋文节略二本。税务处。

万国铁路公会

万国铁路公会(International Railway Congress Association)即国际铁路协会,成立于1885年,总部位于比利时布鲁塞尔,旨在研究铁路共同利益及解决铁路建设上之一切困难,加强各国之间铁路运输的交流与合作。值得注意的是,晚清时期的"铁路会"既可以指万国铁路公会,也可以指1890年成立的国际铁路货运联盟,需在具体情形下加以分辨。档案所见,清政府与万国铁路公会发生接触始于1887年,在1893年底认捐会费正式加入,之后也多次派员参加该公会举行的会议。本册共收录229件档案。

光绪十三年闰四月十五日（1887－6－6）　比国署使米师丽致总署照会

议定在意国米兰地方聚商铁路公会事可否派员入会祈示复由

01－27－005－02－001

光绪十三年闰四月十五日，比国公使米师丽照会。称：

前于光绪十二年十月十三日，前钦差维大臣曾接本国行知，因本国都京公立铁路公会，内有各国人其中司事，并有所印书籍二卷，一并照会贵衙门在案。本署大臣兹接本国行知，现因铁路公会与意大里国议妥，于本年七、八月间在意国米兰地方聚会，预先拟定会中条例及所商各事印成二篇，今送贵衙门查照。本国并令本署大臣转请贵国，亦可派员前赴米兰入会，所为各国于铁路之法精益求精而妙矣。为此照会贵王大臣查照，即望示复，以便行知本国可也。

光绪十三年闰四月二十三日（1887－6－14）　总署致比国署使米师丽照会

铁路公会事拟不派员前往赴会由　01－27－005－02－002

闰四月二十三日，给比国公使米师丽照会。称：

光绪十三年闰四月十五日，准贵署大臣照称，接本国行知，现因铁路公会与意大里国议妥，本年七、八月间在意国米兰地方聚会，先拟定会中条例及所商各事印成二篇，送请查照，派员入会等因。本衙门查中国刻下尚无办成开行之铁路，不必遽行派员赴会。唯承送之条例印本，本衙门甚愿存留，译汉备查，特此谢谢。相应照会贵署大臣查照可也。

光绪十三年五月初九日(1887－6－29)　意国公使卢嘉德致总署照会

义使照请派员赴密纳那城会议铁路事由　01－27－005－02－003

五月初九日,义国公使卢照会。称:

照得本大臣现准外务大臣来文,内开:本国现订西历本年九月间请各国派员赴密纳那城公同会议。前一千八百八十五年,各国在比利时国所议建造铁路及布置铁路一切极善之法。缘此次议定兴办铁路之利弊各章,实与贵国将来大有裨益,应请贵国届时亦照派员前往赴会等因。本大臣奉此,相应备文照会贵大臣请烦查照,如期派员前往可也。

光绪十三年五月十三日(1887－7－3)　总署致意国公使卢嘉德照会

密纳那会议铁路事拟不派员前往由　01－27－005－02－004

五月十三日,给义国公使卢照会。称:

光绪十三年五月初八日,准贵大臣照称,本国现于西历本年九月间,请各国派员赴密纳那城会议建造铁路及布置铁路一切极善之法,请贵国派员赴会等因。本衙门查中国刻下尚无办成开行之铁路,不必遽行派员赴会。上月比国米署大臣亦曾照会本衙门,并送印成条例二本,当经本衙门将此情节答复在案。相应照复贵大臣查照可也。

光绪十三年五月二十五日(1887－7－15)　比国署使米师丽致总署函

米兰公会事是否加入望速见复由　01－27－005－02－005

五月二十五日,比国公使米师丽函。称:

前于光绪十三年闰四月十五日,因各国在义国米兰地方商议铁路公会,曾经照会贵衙门在案。至今未见确信,本署大臣碍难行知本国。兹望贵王大臣应如何办理之处,作速示复为荷。耑此。顺颂日祉。

光绪十三年五月三十日(1887-7-20)　总署致比国署使米师丽函

铁路公会事前已照复兹再函达由　01-27-005-02-006

五月三十日,致比国公使米函。称:

本月二十五日,准贵署大臣函称,在义国米兰地方商议铁路公会,曾经照会在案,至今未见确信。应如何办理之处,作速示复等因。查贵署大臣闰四月十五日照会铁路公会一节,本衙门因中国尚无办成开行之铁路,不必遽行派员赴会。惟承送之条例印本,本衙门甚愿存留,译汉备查,特此谢谢,于闰四月二十三日照复在案。兹接来函,知本衙门前次照会,贵署大臣并未阅悉,合将前情再行函达,即希查照为荷。顺颂日祉。

光绪十三年六月初一日(1887-7-21)　比国署使米师丽致总署函

铁路公会事前承照复至今未见请详查示复由　01-27-005-02-007

六月初一日,比国公使米师丽函。称:

顷接来函内称,闰四月二十三日因铁路公会曾经照复在案。本署大臣展阅之余,曷胜诧异。自闰四月十五日照会贵署之后,至今未见照复,故难行知本国。即贵署将本公馆是日回执给还,以便本署大臣查明错误之由，抑或贵王大臣详查示复为荷。耑此布复。顺颂日祉。

光绪十三年六月初二日(1887-7-22)　总署致比国署使米师丽函

又四月二十三日铁路公会照会错误现在饬查由　01-27-005-02-008

六月初二日，致比国公使米函。称：

昨接函称，闰四月二十三日铁路公会，贵署曾经照复在案，望将是日回执给还，以便查明错误之由等因。此次递送照会，实系错误。本衙门现在饬查惩办所有前件照会，亟应补行录送，即希贵署大臣查阅可也。此复。顺颂日祉。

光绪十三年六月初六日(1887-7-26)　比国署使米师丽致总署函

初九日三点钟来署会晤请拟一准时刻以便前往由　01-27-005-02-009

六月初六日，比国署公使米师丽函。称：

昨准贵署大臣函称，六月初九日三点钟答拜洪大臣，且有与本署面商之件，请于是日三点钟前后拟一时刻，以便前赴。顺颂日祉。

光绪十五年八月十八日(1889-9-12)　比国公使维礼用致总署照会

照送铁路公会说帖由　01-27-005-02-010

八月十八日，比国公使维礼用照会。称：

本大臣兹接本国行知，内开：前于西历一千八百八十七年在义国米兰地方开设万国铁路公会，所有会中人等大众说帖刷印成书，行令转送中国。若阅此书，可知会中益处，亦可晓何国入会等语。本大臣兹将书籍封妥，特送贵衙门查照可也。

光绪十五年九月初二日(1889－9－26)　总署致比国公使维礼用照会

前送铁路官册书籍均已阅悉由　01－27－005－02－011

九月初二日，给比国公使维礼用照会。称：

光绪十五年八月十八日，准照称，接本国行知，内开：外部大臣按年分派驻扎各国参赞官造具各样事务官册，并造各国出纳帑项册籍，刷印成书，转送中国等语。同日，又准照称，接本国行知，内开：前于义国米兰地方设立万国铁路公会，所有会中人等大众说帖刷印成书，行令转送中国等语。本大臣兹将官册书籍封妥，特送贵衙门查照等因。本衙门均已阅悉。相应照复贵大臣查照可也。

光绪十七年六月初八日(1891－7－13)　比国署使米师丽致总署照会

照送万国铁路章程及明年应办各事清册并请派员至俄入会由　01－27－005－02－012

十七年六月初八日，比国署公使米师丽照会。称：

照得西历一千八百八十五年，各国公议在本国京都设立万国铁路公会，印就章程二册，曾于光绪十二年十月十三日照会贵署在案。复于西历一千八百八十七年在义国米兰地方公议第二次万国铁路公会,所议章程刊印成册,曾于光绪十五年八月十八日照会贵署在案。兹准本国行知,内开:西历一千八百八十九年在法国京都曾会议第三次万国铁路公会,并拟第四次在俄国京都公议公会。即奉俄国大皇帝允准,所有会中总管议定于西历一千八百九十二年六月初间在俄国京都会办万国铁路公会。兹将在法国议定章程及明年应办各事均各印就,封送前来。本署大臣接据之余,即将章程三卷及明年应办各事印就二分,一并封送贵衙门查照。且本国派本署大臣即请贵国入会,或派员前往,或即派驻俄大臣至俄国京都会同办理。希即贵王大臣作速复示可也。

光绪十七年六月初九日(1891－7－14)　俄国署使阔雷明致总署函

照请派员赴俄京第四次万国铁路会由　01－27－005－02－013

六月初九日,俄国署公使阔雷明函。称:

查此次万国铁路总会拟于明年在本国京都会晤。因万国铁路总会总局向在比利时国而设,是以请各国派员赴会之柬应由比国出具。惟望贵国视铁路总会于讲究铁路事宜有益匪浅,亦派员赴焉。此布。

光绪十七年六月十三日(1891－7－18)　总署致比国署使米师丽照会

万国铁路会已咨驻俄许大臣查核由　01－27－005－02－014

六月十三日,给比国署公使米师丽照会。称:

光绪十七年六月初八日,接准照称,各国公议铁路公会,兹准本国行知,拟第四次在俄国京都公议,将议定章程及明年应办各事印就二分封送查照，即请贵国入会，或派员前往，或即派驻俄大臣会同办理，希速示复等因。查铁路公会各国已经会议三次，中国均未派员赴会。兹复准照称各节，本衙门现已咨行驻俄许大臣就近查明核复。其可否入会之处，俟复到日再行知照可也。

光绪十七年六月十三日（1891－7－18）　总署致俄国署使阔雷明函

铁路会已咨驻俄许大臣查核由　01－27－005－02－015

六月十三日，致俄国署公使阔雷明函。称：

前准贵署大臣函称，此次万国铁路总会拟于明年在本国京都会晤，惟望贵国视铁路总会于讲究铁路事宜有益匪浅，亦派员前赴等因。查铁路公会各国已经会议三次，均经比国照请前来。本衙门因中国尚无办成开行之铁路，不能遽行派员赴会，照复比使在案。昨于六月初八日又准比国照称，铁路公会第四次拟在俄国京都公议，兹将议定章程各件印就送查等因。现由本衙门行知出使许大臣，将一切情形详查具复。其可否入会之处，俟复到日再行酌夺。既承准雅意，殷殷足征关切。先此布复。顺颂日祉。

光绪十八年五月二十四日（1892－6－18）　比国公使陆弥业致总署照会

声述俄京第四次铁路公会展期并致谢派员入会由　01－27－005－02－016

十八年五月二十四日，比国公使陆弥业照会。称：

照得本国铁路公会系第四次，议在俄国京都于本年六月初间商办,并请中国派员入会,前曾照会贵署在案。兹接本国来文,内开:所有在俄京商办铁路公会一节,今改拟于本年八月二十日即中华光绪十八年闰六月二十八日在俄京开办等因。本大臣接据之余,即当照会贵王大臣查照,并本国派本大臣祇谢贵国派员入会可也。

光绪十八年十一月十五日(1893-1-2) 比国署使米师丽致总署照会

铁路公会各国按年助资中国资助若干请示复由 01-27-005-02-017

十一月十五日,比国署公使米师丽照会。称:

查本国办理万国铁路公会系第四次,在俄京会议,曾经照会贵署查照,已承贵国业经派员入会,于本年五月二十四日备文伸谢在案。查该会章程第十七款内载,所有会中每年用项公费,皆由入会铁路公会局及入会各国公摊资助,按年情愿资助若干,均出各国自裁。嗣后该会随时皆有申文以及刷印书籍分送入会各国等语。查本国资助洋银五千夫浪,法国、日国各资助二千夫浪,新南伟勒斯国、亨嘎利国各资助一千夫浪,瑞士国、堪阿达国各资助五百夫浪,路玛尼亚国资助四百五十九夫浪八十五分,和兰国资助二百零八夫浪半,布勒嘎利亚国资助二百夫浪,英国所属印度国资助一百二十六夫浪二十五分,公河国资助一百夫浪。以上各国资助该会公项数目均系按年永远资助。现今本国派本署大臣将以上各节照会贵国查照明晰,更望贵国亦愿资助若干而成美举。故外各国均愿资助者,皆晓此会大有益处也。为此备文照会贵王大臣查照,希即复示佳音,以便行知本国可也。

光绪十八年十一月二十五日(1893-1-12)　总署致北洋大臣李鸿章咨文

铁路公会经费中国应资助若干希饬查复由　01-27-005-02-018

十一月二十五日,行北洋大臣李鸿章文。称:

光绪十八年十一月十五日,准比国米署使照称,本国办理万国铁路公会,此次在俄京会议,曾经中国派员入会,于本年五月二十四日备文申谢在案。查该会章程,内载:所有会中每年用项公费,皆由入会各国铁路公局公摊资助,按年情愿资助若干,均出各国自裁,为此照请示复等因。查此事,因上年该国使臣照请派员入会,本衙门以路隔重洋,未便专为此会派员前往,当即咨行出使许大臣就近派员赴会。旋准许大臣咨覆,业已派员赴会在案。现在该会章程既须公摊资助,中国亦不能置之不理。惟各国资助多寡不齐,自应接(按)铁路之长短及终岁盈亏以定资助之多少。相应钞录该使照会,一并咨行贵大臣查照,即希转饬中国铁路公局酌量应行每年资助若干,速即声复,以便转复该使可也。

光绪十九年四月二十一日(1893-6-5)　比国署使米师丽致总署照会

贵国既派员入会究竟资助会费若干希早日示复由　01-27-005-02-019

十九年四月二十一日,署比国公使米师丽照会。称:

前于光绪十八年十一月十五日因本国办理万国铁路公会,所有各国均已资助办理。贵国业经派员入会,因此,曾于去岁照会贵衙门查照在案。至今五月之久未接照复,未审贵衙门如何办理。

如有定议,即望速复佳音,以便行知本国可也。

光绪十九年四月二十七日(1893-6-11) 总署致北洋大臣李鸿章咨文

迅饬铁路公局将资助比国铁路公会用款酌定速复由 01-27-005-02-020

四月二十七日,行北洋大臣李鸿章文。称:

光绪十八年十一月十五日,准比国米署使照称,本国办理万国铁路公会,曾经中国派员入会。查该会章程,内载:所有会中每年用项,皆由入会各国铁路公局摊助,按年愿助若干,均出各国自裁,请为照复等因。本衙门当于十一月二十五日钞录该使照会,咨行贵大臣转饬铁路公局,酌量每年资助若干,速即声复在案。现逾五月之久,该局是否酌定每年应助若干之款,并未咨复到署。兹又准该使照催前因,相应再为咨行贵大臣,立饬该铁路公局迅将每年应行资助比国铁路公会之款酌定声复,以凭转达该使可也。

光绪十九年五月初六日(1893-6-19) 比国署使米师丽致总署照会

铁路公会中国应资助若干望速见复由 01-27-005-02-021

五月初六日,比国署公使米师丽照会。称:

照得前于光绪十八年十一月十五日,因本国办理万国铁路公会系第四次,在俄京会议,业承贵国派员入会。查该会章程第十七款,内载:所有会中用项公费,皆由入会铁路公局及入会各国公摊资助,按年情愿资助若干,均出各国自裁。嗣后该会随时皆有申文以及刷印书籍,分送入会各国等语。本国特派本署大臣,将以上各节照会贵国查照明晰，更望贵国资助若干，以成美举，希即示复，以便行知本国。再有本年四月二十一日，因总未接照复，又准前因，照会贵署在案。兹又接本国来文，内开：所有派办铁路公会一事，不晓如今有何办法，以及中国总理衙门如何照复，速给回信等因前来。本署大臣查本国两次来文立候回音，即望贵王大臣作速示复，以便行知本国可也。

光绪十九年五月初九日（1893－6－22）　总署致比国署使米师丽照会

铁路公会应助之款已行知北洋大臣俟核定再行奉达由　01－27－005－02－022

五月初九日，给比署公使米师丽照会。称：

光绪十八年十一月十五日，准贵署大臣照称，本国办理万国铁路公会，所有会中每年用项，皆由入会各国铁路公局摊助，愿助若干，均出各国自裁，更望中国资助以成美举。并本年四月二十一日、五月初六日，又准来照内开，铁路公会一事不晓如今有何办法，即望速复，以便行知本国各等因前来。查中国铁路公局向归北洋大臣管理，所有每年愿助会中若干之款，应由该大臣转饬公局详酌核定。本衙门业将前次来照行知北洋大臣，并咨催妥速核办在案。除俟咨催声复到日再行奉复，先此照会贵署大臣查照可也。

光绪十九年九月二十四日（1893－11－2）　比国署使米师丽致总署照会

照送万国铁路公会事务记录书由　01－27－005－02－023

九月二十四日，比国公使米师丽照会。称：

兹接本国来文,内开:所有万国铁路公会在俄京公议一节,现有首事人等将所办各事先为刷印成书,兹特封送中华,转致总署查照等因前来。本署大臣查前于光绪十八年十一月十五日,嗣于十九年四月二十一日,又于五月初六日,因入会之国资助若干,曾三次照会贵署在案,但至今未见确复。兹将本国所寄书籍封送贵王大臣查照可也。

光绪十九年十月初一日(1893-11-8) 总署致北洋大臣李鸿章咨文

咨送比国铁路公会书籍并请转饬铁路局酌量资助声复由 01-27-005-02-024

十月初一日,行北洋大臣李鸿章文。称:

光绪十九年九月二十四日,准比国米署使照称,本国外部来文,内开:所有万国铁路公会在俄京公议一节,现有首事人等将所办各事先为刷印成书,封送中国查照等因。查前因入会之国资助若干,曾三次照会贵署,至今未见确复,兹特将本国所寄书籍封送查照等因前来。本衙门查此事,前于光绪十八年十一月二十五日,又本年四月二十七日两次咨行贵大臣查照在案,均未据核复此事。中国业已派员赴会,碍难置之不理。所有资助若干并无一定之规,局中亦无难筹款,略示联络。相应将该使封送书籍一并咨行贵大臣查照,即希转饬铁路官商两局酌量资助,迅速声复,以便转复该使可也。

光绪十九年十月二十五日(1893－12－2)　北洋大臣李鸿章致总署咨文

咨复铁路官商两局拟资助比国铁路会五百佛郎由　01－27－005－02－025

十月二十五日,北洋大臣李鸿章文。称:

据北洋铁轨官路总局、商路总局会禀称,窃于去年十一月三十日奉札,准总理各国事务衙门咨,光绪十八年十一月十五日准比国米署公使照会称,本国办理万国铁路公会,此次在俄京会议,曾经中国派员入会,于光绪十九年五月二十四日备文申谢在案。查该会章程,内载所有会中每年用项公费,皆由入会各国铁路公局公摊资助,按年情愿资助若干,均出各国自裁,为此照请示复等因。查此事因上年该国使臣照请派员入会,本衙门以路隔重洋,未便专为此会派员前往,当即咨行出使许大臣就近派员赴会。旋准许大臣咨覆,业已派员赴会在案。现在该会章程既须公摊资助,中国亦不能置之不理。惟各国资助多寡不齐,自应按铁路之长短及终岁盈亏以定资助之多少。相应钞录该使照会,一并咨行贵大臣查照,即希转饬中国铁路公局,酌量应行每年资助若干,速即声复,以便转复该使可也等因到本阁爵大臣。准此,札局查酌妥议具复核咨。正在筹议禀办间,又于本年十月初四日奉札前因,并发下比国米署使照送万国铁路公会所办各事洋书一册,饬即择译大概,会商官商两局,酌量应须资助若干,迅速具复核咨各等因。奉此,遵查该会章程,既须公摊资助,诚如总理各国事务衙门来咨所云,中国亦不能置之不理。惟各国资助多寡不齐,自应按铁路之长短及终岁盈亏以定资助之多少,洵为公允之论。职道等查中国此项官商铁路原属创举,其官路自古冶以东接办至山海关,现又由关外接至锦州府大凌河。开办未久,正在工程吃紧之时。商路由天津至古冶而止,仅三百里。风气甫经渐开,生意尚未畅旺。再四酌商,拟请官商两路每年共资助万国铁路公会五百佛郎可否?即由职局按年汇解驻英使署参赞转交该会照收,以省周折。再,该会所议各事,已经驻扎德国大臣派员前往在场听议,应请移咨出使各国大臣,将所派之员听议各事翻译纪录,径寄职局,以便查阅考究。嗣后再有会议,亦请援照此章办理。所有职道等拟请资助万国铁路公会摊款数目各缘由是否有当,理合吁恳禀请查核,分别移咨,批示祗遵等情到本阁爵大臣。据此,查该两局资助铁路万国公会每年用项,因官路开办未久,正在工程吃紧之时,商路自天津至古冶仅止三百里路,现在生意亦未畅旺,拟请官商两局每年共资助五百佛朗,按年由该局汇解驻扎英国使署,由参赞交该会照收,以省周折。除批示并移咨出使德、俄等国大臣许转饬所派之员,将公会听议各要事翻译纪录,径寄该局,以资考究。仍咨出使英、法等国大臣薛查照,以后再有会议,亦照此办理外,相应咨复。为此咨复贵衙门,请烦查照施行。

光绪十九年十月三十日(1893-12-7)　总署致比国公使陆弥业照会

照复铁路公会中国拟资助五百佛郎由　01-27-005-02-026

十月三十日,给比国公使陆弥业照会。称:

光绪十九年九月二十四日,准米署大臣照称,万国铁路公会公节,现有首事人等将所办各事刷印成书,兹特封送中华。并入会之国资助若干,贵署未见确复等因前来。本衙门当即据情,并将书籍咨行北洋大臣。去后,兹据复称,中国官商铁路原属创举,其官路自古冶以东接办至山海关，现又由关外接至锦州府大凌河。开办未久，正在工程吃紧之时。商路由天津至古冶而止，仅三百里。风气甫经渐开，生意尚未畅旺。拟请官商两局每年共资助万国铁路公会五百佛郎，按年由该局汇解驻扎英国出使大臣公署，由参赞转交该会照收，以省周折等因前来。查各国赞助经费之多寡，自系按照铁路之长短盈亏合算。现在中国官商两路均未畅旺，每年拟助五百佛郎，由使馆拨付，借襄盛举，相应照复。为此照会贵大臣查照，即希转达该公会届时查收可也。

光绪十九年十一月十三日（1893－12－20）　比国公使陆弥业致总署照会

致谢中国官商局资助铁路公会五百佛郎由　01－27－005－02－027

十一月十三日，比国公使陆照会。称：

兹于光绪十九年十月三十日准贵署照称，中国官商铁路原属创举，其官路自古冶以东至山海关外大凌河，风气渐开，生意尚未畅旺，拟请官商两局每年共资助万国铁路公会五百夫浪，按年由使馆拨付，借襄盛举等因前来。本大臣均已阅悉，立即行知本国。谅我国家聆之，必欣慰之至。特备文致谢贵王大臣之隆情也。为此照会。

光绪二十年三月初四日（1894－4－9）　比国公使陆弥业致总署函

函送俄京铁路公会会议书由　01－27－005－02－028

三月初四日，比国公使陆弥业函。称：

前有本国铁路公会递到第二本会议书籍，曾经封送贵署在案。

兹又自上年七、八月间在俄京会议各节刷印成书，特送贵王大臣检收可也。

光绪二十年三月初八日（1894－4－13）　总署致比国公使陆弥业函

铁路公会书籍已转送北洋嗣后祈多送一份以备存送由　01－27－005－02－029

三月初八日，致比国公使陆函。称：

前有本国铁路公会递到第二本会议书籍，曾经封送贵署在案。兹又自上年七、八月间在俄京会议各节刷印成书，特送检收等因。本衙门现即转送北洋大臣饬交铁路公司收存备览。将来铁路公会如续有成书，即祈多送一分，以备本衙门存送为盼。此覆。顺颂日祉。

光绪二十年三月初八日（1894－4－13）　总署致北洋大臣李鸿章咨文

转送俄京铁路公会书籍由　01－27－005－02－030

三月初八日，行北洋大臣李鸿章文。称：

光绪二十年三月初四日，准比国陆公使函称，前有本国铁路公会递到第二本会议书籍，曾经封送在案。兹又自上年七、八月间在俄京会议各节刷印成书，特送检收等因前来。查上年该使送到铁路公会会议书籍，业经本衙门咨送在案。兹准前因，相应将洋文书籍一包仍咨送贵大臣查收，转给铁路公局存览可也。

光绪二十年三月十四日(1894－4－19)　比国公使陆弥业致总署照会

第五次铁路公会明年在英京会议请派员前往由　01－27－005－02－031

二十年三月十四日,比国公使陆弥业照会。称:

所有万国铁路公会前在俄京第五(四)次会议之际,议定下届于明年五月间在英京伦敦会议等语。兹奉本国来文,令本大臣知照中国派员,至期前往该处商办等因。本大臣兹特备文照会贵署,请即派员前往伦敦会议。本大臣素知龚大臣深通铁路事务,倘贵国所派之员亦能深通铁路事务者则更妙矣。兹将该会第六(五)次所议节略二分附送贵王大臣查照可也。

附件一:照录洋文节略

比国钦差大臣陆致中国总署王大臣文,内称:第四次万国铁路公会业于一千八百九十二年八、九月间聚于俄都,第五次万国铁路公会已请英廷于伦敦开办。现蒙英廷允准,拟于一千八百九十五年六月举办。现本大臣钦奉本国谕旨照请各国,是以恳请贵国入会。倘蒙允准派员,则龚大臣便可就近赴会商办。是所盼祷。顺颂日祉。

附件二:外附《铁路章程》二纸

第五次万国铁路公会拟于一千八百九十五年六月间开办于伦敦,应议各条如左。

首节论铁路及铁路工程,务使火车速行辙道坚固,与应用各件材料及软硬钢铁、石片、木质等类。

二论减撤火车速行之力,以防相碰于桥梁或于交道之处。

三论建造火车叉路,以减火车速力,利于交道各法。

四论建造铁桥及试验各法,并各国用何铁冶造,以何法试之?

其试之法，用重车经过，倘能无虞，方使运载之车往来可也。

五论蒸汽火炉及火车烟筒，视钢釜薄厚以盛水若干，并防烟筒泄气。水力经久有损于烟筒与钢釜之处，水汽生之多寡，试其烟筒之圆径长短，安置制造各法若何？以上均系格物之理。

六论水汽之功用并其催力及措气门盖。措气门盖乃格物家命名。

七论火车速行之力安置汽镫并生火各法。

八论电动转之功。

九论督催运货之法。

十论火车局之工作及局内督工收货用电气与机器各法。

十一论火车穿行山洞之时，用何号令以免相撞之虞。

十二论火车装卸夫役人等条例。

十三论布置各国火车局内外一切事宜。

十四论办理火车局词讼口角章程。

十五论火车站表之形式。

十六论火车分站之法。

十七论大火车局便通造路之法。

十八论租赁地亩以造捷俭铁路，其租赁之法若何？何国业经办过，并其效若何？

十九论建造总局，或于铁路之两段，或于中途设立。

二十论止行火车之法。钢辙创始于法国建造铁路匠人，名柏利柯，该匠人为桥梁铁路教习。铁路与木桥各益处，曾经匠人刁乐思吉较验之。经久不坏之木桥，创始于俄国人，名爱尔在思丹。火车轴创始于比国火车匠人。火车之火炉创始于比国匠人，名欧得士。火车汽锅创始于比国匠人，名百乐乐思。火车擦油创始于比国匠人,名于百尔。所有火车一切机器创始于比国匠人,名欧得士。

按:比使来照,称前在俄京第五次会议时,议定下届第六次会议时在伦敦。考诸上届会议档案及此次比使译送会章,此次应为第五次会,比使来照即云似系错误。附注:民十六年十二月五日倪永引注。

光绪二十年三月二十五日(1894-4-30) 总署致北洋大臣李鸿章咨文

第五次铁路公会拟明年在英京会议已行知龚大臣届期派员赴会希查照由 01-27-005-02-032

三月二十五日,行北洋大臣李鸿章文。称:

光绪二十年三月十四日,准比国陆使照称,万国铁路公会前在俄京第五(四)次会议之际,议定下届于明年五月间在英京伦敦会议等语。兹奉本国来文,令本大臣知照中国派员,至期前往该处商办等因。本大臣兹特备文照会贵署,请即派员前往伦敦会议。本大臣素知龚大臣深通铁路事务,倘贵国所派之员亦能深通铁路事务则更妙矣。兹将该会第六(五)次所议节略二分附送贵王大臣查照等因前来。除咨行龚大臣届期派员前往外,相应抄录原文并原节略一分,咨行贵大臣查照可也。

光绪二十年三月二十五日(1894-4-30) 总署致出使英国、法国、意国、比国大臣龚照瑗咨文

第五次铁路公会拟明年在英京会议请届时派员前往由 01-27-005-02-033

三月二十五日,行出使大臣龚照瑗文。称:

光绪二十年三月十四日，准比国陆使照称，万国铁路公会前在俄京第五(四)次会议之际，议定下届于明年五月间在英京伦敦会议等语。兹奉本国来文，令本大臣知照中国派员，至期前往该处商办等因。本大臣兹特备文照会贵署，请即派员前往伦敦会议。本大臣素知龚大臣深通铁路事务，倘贵国所派之员亦能深通铁路事务者则更妙矣。兹将该会第六(五)次所议节略二分附送贵王大臣查照等因前来。相应照录原文并原节略，咨行贵大臣届期派员前往查照办理可也。

光绪二十年三月二十五日(1894－4－30)　总署致比国公使陆弥业照会

铁路公会已咨龚大臣届期派员赴会由　01－27－005－02－034

三月二十五日，给比国公使陆弥业照会。称：

昨准照称，所有万国铁路公会前在俄京第五(四)次会议之际，议定下届于明年五月间在英京伦敦会议等语。兹奉本国来文，令本大臣知照中国派员，至期前往该处商办等因。本大臣兹特备文照会贵署，请即派员前往伦敦会议。兹将该会第六(五)次所议节略二分附送贵王大臣查照等因前来。除由本衙门咨行龚大臣届期派员赴会外，相应照复贵大臣查照可也。

光绪二十年十月初九日(1894－11－6)　比国公使陆弥业致总署照会

照送铁路公会递来俄京议妥章程第三四两分请查明由

十月初九日，比国公使陆弥业照会。称：

前因铁路公会在俄京第四次所议章程一节，如该会续印章程，再为照送贵署。本大臣于本年三月间,曾经照会贵署查照在案。兹据本国铁路公会函称,所有俄京议妥章程,系三、四两分,为此递送中国等因。本大臣接据该会所议章程,系第三、第四两分。为此备文,特送贵王大臣查收可也。

光绪二十年十二月十六日(1895-1-11)　比国公使陆弥业致总署照会

函送铁路公会章程由　01-27-005-02-035

光绪二十年十二月十六日,比国公使陆照会。称:

前于本年十月初九日,因铁路公会自西历一千八百九十四年正月初一日起,所有会议章程俟刷印成书,再为递送贵署等因在案。兹接该会送到刷印章程九分,即当封送贵王大臣查照可也。

光绪二十年十二月二十四日(1895-1-19)　总署致北洋大臣李鸿章咨文

咨送铁路公会章程希转交铁路公司由　01-27-005-02-036

十二月二十四日,行北洋大臣李鸿章文。称:

光绪二十年十二月十六日,准比国陆使照称,兹因本国送到铁路公会章程九分,相应封送查照等因。除已由本衙门照覆陆使外,相应将该会刷印章程洋文一册咨送贵大臣查照,转交中国铁路公司查收可也。

光绪二十年十二月二十四日(1895-1-19)　总署致比国公使陆弥业照会

铁路公会章程已转送北洋希查照由　01-27-005-02-037

十二月二十四日,给比国公使陆照会。称:

光绪二十年十二月十六日，接准照称，前于本年十月初九日，因铁路公会自西历一千八百九十四年正月初一日起，所有会议章程俟刷印成书再为递送贵署等因在案。兹接该会送到刷印章程九分，即当封送查照等因。本衙门现已阅悉。除将章程转送北洋大臣札交铁路公司查照外，相应照覆贵大臣查照可也。

光绪二十一年闰五月初十日(1895-7-2)　比国公使陆弥业致总署照会

铁路公会续印章程请递转由　01-27-005-02-038

光绪廿一年闰五月初十日，比国公使陆弥业照会。称：

照得本国设立万国铁路公会，兹接该会函送续印章程五卷封送前来。本大臣即将铁路公会续印章程五册备文照送贵王大臣查收可也。

光绪二十一年闰五月十三日(1895-7-5)　总署致北洋大臣王文韶咨文

转送比国铁路公会续印章程　01-27-005-02-039

闰五月十三日，行北洋大臣王文韶文。称：

光绪二十一年闰五月初十日，准比国陆使照称，本国设立万国铁路公会，兹接该会函送续印章程五卷前来。本大臣即将会章五册备文照送等因。除已由本衙门照复陆使外，相应将该会续印会章五册咨送贵大臣查照，转交中国铁路公司查收可也。

光绪二十一年闰五月十四日(1895-7-6)　总署致比国公使陆弥业照会

所送铁路章程已阅悉转咨由　01-27-005-02-040

闰五月十四日,给比国公使陆弥业照会。称:

光绪二十一年闰五月初十日,准贵大臣照称,本国设立万国铁路公会,兹接该会函送续印章程五卷前来,本大臣即将会章五册备文照送等因。本衙门均已阅悉。除将此册转咨北洋大臣备查外,相应照会贵大臣查照可也。

光绪二十一年八月十九日(1895-10-7)　比国公使陆弥业致总署照会

送铁路公会新印章程由　01-27-005-02-041

八月十九日,比国公使陆弥业照会。称:

照得本国铁路公会递送新印章程五册前来。本大臣将该会所印章程六卷,备文特送贵王大臣查收可也。

光绪二十一年八月二十三日(1895-10-11)　总署致北洋大臣王文韶咨文

转送比国铁路新印会章由　01-27-005-02-042

八月二十三日,行北洋大臣王文韶文。称:

光绪二十一年八月十九日,准比国陆使照会称,本国铁路公会递送新印章程六册前来。本大臣将该会所印章程六卷,备文特送查收等因。除已由本衙门照复陆使外,相应将该会新印会章六册咨送贵大臣查照,转交中国铁路公司查收可也。

光绪二十一年八月二十三日(1895－10－11)　总署致比国公使陆弥业照会

公会章程已收到由　01－27－005－02－043

八月二十三日,给比国公使陆弥业照会。称:

光绪二十一年八月十九日,准贵大臣照称,本国铁路公会递送新印章程六册前来。本大臣将该会所印章程六卷,备文特送查收等因。本衙门均已阅悉。除将此册转咨北洋大臣备查外,相应照会贵大臣查照可也。

光绪二十二年三月二十三日(1896－5－5)　比国署公使米师丽致总署照会

照送铁路公会章程由　01－27－005－02－044

二十二年三月二十三日,比国署公使米师丽照会。称:

前因本国铁路公会函称,嗣有印就章程再为递送前来,曾经照会贵署,已准照复在案。兹接铁路公会函开,自西历一千八百九十五年八月起至十二月止,共印章程三卷递送中华等因。本署大臣接据之余,即将铁路公会章程三卷照送贵王大臣查收可也。

光绪二十二年三月二十八日(1896－5－10)　总署致北洋大臣王文韶咨文

转送铁路公会章程请转交铁路公司由　01－27－005－02－045

三月二十八日,行北洋大臣王文韶文。称:

光绪二十二年三月二十三日,准比国米署使照称,前因本国铁路公会函称,嗣有印就章程再为递送前来,曾经照会贵署,已准照复在案。兹接铁路公会函开,自西历一千八百九十五年八月起至十二月止,共印章程三卷递送中华等因。本署大臣接据之余,即将铁路公会章程三卷照送查收等因前来。除已由本衙门照复米署使外,相应将铁路公会章程三卷咨送贵大臣查照,转交中国铁路公会查收可也。

光绪二十二年三月二十八日(1896-5-10)　总署致比国署公使米师丽照会

铁路公会章程已阅悉转咨北洋大臣由　01-27-005-02-046

三月二十八日,给比国署公使米师丽照会。称:

光绪二十二年三月二十三日,接准照称,前因本国铁路公会函称,嗣有印就章程再为递送前来,曾经照会贵署,已准照复在案。兹接铁路公会函开,自西历一千八百九十五年八月起至十二月止,共印章程三卷递送中华等因。本署大臣接据之余,即将铁路公会章程三卷照送查收等因。本衙门均已阅悉。除将章程三卷转送北洋大臣备查外,相应照复贵大臣查照可也。

光绪二十二年四月二十六日(1896-6-7)　比国署公使米师丽致总署照会

照送铁路公会章程由　01-27-005-02-047

四月二十六日,比国署公使米师丽照会。称:

兹接本国铁路公会来函,内开:现自本年正、二、三等月所印章程三卷,以前皆用法文,曾因驻华大臣言及嗣后或印英文,中国翻译似较法文容易。因此,自此以后,均用英文刷印等因。本署大臣特将铁路公会印就英文章程三卷,照送贵王大臣查收可也。

光绪二十二年五月初八日(1896-6-18) 总署致北洋大臣王文韶咨文

咨送比铁路会章程请转交中国铁路公司由 01-27-005-02-048

五月初八日,行北洋大臣王文韶文。称:

光绪二十二年四月二十八日,准比国米署使照称,接本国铁路公会来函,内开:从前印铁路章程皆用法文,曾因驻华大臣言及嗣后或印英文,中国译汉似较法文容易。因此,自本年正、二、三等月所立章程均用英文刷印等因。兹将铁路公会印就英文章程三卷照送查收等因前来。除已由本衙门照复米署使外,相应将该国送来英文铁路公会章程三卷咨送贵大臣查照,转交铁路官局查收可也。

光绪二十二年五月初八日(1896-6-18) 总署致比国署公使米师丽照会

照复所送铁路公会章程已转咨北洋大臣由 01-27-005-02-049

五月初八日,给比国署公使米师丽照会。称:

光绪二十二年四月二十八日,接准照称,接本国铁路公会来函,内开:现自本年正、二、三等月所印章程三卷,以前皆用法文,曾因驻华大臣言及嗣后或印英文,中国翻译似较法文容易。因此,自此以后均用英文刷印等因。本署大臣特将印就英文章程三卷照送查收等因前来。除将章程转送北洋大臣备查外,相应照覆贵署大臣查照可也。

光绪二十二年十月十五日(1896－11－19)　比国公使费葛致总署照会

照送铁路公会章程由　01－27－005－02－050

十月十五日,比国公使费照会。称:

兹准万国铁路公会函称,会中首事人将该会章程刷印成书,共为六卷,递送前来。本大臣即将铁路公会所印章程六卷封送贵王大臣查收可也。

光绪二十二年十月二十二日(1896－11－26)　总署致比国公使费葛照会

铁路公会章已阅悉并转咨北洋大臣由　01－27－005－02－051

十月二十二日,给比国公使费照会。称:

光绪二十二年十月十五日,接准贵大臣照称,兹准万国铁路公会函称,会中首事人将该会章程刷印成书,共为六卷,递送前来。本大臣即将铁路公会所印章程六卷封送查收等因前来。本衙门均已阅悉。除将章程六卷转送北洋大臣分行铁路公司外,相应照复贵大臣查照可也。

光绪二十二年十月二十二日(1896－11－26)　总署致北洋大臣王文韶咨文

咨送铁路公会章程请转交中国铁路公司由　01－27－005－02－052

十月二十二日,行北洋大臣王文韶文。称:

光绪二十二年十月十五日，准比国费使照称，兹准万国铁路公会函称，会中首事人将该会章程刷印成书，共为六卷，递送前来。本大臣即将铁路公会所印章程六卷封送查收等因。除已由本衙门照复费使外，相应将铁路公会章程六卷咨送贵大臣查照，转交中国铁路公司查收，并转行胡府尹、盛大臣可也。

光绪二十三年八月二十日(1897－9－16)　比国公使费葛致总署照会

照送万国铁路公会书籍由　01－27－005－02－053

二十三年八月二十日，比国公使费照会。称：

照得万国铁路公会按年刷印书籍，缕续递送贵署查照，前曾照会在案。兹由本国递到书籍，系自去岁十月起以至如今所有事宜印就九卷；并有一千八百九十五年会中众首事所办第五次铁路事宜，印就底册二卷，一并照送贵王大臣查照可也。

光绪二十三年八月二十四日(1897－9－20)　总署致比国公使费葛照会

铁路公会书已转交顺天府尹查收由　01－27－005－02－054

八月二十四日，给比国公使费照会。称：

接准照称，万国铁路公会按年刷印书籍递送贵署在案。兹由本国递到书籍，系自去岁十月起以至如今所有事宜，印就九卷；并有一千八百九十五年会中众首事所办第五次铁路事宜，印就底册二卷，一并照送查照等因。除由本衙门将送到铁路书籍共十一册札交专办铁路事宜顺天府尹查收外，相应照复贵大臣查照可也。

光绪二十三年八月二十五日(1897－9－21)　总署致顺天府札
转送铁路公会书籍由　01－27－005－02－055

八月二十五日,给顺天府札。称:

光绪二十三年八月二十日,准比国费使照称,万国铁路按年刷印书籍递送贵署,查照在案。兹由本国递到书籍,系自去岁十月起以至如今所有事宜,印就九卷;并有一千八百九十五年会中众首事所办第五次铁路事宜,印就底册二卷,一并照送查照等因前来。查比国按年所送铁路公会书籍,均经本衙门咨送北洋大臣在案。现因近畿一带铁路事宜专归顺天府尹办理,自应将此次该使所送铁路书册札交顺天府尹查收审阅可也。

光绪二十五年二月十二日(1899－3－23)　比国公使费葛致总署照会
照送铁路公会底册由　01－27－005－02－056

二十五年二月十二日,比国公使费葛照会。称:

照得前于光绪二十四年五月二十三日,因万国铁路公会印就底册照送贵署在案。本大臣兹接万国铁路公会递到印就底册,系自西历一千八百九十八年三月起至当年十二月底止。本大臣今将印就书籍照送贵王大臣检收可也。

光绪二十五年二月十五日(1899－3－26)　总署致北洋大臣裕禄咨文
咨送铁路公会底册希转交中国铁路公司由　01－27－005－02－057

二月十五日,行北洋大臣裕禄文。称:

光绪二十五年二月十二日,准比国费使函称,前于光绪二十四年五月二十三日,因万国铁路公会印就底册照送贵署在案。兹接万国铁路公会递到印就底册,系自西历一千八百九十八年三月起至当年十二月止,今将印就书籍照送检收等因。除已由本衙门照复比国费使外,相应将该会所印底册九本咨送贵大臣查照,转交中国铁路公司查收可也。

光绪二十五年二月十五日(1899-3-26) 总署致比国公使费葛照会

所送铁路公会底册已阅悉并转送北洋由 01-27-005-02-058

二月二十五日,给比国公使费葛照会。称:

光绪二十五年二月十二日,接准照称,前于光绪二十四年五月二十三日,因万国铁路公会印就底册照送在案。兹接万国铁路公会递到印就底册,系自西历一千八百九十八年三月起至十二月止,今将印就书籍照送检收等因。本衙门均已阅悉。除将此册转咨北洋大臣备查外,相应照复贵大臣查照可也。

光绪二十五年五月初五日(1899-6-12) 比国署公使贾尔牒致总署照会

照送铁路公会底册由 01-27-005-02-059

五月初五日,比国署公使贾尔牒照会。称:

照得前于光绪二十五年二月十二日,因万国铁路公会印就底册照送贵署在案。本署大臣兹接铁路公会递到印就底册十卷,系自西历本年正月初一日起至四月三十日止。查此十卷书籍共系四个月底册,兹特照送贵署检收可也。

光绪二十五年五月初九日(1899-6-16)　总署致比国署公使贾尔牒照会

铁路公会底册已阅悉并转咨北洋由　01-27-005-02-060

五月初九日,给比国署公使贾尔牒照会。称:

光绪二十五年五月初五日,接准照称,前于光绪二十五年二月十二日,因万国铁路公会印就底册照送在案。兹接万国铁路公会递到印就底册,系自西历本年正月初一日起至四月三十日止,照送贵署检收等因。本衙门均已阅悉。除将此册转咨北洋大臣备查外,相应照复贵署大臣查照可也。

光绪二十五年五月初九日(1899-6-16)　总署致北洋大臣裕禄咨文

咨送铁路公会底册希转交中国铁路公司由　01-27-005-02-061

五月初九日,行北洋大臣裕禄文。称:

光绪二十五年五月初五日,准比国贾署使照称,前于光绪二十五年二月十二日,因万国铁路公会印就底册照送在案。兹接万国铁路公会递到印就底册十卷,系自西历本年正月初一日起至四月三十日止,今将印就书籍照送检收等因。除已由本衙门照复比国贾署使外,相应将该会所印底册十本咨送贵大臣查照,转交中国铁路公司查收可也。

光绪二十五年七月十八日(1899-8-23)　比国公使贾尔牒致总署照会

照送铁路公会书籍由　01-27-005-02-062

七月十八日,比国公使贾照会。称:

照得本国万国铁路公会递到西历本年五月分底册三卷，今已印就书籍，转递中国总署等语。本署大臣接据之余，即将铁路公会递到书籍三卷，相应照送贵王大臣检收可也。

光绪二十五年七月二十二日(1899－8－27)　总署致北洋大臣裕禄咨文

咨送铁路公会书籍希转交中国铁路公司由　01－27－005－02－063

七月二十二日，行北洋大臣裕禄文。称：

光绪二十五年七月十八日，准比国贾署使照称，本国万国铁路公会递到西历本年五月分底册三卷，今已印就书籍，照送检收等因。除已由本衙门照复比国贾署使外，相应将该会所印底册三本咨送贵大臣查照，转交中国铁路公司查收可也。

光绪二十五年七月二十二日(1899－8－27)　总署致比国署使贾尔牒照会

铁路公会底册已阅悉并转咨北洋由　01－27－005－02－064

七月二十二日，给比国署公使贾照会。称：

光绪二十五年七月十八日，接准照称，本国万国铁路公会递到西历本年五月分底册三卷，今已印就书籍，照送检收等因。本衙门均已阅悉。除将此册转咨北洋大臣备查外，相应照复贵大臣查照可也。

光绪二十五年八月二十六日(1899－9－30)　比国署使贾尔牒致总理衙门照会

为呈万国铁路公会送到底册六卷请检收事

大比署理钦差驻扎中华便宜行事秉权大臣男爵贾为照会事。

照得本国万国铁路公会递到底册六卷,系西历本年六、七两月底册就刷印成书递到前来。本署大臣接据之余,兹将铁路公会递到书籍六卷相应照送贵王大臣检收可也。须至照会者。

右照会大清钦命总理各国事务王大臣。外附底册六卷。光绪二十五年八月二十六日。

光绪二十五年八月二十九日(1899-10-3) 总理衙门致北洋大臣咨文

为希将比使所送万国铁路公会底册转交中国铁路公司查收事

美国股呈为咨行事。

光绪二十五年八月二十六日,准比国贾署使照称,本国万国铁路公会递到底册六卷,系西历本年六、七两月底册,照送检收等因。除已由本衙门照复比国贾署使外,相应将该会所印底册六卷咨送贵大臣查照,转交中国铁路公司查收可也。须至咨者,北洋大臣。附洋文底册六卷。

光绪二十五年八月二十九日(1899-10-3) 总理衙门致比国署使贾尔牒照会

为业已阅悉万国铁路公会底册并转咨北洋大臣备查事

美国股呈为照复事。

光绪二十五年八月二十六日,接准照称,本国万国铁路公会递到底册六卷,系西历本年六、七两月底册,照送检收等因。本衙门均已阅悉。除将此册转咨北洋大臣备查外,相应照复贵署大臣查照可也。须至照会者。比贾署使。

光绪二十五年九月初六日(1899-10-10)　比国署使贾尔牒致总署照会

照送八月份铁路公会底册由　01-27-005-02-068

九月初六日,比国公使贾照会。称:

照得本国万国铁路公会递到底册三卷,系西历本年八月分底册刷印成书,递送中国总署等因。本署大臣接据之余,即将铁路公会递来底册三卷,相应照送贵王大臣检收可也。

光绪二十五年九月初九日(1899-10-13)　总署致北洋大臣裕禄咨文

咨送铁路公会八月份所送底册希转交中国铁路公司由　01-27-005-02-069

九月初九日,行北洋大臣文。称:

光绪二十五年九月初六日,准比国贾署使照称,本国万国铁路公会递到底册三卷,系西历本年八月分底册刷印成书,照送检收等因。除已由本衙门照复比国贾署使外,相应将该会所印底册三卷咨送贵大臣查照,转交中国铁路公司查收可也。

光绪二十五年九月初九日(1899-10-13)　总署致比国署使贾尔牒札

所送铁路公会章程已阅悉并转咨北洋由　01-27-005-02-070

九月初九日,给比国公使贾札。称:

光绪二十五年九月初六日,接准照称,本国万国铁路公会递到底册三卷,系西历本年八月分底册,照送检收等因。本衙门均已阅悉。除将此册转咨北洋大臣备查外,相应照复贵大臣查照可也。

光绪二十五年十月初一日(1899-11-3)　比国署使贾尔牒致总署照会

照送铁路公会九月份底册由　01-27-005-02-071

十月初一日,比国署公使贾照会。称:

照得本国万国铁路公会递到底册三卷,系西历本年九月分底册刷印成书,递送中国总署等因。本署大臣接据之余,即将铁路公会底册三卷相应照送贵王大臣检收可也。

光绪二十五年十月初六日(1899-11-8)　总署致北洋大臣裕禄咨文

咨送九月份铁路公会底册希转交中国铁路公司由　01-27-005-02-072

十月初六日,行北洋大臣裕禄文。称:

光绪二十五年十月初一日,准比国贾署使照称,本国万国铁路公会递到底册三卷,系西历本年九月底册,照送检收等因。除已由本衙门照复比国贾署使,相应将该会所印底册三卷咨送贵大臣查照,转交中国铁路公司查收可也。

光绪二十五年十月初六日(1899-11-8)　总署致比国署使贾尔牒照会

所送九月份铁路公会底册已阅悉并转交北洋大臣由　01-27-005-02-073

十月初六日,给比国署公使贾照会。称:

光绪二十五年十月初一日,接准照称,本国万国铁路公会递到底册三卷,系西历本年九月分底册,照送检收等因。本衙门均已阅悉。除将此册转咨北洋大臣备查外,相应照复贵署大臣查照可也。

光绪二十五年十月十二日(1899-11-14)　比国署使贾尔牒致总署照会

比使照请派员赴法京第六次铁路公会并送该会章程由　01-27-005-02-074

二十五年十月十二日,比国署公使贾照会。称:

本署大臣昨前赴贵署晤谈,因奉本国国家行知,于西历一千九百年法国京都万国铁路公会赛会,兹请贵国派员前往赴会。此系第六次赛会。本署大臣深幸已承贵署慨允派员赴会。该会所定限期于西历一千九百年十月十五日开会,并有该会所拟清单二分附送贵署,查悉该会第六次办法。为此照会贵王大臣查照可也。

光绪二十五年十月十七日(1899-11-19)　总署致比国署使贾尔牒照会

法京铁路赛会届期由出使大臣派员前往由　01-27-005-02-075

十月十七日,给比国署公使贾照会。称:

光绪二十五年十月十三日准照称,日昨赴署晤谈,因奉本国国家行知,于西历一千九百年法国京都万国铁路公会赛会,请派员前往赴会。已承慨允派员赴会。该会所定限期于西历一千九百年十月十五日开会,并有该会所拟清单二分附送,查悉该会第六次办法等因。本衙门均已阅悉。除届期由出使大臣派员赴会外,相应照复贵署大臣查照可也。

光绪二十五年十一月初二日(1899－12－4)　比国署使贾尔牒致总署照会

照送铁路公会十月份底册由　01－27－005－02－076

十一月初二日,比国公使贾照会。称:

照得本国万国铁路公会递到底册三卷,系西历一千八百九十九年十月分底册刷印成书,递送前来。本署大臣接据之余,即将铁路公会底册三卷相应照送贵王大臣检收可也。

光绪二十五年十一月初八日(1899－12－10)　总署致比国署使贾尔牒照会

所送铁路公会底册已阅悉并转咨北洋大臣由　01－27－005－02－077

十一月初八日,给比国公使贾照会。称:

光绪二十五年十一月初二日,接准照称,本国万国铁路公会递到底册三卷,系西历一千八百九十九年十月分底册,照送检收等因。本衙门均已阅悉。除将此册转咨北洋大臣备查外,相应照复贵署大臣查照可也。

光绪二十五年十一月初八日(1899－12－10)　总署致北洋大臣裕禄咨文

咨送铁路公会底册希转交中国铁路公司由　01－27－005－02－078

十一月初八日,行北洋大臣文。称:

光绪二十五年十一月初二日,准美(比)国贾署使照称,本国万国铁路公会递到底册三卷,系西历一千八百九十九年十月分底册，照送检收等因。除已由本衙门照复贾使外，相应将该会底册三卷咨送贵大臣查照，转交中国铁路公司查收可也。

光绪二十五年十二月初九日(1900－1－9) 比国署使贾尔牒致总署函

函送本年十一月份铁路公会底册由 01－27－005－02－079

十二月初九日，比国公使贾函。称：

兹接铁路公会递到底册三卷，系本年十一月分刷印成书。本署大臣今将底册三卷函送贵王大臣检收可也。耑此。外配法文，附送书籍三卷。此泐。顺颂日祉。

光绪二十五年十二月十三日(1900－1－13) 总署致北洋大臣裕禄咨文

咨送铁路公会十一月份底册转送中国铁路公司由 01－27－005－02－080

十二月十三日，行北洋大臣文。称：

光绪二十五年十二月初九日，准比国贾署使照称，铁路公会递到底册三本，系本年十一月分刷印成书，函送检收等因。本衙门均已阅悉。除已由本衙门照复贾署使外，相应将该会所送底册三本咨送贵大臣查照，转交中国铁路公司查收可也。

光绪二十五年十二月十三日(1900－1－13) 总署致比国署使贾尔牒函

所送铁路公会底册已阅悉并转咨北洋大臣由 01－27－005－02－081

十二月十三日，给比国公使贾函。称：

光绪二十五年十二月初九日，接准照称，本国铁路公会递到底册三卷，系本年十一月分刷印成书，函送检收等因。本衙门均已阅悉。除将此册转咨北洋大臣备查外，相应照复贵署大臣查照可也。

光绪二十六年正月十四日(1900-2-13)　比国署使贾尔牒致总署函

函送十二月份铁路公会底册由　01-27-005-02-082

二十六年正月十四日，比国署公使贾尔牒函。称：

兹准本国万国铁路公会递到底册三卷，系西历一千八百九十九年十二月分底册刷印成书，递送前来。本署大臣即将底册三卷函送贵王大臣检收可也。

光绪二十六年正月二十一日(1900-2-20)　总署致比国署使贾尔牒函

函送铁路公会底册已阅悉并转送由　01-27-005-02-083

正月二十一日，复比国署使贾函。称：

径复者：前准函称，本国万国铁路公会递到底册三卷，系西历一千八百九十九年十二月分底册刷印成书，递送前来，即将底册三卷函送检收等因。本衙门均已阅悉。除咨送铁路公司外，相应函复贵大臣查照可也。此复。顺颂日祉。

光绪二十六年正月二十一日(1900-2-20)　总署致北洋大臣咨文

咨送十二月份铁路公会底册转交中国铁路公司由　01-27-005-02-084

正月二十一日，行北洋大臣文。称：

光绪二十六年正月十四日，准比国贾署使函称，本国万国铁路公会递到底册三本，系西历一千八百九十九年十二月分底册刷印成书，递送前来，即将底册三卷函送检收等因。除由本衙门函复比国贾署使外，相应将底册三卷咨送贵大臣查照，转交中国铁路公司查收可也。

光绪二十六年二月十二日（1900－3－12） 比国公使贾尔牒致总署函

函送一九〇〇年正月份铁路公会底册由 01－27－005－02－085

二月十二日，比国公使贾函。称：

兹准本国万国铁路公会递到底册三卷，系西历一千九百年正月分底册刷印成书，递送前来。本署大臣即将底册三卷函送贵王大臣检收可也。

光绪二十六年二月十六日（1900－3－16） 总署致北洋大臣裕禄咨文

咨送一九〇〇年正月份铁路公会底册转交铁路公司由 01－27－005－02－086

二月十六日，行北洋大臣文。称：

光绪二十六年二月十二日，准比国贾署使函称，本国万国铁路公会递到底册三卷，系西历一千九百年正月分底册刷印成书，递送前来。本署大臣即将底册三卷函送检收等因。除由本衙门函复比国贾署使外，相应将底册三卷咨送贵大臣查收，即希转交中国铁路公司可也。

光绪二十六年二月十六日(1900-3-16)　总署致比国署公使贾尔牒函

所送一九〇〇年正月份铁路公会底册已咨送铁路公司由　01-27-005-02-087

二月十六日,复比国署公使贾函。称:

径复者:前准函称,本国万国铁路公会递到底册三卷,系西历一千九百年正月分底册刷印成书,递送前来,即将底册三卷函送检收等因。本衙门均已阅悉。除咨送铁路公司外,相应函复贵署大臣查照可也。此复。顺颂日祉。

光绪二十六年三月二十一日(1900-4-20)　比国署使贾尔牒致总署函

函送二月份铁路公会底册由　01-27-005-02-088

三月二十一日,比国公使贾尔牒函。称:

兹准本国万国铁路公会递到该会底册三卷,系西历一千九百年二月分底册刷印成书,递送前来。本署大臣即将底册三卷函送贵大臣检收可也。耑此。顺颂日祉。

光绪二十六年三月二十五日(1900-4-24)　总署致北洋大臣咨文

咨送铁路公会底册转交铁路公司由　01-27-005-02-089

三月二十五日,行北洋大臣文。称:

光绪二十五年三月二十一日,准比国贾署使函称,本国万国铁路公会递到该会底册三卷,系西历一千九百年二月分底册刷印成书,递送前来。本署大臣即将底册三卷函送检收等因。除由本衙门函贾署使外,相应将底册三卷咨送贵大臣查收,即希转交中国铁路公司可也。

光绪二十六年三月二十五日(1900－4－24)　总署致比国署使贾尔牒函

铁路公会底册已阅悉并转咨北洋大臣由　01－27－005－02－090

三月二十五日,复比国署公使贾函。称:

径复者:前准函称,本国万国铁路公会递到底册三卷,系西历一千九百年二月分底册刷印成书,递送前来,即将底册三卷函送检收等因。本衙门均已阅悉。除将底册三卷咨送北洋大臣转交铁路公司外,相应函复贵署大臣可也。此复。顺颂日祉。

光绪二十六年四月十七日(1900－5－15)　比国公使姚士登致总署函

函送三月份铁路公会底册由　01－27－005－02－091

四月十七日,比国公使姚士登函。称:

兹准本国万国铁路公会递到底册三卷,系西历一千九百年三月分底册刷印成书,递送前来。本大臣即将铁路公会底册三卷函致贵王大臣检收可也。

光绪二十六年四月二十一日(1900－5－19)　总署致比国公使姚士登函

三月份铁路公会底册已阅悉转咨北洋大臣由　01－27－005－02－092

四月二十一日,致比国公使姚函。称:

径复者:前准函称,本国万国铁路公会递到底册三卷,系西历一千九百年三月分底册刷印成书，递送前来。本大臣即将铁路公会底册三卷函致检收等因。本衙门均已阅悉。除将底册咨送北洋大臣外，相应函复贵大臣查照可也。此复。顺颂日祉。

光绪二十六年四月二十一日(1900－5－19)　总署致北洋大臣裕禄咨文

咨送三月份铁路公会底册转交中国铁路公司由　01－27－005－02－093

四月二十一日，行北洋大臣文。称：

光绪二十六年四月十七日，准比国姚函称，本〔国〕万国铁路公会递到底册三卷，系西系一千九百年三月分底册刷印成书，递送前来。本大臣即将铁路公会底册三卷函致检收等因。除由本衙门函复比国姚使外，相应将底册三卷咨送贵大臣查收，转交中国铁路公司可也。

光绪二十七年十月初三日(1901－11－13)　比国公使姚士登致外务部照会

为呈万国铁路公会图说十八本请查收事

大比钦差驻扎中华便宜行事全权大臣姚为照会事。

照得本大臣顷接比国绘来万国铁路公会图说，自西历一千九百年四月起至九月止六个月份图说稿本，计十六本，外有附件两本，总计十八本，一并照送贵部如数查收。为此照会贵部查照可也。须至照会者。

右照会外务部。计送图稿十八本。光绪二十七年十月初三日。

光绪二十七年十月初八日(1901-11-18)　外务部致比国公使姚士登照会

知照收到万国铁路公会图说由　01-27-005-02-095

二十七年十月初八日,给比国公使姚士登照会。称:

光绪二十七年十月初三日,接准照称,顷接比国绘来万国铁路图说并附件照送查收等因。本大臣接阅之余,欣然领受。特此照复。即希贵大臣查照可也。

光绪二十九年六月十三日(1903-8-5)　比国署使葛飞业致庆亲王奕劻照会

为一九〇五年五月拟在美京开第七届万国铁路公会现由本国召集请派员事

大比署理钦差驻扎中华便宜行事全权大臣世袭男爵葛为照会事。

照得前于西历一千九百年在法国巴黎京城议定,于西历一千九百五年五月在美国倭生汤地方举行第七回万国铁路公会,所有召集该会事宜,议让比国国家照料一切。本书大臣今接本国国家之命,公请贵国国家派员前往会中会议。按照该会所订章程,如有应允所请,每年应捐该会之款,以所派员多寡核计捐款。其有捐款之数目:委员一人应捐一百佛郎,委员二人应捐二百五十佛郎,委员三人应捐五百佛郎,委员四人应捐七百五十佛郎,委员五人应捐一千佛郎,委员六人应捐一千二百五十佛郎,委员七人应捐一千五百佛郎,委员八人应捐一千七百五十佛郎,委员九人应捐二千佛郎。本署大臣今将该会第七回会议说帖两套,并将万国铁路公会各执事衔名之单,及在本处办理该会董事衔名之单一并备文照送。

为此照会贵亲王查照可也。须至照会者。

右照会大清钦命全权大臣军机大臣总理外务部和硕庆亲王。

光绪二十九年六月十三日。

附件一：第七期会议问题（节录）

计开：

第一章

一、路工

二、快车轨道

三、交轨

四、三合土

第二章

五、拖力材料

六、倍工之法

七、自行拖力

八、电气拖力

第三章

九、电气热力蒸汽

十、加力机器

十一、行李及各种包件

十二、通城税务商务

第四章

十三、快车装运货物税章

十四、核算账务

十五、工程期限办法

十六、预立奖励章程

第五章

十七、养路

十八、津贴专款

十九、干路支路

二十、自行机之用

附件二：万国铁路公会总理司员衔名单（节录）

万 国 公 会

总理　扬白亚，比国铁路总理

副总理　比噶尔，桥梁河道总稽查，法国农工商务总参理

拉玛街，比国邮电铁路部参赞

前任总理　比噶尔，见上

北脱卢夫，俄国工程司

司戴尔白理极，伦敦北怀司吞铁路总理

司员（略）

总文案（略）

支应文案（略）

专使会员（略）

文案处

记载处

刷印处

美股司员第七会会议人员（略）

总理

执事

常年司员

额外司员

光绪二十九年六月二十日(1903－8－12)　外务部致督办铁路大臣袁世凯等咨文

为美国拟开第七次万国铁路公会应否派员请核办事

考工司呈为咨行事。

光绪二十九年六月十四日,接准比国葛署使照称,前于西历一千九百年在法国巴黎京城议定,于西历一千九百五年五月在美国倭生汤地方举行第七回万国铁路公会。所有召集会议事宜,议让比国国家照料一切。本署大臣今接奉本国国家之命,公请贵国派员前往会中会议。按照该会所订章程,如有应允所请,每年应捐该会之款,以所派之员多寡核计捐款。其有捐款之数目:委员一人应捐一百佛郎,委员二人应捐二百五十佛郎,委员三人应捐五百佛郎,委员四人应捐七百五十佛郎,委员五人应捐一千佛郎,委员六人应捐一千二百五十佛郎,委员七人应捐一千五百佛郎,委员八人应捐一千七百五十佛郎,委员九人应捐二千佛郎。本署大臣今将该会第七回会议洋文说帖照送等因前来。查该使所请派员前往会中会议,系为讲求铁路起见。应否派员入会,相应抄译说帖咨行贵大臣查照酌核办理,迅即声复本部,以便转复比使可也。须至咨者。附译件。督办铁路大臣盛、袁、胡。

光绪二十九年六月二十日(1903－8－12)　外务部致比国署使葛飞业照会

为已咨督办铁路大臣核办是否派员赴会俟复再达事

考工司呈为照复事。

光绪二十九年六月十四日准照称,前于西历一千九百年在法国巴黎京城议定,西历一千九百五年五月在美国倭生汤地方举行

第七回万国铁路公会。所有召集会议事宜,议让比国国家照料一切。本署大臣今奉国家之命,公请贵国派员前往会中会议。按照该会所订章程,如有应允所请,每年应捐该会之款,以所派之员多寡核计等因。并将捐款数目暨第七回会议洋文说帖、各国委员衔名清单照送前来。本部已咨行督办铁路大臣酌核声复。除俟复到再行知照外,相应先行照复贵大臣查照可也。须至照会者。比葛署使。

光绪二十九年九月初五日(1903－10－24)　督办铁路大臣袁世凯致外务部咨呈

为詹天佑邝景阳堪赴万国铁路公会拟俟经办工竣即委一员前往事

钦差大臣太子少保参与政务大臣督办商务大臣电政大臣铁路大臣兵部尚书督察院右都御史办理北洋通商事宜直隶总督部堂袁为咨呈事。

据关内外铁路局、津海关道会详称,窃奉宪台札开,准外务部咨,光绪二十九年六月十四日接比国葛署使照称,前于西历一千九百年在法国巴黎京城议定,于西历一千九百五年五月在美国倭生汤地方举行第七回万国铁路公会。所有召集该会事宜,议让比国国家照料一切。本署大臣今接奉本国国家之命,公请贵国派员前往会中会议。按照该会所订章程,如有应允所请,每年应捐该会之款,以所派之员多寡核计捐款。其有捐款之数目:委员一人应捐一百佛郎,委员二人应捐二百五十佛郎,委员三人应捐五百佛郎,委员四人应捐七百五十佛郎,委员五人应捐一千佛郎,委员六人应捐一千二百五十佛郎,委员七人应捐一千五百佛郎,委员八人应捐一千七百五十佛郎,委员九人应捐二千佛郎。本署大臣今将该会

第七回会议洋文说帖照送等因前来。查该使所请派员前往会中会议,系为讲求铁路起见。应否派员入会,相应抄译说帖咨行贵大臣查照酌核办理,迅即声复本部,以便转复比使可也等因到本大臣。准此,应由关内外铁路总局会同津海关道迅速核议具复,以凭转咨等因。奉此,职局/道遵即会同商酌。

查比署使所请派员前往会议,系为讲求铁路起见。现在路政关系重要,各省次第兴办,亟应派员前往会议,妥为讲求,方能获益。惟必须熟悉铁路工程人员,始克胜任。当经公同选择,查有关内外铁路工程司候选知府詹天佑、候选同知邝景阳在局多年,办理各路工程均极妥善,堪以委派。惟该员等现以经办要工,尚未竣工,拟请俟工竣后酌委一员前往会议,以期得力。职局/道等再三商酌,意见相同,理合具文详请鉴核转咨,实为公便等情到本大臣。据此,除批示外,相应咨呈贵部,谨请查照,转复施行。须至咨呈者。

右咨呈外务部。光绪二十九年九月初五日。

光绪二十九年九月十四日(1903-11-2)　外务部致比国公使姚士登照会

为中国拟派柯鸿年等赴万国铁路公会事

考工司呈为照会事。

前准葛署大臣照称,西历一千九百年在法国巴黎京城议定,一千九百五年在美国倭生汤地方举行第七回万国铁路公会。今奉国家之命,公请派员前往会中会议等因。当经本部咨呈督办铁路大臣酌核派员,并照复葛署大臣在案。兹准盛大臣复称,总公司拟派华员柯道鸿年、洋员沙多。又准袁大臣复称,查有候选知府詹天佑、候选同知邝景阳堪以委派。惟该二员现均办要工，尚未竣事，拟俟工竣后酌委一员前往会议各等因前来。相应照会贵大臣查照可也。须至照会者。比姚使。

光绪二十九年九月二十一日(1903－11－9)　督办铁路大臣盛宣怀致外务部咨呈

为应于津榆等铁路每路派华洋各一人赴万国铁路公会

钦命督办铁路总公司事务大臣太子少保前工部左堂盛为咨呈事。

据铁路总公司参赞柯道鸿年禀称，窃奉宪台札开，承准外务部咨开，接准比国葛署使照称，西历一千九百五年五月在美国倭生汤地方举行第七回万国铁路公会，请贵国派员前往会中会议。每年应捐该会之款以所派之员多寡核计，将洋文说帖照送等因。查该使所请派员前往会议，系为讲求铁路起见。应否派员入会，咨行贵大臣查核声覆等因。承准此，查该说帖条目，关系铁路应收之权利甚多，饬即查照酌核议覆等因。奉此，职道遵即回禀大略。复于九月初三日奉到钧函，并电复外务部抄稿，饬将前文克日禀覆等因。

奉此，职道遵查万国铁路公会之举系为讲求推广改良起见，其说帖问题二十条，无一非精益求精、密益求密之意，裨益于路政者甚大。各国熟谙铁路工程，尚复不惮烦劳，广征群慧，以冀造极登峰。中国于铁路情形，尚未窥及崖略，会逢其适，尤难视为缓图。即华人与会，不能望其独出新意，陈补救之法，谈整顿之方。而各国既有此举，亦应志切观光，借充识见，断不得自甘落后，有忝文明。闻外国凡承办大小铁路公司均有派员赴会，以期集思广益。所派之员数视路之长短为定,大约每路必有数员,而国家所派之员尚不在内。今中国铁路工程皆委各国之人办理,若专派华员,则洋员未免向隅。沙多虽不能分身,尚力求附列其名,以为光宠。是铁路公会之召集,在外国视为绝大事,业可想而知。但既派洋员,若不兼派华员,似亦有失国体,且明示以中国无人,启外人轻视之心。

职道再四筹度,虽不能仿照各国之广派,以极少而论,凡中国已经开办铁路,如津榆、卢汉、粤汉、正太、沪宁等路,每路均派华员一人、洋员一人,届期可去者去,既不失大国之体面,亦不至虚糜来往川费。至于派员捐数甚属有限。派员九人,每年捐款不过二千佛郎克,合华银数百两而已。事关文明义务,似不宜惜此小费也。是否有当,伏乞察核转覆等情。据此,除俟届期酌派华洋员司赴会外,相应咨呈贵部谨请查核施行。须至咨呈者。

右咨呈外务部。

光绪二十九年十二月十七日(1904-2-2)　比国公使姚士登致庆亲王奕劻照会

为请于期内将万国铁路公会入会捐款交清事

大比钦差驻扎中华便宜行事全权大臣姚为照会事。

前于西历一千九百零三年十一月初二日,曾经接到贵亲王照复,内开为西历一千九百零五年于美国倭生汤地方将举行万国铁路公会一事,贵国国家已允委派四员前往该会在案。本大臣查照入会章程,于上年八月初三日曾经照会贵亲王,贵国国家入此公会,所有在会之员款项,按照章程,四人每年应捐公款七百五十个佛郎。此公会所议定奏章五本,并每月所议奏章一本,自应按时寄送贵国国家查阅。该公会董事，先为贵国国家申谢，并请贵国国家将此会公款由西历一千九百零三年四月十五日起至一千九百零四年四月十六日止一年捐款，即祈交下为荷。为此照会贵亲王查照可也。须至照会者。

右照会大清钦命全权大臣军机大臣总理外务部事务和硕庆亲王。光绪二十九年十二月十七日。

光绪二十九年十二月二十四日(1904-2-9)　外务部致督办铁路大臣袁世凯等咨文

为希会筹分认万国铁路公会捐款并照数解部事

考工司呈为咨行事。

光绪二十九年十二月十七日，准比国姚使照称，前接来照，内开为西历一千九百零五年于美国倭生汤地方将举行万国铁路公会一事，已允委派四员前往该会在案。本大臣查照入会章程，所有在会之员款项，四人每年应捐公款七百五十个佛郎。该公会董事请将此会公款由西历一千九百零三年四月十五日起至一千九百零四年四月十六日止一年捐款即祈交下等因。查该会章程，捐款数目，委员一人应捐一百佛郎，委员二人应捐二百五十佛郎，三人应捐五百佛郎，委员四人应捐七百五十佛郎，业经钞咨在案。嗣准贵大臣复称，派华员柯道鸿年、洋员沙多、候选知府詹天佑、候选同知邝景阳。又准盛、袁大臣复称，派华员柯道鸿年、洋员沙多、候选知府詹天佑、候选同知邝景阳各等因。是此项公会，中国共计已派四人。兹准比使照称前因，相应咨行贵大臣查照，即将该项捐款会筹分认，照数解部，以便转交该使可也。须至咨者。袁、盛大臣。

光绪二十九年十二月二十四日(1904－2－9)　外务部致比国公使姚士登照会

为已咨督办铁路大臣筹办铁路公会捐款俟覆到再达事

考工司呈为照复事。

光绪二十九年十二月十七日准来照,以美国倭生汤地方将举行万国铁路公会一事,所有在会之员款项,按照章程,四人每年应捐公款七百五十个佛郎。将此会公款由西历一千九百零三年四月十五日起至一千九百零四年四月十六日止一年捐款即祈交下等因。本部业已咨行督办铁路袁、盛大臣会筹办理。除俟覆到再行知照外,相应照复贵大臣查照可也。须至照会者。比姚使。

光绪三十年二月初三日签字(1904－3－19)　外务部存案稿

为上年九月收到督办铁路大臣盛宣怀咨文一件现存案备查事

考工司呈为存案事。

光绪二十九年九月二十八日,收督办铁路盛大臣文一件,相应存案备查可也。

美国铁路会。存一件。位四十四。

光绪三十年二月十四日(1904－3－30)　督办铁路大臣袁世凯等致外务部咨呈

为铁路局分认筹解万国铁路公会捐款并开具银票请查核兑收事

钦命督办山海关内外铁路事宜大臣直隶总督部堂袁、刑部右堂胡为咨呈事。

据关内外铁路局详称,窃照职局于光绪二十九年十二月三十日奉宪台札开,十二月二十六日准外务部咨,光绪二十九年十二月十七日准比国姚使照称,前接来照,内开为西历一千九百零五年于美国倭生汤地方将举行万国铁路公会一事,已允委派四员前往该会在案。本大臣查照入会章程,所有在会之员款项,四人每年应捐公款七百五十个佛郎。该公会董事请将此会公款由西历一千九百零三年四月十五日起至一千九百零四年四月十六日止,一年捐款即祈交下等因。查该会章程,捐款数目,委员一人应捐一百佛郎,委员二人应捐二百五十佛郎,委员三人应捐五百佛郎,委员四人应捐七百五十佛郎,业经抄咨在案。嗣准贵大臣复称,派候选知府詹天佑、候选同知邝景阳。又准盛大臣复称,派华员柯道鸿年、洋员沙多各等因。是此项公会,中国共计已派四人。兹准比使照称前因,相应咨行贵大臣查照,即将该项捐款会筹分认,照数解部,以便转交该使可也等因到部。本大臣准此,除分行外,札局查照,分认筹解具报等因。奉此,遵查此项公会,中国共计派有四人,职局应即按照会章,应捐七百五十佛郎之数分认其半,核计应解三百七十五佛郎。但查该会章程,捐款数目如按委员四人而论,以上应捐之数固属无误。倘就本路委员二人分而言之,即系应捐二百五十佛郎。二者未知孰是。职局现谨按照委员四人应捐之数分认筹解,计三百七十五佛郎。按每二佛郎二分九合洋一元计算,共合洋一百六十三元七角五分。拟仍乞宪台咨明外务部照会比使,倘能按委员二人筹解捐款,此项捐数计多一百二十五佛郎,仍须缴汇职局兑收,俾免歧异。除详报督办铁路大臣胡查核外,理合将此项捐款开具银条一纸具文详送查核兑收,汇解转交,实为公便等情到本大臣。据此,除批示外,相应将银票咨送贵部,谨请查照兑收汇交,并照会比使查复施行。须至咨者。

右咨外务部。计咨送银票一张,计洋银一百六十三元七角五分。光绪三十年二月十四日。

光绪三十年五月二十日(1904－7－3)　督办铁路大臣袁世凯等致外务部咨呈

为前项拨解万国铁路公会捐款银票系于二月十四日呈请查收转给事

钦命督办山海关内外铁路事宜大臣直隶总督部堂袁、刑部右堂胡为咨呈事。

据关内外铁路局详称,窃查职局前详送遵章拨解万国铁路公会捐款银两俯赐转解兑收各缘由一案,嗣于本年二月十五日奉宪台批开,据详已悉,候将银票咨送外务部查收汇交,并照会比使查复缴等因在案。兹据职局洋账房洋员韩德森称,准汇丰银行函开,前项拨解铁路万国公会捐款银两所开银票一纸,迄今已历三月之久,并未来行取银。此项银两如久不来取,于每月结算账目之期多有不便。且比使来函,亦曾言及捐款尚未收到,请查核详办等情前来。职道等查此项银票是否已由外务部转交比使兑收,未经奉行有案,无从查考,理合具文详请宪台俯赐转咨外务部,查明前项银票究竟已否汇交,查复饬遵,实为公便等情到部。本大臣据此,查前项银票系由汇丰银行所出,计洋银一百六十三元七角五分,业于二月十四日咨呈贵部察收转给在案。据详前情,除批示外,相应咨呈贵部,谨请查明见复施行。须至咨者。

右咨呈外务部。

光绪三十年五月二十七日(1904－7－10)　外务部致北洋大臣袁世凯咨文

为已将万国铁路公会捐款送交比使收存事

考工司呈为咨行事。

光绪三十年二月十五日,接准咨称,比国举行万国铁路公会一事,中国共计派有四人。按照会章,委员四人应捐之数分认筹解,计三百七十五佛郎。按每二佛郎二分九合洋一元,共合洋一百六十三元七角五分。倘就本路委员二人分而言之,即系应捐二百五十佛郎。此项捐数计多一百二十五佛郎,仍须缴汇,合将此项捐款开具银条一纸咨送兑收等因。查此项捐款,本部拟俟盛大臣寄到时一并照送该使。兹准咨称前因,当经本部即将此项捐款先行照送比葛使收存。至此项捐款,应以四人计算,所解之数实无余剩。应咨行贵大臣查照可也。须至咨者。北洋大臣。

光绪三十年五月二十七日(1904-7-10) 外务部致比国公使葛飞业照会

为现将督办铁路大臣袁世凯认交万国铁路公会捐款送请查收事

考工司呈为照会事。

光绪二十九年十二月十七日,接准姚大臣照称,以美国倭生汤地方举行万国铁路公会事,所有在会之员款项,按照章程,四人每年应捐公款七百五十个佛郎,请将此会公款由西历一千九百零三年四月十五日起至一千九百零四年四月十六日止一年捐款即祈交下等因。当经咨行督办铁路袁、盛大臣会筹办理,并照复姚大臣查照在案。兹据复称,查此项公会,中国共计派有四人,本大臣分认其半,核计应解三百七十五佛郎。按每二佛郎二分九合洋一元计算,共合洋一百六十三元七角五分,开具银条一纸咨送兑收等因前来。除俟盛大臣将分认该会捐款寄到时再行照送外,相应将袁大臣解到洋银一百六十三元七角五分银条一纸照送贵大臣查收可也。须至照会者。附洋银票一纸。比葛使。

光绪三十年六月初二日(1904－7－14)　比国公使葛飞业致庆亲王奕劻照会

为所送铁路大臣袁世凯认交万国铁路公会捐款已如数收讫事

大比钦差驻扎中华全权大臣便宜行事世袭一等男爵葛为照复事。

光绪三十年五月二十七日,接准照称,于西历一千九百零五年在美国倭生汤地方举行万国铁路公会一事,据袁大臣复称,查此项公会,中国共计派有四人,本大臣分认其半,核计应解三百七十五佛郎。按每二佛郎二分九合洋一元计算,共合洋一百六十三元七角五分,开具银条一纸咨送兑收等因前来。除俟盛大臣将分认该会捐款寄到时再行照送外,应将袁大臣解到洋银一百六十三元七角五分银条一纸照送贵大臣查收等因。本大臣查阅来文,并收到洋银票一张,计洋一百六十三元七角五分,如数收讫。除俟贵部寄到盛大臣分认之款再行并寄外,为此照会贵亲王查照,并先为道谢矣。须至照复者。

右照会大清钦命全权大臣军机大臣总理外务部和硕庆亲王。光绪三十年六月初二日。

光绪三十年六月初六日(1904－7－18)　督办铁路大臣盛宣怀致外务部咨呈

为铁路总公司分认万国铁路公会捐款请查核兑收转交事

钦命督办铁路总公司事务大臣太子少保尚书衔前工部左堂盛为咨呈事。

承准贵部宥电内开,上年十二月间比使请将派赴万国铁路公会捐款七百五十佛郎交付,当经咨行在案。此项捐款,北洋认解一半，久已送部。尊处应认之一半，希速解部，以便转交等因。承准此，当即转饬铁路总公司收支处迅速筹解。去后，兹据该处将总公司应认一半捐款，计三百七十五佛郎如数筹足，呈请转解前来，本大臣覆核相符。除将前项法金三百七十五佛郎于本年六月初一日发交通商银行如数呈解外，相应咨呈贵部，谨请查照兑收，转交见复施行。须至咨呈者。

右咨呈外务部。光绪三十年六月初六日。

光绪三十年七月二十三日(1904－9－2)　外务部致比国公使葛飞业照会

为现将督办铁路大臣盛宣怀认交万国铁路公会捐款送请查收事

考工司呈为照会事。

案查铁路公会捐款一事，前准袁大臣解到应捐三百七十五佛郎，业于本年五月二十七日照送贵大臣在案。兹准盛大臣将应捐三百七十五佛郎，合京平足银一百十两零七钱六分咨送前来。相应将此项银票一张照送贵大臣查收可也。须至咨者。比国葛使。附银票一张。

光绪三十年七月二十五日(1904－9－4)　外务部致督办铁路大臣盛宣怀咨文

为万国铁路公会捐款业已收讫并转交比使查收事

考工司呈为咨行事。

前准咨称，万国铁路公会捐款应认一半，计法金三百七十五佛郎，于本年六月初一日发交通商银行如数呈解兑收，转交见复等因。兹据该银行将前项捐款计京足银一百十两零七钱六分呈解前来。除由本部收讫,并照送比使查收外,相应咨行贵大臣查照可也。须至咨者。盛大臣。

光绪三十年八月二十六日(1904－10－5)　美国公使康格致庆亲王奕劻信函

为中国如欲派员赴华盛顿万国铁路公会本国须预知衔名事

径启者。

西历过年五月间,华盛顿设立万国铁路会,想已由比国政府函请贵国派员赴会矣。兹接本国政府文称,已由本国上下议院议定,本国可入此会,并允摊捐经费。中国如欲派员赴会,本国须预知其衔名,并嘱本大臣转达贵亲王查照,届开会时本国自应行嘱各口海关税务司,仍照常例免税引领进口也。

特泐。即颂爵祉。附送洋文。名另具。八月二十六日。

光绪三十年十二月初八日(1905－1－13)　比国公使葛飞业致庆亲王奕劻照会

为收到万国铁路公会寄来中国捐款收条并有应询事宜希见复事

大比钦差驻扎中华全权大臣便宜行事世袭一等男爵葛为照会事。

案查西历一千九百四年九月初七日,本大臣曾经照会,为本国办理万国铁路公会捐款一事在案。兹本大臣接得本国该公会寄来贵国捐助公款七百五十个佛郎收条一纸,为自一千九百三年至一千九百四年止。该公会自此之后,每年公议会中条陈五本,请本大臣询问贵亲王以下三件:一件为将来寄送会中条陈,贵国系要法文,亦或英文?二件为将来会中条陈寄送贵国于何处?三件,此条陈或送于贵国外务部,或送于贵国驻比使馆。以上三件,请贵亲王见复,以便本大臣转达。为此照会贵亲王查照可也。须至照会者。

右照会大清钦命全权大臣军机大臣总理外务部和硕庆亲王。光绪三十年十二月初八日。

光绪三十年十二月十三日(1905-1-18) 比国驻华使馆翻译致外务部左丞绍昌信函

为前送照会内漏将中国捐款收条封入现送请查收事

径启者。

前日,本馆葛大臣行贵部照会一件,为万国铁路公会收到贵国捐款佛郎七百五十个收条等因。本翻译封发照会时,忘却将此公会收条封入,实属疏忽之至。兹特检查公会收条一纸,送请阁下查收。附卷为感。专此。顺颂日祉。名另具。十三日。林阿德。

光绪三十年十二月十三日(1905-1-18) 外务部致比国公使葛飞业照会

为嗣后铁路公会条陈请用法文并径寄本部事

考工司呈为照复事。

光绪三十年十二月初八日准照称,案查万国铁路公会寄来贵国捐助公款收条,该公会公议会中条陈五本,请询三件。一件为将来寄送条陈,贵国系要法文或英文?二件为条陈寄送贵国于何处?三件,此条陈或送贵国外务部,或送贵国驻比使馆?请见复,以便转达等因前来。查此项条陈,请用法文,即径寄送本部。相应照复贵大臣查照,转行知照可也。须至照会者。比葛使。

光绪三十一年三月初二日(1905-4-6)　比国公使葛飞业致庆亲王奕劻照会

为华盛顿万国铁路公会准于下月开办中国所派四员可领赴会文凭事

大比钦差驻扎中华全权大臣便宜行事世袭一等男爵葛为照会事。

照得本大臣于光绪二十九年九月十四日,接准贵亲王照会,为西历一千九百五年在美国倭生汤地方举行第七回万国铁路公会一事,贵国已派四员前往,查阅此会在案。兹本大臣顷接本国国家来电,内开:该会准于下月开办,贵国所派四员于到美之际,可领得专员赴会文凭。惟该文凭须先函知纽约总理会长阿兰知悉,该会长住朴克朴赖斯廿四号。抑函知万国铁路总理员,住纽委辣饭店等电语。为此,本大臣相应备文照会贵亲王查照,转饬该员等遵照为荷。须至照会者。

右照会大清钦命全权大臣便宜行事军机大臣总理外务部事务和硕庆亲王。光绪三十一年三月初二日。

光绪三十一年三月初七日(1905-4-11)　外务部致督办铁路大臣胡燏棻等咨文

为比使请领赴华盛顿铁路公会文凭希转饬符合人员遵照事

考工司呈为咨行事。

光绪三十一年三月初二日,准比葛使照称,西历一千九百五年在美国倭生汤地方举行第七回万国铁路公会一事,贵国已派四员前往,查阅此会在案。兹本大臣顷接本国来电,该会准于下月开办,贵国所派四员于到美之际,可领得专员赴会文凭。惟该文凭须先函知纽约总理会长阿兰知悉,该会长住朴克朴赖斯廿四号。抑函知万国铁路总理员,住纽委辣饭店等电语,应照请转饬该员等遵照等因前来。相应咨行贵大臣查照,并转饬该员等遵照可也。须至咨者。督办铁路大臣袁、胡、盛。

光绪三十一年三月初七日(1905-4-11) 外务部致比国公使葛飞业照会

为贵大臣请领万国铁路公会赴会文凭一节已咨督办铁路大臣办理事

考工司呈为照复事。

光绪三十一年三月初二日准照称,倭生汤地方举行第七回万国铁路公会一事。兹接本国来电,该会准于下月开办,贵国所派四员于到美之际,可领得专员赴会文凭。惟该文凭须先函知纽约总理会长阿兰知悉,该会长住朴克朴赖斯廿四号。抑函知万国铁路总理员,住纽委辣饭店等电语,应请转饬该员等遵照等因前来。本部当已分别咨行督办铁路大臣查照。除俟复到再行照复外,相应先行照复贵大臣查照可也。须至照会者。比葛使。

光绪三十一年三月十四日收文(1905-4-18) 督办铁路大臣胡燏棻致外务部咨呈

为华盛顿万国铁路公会之议决必刊报章似可不派邝景阳赴会事

钦命头品顶戴督办山海关内外铁路大臣刑部右堂胡为咨会事。

案据山海关内外铁路总局详以第七回万国铁路公会将届举

行之期前，本路酌派工程司詹道天佑、邝守孙谋亟须前往。惟现以京张铁路正在商办筹造之际，此路工程亦甚关紧要，詹道似难远离。职道等公同审酌，拟即派委邝守孙谋一员前往美国倭生汤地方入会会议，亦足以资得力。如蒙允准，该守起行时应持之赴会文凭，应否由职局先行发给，或由宪辕填发交该员祗领，抑或由宪台转咨外务部发给之处，乞核夺施行。并请在京就近知会比公使，以便接洽。查邝守原名景阳，现改名孙谋，合并声明等情前来。本大臣正在核办间，旋准贵部咨，准比葛使照称，该员(会)准于下月开办，贵国所派四员于到美之际可领得专员赴会文凭等语，请转饬该员等遵照等因。当即将原咨随批抄发，令该总局转饬遵办在案。兹复据该总局详称，职局遵即饬知邝守查照，预备前往。

去后，兹据该守禀称，为时已促，现在汉沽桥工正在下桩之际，关系紧要，未便遽离。如乘搭十一日所开赴美之船，实来不及等语。职局查倭生汤会场开议系华四月初一日起即西五月四号，至初十日止即西十三号，如不能搭十一日赴美之船前往，迟则至时必已收会。且该守现办泸沽桥梁要工，正在下桩，必须亲同照料，其势亦有未便遽离。复按此次铁路公会会议，虽系考究利益，然会中所议大要，将来必刊之报章。如其有改良善法，职局亦可随时考核仿行。以上均系实在情形。职道等公同商酌，此次即不派邝守赴会亦无关紧要。除详请督办大臣袁鉴核外，理合具文详请鉴核，俯赐咨明外务部查照，实为公便等情到本大臣。据此，相应备文咨会贵部请烦查照，并希照会比公司知照施行。须至咨者。

右咨外务部。

光绪三十一年三月十九日(1905-4-23)　督办铁路大臣袁世凯等致外务部咨呈

为赴会时间已迟且铁路要工未便遽易生手此次即不派员事

钦命督办山海关内外铁路事宜大臣直隶总督部堂袁、刑部右堂胡为咨呈事。

光绪三十一年三月初九日,准贵部咨,光绪三十一年三月初二日,准比葛使照称,西历一千九百五年在美国倭生汤地方举行第七回万国铁路公会一事,贵国已派四员前往,查阅此会在案。兹本大臣接本国来电,该会准于下月开办,贵国所派四员于到美之际,可领得专员赴会文凭。惟该文凭须先函知纽约总理会长阿兰知悉,该会长住朴克朴赖斯廿四号。抑函知万国铁路总理员,住纽委辣饭店等电语,应照请转饬该员等遵照等因前来。相应咨行查照,并转饬该员等遵照可也等因。当经札行关内外铁路局转饬遵照。去后,兹据该局详称,遵经遴派邝守孙谋,饬即查照,预备前往。旋据该守禀称,为时已促,现在汉沽桥工正在下桩之际,关系紧要,未便遽离。如搭乘十一日所开赴美之船,实来不及等语。职局查倭生汤会场开议系华四月初一日起即西五月四号,至初十日止即西十三号。如不能搭十一日赴美之船前往,迟则至时必已收会。且该守现办泸沽桥梁要工,正在下桩,必须亲同照料,其势亦有未便遽离。复按此次铁路公会会议,虽系考究利益,然会中所议大要,将来必刊之报章,如其果有改良善法,职局亦可随时考核仿行。以上均系实在情形。职道等公同商酌,此次即不派邝守赴会亦无关紧要。理合具文详请鉴核,俯赐咨明外务部查照,实为公便等情到本大臣。据此,除批据详该局遴派邝守孙谋前赴万国铁路公会,惟为时太促,虽往已属不及。且该守现办铁路紧要工程,未便遽易生手。此次公会所议大要,必将刊诸报章。若有改良善法,即由该局随时察核仿办,事属可行。候会咨外务部查照缴挂发外,相应咨呈贵部谨请查照施行。须至咨呈者。外务部。光绪三十一年三月十九日。

光绪三十一年三月二十二日签字(1905-4-26)　外务部存案稿
为上年六月收到比使关于万国铁路公会捐款照会一件现存案备查事

考工司呈为存案事。

光绪三十年六月初二日收比葛使照会一件,相应存案备查可也。存一件。

光绪三十一年三月二十二日签字(1905-4-26)　外务部存案稿
为上年七月收到比使关于万国铁路公会捐款照会一件现存案备查事

考工司呈为存案事。

光绪三十年七月二十八日收比葛使照会一件,相应存案备查可也。存一件。

光绪三十一年四月十二日(1905-5-15)　美国署使固立之致庆亲王奕劻信函
为呈华盛顿万国铁路公会美国所派会员名单请查阅事

径启者。

兹接本国外部大臣函寄西本月初四日至十三日在华盛顿设立

万国铁路会所有美国派定与会各员清单,嘱本大臣转达贵亲王查阅等因。相应备函送请贵亲王查照是荷。特此。即颂爵祺。附送钞单及洋文。名另具。四月十二日。固立之。

光绪三十一年八月三十日签字(1905－9－28)　外务部存案稿
为三月收到铁路大臣关于万国铁路公会文件现存案备查事

考工司呈为存案事。

光绪三十一年三月十四、二十一日收铁路大臣文二文件,相应存案备查可也。铁路公会。存二件。

光绪三十一年九月十六日(1905－10－14)　比国公使葛飞业致庆亲王奕劻照会
为请将中国应捐铁路公会两年之款送交本馆以便转寄事

大比钦差驻扎中华全权大臣便宜行事世袭一等男爵葛为照会事。

照得本大臣接准本国铁路邮电大臣来文,内开:现届铁路公会收集捐款之时,贵国自西历一千九百零四年四月十五日起至西历一千九百零六年四月十六日止,每年应捐七百五十个佛郎,计两年共捐一千五百佛郎,令本大臣照会贵亲王查照等因前来。本大臣查贵国两年应捐铁路公会之款计一千五百佛郎,应请贵亲王将此捐款送交本馆,以便转寄。为此照会贵亲王查照可也。须至照会者。

右照会大清钦命全权大臣军机大臣总理外务部和硕庆亲王。光绪三十一年九月十六日。

光绪三十一年九月二十日(1905 - 10 - 18)　外务部致北洋大臣袁世凯等咨文

为比使催交万国铁路公会捐款希照数解部以凭转给事

考工司呈为咨行事。

光绪三十一年九月十六日,准比葛使照称,接本国铁路邮电大臣来文,内开:现届铁路公会收集捐款之时,贵国自西历一千九百零四年四月十五日起至西历一千九百零六年四月十六日止,每年应捐七百五十个佛郎,计两年共捐一千五百佛郎,令本大臣照会贵亲王等语。本大臣应请贵亲王将此捐款送交本馆,以便转寄等因前来。查此项捐款,由西历一千九百零三年四月十五日起至零四年四月十六日止,中国应捐七百五十个佛郎,前经贵大臣分认其半,计三百七十五佛郎,合洋银一百六十三元七角五分银条一纸/京平足银一百十两零七钱六分银票一张,于上年五/七月咨送到部,当经本部照交比馆收讫,并咨复贵大臣在案。兹准前因,相应咨行贵大臣将西历一千九百零四年四月十五日起至零六年四月十六日止应捐之七百五十个佛郎迅即照数解部,以凭转交比馆查收可也。须至咨者。北洋大臣、盛宣怀。

光绪三十一年十月初八日(1905 - 11 - 4)　督办铁路大臣袁世凯等致外务部咨呈

为筹解讨论局应认万国铁路公会捐款请兑收转交事

钦命督办山海关内外铁路事宜大臣直隶总督部堂袁、刑部右堂胡为咨呈事。

据关内外铁路局详称,窃照职局于光绪三十一年九月二十九日奉札开,准外务部咨,准比葛使照称,接本国铁路邮电大臣来文内开，现届铁路公会收集捐款之时，贵国自西历一千九百零四年四月十五日起至西历一千九百零六年四月十六日止，每年应捐七百五十佛郎，计两年共捐一千五百佛郎，令本大臣照会贵亲王等语。本大臣应请贵亲王将此捐款送交本馆，以便转寄等因前来。查此项捐款，由西历一千九百零三年四月十五日起至零四年四月十六日止，中国应捐七百五十个佛郎，前经贵大臣分认其半，计三百七十五佛郎，合洋银一百六十三元七角五分银条一纸，于上年五月咨送到部，当经本部照交比馆收讫，并咨复贵大臣在案。兹准前因，相应咨行贵大臣将西历一千九百零四年四月十五日起至零六年四月十六日止应捐之七百五十个佛郎迅即照数解部，以凭转交比馆查收可也等因到本大臣。准此，除分行外，合行饬局查照分认，筹解具报等因。奉此，职局查此项捐款业经认解，至西一千九百零四年四月十六日止，计三百七十五个佛郎在案。兹又届西一千九百零四年四月十五日起至零六年四月十六日止，每年应捐三百五十个佛郎，计二年共应捐七百五十个佛郎。按每百佛郎合洋银三十九元九角二分，共合洋二百九十九元四角，当即如数提拨，备具银条一纸。除详报督办大臣胡查核外，理合将此项捐款开具银条一纸，具文详请查核，俯赐兑收，拨解转交，实为公便等情到本大臣。据此，除批示外，相应将银条一纸咨呈贵部谨请查收，转交见复施行。须至咨呈者。

右咨呈外务部。光绪三十一年十月初八日。

光绪三十一年十一月十九日（1905-12-15） 督办铁路大臣盛宣怀致外务部咨呈

为筹解铁路公司应认万国铁路公会捐款请兑收转交事

钦命督办铁路总公司事务大臣太子少保尚书衔前工部左堂盛

为咨呈事。

准贵部咨开，准比葛使照会，请将西历一千九百零四年四月十五日起至零六年四月十六日止，中国应解万国铁路公会捐款法金一千五百佛郎交付转寄等因咨行查照，迅将总公司应认一半法金七百五十佛郎解部转交等因。承准此，当经转饬铁路总公司收支处迅速筹解。去后，兹据该处将总公司应认一半捐款法金七百五十佛郎，按照时价折合银洋二百八十八元六角如数筹足，呈请转解前来，本大臣覆核相符。除将前项法金折合银洋二百八十八元六角拨交通商银行照数呈解外，相应咨呈贵部谨请查照兑收，转交见复施行。须至咨呈者。

右咨呈外务部。光绪三十一年十一月十九日。

光绪三十一年十二月十六日(1906-1-10)　外务部致比国署使博赉尔照会

为呈铁路公会两年捐款银票请查收转交事

考工司呈为照会事。

光绪三十一年九月十六日，接准葛大臣照称，本国铁路邮电大臣来文，内开现届铁路公会收集捐款之时，贵国自西历一千九百零四年四月十五日起至西历一千九百零六年四月十六日止，每年应捐七百五十个佛郎，计两年共捐一千五百佛郎，令本大臣照请将此款送交本馆，以便转寄等因。当经本部咨行铁路大臣。去后，兹于十月间准督办关内外铁路袁/胡大臣咨解此项应捐七百五十个佛郎，按每百佛郎合洋银三十九元九角二分，共合洋银二百九十九元四角，开具银条，咨送前来。又于十二月初八日，准盛大臣将此项应捐七百五十个佛郎，按照时价折合银洋二百八十八元六角发交银行，照数呈解前来。相应将此项银票二张照送贵署大臣查收转交可也。须至照会者。附银票二张。比博署使。

光绪三十一年十二月十八日（1906-1-12） 比国署使博赉尔致庆亲王奕劻照会

为收到贵国送交铁路公会捐款银票并转寄本国事

大比署理钦差全权大臣博为照覆事。

本月十七日，接准贵王大臣照会，并附洋银二百九十九元四角银票一张，又洋银二百八十八元六角银票一张等因。本大臣已经如数查收，当即备文转寄本国铁路邮电大臣照收，以便该铁路公会得沾贵国之惠泽。本大臣甚为感谢不已。相应照覆贵王大臣查照可也。须至照会者。

右照会大清国全权大臣总理外务部事务庆亲王。光绪三十一年十二月十八日。

光绪三十一年十二月二十七日（1906-1-21） 外务部致督办铁路大臣袁世凯等咨文

为比使已将万国铁路公会捐款转寄事

考工司呈为咨行事。

前准咨称，铁路公会应捐两年之款七百五十个佛郎，按每百佛郎合洋银三十九元九角二分，共合洋银二百九十九元四角，开具银条一纸咨送。按照时价，折合洋二百八十八元六角，发交通商银行照数呈解贵部等因前来，当经本部照送比使。兹准复称，本大臣已经如数查收，当即转寄，以便该铁路公会得沾贵国之惠泽，本大臣甚为感谢等语。相应咨行贵大臣查照可也。须至咨者。关内外铁路大臣盛大臣。

光绪三十二年闰四月初七日(1906－5－29)　比国署使博赉尔致庆亲王奕劻照会

为呈贵国所交两期万国铁路公会会费收条事

大比署理钦差全权大臣博为照会事。

接准本国外务部文开,前由贵国拨发之万国铁路公会费七百五十个佛郎,系自西历一千九百四年至一千九百五年,又自一千九百五年至一千九百六年两期之费,业经如数查收,自当附寄收条两纸,希即转交等因前来。本署大臣查与光绪三十一年十二月十七日贵亲王之照会原属一案,相应将收条两纸照送贵亲王查照可也。须至照会者。附收条两纸。

右照会大清国全权大臣总理外务部事务庆亲王。光绪三十二年闰四月初七日。

光绪三十二年闰四月十三日(1906－6－4)　外务部致督办铁路大臣袁世凯等咨文

为比使所送万国铁路公会捐款收条业已存案备查事

考工司呈为咨行事。

案查万国铁路公会捐款一事,上年准盛大臣咨送两年捐款洋银二百九十九元四角/二百八十八元六角,当经本部将此项捐款照送比国博署使查收转交,并咨复在案。兹准比国博署使照称,接本国外务部文开,前由贵国拨发之万国铁路公会费七百五十个佛郎,系自西历一千九百四年至一千九百五年,又自一千九百五年至一千九百六年两期之费,业经如数查收,自当附寄收条,希即转交等因前来。除相应将收具二纸本部存查外,相应咨行贵大臣查照可也。须至咨者。附收条一纸。关内外铁路大臣唐、盛大臣。

光绪三十二年五月二十日批文(1906-7-11) 外务部存案稿

为四月收到美使关于万国铁路公会信函一件现存案备查事

考工司呈为存案事。

光绪三十二年四月十二日收美国署公使信件,相应存案备查可也。存一件。

光绪三十二年九月十三日(1906-10-30) 比国署使博赉尔致庆亲王奕劻照会

为请速拨万国铁路公会一九〇六至一九〇七年度会费事

大比署理钦差全权大臣博为照会事。

兹因万国铁路公会业经议定,自西历一千九百六年四月十五日起至一千九百七年四月十五日止,应请贵亲王将拨助万国铁路公会费七百五十个佛郎速为发下,以便转寄本署大臣。为此相应照会贵亲王可也。须至照会者。

右照会大清国全权大臣总理外务部事务庆亲王。光绪三十二年九月十三日。

光绪三十二年九月二十一日(1906-11-7) 外务部致北洋大臣袁世凯等咨文

为请如数拨解万国铁路公会一九〇六至一九〇七年会费以便送交比使事

考工司呈为咨行事。

光绪三十二年九月十四日，准比国博使照称，兹因万国铁路公会业经议定，自西历一千九百六年四月十五日起至一千九百七年四月十五日止，应请贵亲王将拨助万国铁路公会费七百五十个佛郎速为发下，以便转寄等因前来。查此项捐款，前经贵、盛大臣分认其半，计三百七十五佛郎，已迭次咨送到部，均经本部照交比馆收讫。并咨行贵大臣将西历一千〔九百〕六年四月十五日起至一千九百七年四月十五日止应捐之三百七十五佛郎迅即照数解部，以便送交比馆转寄可也。须至咨者。北洋大臣、唐大臣。

光绪三十二年十月十二日(1906－11－27)　北洋大臣袁世凯等致外务部咨呈

为铁路局如数筹解万国铁路公会会款请查收转交事

钦差大臣太子少保办理北洋通商事宜直隶总督部堂袁、钦命头品顶戴会办山海关内外铁路大臣邮传部右堂胡为咨呈事。

据关内外铁路总局周道长龄等详称，窃照职局于光绪三十二年十月初一日奉宪台札开，准外务部咨，光绪三十二年九月十四日准比国博使照称，兹因万国铁路公会业经议定，自西历一千九百六年四月十五日起至一千九百七年四月十五日止，应请将拨助万国铁路公会费七百五十个佛郎速为发下，以便转寄等因前来。查此项捐款，前经贵大臣分认其半，计三百七十五佛郎，已迭次咨送到部，均经本部照交比馆收讫，并咨复贵大臣在案。兹准前因，相应咨行贵大臣，将西历一千九百六年四月十五日起至一千九百七年四月十五日止应捐之三百七十五佛郎迅即照数解部，以便送交比馆转寄可也等因。准此，札局查照，迅即筹解具报等因。

奉此,查此项捐款,业经职局解至西历一千九百零六年四月十六日止,报咨在案。兹奉前因,所有西一千九百零六年四月十五日起至一千九百七年四月十五日止,计一年应捐三百七十五个佛郎,共合洋银一百二十六元四角二分,当即如数提拨,备具银票一纸,详请查核,俯赐兑收,拨解转交,实为公便等情到本大臣。据此,除批示外,相应将银条一纸咨呈贵部谨请查收转交,仍希见复施行。须至咨呈者。

右咨呈外务部。计咨呈洋银一百二十六元四角二分银条一纸。光绪三十二年十月十二日。

光绪三十二年十月十四日(1906-11-29) 办理京汉铁路大臣唐绍仪致外务部咨呈

为援案解交万国铁路公会会款请查收代送事

办理京汉铁路大臣邮传部左侍郎兼署外务部右侍郎唐为咨呈事。

案准贵部咨开,光绪三十二年九月十四日准比国博使照称,兹因万国铁路公会业经议定,自西历一千九百六年四月十五日起至一千九百七年四月十五日止,应请将拨助万国铁路公会费七百五十个佛郎速为发下,以便转寄等因前来。查此项捐款,前经盛大臣分认其半,计三百七十五佛郎,迭次咨送到部,均经本部照交比馆收讫,并咨复盛大臣在案。兹准前因,相应咨行贵大臣,将西历一千九百六年四月十五日起至一千九百七年四月十五日止应捐之三百七十五佛郎迅即照数解部,以便送交比馆转寄可也等因。准此,查万国铁路公会费七百五十个佛郎,前经盛大臣捐认一半,计三百七十五佛郎,迭办有案。本大臣自应照案捐助一半,计三百七十五佛郎。按照本月初五日时价,合京平足银九十一两。相应咨送贵部,谨请查照,代送比馆,见覆望切施行。须至咨呈者。

右咨呈外务部。计咨送万国铁路公会费三百七十五佛郎,合京足银九十一两。光绪三十二年十月十四日。

光绪三十二年十月十六日(1906-12-1)　比国公使柯霓雅致庆亲王奕劻照会

为万国铁路公会之公文月报应用何种文字发交何人希速复事

大比钦差便宜行事全权大臣世袭男爵柯为照会事。

前因万国铁路公会所发出公文及月报共计五张,即可送交贵部。惟当用英文或法文,并交与何人查收,业经葛前大臣于光绪三十一年九月十三日照会贵亲王在案。本大臣为此照请贵亲王,将以上各节速为见复是盼。须至照会者。

右照会大清国全权大臣总理外务部事务庆亲王。光绪三十二年十月十六日。

光绪三十二年十月十六日(1906-12-1)　比国公使柯霓雅致庆亲王奕劻照会

为呈美国华盛顿万国铁路会议录五本事

大比钦差便宜行事全权大臣世袭男爵柯为照会事。

兹由本国外部寄来西历一千九百五年美京华盛顿万国铁路会议录五本,应请贵部以一本存案,其余四本即希代为转交曾经赴会之人是荷。本大臣为此照会贵亲王查照可也。须至照会者。

右照会大清国全权大臣总理外务部事务庆亲王。光绪三十二年十月十六日。

光绪三十二年十月十七日(1906-12-2) 外务部致比国公使柯霓雅照会

为如数送交万国铁路公会一九〇六至一九〇七年捐款请查收转寄事

考工司呈为照会事。

前准博署大臣照称,万国铁路公会业经议定,自西历一千九百六年四月十五日起至一千九百七年四月十五日止,应请将拨助万国铁路公会费七百五十个佛郎速为发下,以便转寄等因。当经本部分咨京汉/关内外铁路大臣。去后,兹准复称,查此项捐款,应捐三百七十五个佛郎,按照本月初五日时价,合京平足银九十一两,共合洋银一百二十六元四角二分,备具银票,应请代送等因前来。相应将万国铁路公会捐款银票二纸照送贵大臣查收转寄可也。须至照会者。附银票二张。比柯使。

光绪三十二年十月十八日(1906-12-3) 外务部致督办铁路大臣袁世凯等咨文

为已将万国铁路公会捐款送交比使查收转寄事

考工司呈为咨行事。

案查万国铁路公会捐款一事,前准咨称,此项捐款应捐三百七十五佛郎,按照本月初五日时价,合京平足银九十一两,共合洋银一百二十六元四角二分,备具银票一纸,请转交比馆,仍希见复等因前来。除由本部将银票一纸照送比国柯使查收转寄外,相应咨复贵大臣查照可也。须至咨者。京汉/关内外铁路大臣。

光绪三十二年十月十九日(1906-12-4)　比国公使柯霓雅致庆亲王奕劻照会

为收到贵国所交万国铁路公会捐款并转寄本国外部查收事

大比钦差便宜行事全权大臣世袭男爵柯为照复事。

接准照称,兹准京汉/关内外铁路大臣复称,查此项捐款应捐三百七十五个佛郎,按本月初五日时价,合京平足银九十一两,共合洋银一百二十六元四角二分,备具银票,应请代送等因前来。相应将万国铁路公会捐款银票二张照送查收转寄等因。本大臣已经查收。除转寄本国外部外,相应照复贵亲王查照可也。须至照会者。

右照会大清国全权大臣总理外务部事务庆亲王。光绪三十二年十月十九日。

光绪三十二年十月二十一日(1906-12-6)　外务部致邮传部咨文

为转比使所送华盛顿万国铁路会议录请查收事

考工司呈为咨行事。

光绪三十二年十月十六日,准比国柯使照称,兹由本国外部寄来西历一千九百五年美京华盛顿万国铁路会议录五本,应请以一本存案,其余四本即希代为转交曾经赴会之人等因前来。查万国铁路公会前经比使照请派员,当经本部咨行京汉、关内外铁路大臣派员会议在案。兹准比使照称前因,除本部留存一部外,相应将所送万国铁路会议录四部咨送贵部查收可也。须至咨者。附洋文万国铁路会议录四部共八本。邮传部。

光绪三十二年十月二十一日(1906－12－6)　外务部致比国公使柯霓雅照会

为已将华盛顿万国铁路会议录分别存留咨送事

考工司呈为照会事。

光绪三十二年十月十六日,接准照称,本国外部寄来西历一千九百五年美京华盛顿万国铁路会议录五本,应请贵部以一本存案,其余四本即希代为转交曾经赴会之人等因前来。除由本部分别存留咨送外,相应照会贵大臣查照可也。须至照会者。比国柯使。

光绪三十二年十一月初二日(1906－12－17)　外务部致比国公使柯霓雅照会

为万国铁路公会之公文月报请用法文径寄本部前已照复在案事

考工司呈为照复事。

光绪三十二年十月十七日,接准来照,以万国铁路会所发出公文及月报共五张,系当用英文或法文,并交何人查收。业经葛前大臣于光绪三十一年九月十三日照会在案,为此照请速为见复等因。查此事于光绪三十年十二月初八日接准葛前大臣来照,经本部于十二月十三日以此项条陈请用法文,径即寄送本部等语照复在案。兹准前因,相应照会贵大臣查照可也。须至照会者。比柯使。

光绪三十二年十二月二十四日(1907－2－6)　比国公使柯霓雅致庆亲王奕劻照会

为呈华盛顿万国铁路公会第七期会议录并已函送山海关内外铁路局事

大比钦差便宜行事全权大臣世袭男爵柯为照会事。

兹由本国外部寄来西历一千九百五年美京华盛顿万国铁路会第七期之会议录四本,自应送请贵部以一本存案,其余三本即希转交曾经赴会之人。查前者山海关内外铁路局函请本馆发给会议录一本,本大臣兹已照办,径送该局查收矣。相应照会贵亲王查照可也。须至照会者。

右照会大清国全权大臣总理外务部事务庆亲王。光绪三十二年十二月二十四日。

光绪三十三年正月初四日(1907－2－16)　外务部致比国公使柯霓雅照会

为已将华盛顿万国铁路公会第七次会议录分别存留咨送事

考工司呈为照会事。

光绪三十二年十二月二十四日,接准照称,本国外部寄来西历一千九百五年美京华盛顿万国铁路会第七期之会议录四本,应请贵部以一本存案,其余三本即希转交曾经赴会之人。查前者山海关内外铁路局函请本馆发给会议录一本,本大臣兹已照办,径送该局查收等因前来。除由本部分别存留咨送外,相应照会贵大臣查照可也。须至照会者。比柯使。

光绪三十三年正月初四日(1907－2－16)　外务部致邮传部咨文

为转比使所送华盛顿万国铁路会第七次会议录请查收事

考工司呈为咨行事。

光绪三十二年十二月二十四日,准比国柯使照称,兹由本国外部寄来西历一千九百五年美京华盛顿万国铁路会第七期之会议录四本,请以一本存案,其余三本即希转交曾经赴会之人。查前者山海关内外铁路局函请本馆发给会议录一本,本大臣兹已照办,径送该局查收等因。查三十二年十月十六日,曾准比使照送万国铁路会议录四本,业经本部咨送在案。兹准比使照称前因,除本部留存一部外,相应将所送万国铁路会议录三部咨送贵部查收可也。须至咨者。附洋文万国铁路会议录共六本。邮传部。

光绪三十三年二月二十五日(1907-4-7)　比国公使柯霓雅致庆亲王奕劻照会

为呈本国寄来贵国捐助万国铁路公会一九〇六至一九〇七年度收条事

大比钦差便宜行事全权大臣世袭男爵柯为照会事。

本大臣兹接本国寄来收到贵国拨助万国铁路公会局捐款七百五十个佛郎,自西历一千九百六年四月十五日起至一千九百七年四月十五日止之收条一张,相应备文照送贵亲王查照可也。须至照会者。外附洋文收条一张。

右照会大清国全权大臣总理外务部事务庆亲王。光绪三十三年二月二十五日。

光绪三十三年三月初四日(1907-4-16)　外务部致邮传部咨文

为转比使所送万国铁路公会捐款洋文收条请查收事

考工司呈为咨行事。

案查万国铁路公会捐款一事,前准关内外/京汉铁路大臣咨送西历一千九百六年四月十五日起至一千九百七年四月十五日止应捐之款七百五十个佛郎,业经本部照送比使转寄在案。兹准比使照称,现接本国寄来收到贵国拨助万国铁路公会局捐款七百五十个佛郎收条一张，照送查照等因前来。相应将原送洋文收条一张咨送贵部查收可也。须至咨者。附收条一纸。邮传部。

光绪三十三年五月十二日(1907－6－22)　比国公使柯霓雅致庆亲王奕劻照会

为请交万国铁路公会一九〇七至一九〇八年捐款或径寄或代寄事

大比钦差便宜行事全权大臣世袭男爵柯为照会事。

兹接本国万国铁路公会总局来函，内称贵国已入铁路公会，所有自一千九百七年四月十五日起至一千九百八年四月十六日止，贵国应付捐款七百五十个佛郎，或由贵国寄至本国万国铁路公会总局总办赫雷蒙斯住居比国京城普鲁赛尔芦湾路第十一号房，或送交本馆转寄亦可，并嘱代为致谢。本大臣为此备文照会贵亲王查照可也。须至照会者。

右照会大清国全权大臣总理外务部事务庆亲王。光绪三十三年五月十二日。

光绪三十三年五月二十一日(1907－7－1)　外务部致比国公使柯霓雅照会

为万国铁路公会捐款仍照前案由本部交贵馆代寄事

考工司呈为照复事。

光绪三十三年五月十四日，接准来照，以现接本国万国铁路公会总局函，称贵国已入铁路公会，所有自一千九百七年四月十五日起至一千九百八年四月十六日止，贵国应付捐款七百五十个佛郎，或由贵国寄至本国万国铁路公会总局总办赫雷蒙斯，或送交本馆转寄等因前来。查铁路公会捐款向由本部送交贵馆代为转寄，嗣后此项捐款，自宜仍照前案办理。相应照复贵大臣查照代达可也。须至照会者。比柯使。

光绪三十三年七月二十一日(1907－8－29) 比国公使柯霓雅致外务部信函

为呈华盛顿万国铁路公会章程六本请查收事

径启者。

兹接本国外部寄来西历一千九百五年美京华盛顿万国铁路公会章程六本，相应函送贵部查收为荷。专此。顺颂日祉。名另具。七月二十一日。柯霓雅。

光绪三十三年七月二十八日(1907－9－5) 外务部致邮传部片文

为转比使所送万国铁路公会章程四本请查收事

考工司呈为片行事。

准比柯使函称，兹接本国外部寄来西历一千九百五年美京华盛顿万国铁路公会章程六本函送查收等因。除本部留存二本外，相应将原送章程四本片送贵部查收可也。须至片者。附章程四本。邮传部。

光绪三十三年七月二十八日(1907－9－5) 外务部致比国公使柯霓雅信函

为万国铁路公会章程已照数收讫并留存分送事

复比柯使信。

径复者。接准来函，以兹接本国外部寄来西历一千九百五年美京华盛顿万国铁路公会章程六本，函送查收等因。本部业已如数收讫。除分送邮传部外,相应函复贵大臣查照可也。顺颂时祉。

光绪三十三年十月二十一日(1907-11-26) 比国公使柯霓雅致庆亲王奕劻照会

为请速交一九〇七至一九〇八年万国铁路公会捐款事

大比钦差便宜行事全权大臣世袭男爵柯为照会事。

中历五月十二日,即西历六月二十二日,本大臣曾有照会贵部,因贵国已入铁路公会一节,应付捐款七百五十个佛郎,今贵国尚欠一千九百零七年至一千九百零八年之款,今特照会贵亲王,祈早寄下,不胜翘盼之至。本大臣备文照会贵亲王查照可也。须至照会者。

右照会大清国全权大臣总理外务部事务庆亲王。光绪三十三年十月二十一日。

光绪三十三年十月二十八日(1907-12-3) 外务部致邮传部咨文

为请将万国铁路公会一九〇七至一九〇八年捐款送交本部以便转递事

考工司呈为咨行事。

光绪三十三年十月二十二日,准比国柯使照称,万国铁路公会捐款,贵国尚欠一千九百零七年至一千九百零八年应付捐款七百五十个佛郎,祈早寄下等因前来。相应咨行贵部查照,即将此项公会捐款咨送本部,以便转交该使可也。须至咨者。邮传部。

光绪三十三年十一月初九日(1907－12－13)　邮传部致外务部咨呈

为应交万国铁路公会一九〇八年捐款现备汇单请查收转交事

邮传部为咨呈事。

路政司案呈,接准咨开,准比柯使照会,请将一千九百零七年至一千九百零八年,中国欠解万国铁路公会捐款七百五十个佛郎祈早寄下等因咨行查照,即将此项公会捐款解部转交等因。查此项捐款,前经交至一千九百零七年四月十六号止,现应交至一千九百零八年四月十六号,捐款七百五十个佛郎,当即另备华俄道胜银行正副汇单两纸,咨呈贵部查照,希即转交比使,并希见复可也。须至咨呈者。

右咨呈外务部。附华俄道胜银行正副汇单两纸,计七百五十个佛郎。光绪三十三年十一月初九日。

光绪三十三年十一月十四日(1907－12－18)　外务部致邮传部咨文

为已将所送万国铁路公会捐款汇单照送比使查收事

考工司呈为咨行事。

案查万国铁路公会捐款一事,准咨称,此项捐款,前经交至一千九百零七年止,现应交至一千九百零八年四月十六号,捐款七百五十个佛郎,当即另备华俄道胜银行政府汇单两纸,希即转交比使并见复等因。除由本部将正副汇单两纸照送比国柯使查收外,相应咨复贵部查照可也。须至咨者。邮传部。

光绪三十三年十一月十四日(1907－12－18)　外务部致比国公使柯霓雅照会

为如数送交万国铁路公会捐款请查收事

考工司呈为照会事。

前准照称,万国铁路公会捐款,中国尚欠一千九百零七年至一千九百零八年应付捐款七百五十个佛郎,祈早寄下等因。当经本部咨行邮传部。去后,兹准复称,此项捐款,前经交至一千九百零七年四月十六号止,现应交至一千九百零八年四月十六号,捐款七百五十个佛郎,当即另备华俄道胜银行正副汇单两纸,希即转交等因前来。相应将该项捐款照送贵大臣查收,并希见复可也。须至照会者。附华俄道胜银行正副汇单两纸,计七百五十个佛郎。比国柯使。

光绪三十三年十一月十六日(1907－12－20)　比国公使柯霓雅致庆亲王奕劻照会

为贵国所送万国铁路公会捐款业已收到并转寄事

大比钦差便宜行事全权大臣世袭男爵柯为照覆事。

照得光绪三十三年十一月十四日,接准贵部来文,内称贵国付给万国铁路公会之捐款七百五十个佛郎等因前来。本大臣收到华俄道胜银行正副汇单两纸,计七百五十个佛郎。本大臣当即转寄该铁路公会外,相应备文申谢,为此照会贵亲王查照可也。须至照会者。

右照会大清国全权大臣总理外务部事务庆亲王。光绪三十三年十一月十六日。

光绪三十三年十一月二十四日(1907－12－28)　外务部致邮传部咨文

为比使已将万国铁路公会捐款汇单转寄事

考工司为咨行事。

案查万国铁路公会捐款一事,前准咨送西历一千九百零七年至一千九百零八年四月十六号应捐之款七百五十个佛郎,业经本部照送比使,并咨复贵部在案。兹准比使照称,收到华俄道胜银行正副汇单两纸,计七百五十个佛郎,当即转寄该铁路公会,应备文申谢等因前来。相应咨行贵部查照可也。须至照会者。邮传部。

光绪三十四年二月初一日(1908－3－3)　比国公使柯霓雅致外务部照会

照送铁路公会收到捐款七百五十个佛郎之收条　02－03－011－01－001

大比国钦差便宜行事全权大臣世袭男爵柯为照会事。

照得中历光绪三十三年十一月十四日,贵部来文,内称贵国付给万国铁路公会之捐款七百五十个弗郎等因前来。本大臣当经收到华俄道胜银行正副汇票二纸,计七百五十个佛郎。本大臣当即转寄该会。今于西历一千九百零八年二月二十八日,收到本国外部收到贵国捐款之收条一纸。特为备文照送贵部,请烦查照可也。须至照会者。计洋文收条一纸。

右照会大清国全权大臣总理外务部事务庆亲王。光绪三十四年二月初一日。

光绪三十四年二月初五日(1908-3-7)　外务部致邮传部咨文

咨送比使所送铁路公会捐款收条　02-03-011-01-002

考工司呈为咨行事。

案查万国铁路公会捐款一事,前准比国柯使照称,此项捐款业已收到,应即备文申谢等语,业经咨行在案。兹准该使照称,今于西历一千九百零八年二月二十八日收到本国外部收到贵国捐款之收条,特为照送等因前来。相应将该使所送洋文收条一纸咨送贵部查收可也。须至咨者。附洋文收条一纸。

光绪三十四年五月初一日(1908-5-30)　比国公使柯霓雅致外务部照会

本国万国铁路公会捐款请寄本国公会总局或由本馆代寄　02-03-011-01-003

大比国钦差便宜行事全权大臣世袭男爵柯为照会事。

兹接本国万国铁路公会总局来函,内称:贵国已入铁路公会,所有自一千九百八年四月十五日起至一千九百九年四月十六日止,贵国应付捐款,或由贵国寄至本国万国铁路公会总局总办赫雷蒙斯,住居比国京城芦湾路第十一号房,或送交本馆转寄亦可,并嘱代为致谢。本大臣为此备文,照会贵亲王查照可也。须至照会者。

右照会大清国全权大臣总理外务部事务庆亲王。光绪三十四年四月二十九日。

光绪三十四年五月十五日(1908－6－13)　外务部致比国公使柯霓雅照会

铁路公会捐款应交贵馆转寄　02－03－011－01－004

考工司呈为照复事。

前准照称,兹接本国万国铁路公会总局来函,内称:贵国已入铁路公会,所有自一千九百八年四月十五日起至一千九百九年四月十六日止应付捐款,或由贵国寄至本国万国铁路公会总局总办赫雷蒙斯,住居比国京城芦湾路第十一号房,或送交本馆转寄亦可,并嘱为致谢等因前来。查此项捐款,应仍照前案,由本部送交贵馆转寄该会。相应照复贵大臣查照可也。须至照会者。比柯使。

光绪三十四年七月十一日(1908－8－7)　比国署使德勒高尼致外务部照会

柏荫第八期万国铁路会向助公费请即拨交如愿加股照单酌办　02－03－011－01－005

大比国代理钦差便宜行事全权大臣德为照会事。

西历一千九百十年在本国柏荫地方开第八期万国铁路公会。案查贵国政府向助公费银七百五十佛郎。倘贵国政府愿再加股,可照后开之股份单随意酌加,并希将应助款数刻即拨交本馆,以便转交该会备用。外附传单两本、董事册两本、粘单一纸,一并照会贵亲王查照可也。须至照会者。附传单两本、董事册两本、粘单一纸。

右照会大清国全权大臣总理外务部事务庆亲王。光绪三十四年七月十一日。

附件：股份单

计开：

一股，一百佛郎。

二股，二百五十佛郎。

三股，五百佛郎。

四股，七百五十佛郎。

五股，一千佛郎。

六股，一千二百五十佛郎。

七股，一千五百佛郎。

八股，一千七百五十佛郎。

九股，二千佛郎。

光绪三十四年七月十九日（1908－8－15） 外务部致邮传部咨文 铁路公会捐款希咨送本部又比使请加股希一并声复 02－03－011－01－006

考工司呈为咨行事。

光绪三十四年七月十一日，准比国德代使照称，西历一千九百十年在本国柏荫地方开第八期万国铁路公会。案查贵国向助公费银七百五十佛郎。倘愿再加股，可照后开之股份单随意酌加，并希将应助款数刻即拨交本馆，以便转交该会备用。外附传单两本、董事册两本、粘单一纸，一并照会等因前来。查万国铁路公会每届应捐七百五十佛郎。今该使照称前因，应否酌加？□钞录粘单并原送传单、董事册咨送贵部查核声覆，并将本届捐款一并咨送本部，以便转交该使可也。须至咨者。邮传部。

光绪三十四年八月初六日(1908－9－1)　邮传部致外务部咨呈

咨送应助万国铁路公会费银请转交比使至加股应俟加派会员时再行照加　02－03－011－01－007

邮传部为咨呈事。

路政司案呈,接准贵部咨开,准比国德代使照称,西历一千九百十年在本国柏荫地方开第八期万国铁路公会。案查贵国向助公费银七百五十佛郎,倘愿加股,可照后开列股份单酌加,并希将应助款数拨交本馆转交等因转咨前来。查公会助款,按照原单系照与会员数加费。此届以前旧派会员四人,未经议加,自应将一千九百零八年四月十六号起至一千九百零九年四月十六号止所有应拨七百五十佛郎,折合洋三百五十五元四角四分,另备交通银行票一纸、汇丰银行票一纸咨呈贵部查照转交比使。至将来第八期万国铁路公会,除旧派之会员柯鸿年无庸前往外,其洋员沙多,华员詹天佑、邝景阳仍旧充作会员,并加派李大受、郑清廉前往与会,计会员五员,届时再照加会费,并希先行转咨比使可也。须至咨呈者。附银票二纸。

右咨呈外务部。光绪三十四年八月初六日。

光绪三十四年八月初九日(1908－9－4)　外务部致比国署使德勒高尼照会

据邮传部原咨照复并送第八期铁路公会捐款　02－03－011－01－008

考工司呈为照复事。

接准照称,西历一千九百十年在本国柏荫地方开第八期万国铁路公会。贵国向助公费银七百五十佛郎,倘愿再加股,可照后开之股份单随意酌加等因。当经本部钞录原单并原送传单、董事册咨行邮传部查核。去后,兹准该部复称,公会助款按照原单,系照与会员数加费。此届以前,旧派会员四人,未经议加,自应将一千九百零八年四月十六号起至一千九百零九年四月十六号止所有应拨七百五十佛郎,折合洋三百五十五元四角四分,另备交通银行票一纸咨呈转交。至将来第八期万国铁路公会,除旧派之员柯鸿年无庸前往外,其洋员沙多,华员詹天佑、邝景阳仍旧充作会员,并加派李大受、郑清廉前往与会,计会员五员,届时再照加会费等因前来。相应将原送银票二纸照送贵代理大臣查收转交可也。须至照复者。附银票二纸。比德代使。

光绪三十四年八月十二日(1908-9-7)　比国署使德勒高尼致外务部照会

收到捐款　02-03-011-01-009

大比国代理钦差便宜行事全权大臣德为照会事。

光绪三十四年八月初九日,接到照送银票二纸,计洋三百五十五元四角四分,折合七百五十佛郎,系一千九百零八年四月十六号起至一千九百零九年四月十六号止所助费款,一俟交到该会后寄来收条再行照送。贵部所称第八期万国铁路公会之旧派洋员沙多,华员詹天佑、邝景阳,并加派李大受、郑清廉五员与会,届时再照加会费各节,并现收到之助款七百五十佛郎。除咨呈本国政府外,相应照复贵亲王查照可也。须至照会者。

右照会大清国全权大臣总理外务部事务庆亲王。光绪三十四年八月十二日。

光绪三十四年八月十七日(1908-9-12)　外务部致邮传部咨文

铁路公会捐款已转交比使收到　02-03-011-01-010

考工司呈为咨行事。

前准咨称,万国铁路公会捐款七百五十佛郎,折合洋三百五十五元四角四分银票二纸,并加派李大受、郑清廉前往与会,届时再照加会费等因。当经本部将捐款照送暨加派会员一节,转知比德代使。去后,兹准该代使复称,接到所助费款,一俟该会寄来收条再行照送等因前来。相应咨行贵部查照可也。须至咨者。邮传部。

光绪三十四年十月二十四日(1908-11-17)　比国公使柯霓雅致外务部照会

照送铁路公会收单此后公文可送交入会五员查阅　02-03-011-01-011

大比国钦差便宜行事全权大臣世袭男爵柯为照会事。

案查光绪三十四年八月初九日收到贵部寄来一千九百八年至一千九百九年本国万国铁路公会助费银七百五十佛郎,本大臣当即转寄该会,并声复俟接到该会收单再行照送在案。兹接该会现已寄来西文收单一纸,理合照送查收。至贵政府所派之五员在柏荫入会一节,其五员衔名业经列入会内。此后该会如有紧要公文,自可随时送交入会五员查阅。相应照会贵亲王查照可也。须至照会者。附收条一纸。

右照会大清国全权大臣总理外务部事务庆亲王。光绪三十四年十月二十四日。

光绪三十四年十一月初一日(1908-11-24)　外务部致邮传部咨文

咨送比使所送铁路公会捐款收条　02-03-011-01-012

考工司呈为咨行事。

案查万国铁路公会捐款一事,前准比国德代使照称,接到所助费款,一俟该会寄来收条,再行照送等语,业经咨行在案。兹准比国柯使照称,该会现已寄来西文收单一纸,理合送至。所派之五员在柏荫入会一节,其五员衔名业经列入会内。此后该会如有紧要公文,自可随时送交入会五员查阅等因前来。相应将该使所送洋文收条一纸咨送贵部查收可也。须至咨者。附洋文收条一纸。邮传部。

光绪三十四年十一月初七日(1908-11-30)　邮传部致外务部咨呈

此后铁路公会文件请知照比使送外务部咨邮传部转札会员　02-03-011-01-013

邮传部为咨呈事。

路政司案呈,准咨开,万国铁路公会捐款一事,准比使照称,该会现已寄来西文收单一纸,理合照送。至所派之五员衔名,业经列入会内。此后该会如有紧要公文,随时送交入会五员查阅等因转咨前来。查此后该会公文,应请知照比使送由贵部咨送本部转札该会员等查阅。除札知遵照外,相应咨呈贵部查照可也。须至咨呈者。

右咨呈外务部。光绪三十四年十一月初七日。

光绪三十四年十一月十一日(1908-12-4) 外务部致比国公使柯霓雅照会

铁路公会文件嗣后仍送本部转致邮传部 02-03-011-01-014

考工司呈为照会事。

前准照称,万国公会捐款,该会现已寄来西文收单一纸,理合照送。至所派之五员衔名,业经列入会内。此后该会如有紧要公文,随时送交入会五员查阅等因。当经本部咨行邮传部。去后,兹准该部复称,此后该会公文,应请比国驻京大臣送由贵部咨送本部转札该会员等查阅等因前来。相应照会贵大臣查照。嗣后该会文件,即请贵大臣送交本部转送邮传部札交该会员可也。须至照会者。比柯使。

光绪三十四年十二月初三日(1908-12-25) 瑞士总统掌印官致外务部函

请派员赴伯内万国铁路公会 02-03-011-01-015

瑞士总统掌印官来文。

案查一千九百五年五月间齐集华盛顿美国第七期铁路公会,订定一千九百十年齐集伯内城。比准比国政府案准该公会常川委员会所请,业饬该国出使各国大臣邀请入会,各国于一千九百十年各遣委员前赴伯内一律与议各等因。查前项邀请,殊令敝国欢迎各国代表,荣幸奚如,尚希贵大臣查照施行。虽此次公会,迫于前次公会所请,迫于情事,不如历次各大都公会之盛,而敝国政府决不稍涉玩忽,俾此次公会具得各国欢迎,借裨会务。因冀多集会员,并盼贵国政府多派代表前来公会。再,此次伯内公会,设无意外之事,定于一千九百十年七月上半月即自七月三号至十六号止,希贵大臣转告到会各员。所有该各员衔名,尚希贵大臣迅示为荷。相应备文照会贵大臣请烦见复可也。

一千九百八年十一月六号,伯内发。

光绪三十四年十二月初九日(1908-12-31)　外务部致邮传部咨文

瑞士请派员赴伯内铁路公会希见复　02-03-011-01-016

考工司呈为咨行事。

光绪三十四年十二月初三日,接准瑞士总统掌印官照称,案查一千九百五年五月间齐集华盛顿万国第七次铁路公会,订定一千九百十年齐集伯内京城。比准比国政府案准该公会常川委员会所请,业饬该国出使各国大臣邀请入会,各国于一千九百十年各遣委员前赴伯内一律与议各等因。查前项邀请,殊令比国欢迎各国代表,荣幸奚如。而比国政府决不稍涉玩忽,俾此公会具得各国欢迎,借裨会务。因冀多集会员,并盼多派代表来入公会。再,此次伯内公会设无意外之事,定于一千九百十年七月上半月即自七月三号至十六号止,希转告到会各员所有衔名,迅示见复等因前来。查瑞士铁路公会事关路政,应否派员入会之处,相应咨行贵部查核见复,以凭转复可也。须至咨者。邮传部。

光绪三十四年十二月二十八日(1909-1-19)　邮传部致外务部咨呈

为前派詹天佑等赴柏林第八期万国铁路公会现札铁路公会加派委员事

邮传部为咨呈事。

路政司案呈，接准咨开，准瑞士总统掌印官照称，案查一千九百五年五月间齐集华盛顿万国第七次铁路公会，订定一千九百十年齐集伯内京城。比准比国政府案准该公会委员会所请，业饬该国出使各国大臣邀请入会，各国于一千九百十年各遣委员前赴伯内一律与议等因。查前项邀请，殊令敝国欢迎各国代表，荣幸奚如。敝国政府绝不稍涉玩忽，因冀多集会员，并盼多派代表入会。此次伯内公会设无意外之事，定于一千九百十年七月上半旬即七月三号至十六号止，希转告到会各员所有衔名，迅示见复等因。查瑞士铁路公会事关路政，应否派员入会之处，咨行核复前来。

查此项万国铁路公会，前准贵部咨呈，准比国德代使照称，一千九百十年在本国柏荫地方开第八期万国铁路公会，本部已派华洋员詹天佑、沙多等五员入会，业经咨呈在案。兹准前因，所有伯内京城与前件比国柏荫地方译音不同，是否即系一处。除前已派有五员外，仍札行中国铁路公会加派委员同往莅会。一俟该会复到，再将委员人数咨呈核转。相应先行咨复贵部查照办理可也。须至咨呈者。

右咨呈外务部。光绪三十四年十二月二十八日。

宣统元年四月初七日(1909 - 5 - 25)　比国公使柯霓雅致外务部照会

捐助万国铁路公会款项兹因加派五员助费应付一千佛郎　02 - 03 - 011 - 01 - 017

大比国钦差便宜行事全权大臣世袭男爵柯为照会事。

案查万国铁路公会恒久局应收西历一千九百九年至一千九百十年之贵国捐助款项期限，系自四月十五号起算。前者贵国原派四员与会,助款七百五十伏郎。兹因加派五员,助费应付一千伏郎。一俟贵国政府愿将助款数目拨下,本大臣即当代为转寄该会。相应照会贵亲王查照办理可也。须至照会者。

右照会大清国全权大臣总理外务部事务庆亲王。宣统元年四月初六日。

宣统元年四月初十日(1909-5-28)　外务部致邮传部咨文

铁路公会捐款希如数咨送本部　02-03-011-01-018

考工司呈为咨行事。

宣统元年四月初七日,准比国柯使照称,万国铁路公会恒久局应收西历一千九百九年至一千九百十年之捐助款项,期限系自四月十五号起算。前者贵国原派四员与会,助款七百五十伏郎。兹因加派五员,助费应付一千伏郎。一俟将助款数目拨下,本大臣即当代为转寄该会等因前来。相应咨行贵部查照,即将此项捐款如数咨送本部,以便转交该使可也。须至咨者。邮传部。

宣统元年四月二十二日(1909-6-9)　邮传部致外务部咨呈

铁路公会第八期助费银两咨呈　02-03-011-01-019

邮传部为咨呈事。

路政司案呈,准咨开,宣统元年四月初七日,准比国柯使照称,万国铁路公会恒久局应收西历一千九百九年至一千九百十年之捐助款项,期限系自四月十五号起算。前者贵国原派四员与会,助款七百五十佛郎。兹因加派五员,助费应付一千伏郎。一俟将助款数目拨下,本大臣即当代为转寄该会等因咨行查照,即将此项捐款如数咨送本部,以便转交该使等因前来。查此次西历一千九百九年至十年为万国铁路公会第八期,自应按照加派员数助费。所有应拨之一千佛郎,折合银洋四百六十七元八角四分,相应另备交通、汇丰银行银票二纸,咨呈贵部查照,以凭转交该使转寄可也。须至咨呈者。附汇丰、交通银行银票各一纸,合银洋四百六十七元八角四分。

右咨呈外务部。宣统元年四月廿二日。

宣统元年四月二十五日(1909-6-12)　外务部致比国公使柯霓雅照会

万国铁路公会第八期助款希转交　02-03-011-01-020

考工司呈为照复事。

准照称,万国铁路公会恒久局应收西历一千九百九年至一千九百十年之捐助款项,期限系自四月十五号起算。前者贵国原派四员与会,助款七百五十佛郎。兹因加派五员,助费应付一千伏郎。请即拨下,当代为转寄等因。当经转咨邮传部。去后,兹准覆称,西历一千九百九年至十年为铁路公会第八期,自应按照加派员数助费。所有应拨之一千佛郎,折合银洋四百六十七元八角四分,照交通、汇丰银行银票共二纸,咨请转交等因前来。相应将原送银票二纸照送贵大臣查照转交该公会,并希见复为盼。须至照会者。附银票二纸。比柯使。

宣统元年四月二十八日(1909-6-15)　比国公使柯霓雅致外务部照会

收到捐助万国铁路公会第八期费款　02-03-011-01-021

大比国钦差便宜行事全权大臣世袭男爵柯为照复事。

宣统元年四月二十五日，接到照送银票二纸，计洋四百六十七圆八角四分，折合一千伏郎，系一千九百九年至十年所助铁路公会第八期费款，本大臣业经查收。除将该款转寄万国铁路公会外，相应照复贵亲王查照可也。须至照会者。

右照会大清国全权大臣总理外务部事务庆亲王。宣统元年四月二十七日。

宣统元年五月初四日(1909－6－21)　外务部致邮传部咨文

铁路公会捐款已交比使收到　02－03－011－01－022

考工司呈为咨行事。

前准咨称，万国铁路公会捐款一千九百九年至十年第八期，自应按照加派员数助费。所有应拨之一千佛郎，折合银洋四百六十七元八角四分，计银票二纸，希转交该使等因。当经本部照送比柯使。去后，兹准复称，此项捐款本大臣业经收到，已将该款转寄万国铁路公会等因前来。相应咨行贵部查照可也。须至咨者。邮传部。

宣统元年六月二十九日(1909－8－14)　比国署使德勒高尼致外务部照会

照送铁路公会收到第八期助款收条　02－03－011－01－023

大比国署理钦差便宜行事全权大臣德为照会事。

案查宣统元年四月二十五日来照，并承贵国拨助会费一千伏郎。兹接万国铁路公会寄来收到一千九百九年至十年铁路公会第八期助款之收据一纸，相应照送贵亲王查照可也。须至照会者。外附收据一纸。

右照会大清国全权大臣总理外务部事务庆亲王。宣统元年六月二十九日。

宣统元年七月初三日(1909-8-18)　外务部致邮传部咨文

咨送比德代使所送铁路公会捐款收条　02-03-011-01-024

考工司呈为咨行事。

前准贵部咨送万国铁路公会捐款,当经本部将原票照送比国柯使,并咨复贵部在案。兹准比德代使将该会收到一千九百九年至十年铁路公会第八期助款之收据一纸照送前来。相应将原送洋文收条咨送贵部查收可也。须至咨者。附洋文收条一纸。邮传部。

宣统元年十月十一日(1909-11-23)　比国署使博赉尔致外务部照会

瑞士国柏荫地方开万国铁路公会甚愿接待各国委员请迅复各员衔名　02-03-011-01-025

大比国署理钦差便宜行事全权大臣博为照会事。

案查本馆光绪三十四年七月十四日之照会,兹因西历一千九百十年七月十五号以前在瑞西国柏荫地方开万国铁路公会,开会之期约在七月四号,闭会系七月十六号。查此次公会实关系紧要,该局甚愿竭力设法优待各国来宾,特拟于六月十五号起至八月十五号止,奉送免费会票,以便周游瑞西全国铁路。如各国委员偕有妻女欲领特别会票者亦可照办。该局仍拟筹备专在欧洲各国寄寓之委员,由是年六月十号至七月十五号发给到瑞西免票,又由七月五号至八月二十五号发给遄回免票。

该局适当布置万国来宾之寓所，深恐柏荫一处难以容留多人，复在柏特拉根预备旅寓，俾得各委员之妻女欣愿。且往来较便，每日特备专车接送。本署大臣为此用特达知贵亲王。再者，该局甚盼早知贵国委员之意见如何，谅其亦欲径行函致该局。应请贵亲王迅为复知各员衔名，以便该铁路公会备办分送各项章程、广告等书，俾于入会时尽心研究。相应照会贵亲王查照可也。须至照会者。

右照会大清国全权大臣总理外务部事务庆亲王。宣统元年十月初四日。

宣统元年十月十四日(1909－11－26)　外务部致邮传部咨文

比国举行万国公会声明优待入会委员并请迅复入会各员衔名

02－03－011－01－026

考工司呈为咨行事。

宣统元年十月十一日，准比博署使照称，在瑞西国柏荫地方开万国铁路公会事，该局甚愿竭力设法优待各国来宾，拟于六月十五号起至八月十五号止，奉送免费会票，以便周游瑞西全国铁路。如各国委员偕有妻女欲领特别会票者亦可照办。该局仍拟筹备专在欧洲各国寄京之委员，由是年六月十号至七月十五号发给到瑞西免票，又由七月五号至八月二十五号发给遄回免票。该局适当布置万国来宾之寓所，深恐柏荫一处难以容留多人，复在柏特拉根预备旅寓，俾得各委员之妻女欣愿。且往来较便，每日特备专车接送。请迅为复知各该员衔名，以便该铁路公会备办分送各项章程、广告等书，俾于入会时尽心研究等因。查比国举行第八期万国铁路公会，前据该使来照，业经兹准贵部派员入会，并照复该使在案。

兹准前因,相应咨行贵部查核见复,以便转复该使可也。须至咨者。邮传部。

宣统元年十二月十五日(1910－1－25) 比国署使博赉尔致外务部照会

前派赴柏荫铁路公会各员沙多詹天佑等是否派定 02－03－011－01－027

大比国署理钦差便宜行事全权大臣博为照会事。

光绪三十四年八月初九日接准照称,西历一千九百十年柏荫万国铁路公会应派洋员沙多,华员詹天佑、邝景阳、李大受、郑清廉前往与会等因。本署大臣兹闻有数员不能前往,理合请询贵国政府,以上五员是否派定,或另行更调之处,即希见复是盼。相应照会贵亲王查照可也。须至照会者。

右照会大清国全权大臣总理外务部事务庆亲王。宣统元年十二月十五日。

宣统元年十二月十八日(1910－1－28) 外务部致邮传部咨文

前派沙多等五员是否派定 02－03－011－01－028

考工司呈为咨行事。

准比博署使照称,西历一千九百十年柏荫万国铁路公会,贵国前派洋员沙多,华员詹天佑、邝景阳、李大受、郑清廉前往与会。本署大臣兹闻有数员不能前往,请询贵国政府,以上五员是否派定,或另有更调之处,希见复等因前来。相应咨行贵部查照见复,以便转复该使可也。须至咨者。邮传部。

宣统元年十二月二十二日(1910-2-1)　邮传部致外务部咨文

柏荫铁路公会与会华洋员沙多等五员系已派定　02-03-011-01-029

邮传部为咨复事。

路政司案呈,准咨开,准比博署使照称,西历一千九百十年,柏荫万国铁路公会前派华洋员沙多等五员是否派定等因转咨前来。查此案业经本部函复比公使,派定洋员沙多,华员詹天佑、邝景阳、李大受、郑清廉等五员与会在案。相应咨复贵部查照转复可也。须至咨者。

右咨呈外务部。宣统元年十二月二十二日。

宣统元年十二月二十四日(1910-2-3)　外务部致比国署使博赉尔照会

柏荫铁路公会与会华洋员沙多等五员系已派定　02-03-011-01-030

考工司呈为照复事。

前准照称,西历一千九百十年,柏荫万国铁路公会前派华洋员沙多等五员是否派定等因,当经咨行邮传部。去后,兹准复称,查此案业经本部函复比国驻京大臣,派定洋员沙多,华员詹天佑、邝景阳、李大受、郑清廉等五员与会在案,请查照转复等因前来。相应照复贵署大臣查照可也。须至照会者。比博署使。

宣统二年二月十二日(1910-3-22)　比国署使博赉尔致外务部照会

柏荫开设万国铁路公会难容多数来宾准于相离不远之顿纳地方一并妥备旅馆由　02-03-011-02-001

大比国署理钦差便宜行事全权大臣博为照会事。

案查西历一千九百九年十一月二十二号，以西历一千九百十年在瑞西国柏荫开设万国铁路公会，恐柏荫一处难容多数来宾，复在荫特拉根预备旅寓，业经照会在案。兹接本国邮传电部文开，准瑞西局函称，已于本年正月十七号刊发广告，径行达知各国委员在柏荫备妥来宾寓所，另在相离柏荫不远之吨纳地方亦行预设旅馆，并非荫特拉根，以便届时预备专车接送，较由柏荫至荫特拉根方便容易。应请转致中政府达知到会委员，按照瑞西章程寄居顿纳为妙等因。本署大臣准此，相应照会贵亲王查照可也。须至照会者。

右照会大清国全权大臣总理外务部事务庆亲王。宣统二年二月十二日。

宣统二年二月十六日(1910－3－26)　比国署使博赉尔致外务部照会

万国铁路公会来宾专车免票转交会员收执由　02－03－011－02－002

大比国署理钦差便宜行事全权大臣博为照会事。

西历本年第八期万国铁路公会来宾旅寓，经本署大臣于西历三月二十二号照会在案。兹续接本国寄来由瑞西柏荫地方接送来宾专车应用免票广告四份，附送贵部转交赴会各员收阅。相应照会贵亲王查照可也。须至照会者。

右照会大清国全权大臣总理外务部事务庆亲王。宣统二年二月十五日。

宣统二年二月十八日(1910-3-28)　外务部致邮传部咨文

比使称柏荫开设铁路公会另在吨纳地方预设旅馆请转饬入会各员遵照并附送免票由　02-03-011-02-003

考工司呈为咨行事。

准比博署使照称,西历一千九百九年十一月二十二号,以西历一千九百十年在瑞西国柏荫开设万国铁路公会,恐怕柏荫难容多数来宾,复在荫特拉根预备旅寓,业经照会在案。兹接本国邮传电部文开,准瑞西局函称,已于本年正月十七号刊发广告,径行达知各国委员在柏荫备妥来宾寓所,另在相离柏荫不远之顿纳地方亦行预设旅馆,并非荫特拉根,以便届时预备专车接送。请转致中政府达知到会委员,按照瑞西章程寄居顿纳为妙,请查照等因前来。相应咨行贵部查照,转饬前派入会各员遵照可也。须至咨者。附免票四分。邮传部。

宣统二年二月十九日(1910-3-29)　外务部致比国署使博赉尔照会

柏荫开铁路公会另在顿纳预备旅馆已咨邮传部转饬遵照并将免票附送由　02-03-011-02-004

考工司呈为照复事。

接准来照,以柏荫开设万国铁路公会,另在相离柏荫不远之顿纳地方亦行预设旅馆,以便届时预备专车接送。请达知到会委员,按照瑞西章程寄居顿纳等因。本部业经咨行邮传部转饬入会各员遵照。相应照复贵署大臣查照可也。须至照会者。比国博署使。

宣统二年二月二十八日(1910－4－7)　比国署使博赉尔致庆亲王奕劻照会

为呈万国铁路公会恒久局书籍八本请查收代转事

大比国署理钦差便宜行事全权大臣博为照会事。

兹接本国寄来万国铁路公会恒久局书籍八本,相应照送贵亲王查收,代为转交各员可也。须至照会者。附书八本。

右照会大清国全权大臣总理外务部事务庆亲王。宣统二年二月二十八日。

宣统二年三月初三日(1910－4－12)　外务部致比国署使博赉尔照会

为已将所送万国铁路公会书籍咨送邮传部转给事

考工司呈为照复事。

前准照送万国铁路公会恒久局书籍八本,请转交各员等因。除由本部将所送书籍咨送邮传部转给外,相应照复贵署大臣查照可也。须至照会者。比博署使。

宣统二年三月初三日(1910－4－12)　外务部致邮传部咨文

为转比使所送万国铁路公会书籍请查收转给事

考工司呈为咨行事。

宣统二年二月二十八日,准比博署使照称,兹接本国寄来万国铁路公会恒久局书籍八本照送查收,代为转交各员等因前来。相应将原送书籍八本咨送贵部查收转给可也。须至咨者。附书八本。邮传部。

宣统二年三月十一日(1910－4－20)　邮传部致外务部咨呈

柏荫万国铁路公会本部拟派李大受前往希即给发护照并转知比使由　02－03－011－02－005

邮传部为咨呈事。

路政司案呈,西历一千九百十年柏荫万国铁路公会,本部业经派定洋员沙多,华员詹天佑、邝景阳、郑清廉三员均未克前往。现拟即派李大受一员前赴柏荫,会同洋员沙多届时莅会。相应咨呈贵部查照,希即给发护照,并转知照比使可也。须至咨呈者。

右咨呈外务部。宣统二年三月十一日。

宣统二年三月十四日(1910－4－23)　外务部致比国署使博赉尔照会

李大受护照签字盖印送还由　02－03－011－02－006

径启者。

准邮传部咨称,西历一千九百十年柏荫万国铁路公会,本部派李大受前往莅会,请发给护照等因。相应缮就汉文护照一纸,盖用本部印信。函请贵大臣签字盖印讫,函送本部,以便转给该员收执可也。顺颂日祉。附护照一纸。

宣统二年三月十四日(1910－4－23)　外务部致比国署使博赉尔照会

柏荫铁路公会派李大受会同沙多前往由　02－03－011－02－007

考工司呈为照会事。

准邮传部咨称,西历一千九百十年柏荫万国铁路公会,本部业经派定洋员沙多,华员詹天佑等。现在詹天佑、邝景阳、郑清廉三员均未克前往，拟即派李大受一员前赴柏荫，会同洋员沙多届时莅会，咨请知照比国驻京大臣等因前来。相应照会贵署大臣查照转达可也。须至照会者。比博署使。

宣统二年四月十一日（1910－5－19）　邮传部致外务部咨呈

派李大受等赴柏荫铁路公会请发护照由并派工程委员沙海昂赴会研究工程　02－03－011－02－008

邮传部为咨呈事。

路政司案呈，西历一千九百十年柏荫万国铁路公会，本部原派洋员沙多，华员詹天佑、邝景阳、李大受、郑清廉等充作会员。嗣以詹天佑、邝景阳、郑清廉三员均未克前往，业经派定李大受一员前赴柏荫，会同洋员沙多届时莅会，咨呈外务部并准咨给护照在案。兹复据本部工程委员沙海昂禀称，愿赴该会研究工程等因。查该员熟悉路工，办事勤慎，自应照准。除札派该员并札知李大受届时会同前往莅会外，相应咨呈贵部查照，希即给发护照，并转知照比使。再前派之李大受及此次所派之沙海昂，均由西伯里亚铁路赴会，道经俄境，亦应请由贵部给发来往护照，转知俄使，俾便遄行可也。须至咨呈者。

右咨呈外务部。宣统二年四月十一日。

宣统二年四月十五日（1910－5－23）　外务部致比国署使博赉尔照会

添派工程委员沙海昂赴柏荫铁路公会研究工程由　02－03－011－02－009

考工司呈为照会事。

宣统二年四月十一日，准邮传部咨称，本年柏荫万国铁路公会，本部前经派定李大受一员前赴柏荫，会同洋员沙多莅会，知照在案。兹复据本部工程委员沙海昂禀称愿赴该会，研究工程等因。除经本部照准札派该员并札知李大受会同前往外，希即给发护照，并转知照比国驻京大臣等因。相应照会贵署大臣查照转达可也。须至照会者。比博署使。

宣统二年五月初十日(1910－6－16)　比国署使博赉尔致外务部照会

催取万国铁路公会捐款由　02－03－011－02－010

大比国署理钦差便宜行事全权大臣博为照会事。

兹因万国铁路公会局催取各国应捐西历一千九百十年至一千九百十一年之会款，期限系由四月十五号起算。所有贵国拨助之捐款请径寄比京，或送交本馆代为转寄。相应照会贵亲王查照可也。须至照会者。

右照会大清国全权大臣总理外务部事务庆亲王。宣统二年五月初十日。

宣统二年五月十五日(1910－6－21)　外务部致邮传部咨文

铁路公会捐款希咨送由　02－03－011－02－011

考工司呈为咨行事。

宣统二年五月初十日，准比博署使照称，万国铁路公会局催取各国应捐西历一千九百十年至一千九百十一年之会款，期限系由四月十五号起算。所有拨助之捐款请径寄比京，或送交本馆代为转寄等因前来。相应咨行贵部查照，即将此项捐款咨送本部，以便转交该使可也。须至咨者。邮传部。

宣统二年六月初八日(1910－7－14)　邮传部致外务部咨呈

送万国铁路公会应捐款项请转交比使由　02－03－011－02－012

邮传部为咨呈事。

路政司案呈,准咨称,比博署使照称,万国铁路公会局催取各国应捐西历一千九百十年至一千九百十一年之会款,期限系由四月十五号起算。所有拨助之捐款请径寄比京,或送交本馆代为转寄等因咨行查照,即将此项捐款咨送本部,以便转交该使等因前来。查公会助款,按照原单,系照与会员数加费。上届一千九百九年至一千九百十年公费助款,因较前加派一员,应助费一千佛郎,历经折合洋元钞票,咨呈转交在案。此次自应仍照上届款数资助。所有应拨之一千佛郎,按照时价折合洋四百五十七元五角,备具交通银行票一纸、汇丰银行票一纸。相应咨呈贵部查照,转交比使可也。须至咨呈者。附银票二纸。

右咨呈外务部。宣统二年六月初八日。

宣统二年六月十二日(1910－7－18)　外务部致比国公使博赉尔照会

送万国铁路公会应捐款由　02－03－011－02－013

考工司呈为照会事。

前准照称,万国铁路公会局催取应捐西历一千九百十年至一千九百十一年之会款,请径寄比京,或送交本馆等因。当经本部咨行邮传部。去后,兹准该部复称,此项捐款,自应仍照上届款数一千佛郎,按时价折合洋四百五十七元五角,备具交通银行票一纸、汇丰银行票一纸转交等因前来。相应将原送银票二纸照送贵署大臣查收转寄可也。须至照会者。附银票二纸。比博署使。

宣统二年六月十二日(1910－7－18)　外务部致邮传部咨文

铁路公会捐款已照送比使由　02－03－011－02－014

考工司呈为咨复事。

前准咨称,万国铁路公会应捐西历一千九百十年至一千九百十一年之会款一千佛郎,按照时价,折合洋四百五十七元五角,备具银票二纸,应请转交比使等因。除由本部将此项捐款照数转交比使外,相应咨复贵部查照可也。须至咨者。邮传部。

宣统二年八月二十一日(1910－9－24)　比国署使博赉尔致外务部照会

万国铁路公会收到捐款一千万由附收据一纸　02－03－011－02－015

大比国署理钦差便宜行事全权大臣博为照会事。

兹接万国铁路公会寄来收到贵国拨助西历一千九百十年至十一年份捐款,计一千个伏郎之收据一张。相应照送贵亲王查照可也。须至照会者。附收据。

右照会大清国全权大臣总理外务部事务庆亲王。宣统二年八月二十一日。

宣统二年八月二十五日(1910－9－28)　外务部致邮传部咨文

咨送比博署使所送铁路公会捐款收条由　02－03－011－02－016

考工司呈为咨行事。

前准贵部咨送万国铁路公会捐款，当经本部将原票照送比国博署使，并咨复贵部在案。兹准该署使将该会收到一千九百十年至十一年捐款之收据照送前来。相应将原送洋文收条咨送贵部查收可也。须至咨者。附洋文收条一纸。邮传部。

宣统三年四月二十二日（1911－5－20）　比国公使贾尔牒致外务部照会

万国铁路公会恒久局拟收西历一九一一年至一九一二年之捐助款直送比京或交与本大臣转寄该局希酌示由　02－03－011－02－017

大比国钦差便宜行事全权大臣贾为照会事。

兹本大臣收到本国邮传部公文，内称万国铁路公会恒久局拟收西历一千九百十一年至十二年之捐助款项，期限系自西历本年四月起算，请即直接送交比京该常久局，或交与本大臣代为转寄。即希贵部酌夺示遵可也。须至照会者。

右照会大清国全权大臣总理外务部事务庆亲王。宣统三年四月二十一日。

宣统三年四月二十六日（1911－5－24）　外务部致邮传部咨文

万国铁路公会捐款或直送比京或交比使转寄希查核见复由　02－03－011－02－018

考工司呈为咨行事。

宣统三年四月二十二日，准比贾使照称，本大臣收到本国邮传部文称，万国铁路公会恒久局拟收西历一千九百十一年至十二年之捐助款项，期限系自西历本年四月起算，请即直接送交比京该常久局,或交与本大臣代为转寄。即希酌夺示遵等因前来。查此项捐款,应由贵部咨送本部转交比使汇寄。兹准前因,究应如何办法。相应咨行贵部查照核复,以凭转复可也。须至咨者。邮传部。

宣统三年五月十四日(1911-6-10)　邮传部致外务部咨呈

咨送捐助万国铁路公会会款由　02-03-011-02-019

邮传部为咨呈事。

路政司案呈,准咨称,准比贾使照称,本大臣收到本国邮传部文称,万国铁路公会恒久局拟收西历一千九百十一年至十二年之捐助款项,期限系自西历本年四月起算,请即直接送交比京该常久局,或交与本大臣代为转寄,即希酌夺示遵等因。查此项捐款,历由贵部咨送本部转交比使汇寄。兹准前因,究应如何办理,咨行查照核复前来。查该会捐款,按照一千九百九年至十年公会所派员数,应助费一千佛郎,历经折合洋元钞票咨送转交比使在案。此次自应仍照前款数办法办理。所有应捐之一千佛郎,按照时价折合洋元四百三十元零五角四分,备具交通银行票一纸,相应咨呈贵部查照转交可也。须至咨呈者。

右咨呈外务部。宣统三年五月十四日。

宣统三年五月十八日(1911-6-14)　外务部致比国公使贾尔牒照会

照送万国铁路公会捐款由　02-03-011-02-020

考工司呈为照复事。

前准照称,万国铁路公会恒久局拟收西历一千九百十一年至十二年之捐款,请即直接送交比京该局,或交本大臣代为转寄,希酌夺示遵等因。当经本部咨行邮传部。去后，兹准该部复称，查此项捐款，自应按照历届成案办理。所有应捐之一千佛郎，照时价折合洋元四百三十元零五角四分，备具交通银行票一纸，请送比国驻京大臣转寄等因前来。相应将洋元票一纸照送贵大臣查收，转交该会可也。须至照会者。附洋元票一纸。比贾使。

宣统三年七月初九日(1911－9－1)　比国公使贾尔牒致庆亲王奕劻照会

为呈一九一一至一九一二年万国铁路公会捐款收条事

大比国钦差便宜行事全权大臣贾为照会事。

前准本年五月十八日来照，以一千九百十一年至十二年万国铁路公会之捐款并附票纸前来，请即直接送交比京该局等因。兹该会缮具收条一纸前来。相应照送贵亲王查收。须至照会者。

右照会大清国全权大臣总理外务部事务庆亲王。宣统三年七月初九日。

宣统三年七月十五日(1911－9－7)　外务部致邮传部咨文

为转比使所送万国铁路公会一九一一至一九一二年捐款收条请查收事

考工司呈为咨行事。

前准贵部咨送万国铁路公会捐款，当经本部照送比贾使转寄在案。兹准该使将该会收到一千九百十一年至十二年铁路公开助款之收据照送前来。相应将原送洋文收条咨送贵部查收可也。须至咨者。附洋文收条一纸。邮传部。

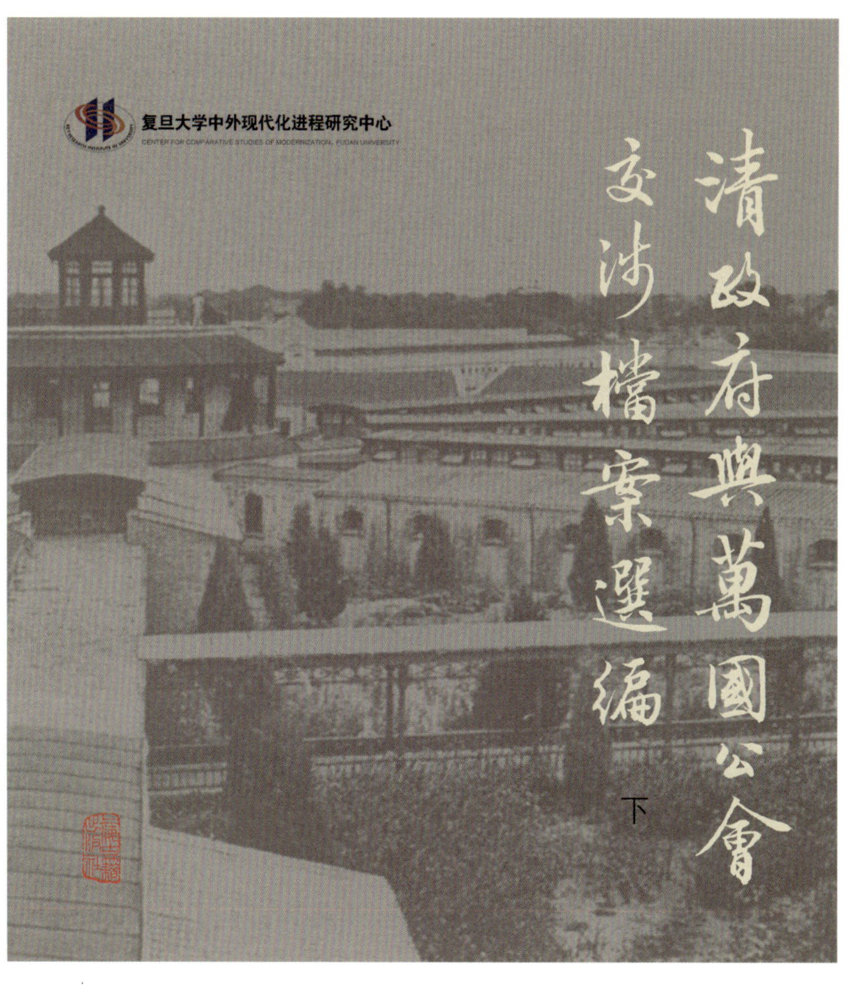

近代中外交涉史料丛刊

刘洋 整理

万国行船公会

万国行船公会(International Navigation Congress),建立于1885年,总部位于比利时布鲁塞尔。起初,该公会只讨论内河驶船问题。至1893年荷兰会议期间,才开始将内河与外海驶船问题一并讨论。在晚清时期,该组织也被称作万国驶船公会、万国航海大会、万国航业会、万国海洋并内河驶船总会、万国行船恒久会、万国海面驶船会等。1902年,清政府正式捐费入会,并派员参加会议。本册共收录98件档案。

光绪二十四年四月初八日(1898-5-27) 比国公使费葛致总署照会

比使照请派员赴比京万国行船公会由 01-27-006-02-001

光绪二十四年四月初八日,比国公使费照会。称:

本大臣相应照知贵王大臣,兹于西历本年七月底在本国京都开设万国行船公会。查该会系本国大君主保护,并工、户、外等部尚书管理,即商办河海行船等事。如贵国应允派员赴会,本国甚属欣慰,是以令本大臣特备照会,请贵王大臣查照。且因本国京都地方于西历本年六月拟开顾赡释罪囚犯公会,贵国业已派员赴会,如今或可即派该员一并前赴行船公会也。

光绪二十四年四月十二日(1898-5-31) 总署致出使英国、意国、比国大臣罗丰禄咨文

转饬派赴比国释囚公会之员就近再赴行船公会由 01-27-006-02-002

四月十四日,行出使大臣罗丰禄文。称:

光绪二十四年四月初七日,准比国驻京费大臣照称,兹于西历本年七月底在本国京都开设万国行船公会。如贵国应允派员赴会,请于西历本年六月本国京都拟开顾赡释罪囚犯公会,业经贵国所派赴会之员,或可一并前赴行船公会等因。查各国所开公会均系善举。前于闰三月初三日该大臣照请派员赴释囚公会,业经本衙门咨行贵大臣就近派员赴会在案。兹准前因,自应将派赴释囚公会之员转饬就近届期再赴该国行船公会,以归简易。相应咨行贵大臣查照,即希转饬该员遵照届期前往可也。

光绪二十四年四月十二日(1898－5－31)　总署致比利时公使费葛照会

行船会已咨罗大臣转饬前派之释囚公会员就近再赴该会由　01－27－006－02－003

四月十二日,给比国公使费照会。称:

光绪二十四年四月初七日接准照称,兹于西历本年七月底在本国京都开设万国行船公会。如贵国应允派员赴会,请于西历本年六月本国京都拟开顾赡释罪囚犯公会,业经贵国所派赴会之员,或可一并前赴行船公会等因。查万国公会皆系善举。前于闰三月初三日,贵大臣照请派员前赴释囚公会,业由本衙门行知出使罗大臣就近派员赴会在案。兹准前因,除由本衙门再行知照罗大臣转饬前派赴会之员就近届期再行前赴行船公所外,相应照复贵大臣查照可也。

光绪二十七年十月二十四日(1901－12－4)　比国公使姚士登致外务部照会

比国行船会现公举永久董事请照章相助会费希见复由　01－27－006－02－004

光绪二十七年十月二十四日,比国公使姚照会。称:

本大臣接得本国国家通知,于西历一千九百年在法国巴里斯京城万国公赛行船国会之时,该国会中公举永远不改行船董事,现国会中董事拣选得比国不路色京城建立该国会之公所。此次创设董事,是与行船大有关系。前者行船有未尽美之事,今皆可以办理。查行船利益自设有国会公所以来,办理更为尽善。其所定行船之法,实觉在海河各处大有方便,在行船者无不感佩。该董事等所定之法同称第一,各国依照行船之法均得大利,是董事之关系实为大众之益。万国行船公会所讲求为行船精妙局面推广,不与平常相同。该国会筹划,凡在水面之事均有进益,是国会之有益于各国行船,其利甚大,是应得有海河行船各国之恩。

查西历一千八百九十八年,中国国家曾经派员前往比国京城查阅万国行船公会,有意相助。在贵国查阅之时,颇觉会中技艺之学于己有益。兹本大臣心无所疑,度贵国国家合同各国亦必愿意成全。该国会董事办事尽心,用示津贴银两以助该董事等,为成全该国会之会议。并于会中设立一部,以期恒久,各国均可派员驻于该国会部中。虽系各有资费,亦可得其会中之益。该董事等盼望贵国国家是否有意相助银两,迅速通知,以便会中核议,按照收款定章办理。查我比国国家现已预备每年津贴该国会之银五千佛郎。此五千佛郎之数,系按照比国行船之利先为拟备。其他国是否按照此行船利益多寡以配相助银两,今贵国国家窃自思维,按国都行船各事核计,应助若干之银。本大臣特此达知贵国政府相助万国行船公会恒久之分之意,希即告知本大臣为感。相应照会贵王大臣查照见复可也。

光绪二十八年二月初五日(1902-3-14)　外务部致德国公使穆默照会

万国航海公会荫大臣派金楷理等入会由　01-27-006-02-005

光绪二十八年二月初五日,发德国公使穆默照会。称:

光绪二十八年二月初二日,准出使荫大臣咨称,准外务部咨开,光绪二十七年九月十二日准德国驻京穆大臣照称,本国万国行海公会已立,意自一千九百二年六月十九日起至七月初五日止,于德国的思尔达拉夫城再行集会,公议一切航海事宜。贵国应派何员,即请速示,并与驻英、贵国使馆之水师陈恩焘知悉等因。查光绪十五年,美国曾请派员赴航海公会,当经捡派出洋肄业水师学生陈恩焘、贾凝禧会同洋人毕士璧前往会议。现在应如何派员之处,即请酌核办理咨复等因。

本大臣查驻英使馆随员陈恩焘业经销差回华。兹查有洋文参议官二等第一宝星洋员金楷理老成练达,于航海事宜亦为熟悉。三等参赞官同知衔分省候补知县陆长葆办事心细,人亦明白,兼晓德国语言。该二员堪以派往万国航海公会等语。相应照会贵大臣查照转达,以便该员届时入会集议可也。

光绪二十八年五月初二日(1902-6-7) 比国署公使贾尔牒致外务部照会

照复行船公会捐助1000佛郎事本大臣深为感谢由 02-06-004-01-007

光绪二十八年五月初二日,收比国署公使贾照会。称:

光绪二十八年四月二十九日,接准贵亲王照称,除原文有案减叙外,为万国行船公会一事,本部查中国船只目下往来外洋者尚少,拟每年先助银一千佛郎克等因前来。本署大臣查阅已悉,深为感谢贵亲王之意。本署大臣惟盼望将来贵国能收行船之利益。除将贵国捐助公会银两达知本国外部外,相应照复贵亲王查照可也。

光绪二十八年八月十六日(1902-9-17) 比国署使葛飞业致庆亲王奕劻照会

为请将派赴万国行船公会委员衔名示之事

大比署理钦差驻扎中华便宜行事全权大臣世袭男爵葛为照

会事。

前署任贾大臣曾于本年五月初二日为万国行船公会之事照会贵部在案。兹本署大臣接奉本国国家之命,为道谢贵国国家美意,相助万国行船公会每年一千佛郎。现本国户部、工部各大臣均愿预知贵国派赴入会委员之衔名,本署大臣恳请贵亲王将所派之员衔名祈先告本国国家知之为感,为此照会贵亲王查照可也。须至照会者。

右照会大清钦命全权大臣总理外务部事务和硕庆亲王。光绪二十八年八月十六日。

光绪二十八年八月二十六日(1902-9-27)　比国使馆翻译林阿德致外务部函

万国行船公会贵国已有捐款是应派员驻会本国当知所派之员衔名备查特函复由　02-06-004-01-019

光绪二十八年八月二十六日,比国翻译林阿德函。称:

顷接来函,敬悉。查本国设立万国行船公会,自设立此会以来,永远开议,并不停止,是非赛会订有日期可比。今贵国捐助该会之款,是应派员驻会,查考其事。所以本国户部、工部均当预知贵国所派之员衔名,以便备查。故葛大臣有此照请也。兹准贵总办函询,特奉复乎此。顺颂日祉。

光绪二十八年九月初一日(1902-10-2)　外务部致比国署使葛飞业照会

为已咨驻贵国大臣开列赴会人员衔名并径达事

榷算司呈为照复事。

光绪二十八年八月十九日,准照称,前署任贾大臣曾于本年五月初二日为万国行船公会照会在案。兹本署大臣接奉本国国家之命,为道谢贵国国家美意,相助每年一千佛郎。现本国户部、工部各大臣均愿预知贵国派赴入会委员之衔名,本署大臣恳请贵亲王将所派之员衔名先告本国国家知之为感等因。

本部查万国行船公会,本国入会之员应由出使贵国杨大臣就近捡派。除由本部咨行杨大臣派员、开送衔名径达贵国国家外,相应照复贵署大臣查照,转行知照可也。须至照会者。比国葛署使。

光绪二十八年九月初一日(1902-10-2)　外务部致出使比国大臣杨兆鋆咨文

为请开列赴万国行船公会人员衔名并径达比外部事

榷算司呈为咨行事。

比国在不路色京城设立万国行船公会。上年十月间,经姚使照请中国相助。本部以中国船只目下往来外洋者尚少,拟每年先助银一千佛郎克,札饬总税务司拨给,照复比使在案。兹准比葛署使照称,本国户部、工部各大臣均愿预知贵国派员入会衔名,请将所派之员衔名告知等因。本部查比国所设行船公会,中国入会之员,应由驻比星使就近捡派,开送衔名径达比国外部。除照复该使外,相应照录往来照会,咨行贵大臣查照办理可也。须至咨者。出使比国大臣杨。附抄件。

光绪二十八年十二月初四日(1903-1-2)　出使比国大臣杨兆鋆致外务部咨呈

为遴派翻译官徐家庠届期赴万国行船公会并已开送衔名事

钦差出使比国大臣杨为咨呈事。

窃照本大臣于光绪二十八年十一月十一日承准大部咨开，比国在不路色京城设立万国行船公会。上年十月间，经比姚使照请中国相助。本部以中国船只目下往来外洋者尚少，拟每年先助银一千佛郎克，札饬总税务司拨给，照复比使在案。兹准比葛署使照称，本国户部、工部各大臣均愿预知贵国派员入会衔名，请将所派之员衔名告知等因。本部查比国所设行船公会，中国入会之员，应由驻比星使就近捡派，开送衔名径达比国外部。除照复该使外，相应照录往来照会，咨行贵大臣查照办理等因。准此，复接比外部照请将派入行船公会之员衔名先行告知等因前来。

本大臣查有翻译官直隶试用县丞徐家庠通晓法文，便于应对，堪以遴派，届期前往。并檄饬该员务将公会章程详细咨询，实据禀覆，以备考察。除已开送衔名照覆比外部外，相应抄录来往照会咨呈大部，谨请查照可也。须至咨呈者。附抄件。

右咨呈外务部。光绪二十八年十二月初四日。

附件一：照译比外部来照会

为照会事。

本部于西历八月间，曾通知敝国驻京公使，转请贵国政府将派入行船公会之员衔名先行告知。嗣准贵国外务部大臣照会敝国使署，所有中国派员入会之事，可由比国外部转咨贵大臣捡派等因。相应照会贵大臣如何办理之处，希烦见覆施行。须至照会者。

附件二：照录覆比外部照会

为照覆事。

照得本大臣于西历一千九百零二年十二月二十四号，接准贵大臣文开，行船公会照请贵大臣派员入会，并将拟派之员衔名先行告知等因。据此，本大臣查得本年曾准敝国外务部咨称，比国行船公会应由驻比使馆派员入会等因。今本大臣遴派随员徐家庠届期赴会,以广见闻。相应先将该员衔名照覆贵大臣查照可也。须至照会者。

附件三:照译比外部来照会

为照会事。

前于十二月二十六日接准贵大臣文开,敝国行船公会已由贵大臣遴派随员徐家庠届期入会等因。本大臣准此,当即转咨敝国户、工二部一体查照。相应照会贵大臣请烦查照。须至照会者。

光绪二十八年十二月二十三日(1903-1-21) 出使德国大臣荫昌致外务部咨文

前饬本馆洋参议金楷理等赴航海公会于六月事竣回馆该会寄来各书存案由 02-12-017-01-066

光绪二十八年十二月二十三日,出使德国大臣荫昌文。称:

案准贵部咨开,兹准德国穆使照请派员赴万国航海公会等因。当经本大臣查有驻德使馆洋文参议官二等第一宝星洋员金楷理、三等参赞官同知衔分省候补知县陆长葆二员堪以派往,并开呈洋文名单一纸咨复贵部,转行知照穆使,以便该员等届时入会集议在案。兹据该二员呈称,窃参议等前奉宪台派入万国航海公会,届期遵即束装起程,乘坐火车前赴的思达拉夫城。于中历光绪二十八年五月二十三日行抵该处,即往拜城主暨各会友,彼此均甚欢洽。该会自西历六月二十九日起,至七月初五日止。当开会时,德太子亲临致颂。收会则设宴,会友各致颂词,互相庆幸。参议等于该会事毕后,即于中历六月初三日乘坐火城驰返柏林。查该会所议之事,系外海内河行船以及筑坝、造桥、挖泥、泄水等事,并邀观来因河暨沿河码头工程起重机器等项。窃维来因河发源于瑞士,其能行船河道计共一千一百六十二启罗迈当,当直达和兰流入于海。其在德国界内者计六百九十四启罗迈当。其所议治河之方,洵为悉臻美备然。但工程浩大,费用不赀。该会寄来此次会议各书。因卷帙甚多,一时万难译出。谨先呈请鉴核咨明外务部存案备查。所有奉派前赴万国航海公会事竣回馆缘由,理合呈报等情前来。除将该会各书饬存外,相应备文咨呈,谨请贵部查核。

光绪二十九年二月二十六日(1903-3-24)　比国公使姚士登致庆亲王奕劻照会

为呈万国行船公会章程及各国每年捐款清单请查阅并付上半年会款事

大比钦差驻扎中华便宜行事全权大臣姚为照会事。

照得前于西历一千九百零二年六月初六日,接准贵亲王照复内开,为万国行船公会一事,贵国国家捐助该会一千佛郎。于是年西历九月三十日又准贵亲王照开,贵国国家已派驻扎比国京城贵国公使杨兆鋆前往查阅此会等因各在案。本大臣今接奉本国来文内开,此万国行船公会所有章程业已定准照行,该会各董事于第九次会议之后,一切章程均已遵照通行。其该会之各章程,业经照本用德、英、法三国文字发出。今本大臣将该会所发出英文章程稿本九本并各国每年捐助该会清单二纸随文附送贵亲王查阅。其单开计有十九国已入此会。所有未入此会之国,该会将会内章程通行各国,劝其入会。再此外有各口行船公司、有船公司、海内行船船主并机器匠人,一并劝令入会。查该会于一千九百零三年正月初一日起按照章程办理。其有入会各国,应将捐款于本年上半年照数付给。贵国捐助该会之款,或送交北京使馆代寄,或送交比国京城路万街第三十八号本会首狄予夫尼查收。为此照会贵亲王查照可也。须至照会者。

右照会大清钦命全权大臣总理外务部事务和硕庆亲王。光绪二十九年二月二十六日。

附件一:各国捐助行船公会款项清单

计开:

国　名	每年捐款合法郎数	年/月(以各国外部行文允助日期计算)
德意志	五千	一千九百另一年,十月廿九号
额尔尚丁	二千	同上,十二月廿八号
奥斯	二千另八十	一千九百另二,二月廿四号
比利士	八千	仝上
中国	一千	仝上,七月廿九号
刚果	一千	仝上,四月十五号
丹马	一千	仝上,五月廿四号
达努比	五百	仝上
美国	万五千	仝上,三月廿五号
法国	五千	仝上,三月廿九号
匈牙利		仝上,五月廿九号
义大利	二千五百	仝上,三月七号

（续表）

国　名	每年捐款合法郎数	年/月（以各国外部行文允助日期计算）
墨西哥	一千	一千九百另一，七月三十一号
摩纳哥	一百	同上，十月廿九号
荷兰	二千五百	一千九百另二，五月十七号
葡萄牙	三千	同上，二月三号
罗玛尼亚	一千五百	同上，六月十二号
俄罗斯		同上，五月七号
瑞士	二百	一千九百另一，七月十九号

右表中比利士之八千佛郎，以五千佛郎作常年捐款，余三千作为修房及一切杂用之需。

中国现暂允助一千法郎，并许将来加增。

匈牙利暂不定数目，归入另三年度支内拨给。

俄罗斯亦暂未定数。

按：表到已认捐数目共合五万乙千三百八十法郎。

光绪二十九年二月三十日（1903－3－28）　总税务司赫德致外务部丞参信函

为遵将应捐万国行船会款送交比利时驻京使馆查收事

敬复者。

奉到二月二十九日钧函，以彼国在不路色京城设立万国行船公会一事，经上年本部札行，仍按税则公会成案，每年拨给一千佛郎克,随后呈请归款等因。兹准比国姚大臣照称,该会于一千九百零三年正月初一日起按照章程办理。其有入会各国,应将捐款于本年上半年照数拨给贵国。捐助之款或送交本使馆代寄,或送交比国京城路万街本会首狄予夫尼查收等情前来。相应函达查照前札,如数拨给,仍希见复,以便转复等因。奉此,总税务司除遵将此款照数拨交驻京比国使馆查收外,合特函复鉴查可也。专是布复。顺颂日祉。名另具。光绪二十九年二月三十日。

光绪二十九年三月初四日(1903-4-1)　外务部致比国公使姚士登照会

为总税务司已照数拨交万国行船会会款请查照转寄事

榷算司呈为照复事。

光绪二十九年二月二十七日,接准照称,万国行船公会于一千九百零三年正月初一日起按照章程办理,其有入会各国,应将捐款于本年上半年照数付给贵国。捐助该会之款,或送交本使馆代寄,或送比国本会首狄予夫尼查收,并附送该会章程并各国捐助清单等因。本部当即札行总税务司照数拨交。去后,兹据申称,已照交比国驻京大臣收寄等情前来。相应照复贵大臣查照,转寄该会可也。须至照复者。比姚使。

光绪三十年九月二十四日(1904-11-1)　总税务司赫德致外务部丞参信函

为已照数拨交比利时万国行船会款请查核备案事

敬启者。

案查比国不路色京行船会襄款一事,现奉本月二十日钧函,饬为查照,如数拨给,仍将由何处拨给见复等因。奉此,总税务司除遵将此款如数拨交驻京比国大臣查收转寄,并另日呈请归款外,理合函复鉴查备案可也。专是布复。顺颂升祺。名另具。光绪三十年九月二十四日。

光绪三十年十二月二十五日(1905-1-30)　意国公使巴乐礼致庆亲王奕劻照会

为西历九月拟在米兰开万国海洋并内河驶船第十期约会请派员事

大义国钦差驻京便宜行事全权大臣世职巴为照会事。

现准本国外务部文称,所有万国海洋并内河驶船总会拟定本年西历九月间开第十期约会,在本国密拉诺地方。现经特立密拉诺专会与原比国总会酌定,所有此次会约均归密拉诺专会邀请。各国政府无论曾否已入总会,均应同请前往等因。本国政府为此特谕本大臣,将以上情形照知贵国,俾得派员前往同入。本国大君主特赏佑助之盛会。今将所刻英文传单五件附送贵部,以便分送各该衙门阅悉,并请见复可也。须至照会者。附英文传单五件。

右照会大清钦命总理外务部事务和硕庆亲王。光绪三十年十二月二十五日,大义一千九百五年正月三十日。

光绪三十一年正月初六日(1905-2-9)　外务部致意国公使巴乐礼照会

为已咨驻贵国大臣派员赴米兰万国海洋并内河驶船第十期约会事

榷算司呈为照复事。

光绪三十年十二月二十五日准照称,准本国外务部来文,万国海洋并内河驶船总会拟定本年西历九月间第十期约会在密拉诺地方，邀请派员前往等因，并将所刻英文传单五件附送前来。本部业已咨行驻贵国许大臣届期派员前往赴会。相应照复贵大臣转达贵国外务部查照可也。须至照会者。义国巴使。

光绪三十一年正月初六日(1905－2－9)　外务部致出使意国大臣许钰咨文

为米兰拟开万国海洋并内河驶船约会现转传单请届时派员事

榷算司呈为咨行事。

光绪三十年十二月二十五日准义巴使照称，准本国外务部来文称，所有万国海洋并内河驶船总会拟定本年西历九月间第十期约会在本国密拉诺地方。现经特立密拉诺专会与原比国总会酌定，所有此次会约均归密拉诺专会邀请。各国政府无论曾否已入总会，均应同请前往等因。本大臣将以上情形照知贵国，俾得派员同入盛会等语，并将所刻英文传单附送前来。查各国邀请赴会，历经由各驻使就近派员。相应将该使送到传单一分咨行贵大臣查照，届期派员前往赴会，以资考察可也。须至咨者。附件。驻义许大臣。

光绪三十一年六月二十九日(1905－7－31)　出使比国大臣杨兆鋆致外务部咨呈

为请饬总税务司查照上年成案拨给万国行船会一九〇五年津贴事

钦差出使比国大臣杨为咨呈事。

案查比国行船公会津贴，向由大部每年札饬总税务司拨给津贴银一千佛郎克，就近送交葛使在案。兹据该会函请将一千九百零五年之津贴从速拨给，以备在米郎开会之用等因。相应据情咨请大部转饬总税务司查照上年成案办理。为此咨呈大部，谨请查照施行。须至咨呈者。

右咨呈外务部。光绪三十一年六月廿九日。

光绪三十一年八月二十二日(1905-9-20) 总税务司赫德致外务部丞参信函

为已照数拨交比利时万国行船会会款请查核备案事

敬复者。

比国不路色京行船会襄款一事,现奉本月二十一日钧函,饬为查照,如数拨给,仍将由何处拨给见复等因。奉此,总税务司除遵将此款照数拨交驻京比国大臣查收转寄,并另日呈请归款外,理合函复鉴查备案可也。专是布复。顺颂升祺。赫德。名另具。光绪三十一年八月二十二日。

光绪三十一年八月二十二日(1905-9-20) 出使意国大臣许钰致外务部咨呈

为拟派翻译官翟青松赴会并已将衔名知照意外部事

钦差出使义国大臣许为咨呈事。

大部咨开,光绪三十年十二月二十五日,准义巴使照称,准本国外部文称,所有万国海洋并内河驶船总会拟定本年西历九月间开第十期约会,在本国密拉诺地方。现经特立密拉诺专会与原比国总会酌定,所有此次会约均归密拉诺专会邀请。各国政府无论曾否已入总会,均应同请前往等因。本大臣将以上情形照知贵国,俾得派员前往,同入盛会等语,并将所刻英文传单附送前来。查各国邀请赴会,历经由各驻使就近派员,相应将该使送到传单一分咨行查照,届期派员前往赴会,以资考察等因。

承准此，查万国行船会始于比利时国，其总会设在比京，专聚各国会员，考求海洋并内河行驶船只之事。此届已第十次举行，轮值意国政府，在米郎省特立专会，定于西历九月二十四号即中历八月二十六号开会集议。查本馆法文翻译官翟青松研精西籍，熟悉外交，堪以派往，随同考察。当经本大臣开列该翻译衔名知照义外部。除札饬该员遵照届时前往，将听议各情禀报外，相应备文咨呈贵部，谨请查照。须至咨呈者。

右咨呈外务部。光绪三十一年八月二十二日。

光绪三十一年八月二十五日（1905－9－23） 外务部致出使比国大臣杨兆鋆咨文

为总税务司已照数拨交一九〇五年万国行船公会津贴请查照事

榷算司呈为咨复事。

光绪三十一年八月十八日，接准咨称，案查比国行船公会津贴向由大部每年札饬总税务司拨给津贴银一千佛郎克，就近送交葛使在案。兹据该会函请将一千九百零五年之津贴从速拨给，以备在米郎开会之用等情。当经函致总税务司查照上年成案办理。去后，兹据覆称，业将此款照数拨交驻京比国大臣查收转寄，理合函覆鉴查备案等因前来。相应咨覆贵大臣查照可也。须至咨者。出使杨大臣。

光绪三十一年十二月十四日（1906－1－8） 出使意国大臣许钰致外务部咨呈

为米兰万国行船会已毕现呈翟青松禀报会议之文件及赴会日记事

钦差出使义国大臣许为咨呈事。

窃照本年义大利密拉诺省特立万国行船会，前奉大部咨饬，届时派员前往赴会，以资考察。当由本大臣札派本馆法文翻译官翟青松赴会，随同考察，业于本月二十二日备文咨呈贵部在案。查该会于中历八月二十七日在密拉诺省开会集议，至九月初一日毕事，各国会员随分往各处查验工程，互相考证，冀收实效。兹据该员将赴会后逐日听议及历处所见情形缮呈日记，具禀前来。合即照录原禀，随同日记一并呈请查覆。再，该员赴会所用来往川资旅费共计义银五百二十四吕耳七十生丁，应附入本年经费川资项内造报，合并声明。相应备文咨呈贵部，谨请察照。须至咨呈者。粘钞原禀，附日记一册。

右咨呈外务部。光绪三十一年十二月十四日。

附件一：照录翟青松原禀

敬禀者。

窃卑职本年八月二十日奉宪台钧札，准外务部咨，派往密拉诺，随同特立万国海洋并内河驶船会，考察会议成效，以资取法。遵于是月二十三日，承领旅费，乘坐火车起程，便道往观堆尔尼炼钢厂。二十五日早到密拉诺，即往义大利特立船会询问细情。二十七日开会议事，义主亲临观礼。九月初一日封会，义工部副大臣巴细主议。自八月二十七日至九月初一日，共大会二次，外海、内河分议共四次。除将日记议论情节另录恭呈宪览，暨旅费业经另造清册报销外，查万国驶船会，光绪十年创自比国，总会设于比京，各国酌量轮流举行。初惟讨论内河驶船。自光绪十九年起，和兰会议始定内河、外海驶船一并讨论。计比京、巴黎各已举行二次，奥之维也纳，德之佛朗克福，英之孟切士脱，和之拉海，德之豆赛陶夫各已举行一次。本年义之密拉诺举行驶船会，乃第十次也。此次密拉诺特立驶船会，义政府津贴十万吕耳，以海亚尔宫借作办事会议公所。报名入会者一千八百余人，而随同考究者实不过千人，其余恃报名入会后得火车贱价游行意境者。经理事会人员除挂名遥为照料者如意大利水师提督折奴阿亲王，以至大城城主、本地船会商务局人员二百数十人外，常川办事者三十余员，约同外国长久会员掌管文案、信件、收支、进出款项，预定讨论题目，照料会中一切事宜。会中出款以印书、茶会为大宗。会友自备旅费，公同出游。途中会友未能自备者，由会中预为代办，仍按车船等费各摊一分。并限定人数、时刻，同日分往游览。是以卑职指定游览哥水维车拉浮尼士，即不能同日兼游马局折奴阿士贝溪亚拏波里也。

至会中讨论改良内河、外海情节定程，准其法、德、英、义四国语言并用。且系专门学问，各国所派入会人员，非工程师出身，即水师官员。卑职所作日记，只就其节目综其论断。虽未能全记讨论之细情，似亦稍足考证。万国驶船会之设，原以僻处一方识见有限，天下之大，人才之众，江海河流自应求得其用。该会集思广益，互相揣摩。会友中有著作图样者，携之陈列公所，或分送同人。加之凡到一国游，观其运河海口，虽一时未见实济，而功效可卜于他日。为国兴利，为民防害，该会实有深意存焉。卑职管见所及，缕悉上陈，伏乞宪台鉴察，批示祗遵。

附件二：赴米郎行船会日记

八月二十三日。午时二十分，自罗马启程开车赴米郎，即密拉诺。行船会沿途多荒郊，极少种植。车路沿谛白江筑造，江水不深，无船行驶。二钟十分到屋堆，即东北铁路分叉之处。初，义人马军守备侯爵包罗溪邀观堆尔尼炼钢厂。至此，另买火车票。三钟五分到堆尔尼，往访包君陪观。营房屋宇颇陋，大者居兵十余人，小者四五人。武官自租民房另居。每兵支领六出短枪一支，重三基罗，长刀一柄，短靴二双，长靴一双，服役衣三套，礼衣一套，马一匹，均称肥壮。每日溜马二次。兵日三餐，中餐食肉，厨役皆兵充当。兵床可折小，使其不能昼寝。守备统马兵五十余人，属下千总、把总三员，一充文案，二分带马兵，名目虽异，而执事实同，所谓小武官是也。是晚，包守备设宴款待，饮馔颇丰。

二十四日。早八钟，包守备遣人送信，云钢铁厂总办已电嘱文案，派工师引导观厂。九钟，包守备备双马车，偕都司梅尔、千总杭哥尼同往。该厂文案前来周旋数语，即嘱工师马巧里指引口讲。马工师法语不甚了了，且多专门字眼，指物口讲稍知其详，然不见物而空讲者间多，难明其妙用。先观点钢所，上无遮盖，掘地筑炉。每次点钢一月，炉必重修，炉砖胶裂不能多也。中有油池，以水点钢，每虞炸裂，油则润而不激。虽费多，亦不甚惜。小块熟铁仍用水点。次观水力机器，共六副，一排成列，自法国购来者。水力机器者，以水激动总机，兼蓄空气压力，以运动全厂机器铁锤转运。起重厂中除镕钢外，不用煤炭，专用山水之力，且不用煤，而用煤气，火力销煤极少。又观铁锤之最大者，重一百零八吨。据云欧洲无与比伦，其余大小不一。至压钢厂，适有大钢一块，重百余吨，自炉中运上车床，上下夹滚，顷刻扁薄一半。又观造铁条，其效尤速，二尺长之铁，二分钟，长至三丈。厂中兼造炮心、炮弹。目今弹尖上套一小帽，使帽先损而弹尖未伤，犹能攻坚深入。又造炉砖泥模。其枪炮厂另在他处，未及往观。观毕，称谢文案，回寓已十二钟矣，即邀包守备等三人午餐。二钟，乘火车回屋堆。晚十钟，到佛禄郎士，改乘睡车径往米郎。堆尔尼四面皆山，炼钢厂建设该处，取其巩固水力足以省煤也。实则铁购自英国，义之爱尔巴所产，惟供熔合杂用耳。

二十五日。一夜未能熟睡。早起眼界所及，满地苍色，非如南境荒山野地可比。八钟一刻到米郎，即住大陆客店，往行船会拜会总文案双育士脱，始知比京行船总会，中国派有徐君家庠为长久会员。此次米郎特立船会，徐君预告比京总会，因出使比国杨大臣交卸在即，不克赴会。是日，适文案处会议，到会者三十余员，欧亚美各国会员二十余人。会长宣说一词，谢义国乐待。旋议论会中经费，众皆照准。又议定下次集议时限制可允为讨论之题目。又照各国摊派公费之数，举员入会办事。会中以中国每年认摊一千佛郎而不派员入会颇似歉仄。又议下次聚会地方，俄会员拟请政府准下次行船会集议于森彼得堡，然或未能如愿。匈牙利国会员可请以浦达贝士脱城为集议地方。议至十一钟而散。午后，出门步行，六街市面兴旺，洵为意大利第一商埠。晚，城主衙门送来请帖，明日十钟观新修翁白塔行开光礼。

二十六日。早九钟，会友义工程师双的士造寓，邀同往观翁白塔开光之礼。塔之前面，马步兵已列队侍迎义王。十钟，义王、王后驾临，奏国乐迎之。米郎城主宣读开光颂词。词毕，见遮盖塔门上旗帜垂下，翁白单服骑于马上。石刻装饰如匾额然，观者鼓掌称贺。查旧塔造于一千四百五十年，为镇守米郎之一古炮台。今修理完竣，镌义王父石像于塔门，即名之曰翁白塔，志念先王也。礼毕遂归。晚六钟，赴行船会茶会。车至大门时，观者乍见华人服饰，哗然笑呼。愚人无礼，到处皆然。入门，即有人引见城主等数人。八钟回寓。

二十七日。早九钟，会友双的士来寓，邀同往士甲拉戏园观行船会开会礼。到者千余人。戏台上中设义王、王后座位，两旁为执事文案人员、官派人员列坐，其次众会友坐于台前，妇女分坐两厢。十钟，义王、王后驾临，奏国乐迎之。米郎城主上议院议员篷第宣读一词，颂诸会友惠临米郎。义特立会会首及万国行船总会会首宣说会中宗旨、目今情形，并谢义主驾临开会。义工部大臣灰哈衣谢外国会友惠临之众，工部近为行船会利益推行广远，彼必赞助等语。义特立会会首又读海部大臣一电，云惜因公事未能躬亲盛会，远祝诸君议得极好成效。法委员道梁总监督火虚孟代外国会友敬谢义王、王后宠临开会，又谢义特立会料理相持之热心。义特立会会首代义王宣言开会。礼毕，乐工复奏乐以送。是日午后二钟，初次议事，分内河、外海二门。内河门领袖义上议员甲沙纳请预先所举内河文案等员就位，以内地行船关系颇大，愿会议诸事足以推广行船。义工程处领班马察尼代工部大臣以《一千九百年及一千九百零三年改良巴河行船记》呈览。于是，开议整顿水道互用铁路之题目，九员抒其意见，讨论一时，始定论曰，铁路水道互相为用，应竭力整顿工程治法以及运费，务臻日善。外海门领袖义工程师印雷士言，外海行船原与内河行船相辅而行，愿会议续著成效，尤望外海行船费用节省，而快捷海口门路利便而通顺。众皆称善。于是文案等员各就其位，先议改良江河入无潮海口题，讨论者十三员，意见不一。领袖准谛本瑙夫之请，另举九员从长计议，应于封会时拟定结断。四钟半停议。

二十八日。早八钟，往米郎总车站乘专车往哥水湖。步行至湖边，登龙巴提小轮船，上悬彩旗。游览湖景，山青水绿，幽雅寂静，为西人避暑之地。十钟四十五分，至雷哥，城主派军乐一队迎迓，改乘桨船五只。会友各得食物一篮，内有鸡肉酒点，义刀杯盘俱全，以当午餐。船乘急水下流，捷如箭矢。中途有女善士，特坐小船以送花，为名乞助加拉白省地震灾民。二钟半，至八台模，沿引水沟步涉山路三四里，至爱提松水力电气厂观览一周。厂中机器六副，马力一万四千匹，足敷米郎城电灯电车之用。厂主备具酒点，款待会友极优。四钟，复乘小船，用马拽牵。五钟，至脱雷错观水力电气厂，机器尚未安置齐备。厂主兼城主以军乐一队迎送，备具酒点款待尤优。厂主名克雷士比，资本三百万，又招股两百万。另设织布厂一所，拟往中国分行销货。六钟半，乘专车往蒙蔡，又改乘新式电气公车，每钟行八十基罗迈当。八钟十五分至米郎，步行回寓。是日，工部大臣灰哈衣同游，男女会友共三百三十四人。山水景致之美，地方款待之优，老少男妇欢迎道旁，皆当记录，盖不仅观览电厂，增长识见已也。

二十九日。万国行船总会会首台贝以会议动用经费五千佛郎赈助加拉白省地震灾民，函知米郎特立船会会首。是日，会议二次。九钟半，内河门领袖开议，请会友能以法语论说最为合宜，其紧要处仍以德、英二文宣说一遍。又读农工商部大臣哈瓦致总理特立船会哥隆璞电，云：辱承邀赴行船会，因公甫回罗马，未克躬亲盛会。予为商务大臣，甚关切贵会所议诸事，心祝极好效验。读毕，乃论水闸减免水势高下大相悬殊之法。讨论者十员，议至十二钟半，未能定局。二钟半，复议讨论者九员。众以可通行者双闸最为得力，用水不多而开放尤易，船只行驶之快慢不难预定时刻。如果大加试验，可期稳妥省费。又论毁林涸泽关乎河身水流之势。讨论者九员，议至六钟半。为时已晚，未能议结。

外海门领袖于九钟开议，颂行船会将来必于外海更为看重等语。先议轮船行驶之进步，海道海口之关系。文案沙里亚尼宣说题中大意，讨论者三员。尼孙哈脱曰，以现今工艺而论，船之行驶进步，不关海道海口。又议汽船、帆船载重之进步，吃水深浅，出入海道海口之关系。文案以题目广大，请于下次行船会讨论，众皆称善。又议用水质行船，讨论者五员。会中以煤油机器行船马力自一百匹至五百匹者，可以切实施行。十一钟半散归，午餐。二钟开议，题为整顿治理海口以广商务之益。文案宣言题中之意，讨论者八员。会中以治理海口之法互有不同，理治得法，自然海口兴旺，商务茂盛。又议船户担受之责成。文案解释题中之意后，讨论者七员，议定各国可速相商订立公共法律。是日五钟，海亚宫义特立船会请茶会，外客寥寥，贵族避暑出游尚未归也。晚九钟，往电学堂听工师叶哈演说。美国以电车新法拽牵货船，沿河修筑铁路，一人管理电车，四人照料纤绳，三船载重二千吨，每钟可拽行三十余里，终以影图详演电车拽船之快捷。十一钟演毕。

三十日。早八点钟，乘专车往锁马隆，改乘马车，共七十三辆，穿越乡村，路途泥泞，约行二十里至维车拉运河。登高远观水势，先尽运河，余入巴河。十一钟，分乘小船四只，以马拽牵，顺势下流。会友各得食物一篮，以当午餐。一钟至维车拉，船入二闸之间，关闭上闸，顷刻座船底下至二丈一尺。待至水面与下流相平展，关下闸，船乃复入下游运河。于是弃船登陆，往观白达水力电气厂。引水铁管十二具，直径五尺，共得马力二万四千匹。厂屋宏大，称为欧洲第一。考其工程价值，知引水运河系历代造成，公司稍加修理，建造厂屋，是以费少而功用多。厂中备具酒点款待会友。三钟，复乘马车穿越荒地二十余里，间种六谷，类多结而不实。遍地沙石，垦不易也。五钟至戞拉哈脱，改乘火车回米郎。

九月初一日。早九钟，内河门开议，续论毁林涸泽关乎河身水流之势，讨论者十员。会中以涸泽关乎河身，大概而论，极少裨益。

至毁林专为行船起见，须有限制，仍望各国严定简明律例，保守现有树林，以固山上泥土。且于空地兴种树木，以免雨水冲刷山土，反损行船水势。又论浅水船造法，如何可用机力，日见广行。文案宣读题意，讨论者七员。会中查总会印出之书，所论内地行船式样、速力已见端倪，愿于下次会议时以机器速力推究浅水船式利用为题。又论典押内河船只，会中查阿母士台大母和兰城名会议外海典押公律时，已议及内河典船一一改良，自应由总会行知安活比国海口万国外海会随时派员与议，公同讨论，载入国律。又论挖深河口之成效。义会友沙布云：照义政府一千九百零四年出资治理巴河所得挖泥船功效，屡着义政府当必添增挖泥船，以资该河行船要工之用。十二钟，领袖起谢诸会友，盼望再到义大利会议时，益见内河行船之进步蒸蒸日上。山飞代诸会友致谢领袖而退。

九钟十五分，外海门领袖开议。先请文案将二十七日另举九员所议改良江河入无潮海口之宗旨宣读众知。哈脱等三员复言其利弊，乃定论曰：如沙滩与海岸相离，则无须硕大工程，避浪石堤自应修造。然如义滩年久凝坚，一俟吸泥机器造成，以之吸取滩泥，功效必大，仍须算计此项机器用费合乎商务利益，始为尽善。有时挖泥机器赶修堤工，可期有益。如以上筑堤挖泥均不相宜，另筑运河入海，避去沙滩，则法简而有把握也。又论海口外面修造石堤以御浪力，并计算浪力。众以应先论浪力，后及造坝。文案宣读题意，计论者六员。会中以浪力及浪击外堤之力至今未能确定，海口工程易毁之故，因浪力一再激击也。嗣后新造海口工程，工程司可比较沿海波浪、海边泥迹、近口海底形状以及他项能以比较之情节，并查考现有之工程，则理明势彰，得益非浅。文案又宣读修造石坝题意，讨论者八员。会中查各员著作可资探讨修筑堤工，原以抵綮浪力，然因情节互殊，不能言定结局。领袖起辞会友，盼望外海行船会日有起色。哈古代诸会友谢领袖亲谒宜人，率由有方。十二钟，散会。

午后二钟，大会会友于士甲拉戏园，义工部副大臣主议，各国代表人皆到座位，与开会时同。会首义上议院议员哥隆璞宣读内河、外海二门议结诸题宗旨，鼓掌称善者过半。行船总会会首、比国工程处督办段白衣代会友谢义大利优待隆情，奥、法、德、英、和兰、俄、美、西班牙、瑞士、匈牙利等国代表人各代本国政府说一谢词。哥隆璞复叙会中情节，言此等会议有裨于学问、社会。工部副大臣巴细乃代义政府谢外国代表人遥临聚会，又代义王封会，彼时已钟鸣四点。米郎城主上议院议员蓬第设茶会于士福崔琐宫，四钟半赴茶会。城主令文案陪饮香冰酒一杯。遇米郎赛会副领袖询问会场情形，始知已有华人定购地段。承副领袖约于次日派员陪观会场。六钟三刻辞归。

初二日。早十钟，工师盖加尼以电车邀往会场。场分二段，中以架空铁路通往来。计自七月起照图同时兴工，工匠三千余人架梁竖柱，现已模式毕具。进门先观新泼龙火车山洞式样，次及古时运载器具厅。捕鱼、养鱼院，赛物大厅，电车站，会议厅，邮政电报印书处，全系义大利工程。除美艺院外，所有米郎赛会自造大厅院所，别国均可分租地段运物比赛。是时架空电车正在兴造，是以仍循旧路出门，复乘电车往操场第二段会场。工程处居左，行船运物厅居中，高造一塔车辆所居左，稍后为法国自造赛物大厅，旁为农器院，又后为铁路陈设所，偏右为奥国自造赛物大厅，左为电气厅、丝业院、捆载货物所。当中空场广大，埃及已动工起造房屋，堆尔尼、阿姆士脱弄、克虏伯三铁厂各已购定地基一小块。中国欲在该空场买地,会中极可通融,以备盖造中国异式屋宇。闻会中以画定地段不敷所用,仍拟添置地基。米郎比赛会原无万国字样,所有屋宇,义大利自造者十居九,日本、德、俄、英、美诸大国未闻另自盖造会屋。孟加尼陪观一周。十二钟,仍以电车送回客寓。午后往行船会询问游浮尼士细情,并托为代定客寓,便取会中所备行李票记二张,回寓收拾行李,即晚将皮包一件先寄往浮尼士大客店。

初三日。早五钟半乘专车。十钟至拉戈漆火桥,改乘小火轮,船上悬彩旗。游行巴江,江面开阔而不深,大船不能驶入。虽近海口,而无商埠。十一钟,会友各得食物一篮。十二钟,到阿第里亚复乘专车往交蹻。交蹻滨临阿脱里亚的海,织缆捕鱼为商务之大宗。二钟半,到交蹻官民屋宇,悬旗志喜。城主延请会友至衙署,款以酒点。会中已备小轮二只,浮尼士城主躬亲远迎,并令乐工一队沿途奏作。三钟,沿海塘往浮尼士。塘东为阿脱里亚的海,西则汪洋浅水一片,塘上居民以渔为业。七钟,到浮尼士,步行往客寓。

初四日。浮尼士又名曰水城,共三岛,以河为道船当车。古称天下第一海口,今则轮船庞大者未易进口,商船多改往折奴阿,远逊昔时强盛矣。是日行船会备小轮出游。九钟,登舟先观一麦栈,栈屋五层,自船运麦进栈,不借人力,全用机器,便而且速,无耗失之弊。铁管四通八达,输送出入,又有葛布循环平运。步登顶上一层楼,惟闻管中淅淅之声,葛布运送麦谷而不见工人。又观机器磨房主人士豆开备具酒点款待会友。第一层为磨房,麦必三次过磨,由机器随时运上第二、第三层楼筛簸,粗者仍复过磨,细者自出布袋。工人不满二百,而每日磨麦四千余担。又观三合土厂,用机器碎大块灰石,磨研为粉,以水漂清,入炉烧干。火炉上下窄而中宽,烧至四十钟取出,调和石灰脂泥,再共磨研,即为三合土。厂主亦款以酒点。十二钟，登小轮往里度岛，岛临阿脱里亚的海，浮尼士之海口也，夏天西人多有到此洗海浴者。会中已定海滨饭馆午餐，官派人员居首席，浮尼士城主、会首各宣颂一词。是日，原拟出口游览海景，惟风浪甚大，妇女辈恐遭呕吐，不果，行略观海口堤岸。四钟，至巴雷士的那城主衙门。巴城滨临大海，捕鱼为业，民间殊少盖藏，城主亦款以酒点。六钟，回浮尼士。

初五日。早九钟来船，往观军械局博物院，内陈设各式帆船、炮船、旗帜、刀枪、小炮。有中国炮三尊，上镌金陵制造局监造等字。出博物院，沿内港有旧船厂九所，现已改作栈房。船坞二，大者统长一百六十迈当半，底长一百四十五迈当，上宽二十四迈当半。潮长时坞口水深七迈当八十，坞尾六迈当二十，三面石壁。现有比也盖堆快船，自非洲回国入坞修理。船之吃水处厚结青台寸余，驻泊水中日久也。小者统长九十一迈当，底长八十九迈当，上宽二十迈当。潮长时坞口水深五迈当二十，坞尾四迈当八十。坞内一邮船改换锅炉，拆去船面大加修理。露天船基二，基以大石砌成，渐渐低入水中。一已安放枕木，闻为制造快船。又小船厂一所，现造灭水雷船尚未竣工。局中兼造小轮船，水力机器大者马力一百匹，机器厂四总机马力一千三百八十五匹。考浮尼士军械局，创自一千一百零四年，历代增广，现共占地合中国八百五十二亩，内二百六十余亩为内港。

午后，浮尼士城主雇订小轮船，请会友游观城乡。二钟，到木哈诺岛观玻璃器作坊。所制皆陈设器皿，非寻常所用者如悬灯、插瓶杯、盘花镜等类，式样新奇，种类不一，不用机器，全系人力。大匠日得工资二十佛郎。一悬灯有值至三千佛郎者，即一酒杯亦索三佛郎。又观玻璃器皿博物院，式样尤多。昔时工作精美，今人远不能及。义大利工艺之无起色于此可见。一班又至葡哈诺岛观女工手织漏空衣饰,女孩六七岁者已坐列门前学织。往观学堂二所,各有妇女百余人低头勤作,面色惨淡,良由终日长坐血气不舒之故。主人示以所织衣料妇人罩衫一件,重不及七两,须三年织成,价值七千佛郎,即领罩一条亦需三千佛郎。又游历古迹数处。七钟,回浮尼士。

晚九钟,赴浮尼士城主茶会。河中高搭灯彩奏乐,其中沿河四围施放烟火以娱远客。十钟三刻,尽欢而归。

初六日。早八钟,乘火车将回罗马,路经佛禄郎士,约同法工程师璞雷毋游观佛城。因时已晚,遂止宿。

初七日。晨,观石画作坊,先以各色花石拼成人物花草、飞禽走兽。镂空石片以花嵌入,敷以光采,大至掉面,小自帽针,式样不一,且可自出心裁,绘图令其照制。午后乘车遍游王宫教堂、街市山景。佛城古称名胜之区,一千二百九十八年立为民主都城。义大利攻克罗马之前,建都佛城者八年,至一千八百七十一年始都罗马。每年冬春之际,博学家接足往游书库博物院,收藏极富工艺。商务虽不如中古最盛之时,而刺绣、石刻、珠宝、草帽仍擅专长。四钟,往车站等候火车,五钟半始开车。义大利自今年七月国家赎回铁路,督办人员经理不善,车开、车到每迟至一时之久。十一钟,到罗马。

奏派驻义使署参赞衔法文三等翻译官翟青松谨呈。

光绪三十二年七月初四日(1906-8-23) 出使比国大臣李盛铎致外务部咨呈

为请转饬总税务司查照成案速拨万国行船公会一九〇六年津贴事

钦差出使比国大臣李为咨呈事。

案查比国行船公会向由贵部每年札饬总税务司拨银一千佛郎克,就近送交驻京比使转给该会在案。兹据该会函请,将一千九百零六年之津贴从速拨给应用等情前来。相应咨请贵部转饬总税务司查照成案办理。为此咨呈贵部谨请查照施行。须至咨呈者。

右咨呈外务部。光绪三十二年七月初四日。

光绪三十二年八月十九日(1906-10-6) 外务部致总税务司赫德札文

为请拨付一九〇六年比利时万国行船公会津贴事

榷算司呈为札行事。

接准驻比李大臣咨称,案查比国行船公会向由贵部每年札饬总税务司拨银一千佛郎克,就近送交驻京比使转给该会在案。兹据该会函请,将一千九百零六年之津贴从速拨给应用等情,咨请转饬总税务司查照成案办理等因前来。相应札行总税务司照案拨给可也。须至札者。右札总税务司赫。准此。

光绪三十二年八月二十三日(1906-10-10) 总税务司赫德致庆亲王奕劻申呈

为已照数拨交一九〇六年万国行船公会津贴请查核备案事

钦加太子少保衔花翎头品顶戴二等第一宝星总税务司赫德为申复事。

钧札内开:接准驻比李大臣咨称,案查比国行船公会向由贵部每年札饬总税务司拨银一千佛郎克,就近送交驻京比使转给该会在案。兹据该会函请,将一千九百零六年之津贴从速拨给应用等情,咨请转饬总税务司查照成案办理等因前来。相应札行总税务司照案拨给并申复等因。奉此,总税务司查此款一千佛郎克即合英金四十镑,业于本年五月十一日照数拨交驻京比国大臣查收转寄矣。除另日呈请归款外,理合申复贵部鉴查可也。须至申呈者。

右申呈钦命全权大臣便宜行事军机大臣总理外务部事务和硕庆亲王。光绪三十二年八月二十三日。

光绪三十二年八月二十八日(1906 - 10 - 15) 外务部致出使比国大臣李盛铎咨文

为总税务司已照数拨交一九〇六年万国行船公会津贴请查照事

榷算司呈为咨复事。

本年八月十五日,准咨称,查比国行船公会向由贵部每年札饬总税务司拨银一千佛郎克,就近送交驻京比使转给该会。兹据函请将一千九百零六年之津贴拨给应用等情,咨请照案办理等因。当经本部札饬总税务司照办。去后,兹据申复,查此款一千佛郎合英金四十镑,业于本年五月十一日照数拨交驻京比使查收转寄等因前来。相应咨复贵大臣查照可也。须至咨者。驻比大臣李。光绪三十二年八月廿八日。

光绪三十二年十一月二十日(1907 - 1 - 4) 比国公使柯霓雅致外务部照会

为中国前派万国行船公会委员病故请另行派员事

大比钦差便宜行事全权大臣世袭男爵柯为照会事。

前者贵国驻比使署参赞舒家庠曾经贵国国家派充万国行船恒久会局委员,现已病故。兹准本国外部文称,接准户部、工部函称,请转恳中国政府另派委员等因,本大臣特请贵国国家照办。再者,查临海各国均派有委员数人,而贵国亦为临海大国,应请贵亲王按照附送章程第四条一律办理。相应照会贵亲王查照可也。须至照会者。

右照会大清国全权大臣总理外务部事务庆亲王。光绪三十二年十一月二十日。

光绪三十二年十一月二十六日(1907-1-10) 外务部致出使比国大臣李盛铎咨文

为前派万国行船公会委员病故请另行派员并将衔名声复备案事

榷算司呈为咨行事。

光绪三十二年十一月二十一日,准比柯使照称,前者贵国驻比使署参赞舒家庠曾充万国行船会局委员,现已病故。准本国外部文称,请转恳中国政府另派委员。查临海各国均派有委员数人,请贵国亦按照附送章程第四条一律办理等因前来。查比使来照所称,驻比参赞舒家祥当系徐家祥之误。该员既经病故,所有万国行船公会应仍由贵大臣查照旧案,另派委员入会。至该会经费,每次由中国捐助一千佛郎,今该使请按照附送章程第四条办理一节,应无庸置议。相应抄录照会并洋文章程咨行贵大臣查照,即将所派入会委员衔名声复备案可也。须至咨者。附抄件并洋文。出使比国大臣李。

光绪三十二年十一月二十六日(1907-1-10) 外务部致比国公使柯霓雅照会

为已咨驻贵国大臣另行派员入万国行船公会事

榷算司呈为照会事。

光绪三十二年十月二十一日准照称，前充万国行船恒久会委员舒家祥现已病故，请另派委员等因前来。除由本部咨行驻贵国李大臣按照前案另行选派委员入会外，相应照复贵大臣查照可也。须至照会者。比柯使。

光绪三十三年正月二十三日(1907－3－7)　出使比国大臣李盛铎致外务部咨呈

为拟派翻译官刘锡昌充任万国行船公会委员事

钦差出使比国大臣李为咨呈事。

窃照本大臣于光绪三十三年正月初九日承准贵部咨开，光绪三十二年十一月二十一日准比柯使照称，前者贵国驻比使署参赞舒家祥曾充万国行船会局委员现已病故。准本国外部文，请转恳中国政府另派委员。查临海各国均派有委员数人，请贵国亦按照附送章程第四条一律办理等因前来。查比使来照所称，驻比参赞舒家祥当系徐家祥之误。该员既经病故，所有万国行船公会应仍由贵大臣查照旧案，另派委员入会。至该会经费，每次由中国捐助一千佛郎，今该使请按照附送章程第四条办理一节，应无庸置议。相应抄录照会并洋文章程咨行查照，即将所派入会委员衔名声复备案等因。

承准此，本大臣案查比国之万国行船公会，前使署原派翻译官徐家庠为入会委员。兹承准前因，自应遵照循案办理。查有使署翻译官拟保四品衔候选通判刘锡昌堪以派充入该万国行船公会委员。除照会比外部并函知该会外，相应咨呈贵部谨请查照备案。须至咨呈者。

右咨呈外务部。光绪三十三年正月二十三日。

光绪三十三年四月初七日(1907－5－18)　总税务司赫德致外务部左参议雷补同信函

为已照数拨交一九〇七年万国行船公会会款请查核备案事

敬启者。

案查比国行船公会按年襄助一千佛郎克一事,所有一千九百七年应拨给之一千佛郎克即合英金四十镑,业由总税务司于本年三月二十六日照数送交比国大臣查收转寄矣。除另日呈请归款外,合特函请贵部鉴查备案可也。专是布泐。顺颂升祺。赫德。名另具。光绪三十三年四月初七日。

光绪三十四年三月初三日(1908－4－3)　俄国署使阿协聂致外务部信函

为四月拟在圣彼得堡开万国行船会请派员事

径启者。

据本国政府咨称,拟于本年四月在森彼得堡开设万国行船会,系本国大皇帝注意保护之举。兹特约各国政府派委代表入会,嘱转达查照等因前来。相应据此函达贵部,暨附送该会事宜章程一纸,并请将贵国政府拟定是否入会及派委何员代表从速见复为盼。专泐。顺颂日祉。附章程一纸。

阿协聂启。光绪三十四年三月初三日。

附件一:会议说略

圣彼得堡万国航业会,陈箓译。

说略

西历千九百有八年五月十八日,即俄历五月三十一日迄六月初七日,为第十一次万国航业会聚会于俄都之期。总其成者,为俄主尼古拉第二。

斯会乃常驻比京万国航业社所组织，社中会员率皆各国赞成政府所遣派。此次俄都之会，已经社中会员于西历千九百有六年五月十八日比京会议时所公认，以应俄政府之请，是时并已商定第十一次航业会章程。

此次之会与从前各会所定内港及海口航业之宗旨相符。所谓从前各会者，即一八八五年比京之会，一八八六年维也纳之会，一八八八年 Francfort - sur - le - Main 德境之会，一八八九年巴黎之会，一八九十年 Manchester 英境之会，一八九一年伦敦之会，一八九二年巴黎之会，一八九四年海牙之会，一八九八年比京之会，一〔千〕九百年巴黎之会，一九零二年 Dusseldorf 德境。之会，一九零五年米郎之会。第十一次会议之宗旨，在力求航业之发达，并专为研究实验问题之有关于内河及海口之建筑，推而及于海运或航舶之有益于发明工商实业者。以上所述之宗旨，已发端于本会问题之报告，及会员公议之传单中。本会组织员因欲推广会员应议特别问题，特于目录第一则中所论内河航业一节增入水利之适用于实业、农务之法，又于第二则中所论沿海航业一节增入海运保安之策。

本会深有鉴于以前历次会议之效果，窃冀此次俄都之会必有以解决以上所拟各种问题之列于目录中者，是所敢望于来与斯会之君子，或负政府代表之责任，或抱私人之资格而惠然肯来互相讨论，斯云幸矣。

本会当遍发传单，不论远近。凡属江海航业社会及农务水利之专家，并及公立私立各种航业学会，请其各遣代表人到会。

比京航业社之常驻员均享有充当本会之员之权利，惟须预先誊注本会所发字据，告知本会，如愿来俄都便准入席。此外，如愿入会者，不论其为学会、社会、公司代表，抑或私人资格，须报名暂充比京航业社会员，并誊注本会所发字据。每员应摊会例二十五佛郎，速即寄交本会总文案处，然后乃得到会入席，并得与各项宴会及游览各处，且有接收会中开会前所送之传单、开会后所送会中内容之报告，有时且得享有火车、船只免费之利益。

本会并担负本会绝好结果之责任，且以辅助会员引为应尽之义务，是以盼望到会诸君速即将本会所发字据誊注寄来，以便本会预先筹备。

附件二：俄都万国航业会传单款式

声文：

姓：

名：

职业：

住址：

因愿入一千九百零八年五月三十一日圣彼得堡第十一次万国航业会。

甲，照暂充比京万国航业社员，应将声文誊明，并附银据一纸合二十五佛郎，寄交俄都伯尔斯白格智夫街第七号本会收支员摩礼君收。

乙，照比京万国航业社常驻员，声明一九零七年常年会金已交比京会所，并有第　号证券为据。

个人资格

某　代表

签押

光绪三十四年三月十六日(1908－4－16)　外务部致邮传部咨文

为是否派员入俄圣彼得堡万国行船会请速复事

榷算司呈为咨行事。

现准俄阿署使函称,据本国政府咨称,拟于本年四月在森彼得堡开设万国行船会,系本国皇帝注意保护之举。兹特约各国政府派委代表入会,嘱转查照等语。附送该会事宜章程一纸,请将贵国政府拟定是否入会及派委何员代表从速见复等因前来。相应抄录、照译该会章程,咨行贵部查照。是否派员入会之处从速声复,以凭转复该使可也。须至咨者。附抄件。邮传部。

光绪三十四年三月十八日(1908－4－18)　俄国署使阿协聂致外务部信函

为万国行船会以江河水利振兴实业农工为宗旨请注意选派委员事

径启者:

本月初三日,以于森彼得堡开万国行船会函达贵部在案。兹续据本国外务部咨称,该会事宜章程系初次概括,附议致用江河水利以振兴实业、农工各节,是以本国路政部尚书以各国管理灌溉田地暨开挖泄水沟洫之工艺局所代表官员重视延聘入会等因前来。本署大臣相应函达贵部,按照以上各节注意选派委员入会可也。专泐。顺颂日祉。

阿协聂启,光绪三十四年三月十八日

光绪三十四年三月二十二日(1908－4－22)　外务部致邮传部咨文

为俄使函请注意选派万国行船会人员希酌核速复事

榷算司呈为咨行事。

光绪三十四年三月十八日,准俄阿署使函称,本月初三日,以(已)于森彼得堡开万国行船会函达贵部在案。兹续据本国外务部咨称,该会事宜章程系初次概括,附议致用江河水利以振兴实业、农工各节,是以本国路政部尚书以各国管理灌溉田地暨开挖泄水沟洫之工艺局所代表官员重视延聘入会等语。本署大臣应函达贵部,按照以上各节注意选派委员入会等因前来。查此事前准俄使函请派员入森彼得堡万国行船会,当经本部照录该会事宜章程,咨行贵部酌办在案,未准咨复。兹复准俄使函称前因,相应咨行贵部查照,一并酌核速复,以凭转复该使可也。须至咨者。邮传部。

光绪三十四年三月二十四日(1908-4-24)　邮传部致外务部咨文

为拟由驻俄大臣遴员作为本部委员派入万国行船会事

邮传部为咨呈事。

船政司案呈,接准贵部咨开,准俄阿署使函称,据本国政府咨称,拟于本年四月在森彼得堡开设万国行船会,特约各国政府派委代表入会,嘱转查照等语。附送该会事宜章程一纸,请将贵国政府拟定是否入会及派委何员代表从速见覆等因。相应译钞章程咨行查照。是否派员入会之处从速声覆,以凭转覆该使等因前来。

查俄国开设此会,原为研究航业起见,固于讲求船政实有裨益,本部亟愿派员入会,以资借镜。兹届开会日期甚迫,拟即由驻俄大臣就近遴委妥员作为本部委员派令入会听讲。会中内容即饬该员悉心考察,随时报告一切。入会费用均由本部承认,统俟将来开单报明,照数拨付。除由本部电商驻俄萨大臣将派出员名电知本部以便札委外,相应咨呈贵部,即希转复俄使,并转电驻俄大臣查照,派出员名电知本部可也。须至咨呈者。

右咨呈外务部。光绪三十四年三月二十四日。

光绪三十四年三月二十七日(1908-4-27)　外务部致出使俄国大臣萨荫图电文

为拟由尊处派员赴圣彼得堡万国行船会并电知邮传部加札事

发驻俄萨大臣电。三月二十七日。

森彼得堡四月间开设万国行船会,俄使请派员入会,已由邮传部照允。以会期甚迫,请尊处就近派员入会听讲,即将派委员名电知,由邮传部加札,令该员考察内容随时报告。至入会一切费用,并由邮传部承认开单报明照拨。希照办,并电复外务部。沁。

光绪三十四年三月二十八日(1908-4-28)　外务部致俄国署使阿协聂照会

为邮传部称已电驻贵国大臣遴员赴会俟派定人名再达事

榷算司呈为照覆事。

前准照称,本年四月在森彼得堡开设万国行船会,特约各国政府派委代表入会。本国政府嘱转查照,并附送该会事宜章程一纸,请将贵国政府拟定是否入会及派委何员代表从速见覆等情。当经本部译钞章程,咨行邮传部核办。去后,兹准复称,俄国开设此会,原为研究航业起见,于讲求船政实有裨益,本部亟愿派员入会,以资借镜。惟届开会日期甚迫,拟即由驻俄大臣就近遴委妥员作为本部委员派令入会听讲。会中内容即饬该员悉心考察,随时报告其一切。入会费用均由本部承认,统俟将来开单报明,照数拨付。现已电商驻俄萨大臣将派出员名电知本部,以便札委,并请转复俄国大臣等因前来。除俟驻俄萨大臣将派委员名电知到日再行奉达外,相应照复贵署大臣查照可也。须至照会者。俄阿署使。

光绪三十四年四月初五日(1908-5-4)　出使俄国大臣萨荫图致外务部电文

为拟派二等通译官郑延禧充任万国行船会会员事

收驻俄萨大臣致外务部电。四月初六日。

奉沁电,饬派万国行船会员。本拟派学生陈瀚、范其光,以未毕业力辞。现拟派本署二等通译郑延禧,仍嘱两生帮同考察。除电邮传部外。荫。歌。

光绪三十四年四月初六日(1908-5-5)　出使俄国大臣萨荫图致外务部电文

为派定郑延禧充任万国行船会会员事

外务部收。

驻俄萨大臣电一件。派郑延禧充万国行船会员由。

光绪三十四年四月初六日。拱字一百六十三号。

光绪三十四年四月初九日(1908-5-8)　外务部致俄国署使阿协聂照会

为派定通译官郑延禧充任行船会委员并学生陈瀚等帮同考察事

榷算司呈为照复事。

森彼得堡开设万国行船会一事,业将邮传部愿派员入会,并电由驻扎贵国萨大臣就近遴委妥员,俟派委员名电知到日再行奉达等情,于本年三月二十八日照复贵署大臣在案。兹准萨大臣电复,称现派本署通译官郑延禧充万国行船会委员,并派学生陈瀚、范其光帮同考察等因。相应照复贵署大臣查照可也。须至照会者。俄阿署使。

光绪三十四年四月初九日(1908-5-8)　外务部致邮传部咨文为已照复俄使选派郑延禧充任万国行船会委员事

榷算司呈为咨复事。

俄京开设万国行船会一事,准咨称,此会原为研究航业起见,本部亟愿派员入会。兹届开会日期甚迫,拟即由驻俄大臣就近遴委妥员作为本部委员派令入会听讲。会中内容即饬该员细心考察,随时报告其一切。入会费用均由本部承认,统俟将来开单报明,照数拨付。除由本部电商驻俄萨大臣将派出员名电知本部以便札委外,应请转复俄使,并转电驻俄大臣查照派出员名电知等情,当经本部转电驻俄萨大臣。去后,兹准电复称,饬派万国行船会员,本拟派学生陈瀚、范其光,以未毕业力辞。现拟派本署二等通译郑延禧,仍嘱两生帮同考察等因。除照复俄使外,相应咨复贵部查照可也。须至咨者。邮传部。

光绪三十四年四月二十三日(1908-5-22)　出使比国大臣李盛铎致外务部电文

为拟饬刘锡昌赴俄京万国行船公会如另行派人需纳会费事

收驻比李大臣致外务部电。四月二十五日。

比京万国行船公会,上年钧署知照派员,经派翻译官刘锡昌入会,咨明在案。顷该会称本年公会在俄京举办,请各国会员赴会,拟即饬刘锡昌前往。此外,如另行派人赴会研究行船及河道海岸工程各问题,照章应缴会费二十五佛郎即可充暂时会员。乞钧署就近咨会邮传部为叩。铎。漾。

光绪三十四年四月二十五日(1908-5-24)　出使比国大臣李盛铎致外务部电报

为遵派翻译官刘锡昌入万国行船公会并请咨邮传部缴会费事(电码)

第八廿四号。由俄京局寄来一等电报录呈。

驻比李大臣遵派翻译官刘锡昌入比京行船会,应缴会费请咨邮传部。

光绪卅四年四月廿五日十一钟卅分。外务部官电局谨缄。

光绪三十四年四月二十七日(1908-5-26)　外务部致邮传部咨文

为派定郑延禧充任俄京行船会会员现抄录比使及驻比大臣文件请查照事

榷算司呈为咨行事。

光绪三十四年四月二十五日,准驻比李大臣漾电开,比京万国行船公会,上年钧署知照派员,经派翻译官刘锡昌入会,咨明在案。顷该会称本年公会在俄京举行,请各国会员赴会,拟即饬刘锡昌前往。此外,如另行派人赴会研究行船及河道海岸工程各问题,照章应缴会费二十五佛郎即可充暂时会员,乞钧署就近咨会邮传部等语。

查比国万国行船公会,从前原派比馆参赞徐家祥充该会局委员。嗣因该员病故,经驻京比柯使照请改派。复经本部咨,据驻比李大臣改派比馆翻译官刘锡昌充该会局委员在案。此会本年在俄京举行,其研究委员已由驻俄萨大臣派俄馆通译官郑延禧为入会之员,于本年四月初九日咨行贵部亦在案。兹准前因,相应抄录比使暨驻比李大臣来往文件,咨行贵部查照可也。须至咨者。附抄。邮传部。

光绪三十四年五月十九日(1908-6-17) 出使俄国大臣萨荫图致外务部电文

为恭报俄京行船会议开闭时间并俟后汇寄报告事

收驻俄萨大臣致外务部电。五月二十日。

俄京行船会五月初三开会,初九闭会。各政府所派会员均蒙俄主接见,翻译郑延禧、比馆来员刘锡昌并在列。郑翻译暨学生陈瀚偕各会员前往波罗的海等处考察工程,昨已蒇事回森彼得堡。报告等件容后汇寄。除电邮传部外。荫。效。

光绪三十四年五月二十日(1908-6-18) 出使俄国大臣萨荫图致外务部电报

为万国行船会于初九日闭会并郑延禧等前往波罗的海考察工程事(电码)

外务部收。

驻俄萨大臣电一件。行船会已于初九闭会所派会员均蒙俄主接见,又翻译郑延禧等往波罗的海考察工程。毕,容再报告由。

光绪三十四年五月二十日。平字五百四十七号。

光绪三十四年五月二十三日收(1908-6-21) 出使比国大臣李盛铎致外务部信

派刘锡昌赴俄京行船会由 01-27-006-02-032

光绪三十四年五月二十三日,收驻比李大臣信。称:

敬启者,前于二月二十四日寄上第二十号函件,计邀台鉴,承赐发申字电,本谨遵密存,以副钧嘱。兹奉上公牍一件,敬祈查收。比京万国行船公会,本年西五月三十一号即中五月初二日定在森彼得堡开第十一次公会,该会总理来函请派员前往赴会。查比馆于上年正月内奉到钧部大咨,当经饬派翻译官刘锡昌入会,咨复有案。此次既系开会之期,自应饬令该员届期前往,以示联络。所有一切该会议事情形,容俟会竣后再行据呈咨报,合并附陈,并祈代为回堂是幸。专此。敬请勋安。

光绪三十四年七月初九日(1908-8-5) 出使俄国大臣萨荫图致外务部咨呈

为业将万国行船会研究等情汇集成册并已送邮传部请查核事

钦差出使俄国大臣萨为咨呈事。

案查本年俄京开设万国行船会,前经遵奉大部暨邮传部来电,遴派俄馆二等通译官郑延禧为会员,以学生陈瀚、范其光帮同考察,曾于五月十九日将开会、闭会及游历各海口情形肃电奉达,并声明报告等件容后汇寄等因在案。兹据通译郑延禧等将会中研究情形,并修筑堤岸工程图说汇集成册呈送前来。除径行咨送邮传部查照外,理合备文呈明大部,谨请查核施行。须至咨呈者。

右咨呈外务部。光绪三十四年七月初九日。

光绪三十四年九月十一日(1908-10-5)　比国代使德勒高尼致庆亲王奕劻照会

为希将一九〇八年行船公会会款拨交本馆以便转寄事

大比国代理钦差全权大臣德为照会事。

昨准本国恒久行船会祈转催贵国西历一千九百八年份应助会款,计银一千佛郎。即希拨交本馆,以便转寄。为此照会贵亲王查照施行。须至照会者。

右大清国全权大臣总理外务部事务庆亲王。光绪三十四年九月十一日。

光绪三十四年九月十六日(1908-10-10)　外务部致署总税务司裴式楷札文

为请照数拨交一九〇八年应捐万国行船公会会款事

榷算司呈为札行事。

光绪三十四年九月十一日准比德代使照称,昨准本国恒久行船会祈转催贵国西历一千九百八年份应助会款,计银一千佛郎。即希拨交本馆,以便转寄等因前来。本部查比国行船公会助款一千佛郎,向由总税务司就近拨交比国驻京大臣查收,转交该会。兹准前因,相应札行署总税务司,将一千九百八年应交之款照案拨给可也。须至札者。

右札署总税务司裴。准此。

光绪三十四年九月二十一日(1908-10-15)　出使比国大臣李盛铎致外务部丞参信函

为刘锡昌赴俄京万国行船公会现呈会议各节祈察收代为回堂事

敬启者。

前于七月二十四日,寄上第二十三号函件,计邀台览。比京万国行船公会本年在森彼得堡开会时,经派入会委员刘锡昌前往赴会,前已函达钧案。兹据该员将该会会议各节呈报前来,应即据呈咨送。谨呈公牍一件,敬祈察收,代为回堂是叩。专此。敬请勋安。

愚弟李盛铎顿首。九月二十一日。政字第二十四号。

光绪三十四年九月二十一日(1908-10-15) 出使比国大臣李盛铎致外务部咨呈

为业将俄京行船公会所定改良各法及会议情形汇译成册请查照事

钦差出使比国大臣李为咨呈事。

窃照比京万国行船公会,于光绪三十三年正月承准贵部咨行,查照旧案派员入会。经派翻译官刘锡昌为入会委员,业已咨明在案。本年四月间,兹据该会总理函称,本年公会在俄京举行,请各国会员赴会。本大臣以该翻译刘锡昌既为入会委员,当即饬令前往。嗣据该翻译回比面称,该公会自本年西五月三十一号即中五月初二日起在俄京开会,会议至西六月七号会务告竣。又该会例开年会,此次亦即在举行公会时一并办理等情。兹据该翻译将所有行船公会议决改良各法暨本年年会议事情形照译报告二册,并附俄工程师教员卜克勒阜斯几运船式样通告洋文一册,呈请转咨前来,相应咨送贵部察核。除咨邮传部外,为此咨呈贵部谨请查照。须至咨呈者。计咨送报告二册、洋文通告一册。

右咨呈外务部。光绪三十四年九月二十一日。

附件一:刘锡昌译呈一九〇八年俄京行船会议报告

谨将行船总会在俄京举行一千九百八年年会情形禀陈钧鉴。

比京行船总会因第十一次公会在俄京举行,逐于本年西五月三十一号在俄京音乐院举行。本年年会,各国委员到者共四十员。该会总书记宝福尼口述报告如左:

宝福尼曰:本会会长比国铁路部兼农部大臣爱而彼得为部务所羁不能到会,又会长特贝意以身体不适,出外游历养病,亦未能到,请诸君原谅。

又曰:自去年集会以来,总会会友病故者,一为现行俄京公会会长席耳赛伐诺夫,一为英团代表魏农哈尔戈,一为比国桥梁工程司拉里维爱,以上之人皆为总会出力之人,本总会会员应仝伸吊唁之忱。各该国政府已派新委员入会。比政府亦派桥梁工程师岗省大学教习里沙君为新委员。

本总会大局情形甚好,委员会内亦无意见不合之事,天下人民得享和平之福,当以工程司为称首。

现在各国入会者共有三十四国,其捐款每年共有六万六千佛郎。苏彝士河公司赖法国代表格乃脱特倭设蒙之力来入本会。本会办事处以苏彝士河公司重要,应照达纽勃江委员会入会一律办理,与各国国家同等相待。

各国公司商会捐款,每年共有十一万佛郎。近来逐渐加增,如德国各公司入会者增至百分之四十,荷兰增至百分之二十,法国增至百分之二十三,义大利增至百分之十九。个人会员近亦加增不少。以现在情形论,德国可称为本会保护之神。此皆由生斐尔之力,应当道谢。比国人入会者反不如德国增进之速,与战败无异,然极欢迎。上年会员之数仅有一千三百九十八,本年增至一千五百八十二人。近来瑞典国人入会者亦多。荷兰旧都及洛托达姆二城亦相继入会,皆谭更宝拉之力。向来俄国个人会员仅有四十,本年暂时会员报名人有九百人之多。计此次俄京公会毕后,俄国常川会员之数亦必加增。

凡报告送入公会,原定举行公会八个月以前预送比京总会总书记处。此次启程来俄之前三日,尚收到报告甚多,以致总书记处甚觉为难。故本总会办事处仍请改定十个月以前送到。

总会会计截至一千九百七年十二月三十一号止,共存十八万五千二百十佛郎三十七生丁。上次义大利米郎诺举行公会,本总会共用费用九万四千七百三十九佛郎六十五生丁。此次俄京公会大约需用十五万佛郎款,但入款亦稍增多。

一千九百八年预算表内定本年进款共十万四千佛郎,出款之数相同。内有七万五千佛郎系作为俄京公会之用。尚拟在存款内提出一万二千五百五十三佛郎作为预备用款。本年年底存款约计尚存十七万二十六百九十五佛郎云。

各国代表查得本年报告之末,载有总书记宝福尼告退一节,其略谓:本总书记供职以来已有十年,终日勤谨办事,尚不致负委任。近因本会扩充,会务日繁,自顾精神,恐难照料,拟请委员会准予辞退。

法国代表格乃脱倭设蒙言曰:上次公会报告条陈较今年为多,因此次公会另外添出二问题向不在问题单内。至于改八月满十月,恐难办到。因照现在情形,八个月尚难遵办。尚祈总书记处体谅,报告只得随到随印。

又曰:总会财政大局可称极美。一千九百八年预算表,各同人中亦无有反对者。查对帐目一事,帐册既由比京携来,应请总书记定期,由我与生斐尔查对可也。

又曰:总书记辞退一节,委员会当决不能允准。现在两会长或因公或因病不到,若总书记一去,则委员会中无人办事。奥、德二国代表与我商定,请各同人坚请总书记留任。各委员会同声赞成。

宝福尼答曰:既承诸位不弃,鄙人不愿固执,暂行留差,并遵照格乃脱倭设蒙之言办理,当即派里沙君为帮办书记。

委员会逐将报告及一千九百八年预算表批准。惟一千九百七年账目应由德、法二国代表查对后方可批准。

委员会是日议定,凡公会议定各节,应由委员会投票议决。并所用字义,亦由委员会公定。

时至钟四点四十五分散会。

附件二:刘锡昌译呈俄京公会议决改良各法报告

派入行船公会委员刘锡昌译呈在森彼得堡举行第十一次公会议决改良各法报告一册。

森彼得堡十一次行船公会议决改良各法如左:

内河行船股

第一问题:

水发无常,及冰块时来之河内欲求行船及制造之利益,必须研求改良河堰之法。堰者,阻水出外之墙。

议决各法:

一、建造河堰时　甲,须预算的准,使水涨满之时水面与堰顶平齐。乙,堰上中间开一方式涵洞,并置闸门及手摇开关机器。当水涨满时,应立即开闸放水,俾河堰平安。

二、凡时发大水、冰块极多之河,应作宽式涵洞之堰。一遇紧要即行放闸,愈速愈妙。

宽式涵洞之堰及内加支架堰,试验久著成效。然圆堰之效验亦相同。惟圆洞堰时有美处,冰块虽多由洞内经过,其由高往下之压力不甚觉得。

按，圆洞堰系圆式涵洞，中有鼓式活动机器，使水自行流出而势甚缓，故亦名活动堰。

三、欲造活动堰，须视水之来源若何。活动堰之佳处，当水发及冰块多时可作厂家水力运动机之用。故各处活动堰早经发见，甚至有三十迈当之宽者。

四、凡宽大能容冰块之河，可造不活动之堰。如此，则高处无须对准。

不活动堰里面直形，高处平线，外面弧形。

五、倘已成之不活动堰觉其不妥，可在堰顶改置一活动之闸，俾能竖立放倒自由者，或在旁边另造一活动堰。

六、研究置堰之法，须视河中之结冻及冰块流过之情形若何，并预测冰块之力量若何。

第二问题：

扩充江河湖行船事业及拖带船只之法暨拖船专利各事，关于章程、工艺、财政三者之研究。

议决各法：

一、内河拖船专利问题非一言可罄，但商务繁盛之时，拖船事务处亟宜设立，俾河道中来往之人愈多愈妙。照此宗旨，只有一办法，拖船专利之权应归该河主人或其代表。

二、拖船之法亦无定章，须视河道之特别情形及款项为定。万一拖船允准专利，所收之捐不得超越行船费及所定资本利息之外。内河分二种，如左：

开凿之河道

开凿之河道，拖船问题各处情形各异，亦非一言可罄。惟关于商务紧要,则常年拖船事务处不能不设,俾商务兴盛。

天然之河道

河内拖船自由之法为世界公理之所允准。不过有时遇有特别情形,则常设之拖船事务处,亦振兴商务之道。

公会以近来用电力拖带内河船只进步可嘉,盼将此拖船之法归入下次举行公会内再行研究。

第三问题:

研究内河行船码头所用之机件,如电力机器之进步等类。

议决各法:

内河行船码头应照以下各办法:

一、设立内河行船码头,所设之处,应与该处各制造厂有益无损。

二、甲,该码头近处应有火车站,以期水道与铁路来往便当。

乙,该码头近处应即有暂时屯货栈,以便转运货物。

丙,该码头应有清洁河渠,以便屯储数种货物。

丁,该码头近处多设小码头,俾商务推至内地愈远愈妙。

第四问题:

研究关于农业、行船两用之河道。

议决各法:

一、开挖农业、行船两用之河道,其问题不胜枚举,只得随时随势酌定办法。

二、农产富足及人民繁盛之低地,倘有灌农田之小河,亦有益于运送农物肥料及体积较大而便宜之货物。

三、此等河道问题尚未研究入细,应于下次公会问题单再行列入研究。

第五问题：

地势太低之处防水冲溢，研究预防之法。

议决各法：

一、大江中防水冲溢，有用不可沉没之堤，其效验数见。

二、不可沉没之堤亦可用土为之，但须工程布置得法及保护得力方可。

三、为经济问题须造防堤，并在堤内常兴改良农业之工程，以此有时间用开浚小河，俾分泄水势。

四、所有一切防水流溢之法，宜虑及河内不测之事，上流、下流均宜兼顾。兴作时宜详加查察，统筹该河全势，勿俾稍有贻误。

五、设有城镇地价昂贵之区，常虑风大致海潮漫溢，或水由大江上游骤至。照此情形，应将沿河地加高，无须筑保护堤。

冰结坚固，有时与河关碍甚大，应每次细加研究。

外海行船股

第一问题：

研究渔业及商船避风海口之问题。

议决各法：

一、渔业及沿海行船之改良，其利益关系匪轻，故开筑避风海口、外海渔业海口、地方渔业海口至为重要。

二、避风海口开筑费应减省。其地方应与航路相近；水势亦深，船只进口便当，俾帆船入口毫无窒碍；船只日夜可以进口；此等海口无须用特别机器。

三、外海渔业，海口式样总使鱼鲜，卸赁愈速愈妙，俾即销于市场，包捆留存，以便由铁路装运内地。如此情形，则海岸应宽大，使可安置要件并置铁路。另造特别码头，俾将煤炭、食物及渔业器具装入汽船。

水之面积应宽大,俾便行船。非但渔船可用,设遇风色不定,他船亦可用以避风。挑选避风海口、渔业海口,须视其本地行船情形若何,并须查渔业之人数。以此各事,则外海之详细研究万不可少。

第二问题:

研究内海口及进口便当之法。

议决各法:

一、如船只由某处开行,则该处应设内海口。若船只经过不进海口停泊者,不必设立码头。

二、若要保全及改良内海口之商务,务必将进口航路开挖愈深愈妙,使后来永远保全此路,惟经费一曾亦须虑到。

若内海口埠头系在江边,其水之深浅应与江水深浅相合,进口船只阻碍物如桥闸等类愈少愈妙。

三、欲新开内海口,其向内地愈进愈妙,俾与制造农务地方相连,惟经过地方之财政及社会情形尚须详察。

倘内海口离内地远者,应添造内地航路。

第三问题:

研究在沙多之海滩开筑海口之法。

一、倘海口是半圆形,近有潮之海面,应于海地相离之处建造直形双堤一条,使堤内可停船只。海潮进出双堤,亦可去堤前沙堆,然浚水机亦常为刷沙之用。

进口之处能增海潮之力甚为紧要,只须将口内小河容量加增,并将口内支河关闭。

二、除以上所云海潮去沙之法外,只有用浚水机之法可免淤浅。

三、直形双堤不能作避风之所,并不能保守不淤浅。故造直形双堤之法,除有以上第一节所云情形外,别无妙处。

四、双堤无论直形、斜形,若欲见成效,必造至极深处,使海水冲来此堤不甚觉得。

五、斜形双堤当依傍海岸,俾傍岸海水带来之沙土流出无阻。

六、万一傍岸海水冲来之沙淤太多,或用止波堤之法亦有利益,或造连岸之空心堤亦可,但须体察该处情形。如果相宜,所有止波堤及近海口之他种建筑物以离岸愈远愈妙。

第四、五问题

研究外海行船治安情形。

研究巡查洋面情形。

议决法:

关乎航海之训令,关乎通行条约之航海记号,关乎海图,以及关乎行船之灯塔、沿海之浮标章程,似应编成一律,有莫大之利益。

公会赞成:

一、盼望此项问题设有一国政府倡议,如俄国政府者,可开一万国会议,派海军人员及工程师赴会,将此问题送入公议。

二、下次举行公会之时,再将此问题送入公议。

附通知类

第一通知:

修理船体、机器,如干船坞、浮船坞以及用于起重机器等类。

查公会章程,所有一切通知一概不得议决,故此次亦不议决。然现在集者纷纷愿此问题于下次举行公会作为问题。

第二通知：

海面装运货物船只，最高等式样与内地航路及码头有关系者。

教习卜克勒阜斯几君将其所作之通知诵毕后，公会第二股决定，将其著作通知留存，并为道谢。

附件三：刘锡昌节译俄工程师教员卜克勒阜斯几上运货船只最高等式样通知报告

俄工程师教员卜克勒阜斯几上运货船只最高等式样通知报告节译于后。

船之用处不同，大小亦因之随时而变。货船以容积之大小为重，迟速为轻。搭客船及邮政船与货船大相径庭。至商船最要之事有三：

一、船身宽大，容货物愈重愈妙。

二、上卸货物愈速愈妙。

三、行船费以省为妙。

船之长短视乎船之宽狭高低以及船之组织为定。倘在内河行走之船，可至极长，如俄伏耳加江行走石脑油之船，长四百二十尺，宽五十尺，高九尺。至海口行走之船情形不同，长可三百二十尺，宽二十尺，高十一尺。

以上所说之船，不宜行于海面。海面行走之船，其高应与长相称，使波涛来时，船底不致受亏，故船之高不应在船长十五分或二十分之一分以下。

譬有船两艘，长相等，一高者有船之长十五分之一，一低者有船之长四十七分之一。若遇波涛之来，其长与船相等，其高仅及船长二十分之一，何船受亏不言可知。附第一图。

船之大小亦视乎所往口岸水之深浅。倘有船载重三万八千吨,吃水十迈当二即三十三尺半,不能进马赛口岸。

又如里海进口处水极浅,仅可容吃水七迈当二之船。故现在往里海之船,长只能有四百尺,宽四十二尺,吃水十四尺,高二十尺,载重五千三百吨。

若船在内河行走,其尺寸更宜讲究。欲经过水闸地方,与闸之宽大相宜。

讲求船之速率,必先知船之何用。如装煤船,欲由十诺脱加快至十二诺脱,其力量应增百分之八十,而烧煤亦一并加增。附第六图。故最好用十诺脱之法,非特货物可加增,而费亦可省。至于邮船及客船情形不同。

船之长短变化与速率有关系。长者之速率虽与宽者相同,而行走之速长者为先。譬如两船之重力相等,其长者可用小力而行动之,而行走之速相等。附第二图。

看第三图,即知如何将船身湾处减小,而船之坚固亦减少。故长宽之关系,定须照以上所说情形,不得逾此限制。

倘欲将大小长宽三种更变,则吃水部亦须更动。附第四图。

将吃水部加大,吃水部下处及侧面减少后,即见吃水部下处之中心太小,而小湾处之大亦即见增加。附第七图。

装载分量轻小之货,非特船之下部装满货物,即船之上部亦作装货之处。至于重物只能装于货仓,其上部只作行动之用。故装米谷之船,每于吃水部以上用兜累特堆克。如吃水部上处装满分量轻之货而重心太大,则造船时应将船加宽,周围加大,俾坚固平安。至分量重之物则反是,以其重心甚低。如欲船走快,应将船宽及周围减小,故货物或轻或重之船大不相同。附第八、九图。

第十图即指明二船大小相同而式样异。

商船吃水线以上之高下,向由保险公司章程按船之大小尺寸定明。至于船首之曲材及船尾柱,亦由行船家自然定之。若此两物造不得法,一遇波涛,即可见前甲板暨船尾楼之甚关紧要也。

若运送之货路远,无须限时寄到,最好由帆船装运船上,安置助机,以便风平时进口岸之用。近年来造帆船之法大有精进,与从前式样大异。

查帆船费用最省式样,最简水手,可从少数,惟后樯帆船最相宜。附第十一图。

此等帆船长可一百十二迈当,宽十五迈当二十四,高十迈当半,吃水八迈当五十七,载重一万吨,帆大三千七百七十方迈当。

现下帆船助机大半用安息油、煤油及石脑油行动,故此等帆船比汽船,美处多至数倍。然若货限定时刻送到,则帆船不其相宜。

帆船费用较汽船为省。然近二十年造汽船机器之法甚有进步,惟煤费太大,故人往往设法改良。照现在情形,最好用第塞尔牌子一百马力之发动机。其用运动之石油,每句钟每马力只用一百八十至一百八十五格拉姆,每格拉姆约合华秤二钱七分,可有热量一万加洛里。其费用每点钟至多一罗布零一戈比。故最美之法,将汽机除去,改用第塞尔发动机。至于费用,与汽机比较,则第塞尔发动机省至二倍之多。第塞尔机为匪累尼特机器厂能制。此厂在德国瓦格斯蒲城,能造四圆筒之机器,每筒可发二百五十马力,每一动机有一千马力。倘一船有四叶轮三筒,每轮有动机一,则此船有三千马力。

现拟造一船可容一万七百七十吨,加双倍力,即于每四叶轮用发动机二,约共可有七千马力。若造六圆筒之发动机,可共有一万马力。此第塞尔发动机惜为专利年限所定,幸满期甚近耳。

第塞尔动机现今兵舰、商船上用者甚多。不过此等机器用于大船尚有不妥处，而用于平常船上最相宜。至于极大船上，非借电力不可。惟用电力机有难二：一、加重料；二、费用至少每百加十五。现种种设法将难处除去，故化学技师朴洛卜斯笃新制一机。附第十二图。

朴洛卜斯笃机器行动时，与永久转电法相等，惟行动不能耐久。故欲用此机器，非将二动机并战一轮轴不可。此所以用第十三图。

今拟造一船用三筒四叶轮，其造法如下。

尺寸：

直长一百二十八迈当十

宽十五迈当十

船中总甲板下空九迈当七十六

吃水七迈当四十七

载重一万七百五十吨

装不活动物，载重五千二百五十吨

注册载重二千二百四十吨每吨一百立方寸。

第塞尔发动机，力量三千马力

每马力烧料二百格拉姆

屯储烧料六百吨

至多速力十三诺脱

行动力如用十诺脱者。二万米而

搭客数目头等六十，二等六十，三等九百

机件：

汽筒四个

汽筒直径七百米里迈当

活塞上下算七百七十米里迈当

每分钟旋转数一百五十

每机器马力一千

三机器中每机器重一百十吨

三结电物中,每结电物重三吨

三推进机中每机重十五吨

全套机器重五百六十四吨

每实在马力之机器重一百八十八基罗

每约计马力之机器重一百六十四基罗

此等船与俄国行船公司最相宜。来往瓦代萨、海参崴地方,中途无须添购材料。

三筒四叶轮之机较两个四叶轮机便处多矣。若将三发动机全开,每点钟可有十三诺脱;若欲力量三分之二,只须将中间发动机停走;若欲力量三分之一,可将中间发动机行动,余均停走。

此种船既无烟筒,又无蒸汽罐,搭客房间可扩充。

船上人数:船主一,运转士四,机关总师一,二等机关师二,医生一,看护士一,水手十八,一、二等机械师十,火夫二十九,用人九,共七十七人。薪工每年四万五千罗布。如到外洋,薪工加倍。

来回瓦代萨、海参崴两处材料费二万五千罗布,装运货物运费每年可收二万一千罗布。

搭客费每年可收十七万五千罗布。

现用第塞尔及朴洛卜斯笃机器,除去汽机,每年可省之费如下:薪水一万三千五百罗布,材料四万三千罗布。可加增之费如下:运货费二万一千罗布,搭客费一万七千五百罗布,共九万五千罗布,已及每年进款百分之二十五。

若以船本一百二十万罗布计之,有八厘利息。若以汽船一无进息比之,则此八厘可为净利。

故讲求船式,不可以大概论作何用处、造何船式:

一、若欲减省,非设法加重吨数不可。

二、商船载运量,轻之物无须有大速力。

三、倘货物限时运到,可借风力助之,宜用帆船。

四、帆船应有助动机并用内燃法。

五、商用汽船内之汽机宜改用内燃法,既可省行船费,又可将船舱扩充。

光绪三十四年九月二十二日(1908-10-16)　署总税务司裴式楷致庆亲王奕劻申呈

为遵将一九〇八年万国行船公会会款拨交比使转寄请鉴查事

布政使衔署总税务司裴式楷为申复事。

案查比国行船公会每年协助一千佛郎克一事,奉到九月十六日钧札,饬将一千九百八年分应交之款照案拨给等因。奉此,署总税务司遵已将一千佛郎克按一千佛郎克合英金四十镑,即合关平银二百六十六两六钱七分拨交比国驻京大臣查收转寄矣。除另日呈请归款外,理合申复贵部鉴查可也。须至申呈者。

右申呈大清钦命全权大臣便宜行事军机大臣总理外务部事务和硕庆亲王。光绪三十四年九月二十二日。

宣统元年十一月二十六日(1910-1-7)　外务部致署总税务司裴式楷札文

为请照数拨交一九〇九年比利时万国行船公会会款事

榷算司呈为札行事。

宣统元年十一月二十三日,准比博署使照称,兹接本国工部文称,中国捐助一千九百九年份行船公会之款一千个伏郎请饬拨下等因前来。本部查比国行船公会捐款一千伏郎,向由总税务司拨交比国驻京大臣查收转交该会。兹准前因,札行署总税务司将一千九百九年应交之款照案拨给可也。须至札者。右札署总税务司。准此。

宣统二年十一月十一日(1910-12-12) 比贾使致外务部照会请饬拨一九一〇年行船会费由 01-27-006-02-039

宣统二年十一月十一日,收比贾使照会。称:

为照会事。兹接本国文开,中国捐助西历一千九百十年份之行船会款一千伏郎迄未收到等因。本大臣为此恳请贵部饬拨是荷。相应照会贵亲王查照可也。须至照会者。

宣统二年十一月十四日(1910-12-15) 外务部致代理总税务司安格联札
一九一〇年应付行船会捐款即照案拨给由 01-27-006-02-040

宣统二年十一月十四日,发代理总税务司札。称:

呈为札行事,宣统二年十一月十一日,准比贾使照称,兹接本国文开,中国捐助西历一千九百十年份之行船会款一千伏郎请饬拨等因前来。本部查比国行船公会捐款一千伏郎向由总税司拨交比国驻京大臣查收,转交该会。兹准前因,相应札行代理总税务司将一千九百十年应交之款照案拨给可也。须至札者。

宣统二年十一月十四日(1910－12－15)　外务部致比贾使照会

一九一〇年行船会捐款已饬总务司照拨由　01－27－006－02－041

宣统二年十一月十四日,发比贾使照。称:

呈为照复事。宣统二年十一月十一日,准照称,兹接本国文开,中国捐助西历一千九百十年分之行船会款一千伏郎迄未收到,请即饬拨等因前来。除饬知总税务司照案将一千九百十年捐款拨交外,相应照复贵大臣查照可也。须至照复者。

宣统二年十二月初四日(1911－1－4)　代理总税务司安格联致庆亲王奕劻申呈

为遵将一九一〇年万国行船公会会款拨交比使转寄事

二品衔二等第二宝星代理总税务司副总税务司安格联为申复事。

案查比国行船公会,每年协助一千佛郎克一事,奉到十一月十四日钧札,饬将一千九百十年应交之款照案拨给等因。奉此,代理总税务司遵已将一千佛郎克按一千佛郎克合英金四十镑,即合关平银二百六十六两六钱七分。拨给比国驻京大臣查收转寄矣。除另日呈请归款外,理合申复贵部鉴查可也。须至申呈者。

右申呈钦命全权大臣便宜行事总理外务部事务和硕庆亲王。宣统二年十二月初四日。

宣统三年正月二十五日(1911－2－23)　代理总税务司安格联致外务部信

请将代垫各款开单照数归还由　01－27－006－02－042

宣统三年正月二十五日,收总税务司安致丞参信。称:

敬启者。

查所有代垫各款,历经函致贵部归还在案。兹将至西历一千九百十年十二月三十一日,即宣统二年十一月三十日代垫尚未归还各款分别八项一一开列清单,附呈鉴阅。查所垫各款(上略),一、万国行船会助款,每次一千佛郎克,计三次,共合关平银八百两(下略)。统计八项,共垫关平银九千八百十七两七钱。理合呈请贵部照数归还,以清垫项。再,查此次清还各款内,有数年前代垫者,延搁甚久,未请归还。现拟每至西历年底结账后,将一年内所垫各款开具清单,呈请归还,以清眉目,合并声明。专是布泐。顺颂升祺。

附件:清单一件

兹将代垫各费开列于后。仅钞行船会一项,余从略。

代垫驻比京行船会费。

光绪三十四年九月十六日,奉到饬拨给一千九百八年分之助款一千佛郎克。宣统元年十一月二十六日,奉饬拨给一千九百九年分之助款一千佛郎克。宣统二年十一月十四日,奉饬拨给一千九百十年分之助款一千佛郎克。以上三项,共合三千佛郎克。按一千佛郎克合英金四十镑,即合关平银二百六十六两六钱七分,总计关平银八百两。

宣统三年二月初一日(1911-3-1)　外务部致代理总税务司函行船会捐款应在罚款项下支销其余垫款如数拨还由　01-27-006-02-043

宣统三年二月初一日,发代理总税务司函。称:

径复者。接准函称,兹将至西历一千九百十年十二月三十一日代垫尚未归还各款分别八项开列清单,请照数归还以清垫项。

内有数年前代垫者,延搁甚久,未清归还。现拟每至西历年底结账后,将一年内所垫各款开单,呈请归还,合并声明等因。

查单开八项内,捐助万国海关税则会一款,系自光绪二十年入会始。是年正月二十八日,总理衙门札赫总税务司,询以每年入会公费应由何处支送。二月初七日,总税务司申复称,此项经费似可由总税务司在罚款项下支拨开销。嗣于是月十五日,总署札总税务司,所有入会公费及每年分摊经费,即由总税务司于罚款项下支拨开销。二十二日,总税务司将遵拨等情申覆各在案。是此项捐款,当初实已定有办法。逮光绪二十八年四月二十四日,总税务司为比京行船会捐款事申核本部,文内称,拟年助行船会一千佛郎,可按照税则公会成例,先由总税务司按年发给,再行呈请归款等语。是月二十九日,本部札复总税务司之文则未允及归款一节,谅是因总税务司署庚子以前案卷俱已焚毁故,致申呈之文前后两岐,自应仍照原定办法,将所有万国海关税则会历年捐款,即在总税务司署四成罚款项下支拨开销。其行船会每年捐助一千佛郎,亦应照税则会成例办理,均无庸由本部归还。以后,此两项捐款,按年均可照案支销,本部当咨明税务处立案。至其余六项,代购印字机、时报书籍等件,及代垫寄运各物之运费、邮费等,通共关平银四千五百四十六两四钱八分,合公砝平银四千七百七十三两八钱,应由本部拨还归垫。兹如数开送银券一纸,希印察收见复。专此。顺颂日祉。

宣统三年二月初三日(1911-3-3)　代理总税务司安格联致外务部信

行船会垫款可否仍由贵部照还请酌核由　01-27-006-02-044

宣统三年二月初三日,收代理安总税务司致丞参信。

敬复者。

窃查历年由关所垫各款呈请归还一事，奉到本年二月初一日钧函，以海关税则会暨比国行船会二项捐款应仍照原定办法，由总税务司四成罚款项下支拨，均无庸由本部归还。以后即按年照案开支，并咨明税务处立案。其余六项统合关平银四千五百四十六两四钱八分，即合公砝平银四千七百七十三两八钱，应由本部拨还。兹特如数开送银券一纸，希即查收见复等因。代理总税务司业已照数收领归账矣。

窃维万国海关税则会捐助之款，当时正任总税务司与前总理衙门于光绪二十年间如何往复商订，实因敝署案卷被毁，无从查悉，是以不无误会之处。兹奉前因，自应将此项已支之款归入四成罚款项下开销，以后按年捐款，即于四成罚款项下支付。至捐助比国行船会一款，查该会自一千九百三年开办之日起，每年由中国捐款一千佛郎克，至一千九百七年，共由关款垫过五次，折合关平银一千三百三十三两三钱五分，曾由正任总税务司函请归还。旋奉光绪三十三年四月三十日钧函，将五次行船会助款关平银一千三百三十三两三钱五分照数归楚，是以此次复请将一千九百八、九、十年捐款拨还垫账，实系援照成案办理。所有自一千九百八年至现在捐助比国行船会垫款，计三千佛郎克，折合关平银八百两。暨以后每年垫付该会之捐款，可否仍由贵部照还之处，理合备函，复请贵部钧鉴，酌核施行可也。专是布复。顺颂升祺。

宣统三年二月十一日(1911-3-11)　外务部致税务处咨文

行船会捐款应由税务处拨给咨行立案　01-27-006-02-045

宣统三年二月十一日，发税务处咨。称：

呈为咨行事。宣统三年正月二十五日,据代理总税务司函称,所有代垫万国海关税则会助款,自西历一千九百一年四月初一日起至一千九百十年三月三十一日止,拨过九次,每次一千八百六十三佛郎克,共一万六千七百六十七佛郎克,合关平银四千四百七十一两二钱二分。又万国行船会助款,自光绪三十四年起至宣统二年止,拨过三次,每次一千佛郎克,共三千佛郎克,合关平银八百两,呈请归还等情。本部查捐助万国海关税则会一款,前经总理衙门于光绪二十年二月十五日札复总税务司,令将入会公费及每年分摊经费由总税务司于罚款项下支拨开销。此项每年捐款自应照案,仍在总税务司署四成罚款项下支销,无庸由本部拨还。其行船会每年捐助一千佛郎克,自光绪二十九年起至三十三年捐助五次,前经本部拨还总税务司。此次总税务司请拨还光绪三十四年至宣统二年三次捐款,应即由本部照拨归垫。惟此项行船会款于外交无涉,未便长在本部开支,嗣后拟请由贵处拨给较为合宜。除函复代理总税务司外,相应咨行贵大臣查照立案可也。须至咨者。

宣统三年二月十一日(1911-3-11)　外务部致代理总税务司安格联函

送还前垫行船会捐款嗣后应由税务处拨给由　01-27-006-02-046

宣统三年二月十一日,发代理总税务司函。称:

径复者。

接准函称,捐助比国行船会一款,自一千九百三年至一千九百七年,共由关款垫过五次,折合银一千三百余两,曾由正任总税务司请部归还。所有自一千九百八年至现在捐款,计垫三千佛郎克,折合关平银八百两。暨以后每年垫付该会捐款,可否仍由部还之处,函请酌核等情。查行船会每年捐助一千佛郎克,自光绪二十九年起至三十三年捐款五次,前经本部拨还总税务司。所有光绪三十四年至宣统二年三次捐款,应即照拨归垫。惟此项行船会捐款于外交无涉,未便长在本部开支,嗣后应由税务处拨给较为合宜。除由本部咨明税务处立案外,所有前项关平银八百两折合公砝平银八百四十两,如数开送银券一纸,希即察收见复。专此。顺颂日祉。附银券一纸。

宣统三年三月三十日(1911-4-28)　出使比国大臣李国杰致外务部咨呈

为刘锡昌调任现另派通译官叶炳荣接充万国行船公会委员事

钦差出使比国大臣委散秩大臣一等肃毅侯李为咨呈事。

宣统三年三月二十六日,准出使奥国大臣沈来咨内开,比国万国行船公会经前任出使比国李大臣派前驻比二等通译官刘锡昌充当常川委员。现该员调充驻奥二等通译官,以相距太远,势难兼顾,禀请转咨销差等因前来。本爵大臣当即另派本馆二等通译官叶炳荣接充,以重会务。除饬遵外,相应备文咨请大部察照备案。须至咨呈者。

右咨呈外务部。宣统三年三月三十日。

宣统三年六月初六日(1911-7-1)　代理总税务司安格联致外务部丞参信函

为前项拨交万国行船公会捐款银券已如数收清事

敬复者。

窃查比国行船会垫款一事,前奉本年二月十一日钧函,以行船会每年捐助一千佛郎克,自光绪二十九年起至三十三年捐款五次。前经本部拨还总税务司所有光绪三十四年至宣统二年三次捐款,应即照拨归垫。惟此项行船会捐款于外交无涉,未便长在本部开支,嗣后应由税务处拨给较为合宜。除由本部咨明税务处立案外,所有前项关平银八百两折合公砝平银八百四十两,如数开送银券一纸,希即察收见复等因。奉此,署总税务司业将银券关平银八百两折合公砝平银八百四十两如数收清,理合备函,复请鉴核。再奉到钧函,迄今已逾数月,始得具复。迟误之愆,尚乞原谅是幸。专是布复。顺颂升祺。

安格联。名另具。宣统三年六月初六日。

宣统三年六月十九日(1911-7-14)　美韩署使致外务部信
第十二次万国行船会明年在费城举行请派员与会由　01-27-006-02-047

宣统三年六月十九日,收美韩署使信。称:

径启者。

兹因第十二次万国海面驶船会于明年在 Philadelphia Town 城举行,凡有已入常年万国海面驶船会且曾经助款之各国,本国政府甚愿其派员前往,以便研究一切。未悉贵国曾否入过此会,并是否已助会款,本署大臣特为函询贵亲王。如前已入会助款,照章应请派员前往会商是荷。此布。顺颂日祉。附洋文。

宣统三年六月二十三日(1911-7-18)　外务部致税务处咨文
美使请派员赴第十二次万国行船会咨行核复由　01-27-006-02-048

宣统三年六月二十三日,发税务处咨。称:

呈为咨行事。宣统三年六月十九日,接准美韩署使函称,兹因第十二次万国海面驶船会于明年在 Philadelphia Town 城举行,凡有已入常年万国海面驶船会且曾经助款之各国,本国政府甚愿其派员前往,以便研究一切。未悉贵国曾否入过此会,并是否已助会款,本署大臣特为函询。如前已入会助款,照章应请派员前往会商等因。查万国行船会前于光绪二十八年间因比使之请,中国曾经入会,并认定每年捐助一千佛郎,历经筹拨在案。本年二月间曾咨明此项捐款,嗣后改由贵处拨给。今美使来请派员与会,应如何办理,相应咨行贵大臣查照酌核见复,以便转达可也。须至咨者。

宣统三年闰六月初九日(1911-8-3) 邮传部致外务部咨文 第十二次万国行船会请咨驻美张大臣就近派员与会由 01-27-006-02-049

宣统三年闰六月初九日,收邮传部文。称:

邮传部为咨呈事。船政司案呈,准税务处开,准外务部咨称,准美韩署使函称,第十二次万国海面驶船会于明年在 Philadelphia Town 城举行,贵国如前已入会助款,照章应请派员前往等语,咨行贵大臣酌复等情。查万国行船会每年捐助一千佛郎克。前准外务部咨,以此项会款于外交无涉,嗣后拟由本处拨给并札行总税务司查照在案。兹准前因,事关船政,应如何办理之处,应请查核径覆外务部,并知照本处等因前来。

查该会为研究船政起见,自应咨请驻美大臣就近遴选妥员作为本部委员,派令入会,借资考镜。现在各海关附设之理船厅尚未移交本部管辖,所有收入船钞款目,系属税务处经理。每年捐助该会一千佛朗克,既由税务处拨给,其入会之员一切费用,届时应请税务处一并支放,以归一律。除咨复税务处并商请驻美大臣将派出员名知照本部札委外,相应咨行贵部查照,即希转咨驻美大臣可也。须至咨者。

宣统三年闰六月十五日(1911-8-9) 外务部致出使美国、秘鲁、古巴、墨西哥大臣张荫棠咨文

第十二次万国行船会在费城举行请就近派员前往由 01-27-006-02-050

宣统三年闰六月十五日,发驻美张大臣咨。称:

呈为咨行事。宣统三年六月十九日,接准美韩署使函称,兹因第十二次万国海面驶船会于明年在 Philadelphia Town 举行,凡有已入常年万国海面驶船会曾经助款之各国,本国政府甚愿其派员前往,以便研究一切。未悉贵国曾否入过此会,并是否已助会款。如前已入会助款,照章请派员前往会会商等因。本部查万国行船会前于光绪二十八年间因比使之请,中国曾经入会,并认定每年捐助一千佛郎,历经筹拨在案。今美韩署使来请派员与会,届时应由美馆就近派员前往,借资研究,相应咨行贵大臣查照办理,并将派出员名先行知照本部可也。须至咨者。

宣统三年闰六月十五日(1911-8-9) 外务部致美韩署使函

第十二次万国行船会已咨张大臣派员与会由 01-27-006-02-051

宣统三年闰六月十五日,发美韩署使函。称:

径复者。

本年六月十九日,接准函称,兹因第十二次万国海面驶船会于明年在 Philadelphia Town 举行，凡有已入常年万国海面驶船会曾经助款之各国，本国政府甚愿其派员前往，以便研究一切等因。本部查万国行船会前于光绪二十八年间因比使之请，中国曾经入会，并认定每年捐助一千佛郎，历经筹拨在案。兹准前因，本部业已咨行驻扎贵国张大臣届时就近派员与会，相应函复贵署大臣查照转达可也。此复。顺颂日祉。

宣统三年十月二十四日(1911－12－14)　外务部致税务处片文

万国行船会本年捐款希饬交总税司转给由　01－27－006－02－052

宣统三年十月二十四日，发税务处片。称：

呈为片行事。案查万国行船会，中国每年捐款一千佛郎，前经本部于本年二月十一日以嗣后拟请由贵处拨给等因咨行在案。查本年捐款尚未付给。兹比使询及此事，希即将前项捐款饬交总税务司转给，以免延缓。相应片行贵处查照，从速办理并见复可也。须至片者。

宣统三年十一月初七日(1911－12－26)　比国公使贾尔牒致外务部信

一九一一年应捐行船会款尚未收到请饬拨由　01－27－006－02－053

宣统三年十一月初七日，收比贾使信。称：

径启者。

一千九百十一年，贵国所应捐之行船会款迄未收到，即请贵部照案饬拨可也。此布。顺颂台祺。

宣统三年十一月初八日(1911－12－27) 外务部致税务处片文
一九一一年行船会捐款希速办见复由 01－27－006－02－054

宣统三年十一月初八日,发税务处片。称:

呈为片行事。中国应付本年万国行船会捐款,前经本部于上月二十四日片行贵处,请饬交总税务司转给在案。兹准比贾使函称,一千九百十一年贵国所应捐之行船会款迄未收到,请即照拨等因前来。相应片催贵处查照,从速办理,并即见复可也。须至片者。

宣统三年十一月十八日(1912－1－6) 税务处致外务部片文
一九一一年行船会捐款已由总税司垫交比使祈转复由 01－27－006－02－055

宣统三年十一月十八日,收税务处片。称:

为片复事。查万国行船会捐款一事,前于本年十月二十四日片称,以本年捐款尚未付给,比使询及此事,希即饬交。又于十一月初八日复准片,催从速办理各等因。当经札,据总税务司申复称,查万国行船会款,西历一千九百十一年中国应捐之一千佛郎,计合公砝平银三百二两五钱七分,合京平足银三百十两九钱七分,当由总税务司于华历十一月初八日如数代垫,送交比贾使查收等情前来。除将代垫银数拨还该总税务司外,相应片付贵部查照转复可也。须至片者。

宣统三年十一月二十一日(1912－1－9) 外务部致比贾使函
一九一一年行船会捐款已由总税司送交贵大臣由 01－27－006－02－056

宣统三年十一月二十一日,发比贾使函。称:

径复者。前准函称,一千九百十一年应捐之行船会款迄未收到,请照案饬拨等因。当经本部咨行税务处办理。去后,兹准复称,万国行船会款西历一千九百十一年中国应捐之一千佛郎,已由总税务司于华历十一月初八日如数送交贵大臣查收等因前来。为此函复贵大臣查照可也。此泐。顺颂日祉。

宣统三年十一月二十二日(1912-1-10) 比国公使贾尔牒致外务部信函

为业将贵国所送一九一〇年万国行船公会会款送交本国查收事

径复者。

接准来函,以准税务处复称,西历一千九百十一年中国应捐之万国行船会款一千佛郎已如数送交本大臣查收等因。兹业经将此款送交本国查收,相应函复贵部可也。顺颂日祺。贾尔牒具。宣统三年十一月二十二日。

宣统三年十二月二十一日(1912-2-8) 美国公使嘉乐恒致外务部信

通知万国行船会开会日期由 01-27-006-02-057

宣统三年十二月二十一日,收美嘉使信。称:

径启者。本年六月十九日,本大臣曾以开办万国驶船会函达贵部在案。兹据该会开办日期已定于西本年五月二十三日,为此函达贵部大臣查照可也。此布。顺颂日祉。嘉乐恒启。十二月二十一日。

宣统三年十二月二十五日(1912-2-12)　外务部致出使美国、秘鲁、古巴、墨西哥大臣张荫棠咨文

美使通知万国行船会开会日期希查照由　01-27-006-02-058

宣统三年十二月二十五日,发驻美张大臣咨。称:

呈为咨行事。业查美使前请派员赴万国驶船会一事,业经本部于本年闰六月十五日咨行贵大臣就近派员与会,并将派出员名先行知照本部等因在案。未准见复。兹又准美使函称,该会开办日期已定于西本年五月二十三日等因。相应咨行贵大臣查照,并将所派与会员衔声复本部可也。须至咨者。

宣统三年十二月二十七日(1912-2-14)　俄国署使世清致外务部照会

俄在美国费拉德斐亚开第十二次万国行船会请派员入会　02-20-005-02-001

辛亥十二月二十七日,收俄世署使照会。称:

本国政府于俄历一千九百十二年三月十二日在森彼得堡开万国会议,将所有各国航路、训令、条文暨海图上所注记号,以及岸上设灯、安设浮桩各项章程协定统一办法,俟西历一千九百十二年六月间在美国费拉德斐亚开万国第十二次行船公会时,即将该项议定之办法付与该会核准施行。相应照会贵部查照,并请速为示复中国政府是否有意委派代表参与该会。如欲拟派,即希贵部将该代表衔名单送交本馆,以便电达本国政府可也。

宣统三年十二月二十九日(1912-2-16)　外务部致邮传部税务处咨文

俄设行船会应否派员与会请酌复　02-20-005-02-002

宣统三年十二月二十九日,发邮传部、税务处咨。称:

本年十二月二十七日接准俄世署使照称,本国政府于俄历一千九百十二年三月十二日在森彼得堡开万国会议,将所有各国航路、训令、条文暨海图上所注记号,以及岸上设灯、安设浮桩各项章程协定统一办法,俟西历一千九百十二年六月间在美国斐拉德斐亚开万国第十二次行船公会时,即将该项议定之办法付与该会核准施行。中国政府是否派员,希将该员衔名单送交本馆等因。除分咨税务处、邮传部外,相应咨行贵部、处查照酌定是否派员见复,以便转达可也。

万国邮政公会

万国邮政公会（Universal Postal Congress）即国际邮联，旨在便利各国邮件交换，组织和改善国际邮务，促进国际邮政合作的国际组织。1874年，一些西方国家在签订《国际邮政公约》（即《伯尔尼公约》）的基础上，于次年正式成立该组织。1947年，其正式成为联合国下属的专门机构。在晚清时期，其也被称作万国邮政会、各国邮传公会、博驿会、万国邮会等。虽然清政府与该公会多有交涉，但并未成为正式成员国。本册共收录60件档案。

光绪八年十月二十三日(1882-12-3)　德国公使巴兰德致总署函

德使照请派员入万国邮政会由　01-27-005-01-001

十月二十三日,德国公使巴兰德函。称:

接到本国来文,内称:德国邮政大臣以各国邮传公会,中国愿否附入,问及本国爵阁部堂,毕令本大臣将此节详告贵衙门等因。查中国果欲入会,凡中外往来各信及内地各函,无不日形其便。送既甚便,信自日多,日多则由此入款倍出,亦裕国之一计也。现今所有讲求内外送信良法之各国均系如此,何独中国而不宜然。是则附会一事,实于中国国家闾阎不无利益也。然令中国全境遽行列入其中,难办之处,本大臣亦所深知。若在通商各口附会一节,不特毫无掣肘,且其会中办法若何,裨益若何,中国亦可由此洞鉴。又查一千八百八十四年邮传公会各国拟派大员在黎色本地方齐集会议,中国地方如能在此时以前有附会者,自可一律派员前往与议,或愿暂行派员局外旁观。虽未,实已附入,谅我国家无不尽心代理,准其前往。将来该员所见闻,奏明详细,亦非无裨于中国也。以上各节,望贵王大臣熟为裁夺,如欲备知底细,本大臣尚可设法,以便贵王大臣之详悉一切可耳。

专此布达,顺颂日祉。

附件:天下各国邮政会章程

会中各国开列于左:

德国、阿狠第那、奥国、比利时、巴西、丹国及所属、埃及、日斯巴尼亚及各属、亚美利加合众国、法国及各属、鲁桑堡、英国及各属、印度、希利尼、义大利、日本、墨西哥、门得内草罗、色斐亚、荷兰及各属、秘鲁、波斯、俄国、瑞典、葡萄牙及各属、鲁玛尼亚、撒里滏多、瑞士、土耳基。

条　约

粤自一千八百七十四年十月初九日，各国于瑞士京城定有邮政会。嗣经以上各国特派全权大臣复于法国京城公会，同愿查照原约第十八款之例一体入会，照约遵行，并请各国国主批准。相应将所定条约各款开列于后。

第一款

现定条约内原载暨后续各国以后彼此往来信件所经邮政司现经联为一会，应名曰天下各国邮政会。

第二款

本约各款所载系指信件、信片、账簿各项刷印之物及货样，由会中此国送往彼国者。其由会中之国送往未入会之国，若凭借会中二国者，均应照章运送。

第三款

遇有两国交界毗连，自能递换信件，无须假手他国者，则彼此往来信包应由两国邮政司会议交界章程。若两国未另立章程，则往来驿船无论系属何国，皆作为假手于他国论。该船或他国船支车辆在一国海口间往来者，归下文第四款办理。

第四款

凡在会中诸国界内，其邮驿得以往来无阻。故各邮政司于运送往来信件，无论是否封口，均可假手一国或数国。此项信件其往来运送规费，应按下文分计：

一、陆路运送规费，每二斤信封、信片纳二夫郎，他项之物每四斤纳一夫郎。每七夫郎为中国一两，以下仿此。

一、水路运送规费，每二斤信封、信片纳十五夫郎，每二斤他项之物纳一夫郎。

一、遇有某处运送以上之物，现无花费或较此章程稍轻者，则仍旧照办。

一、现有某处水路运送规费如信封、信片每二斤纳六夫郎者，应减为五夫郎。

一、凡由水路运送，如未逾三百洋里之遥，而该邮政司有陆地运费可取者，则不另加运费，否则海运规费每二斤信封、信片纳二夫郎，每四斤他项之物纳一夫郎。

一、由水路运送须假手一国或数国邮政司，其海运规费按每二斤信封、信片纳十五夫郎，每二斤他项之物纳一夫郎，均不得过其数。此项规费，应照各邮政司路之长短核算分计，惟此条与两国所另立章程无碍也。

一、此款所定规费与会外之国所设邮政无涉。其在会中之国，或额外另设邮驿运送亦与之无涉。

再，运送花费应在原收之邮政司完纳此项花费，统按每二年内择定一月按册核算，至应于某月核算，载下文十四款内。再，各邮政司递换往来信件，如遇转送或误送及无着之物，并回头保单、完费凭单各项邮政公用文件，均免水陆花费。

第五款

运送信件由会中此国往彼国者，或已完，或补完，花费则例如左：

一、信件重至十五革拉玛或不足其数，由发信者；若完过二十五桑提们，则收信者。仍照数加倍完纳。每革拉玛为一斤五百分之一。

一、每张信片纳十五桑提们。每桑提扪为一夫郎百分之一。

一、各项刷印之物及账簿货样重至五十革拉玛或不足其数,每包每号纳五桑提们。惟以上诸物必须抽查,其中恐有他项信片夹入。

运送账簿花费至少须二十五桑提们。运送货样至少须十桑提们。其至少运送花费则例如左:

一、各项之物由水路运送,如每二斤信封、信片纳十五夫郎,每二斤他项之物纳一夫郎。其加纳信号花费,每信封加二十五桑提们,每信片加五桑提们,他项之物每重至五十革拉玛或不足其数,加五桑提们,均不得过其数。其信封原纳六夫郎现减为五夫郎者,应纳信号花费以十五桑提们为度。

一、运送诸物,由会中各国往未入会之国及另设之邮政司,应纳格外花费,查照情形酌增。

一、运送诸物纳费未足者,所欠之费,由接收者加倍完纳。

照约停运则例如左:

一、除信件之外,凡各项来往之物或全未完费,或与纳费则例不符者不送。

一、诸物或因污秽,或有妨碍者不送。

一、货样已有值价,或重逾二百五十革拉玛、长逾二十桑提迈当、宽逾十桑提迈当、高逾五桑提迈当者不送。每百桑提迈当为中国三十一寸。

一、账簿或刷印之物重逾四斤不送。

第六款

凡运送第五款内所载诸物,均可于信簿内注明,以免贻误。应由发信者纳注簿花费如左:

一、运送常行诸物只照常价完纳。

一、在欧洲诸国境内纳注簿花费，以二十五桑提们为度。其运往他国，发信者欲得有收到回头，以纳五十桑提们为最。

凡发信之人运送注簿各物欲得收条，纳费以二十五桑提们为度。倘将簿内注明，各物遗失，由原发与接收之人查明系出意料不及，俟查明系由某陆路或水路遗失，即由该处给赔偿五十夫郎。其在欧洲以外或未入会之国，因未悉新例致他国运送之物于该国遗失而未给赔偿，则该国运送之物于他国遗失亦不给赔偿，直至该国更改旧章，再行一律办理。倘由某处遗失无从查考，应由原发与应收二邮政司赔偿，且应速行付给，即至迟亦须自声明之日起，于一年内付清。惟此项赔偿，应自发信注簿之日起于一年内声明遗失缘由。倘逾限即作为罢论。

第七款

会中诸国有未行用夫郎钱者，应照第五、六款所载规费，以本国钱较兑夫郎值价完纳。遇有零数，应稍为增补成整。其说详本约第十四款。

第八款

运送诸物应粘贴原发之国通用之完费信票。至各邮政司因公往来信函文件均应免费。

第九款

各邮政司按照以上第五、六、七、八款数目，所收纳运送规费得以存留全数，他国不得干预分算。唯运送信件及他项之物，无论在原发与接收之国，均不得于各款定数外于收发之人另索他项花费。

第十款

凡在会中诸国境内游行无定之人，其信件随地转送者，并无转送花费。

第十一款

本款所载系不准随信运送之物。

一、信封、信包内有金银物或钱,及玉石珍贵之物不送。

一、运送诸物内有应纳税者不送。

倘有运送以上禁止之物未经各政司查出或别经发觉,应照该本国例惩办。遇会中各国于本境内减免运费之物送往邻国,该国得以储存,俟照该国则例补足运费再行前运。

又,各项信函文报于皮面印写字样有干例禁或不相宜之处,准该国禁止往来境中。

第十二款

在会某国与会外之国有通往来者,则各邮政司往来信件皆准假手该国递换。若会中之国与会外之往来信件须借会中他国一段地方运出者,则应纳运费即按假手之国与会外之国所定条约合同及另立章程办理。并会中与会外之国往来信件,纳费则例如左:

一、在会之国即照本约第五、六、七款纳费。

一、会外之国应纳规费,如往来信件由会中之国往会外之国,应在原发之邮政司纳费,否则由转运之邮政司完纳。其由会外之国往会中之国往来信件,应在接运之邮政司纳费,否则于接到之邮政司完纳。

各,邮政司转运及接收会外之国各项信件,均照上文末节所载则例完费。凡在会中诸国境内运送或接收会外诸国往来信件,虽该国未入会中,而运费应照会中之国无异。若该国须由会中之国陆路运送,亦照上文第四款所载陆路运费完纳。且会中诸国收纳此项规费,亦遵照第四款所定限期,每二年核算一次。所有封固信

件,由会中之国运往会外之国而须假手会中他国者,应纳运费如左:

一、在会中之国境内,应照本约第四款办理。

一、由会中之国运出境外,应照另立章程办理。

第十三款

会中各国于递换信件内有汇票等项,许彼此公议另立章程。

第十四款

在会各国邮政司遇应添设办法、章程,唯其公同会议施行。各邮政司于本约外立有他项条规与会中各国无涉者,此项规条不得与本约相背。各邮政司于本境六十里许往来火速信件及回片二项,其信件应照章减费,其回片应照本约第四款所载免纳运费。

第十五款

凡本约内各款有未载明之处,均与在会各国邮政律毫无妨碍。并有会中一、二国于遵守本约外欲另立新章或立小会以通往来,则亦无妨碍也。

第十六款

前于各国居中之处设有瑞士邮政司,现名曰天下各国总邮政司。该总司一切公费,应由入会诸国分纳,以便收发及刊刻、办理邮政公文,调处各司争竞事端及修改章程呈报公会,章程改就布告各国。并凡关系邮政事务,统归该总司经理。

第十七款

遇有会中二国于本约字义间意见相歧之处,即可请人判定。惟此判断之人,须由会中事外之国择请,即以判断之人允准过半者为定。倘所请事外判断之人仍无定见,则将争竞案由再请会中事外邮政司公断可也。

第十八款

凡本约内未经入会之国，准其呈请入会。惟该国须由其外务大臣知照瑞士国，以便通知会中各国。且该国既欲入会，即为允许遵照所定章程。至会中各国所有利益之处，亦一体享受。并该国须照章纳总司公费。至应以何项银钱，照第七款则例完纳。

第十九款

遇有应行商办之件，各国三分之二愿集会公议者，视其事之轻重，或派全权大臣公会，或各邮政司会议均可。公会每五年举行。至各国遣派全权大臣或一员或数员，或以一员兼理两国事务均可。遇一人兼办两国之事，即作为二人论。数人合办一国之事，亦止作为一人论。至下次应于某处公会，即在上次公会时议定。至于各邮政司会议地方、日期，须由总司向各司商定。

第二十款

凡未届会议之时，各邮政司欲条陈邮政事务者，须备文知照邮政总司，且条陈各事须遵照下文所载：

一、凡欲修改第二、三、四、五、六、九款者，须会中诸国一律允准而后可。

一、凡欲修改第二、三、四、五、六、九款外其余各款，须会中诸国三分之中有二分允准者而后可。

一、除本约第十七款所载意见相歧之事而外，各国欲发明条款文义者，只须会中诸国允准过半而后可。

遇有办理本款首二节所载情事，须由瑞士国知照会中各国大臣商定。其有办理第末节所载情事，则由邮政总司知照各国邮政司商定。

第二十一款

若论第十六、十九、二十款所载情事，则揆度情形，有数国可以作为一国论，即如英国之印度及干阿达、丹国、日斯巴尼亚、法国、荷兰国、葡萄雅各国属地，均如会中属国，须一律照约施行。

第二十二款

本约应自一千八百七十九年四月初一日施行，且自施行后历时无定。倘本约载入之国欲行出会，应先期一年向瑞士国声明方可。

第二十三款

本约自施行之日起，所有在会各国及各邮政司原定旧约、合同及各项章程，有与本约相背者概不准行。其与本约相合者，仍准照旧施行。再，本约应速请各国国主批准。其批准凭据，即在法国京城互换。是以先由会中各国全权大臣于一千八百七十八年六月初一日于巴黎城书名画押，以昭守信。

凭　单

查本日法国京城定约之时，经各国画押之全权大臣同愿公立凭单，共分四则如左：

第一则

现在波斯国既经入会，惟公会时并无使臣亲诣，该国理应于一千八百七十九年四月以前有钦差大臣将入会字据呈送瑞士国存案可也。

第二则

现在未入会各国，或因欲行缓办，或未及呈明者，准照本约第十八款之例，随后附入会中。

第三则

遇有会中一、二国或因国主未行批准，即将该国开除会外，其余会中各国仍照条约施行如故。

第四则

英国各属地除干阿达及印度业经入会外，尚有锡兰岛、士特顿提、斯则特列门、拉布安、香港、毛里细及所属、贝耳木达斯岛、基雅那、雅玛喀及特里尼达特，均为会中已属之地。

现定凭单，均经各国全权大臣画押，以照信守。以上各则，应与条约一体遵照、施行无异。除将此凭单各钞录一分外，其原定各稿即存法国京城书库内作为底案。

一千八百七十八年六月初一日，订于法国巴黎京城。

说　帖

查自一千八百七十四年九月初九日，于瑞士京城定有邮政会旧约。是以会中之国即凭旧约第十八款所载，于一千八百七十八年五月初二日遣派全权大臣于法国京城公会，并于是年六月初一日新立条约及凭单一纸，业已画押。其新定之约，一循旧约纲领，谨照不背。而本约文义，一则坚固前约，一则推广大旨，并将四年以来本会形势大加扩充，以致地球所有之国几乎尽在会中。且所有各国海面邮船已遵新章而行，是各国往来信件渐归划一。虽原约窒碍之处尚未尽除，然所遗亦无几矣。于法国京城公会时，除波斯国使臣因病不到外，其余在会诸国均有全权大臣躬诣。维时复有干阿达及智黎、海底、檀香岛、里贝利雅、墨西哥、比鲁、撒里溎多、乌拉怪及威内咀拉各使臣与议。其干阿达、墨西哥、比鲁及撒里溎多各大臣当时画押入会，而智黎、里贝利雅及烘都拉各国厥后陆续入会,而其余各国公使亦皆允许将来再行入会耳。

瑞士旧约入会者二十二国,以广袤计之,统约七十一万六千方洋里,按布国一方里为中国二百二十五方里。所属居民三万四千五百万口。而现定法国新约入会者三十二国,以广袤计之,约一百三十万方洋里,而所属居民约七万五千万口焉。

波斯国全权大臣既经遵照凭单内第一则所载,于一千八百七十八年八月十五日画押入会。于七十九年正月初一日复有英国属地新芬兰金海沿及仙聂噶玛宝、拉廓斯、几拉留、发格兰岛及英属之烘都拉斯呈请入会。此外尚有英国一二属地、南中亚美利加一二民政国及中国尚未入会。惟查中国各路紧要海口俱设有英法两国邮政司,并设有俄国陆路邮政司直达北京,而各国往来信件得以运送无阻,是中国即与入会之国无异。由此观之,虽有数国尚未入会,然亦可名曰天下各国邮政会。

现定条约,应自一千八百七十九年四月初一日施行。虽会中数国有欲自本年正月初一日能行者,但德国国会应在本年四月初一日聚集,现经在会诸国允准,展缓限期者过半,故本年自四月初一日为始。

瑞士旧约原定运送信件规费以二十五桑提们为准。惟各国未能遵守定章,致低昂不齐,或有多至三十三,少至二十桑提们者。现定条约以二十五桑提们即德国二十普分尼为准,不得增减,以归画一。此外,尚有沿海之国于七十六年及七十七年入会时所定水路运费各歧,而德国向以四十普分尼为准,在会各邮政司亦可仿照此例办理。倘各国有势所不能者听之。盖在新约未定以前,陆路运费已分二种,如每二斤信件纳二夫郎或四夫郎不等,今则以二夫郎为准。又水路运费每二斤信件纳二十五或十五夫郎不等。虽德国原可于二者之数兼用,但现欲刚冗归一,应以新定二十普分尼为准。查新约未定以前,各国往来信件实有五十五等纳费则例。设以在会之三十二国计之,实多至一千二百余种矣。又如信片,准以十或二十普分尼纳费,今亦改为一律以十普分尼为准。至于刷印之物及货样,亦可仿照此例。惟货样一节,德国向以十普分尼完费,今为凡在会中之国所通用。至货样重至五十革拉玛,向例纳五普分尼亦改纳十普分尼,不免较昔增长,然亦势所难已也。一则因向例之分歧者现欲删除,一则因各国公会时意见略同,故接收及转运并送到各项,纳费则例至少以十普分尼为度耳。

当公会时,德国曾经声明,不但货样,即零星之物重至六斤者,各国亦应准其运送。当有数国以为难行,因该国向无运送舟车。其余在会诸国除有九国未置可否,余则以为可行,但须缓办。惟查德国所陈意见,既于公会时得有允准之国过半,自应将此节转至瑞士总司,以便各国体察情形再另行会议商办。各项刷印之物,瑞士旧约向以七或少至五多至十一桑提们完费,德国则每五十革拉玛纳五普分尼。至书写之物,应照信费至少则例,以二十普分尼为度。且刷印及书写诸物,如书籍、图画、乐单、官事簿等项,重以四斤为度,以便易于运送耳。

各项运送之物,纳费未足者,向与全未纳费之信件无异。假如由比国京都运送书籍重至五十一革拉玛,由原发之人应纳十桑提们。倘谨纳过一半,则由接到之人应纳一百五十五玛耳克,现改补完之费只纳十普分尼。又原约内载,会中各国遇有完费未足之新闻纸及信片概行停送,现准一律运送,惟信片一节应由接到之人照所欠之费加倍完纳。

昔时有数国收纳注簿花费太重，嗣后欧洲各国应以二十五桑提扪为〔度〕。其余诸国有情形不同者，亦不得过五十桑提扪。惟德国仍循旧章，并无改易。至遗失注簿运送之物应纳赔偿。其欧洲诸国即照所定赔偿则例办理。至欧洲以外诸国，有与该国内地则例不背者，有愿照办亦可。是本约于办理赔偿一节较前渐臻妥善。瑞士旧约，于在会各国往来信件，业经言定无须核算分给。其有交涉未入会之国往来信件规费，仅于每二年择定一月，约其大概分数核算。

瑞士旧约内载，凡会外之国呈请入会者，须与该国向通邮驿之邻邦先将水陆运费议妥，方得入会。且该国虽欲入会，而会中诸国各有阻禁之权，是其中不免碍难之处。而新约务为简易通融，故已一律开除。现在会外之国欲入会者，但能于本约条款章程遵照办理，即准该国随时入会，而会中诸国并不得挟制阻挠。是以各国公会约可于每届三五年余再议举行。其间遇有办理以上情事，即由各邮政司会议商办可也。

再，新约之意，原为各国人民于往来之事有裨，是以天下各国大约尽在会中，诚以此等利民之举各国无不勉力乐从，全心商办，以期亿兆人民于往来之事，或商订事业，或寄达音为每日所必需者，靡不易成无误。且其益尤有大焉者，如各国自主权宜不加损益，而附以新定之约，一则可去纷纭不一之弊，一则可获择善相从之宜也。又，瑞士总司自定约以来，迄今三载之久，其间请人判断之事仅有一案，是其办理邮政悉臻妥善，亦可概见。各邮政司能将彼此阅历试验之法互相通问会商，则如联为一体而脉络一气贯通，何也？以一国办法既臻妥善，而四方之国不久闻之，亦将渐广推行，一体获益云尔。

系自一千八百七十八年六月初一日于巴黎城公立各国邮政条约时所定。

光绪八年十二月三十日(1883-2-7)　总署致德国公使巴兰德函邮政会事应行南北洋大臣核复并将洋文送还由　01-27-005-01-002

十二月三十日,致德国公使巴兰德函。称:

各国邮传公会一事。本年十月二十三日,阿翻译来署面递贵大臣信一件,洋文一分。本衙门当交同文馆详译汉文,兹已译出,留备阅看。除照录来函行知南、北洋大臣核复外,相应将原洋文一分送还。先行布谢。顺颂日祉。

光绪九年正月二十五日(1883-3-4)　总署致南洋大臣左宗棠、北洋大臣李鸿章函

德邮政会究于中国有无关系无从揣度兹将巴使来函并译函文寄由

01-27-005-01-003

九年正月二十五日,致南洋大臣左宗棠函。称:

本年十月二十三日,据德国翻译阿恩德来署面递巴使信一件,洋文一分,并称各国邮传公会请中国派员先去阅看,然后赴会等语。本衙门现已译出汉文。究竟此事于中国有无关系,无从揣度。用特照录巴使来函并译汉文,即寄台端,即希饬核复知为盼。专此。顺颂勋祺。

同日致北洋大臣李鸿章,函同上。

光绪九年三月初五日(1883－4－11)　署北洋大臣张树声致总署函

据周道等所拟设立邮政各节或先试行于通商各口或暂由出使大臣派员往观再商办法由　01－27－005－01－004

九年三月初五日，署北洋大臣张树声函。称：

窃树声于少荃中堂移交卷中奉到正月二十六日直字七百三十一号钧函，以德国巴使信件并各国邮政公会章程一本，属即饬核复知等因。先已由李中堂函饬津海关周道会同洋务委员伍廷芳等体察各口情形，妥议具复。

兹据周道禀称，查泰西各国从前本无邮政。元初孛罗入仕中国，因知驿递之便，师其法而行之。初递公文，继则兼递商民信函，渐推渐广至今，各国竟以此为每年国课大宗。中国果能仿而行之，于富强之图不无裨益。况信局与电报为表里，电报字简尤须信局相辅而行。中国已设电报之沿海各省，可期消息灵通而信局太少，信资亦重，音书迟滞，公私不便。泰西岁收国课之饶，中国岁耗驿站之费。泰西信资甚贱，信局最多，于民大利。中国驿政虽骤难更张，而信局一事大可整理。惟泰西信局统之于官，兼递公文私信，无论本国及他国人民均不准在境内私设信局。中国驿站不递私信，马步岁费不赀，民间设局递信多费需时，官亦从不过问。近年同上各口，间有英法各国私设邮政司、递信馆等类，俄国并设有陆路邮政司直达京都，中国亦未尝禁止。我未讲求及此，毋怪彼族之夺我权利也。今欲招商设立大信局，仿照泰西先行之例，诚恐风气未开，势不易行。且已设立之华洋私信馆，断难一律禁止。惟有于通商口岸招商设局，先为小试，官为维持，俟商民佥称便利，然后徐图推广。即洋人私设信馆，亦易禁除，此乃复我自主之权而利国便民之善举也。至万国邮政公会之设,盖虑各国章程未一,故有此举。一入公会,则本国寄信之印花便可通行无阻。巴使函请派员入会,系为敦睦起见,似可由出使大臣就近派员入会与议。或如巴使所言,暂行派员旁观,然后徐订仿办。至信局详细章程,应俟会议后再为拟定等情前来。

树声查泰西各国以经理邮政为要,既便商民又裕国计。中国若能设法提倡,似于富强之策不无关系。又闻外洋通例,不准他国人在本国境内擅设信馆。今中国紧要海口既有东西洋各国所设邮政司及递信馆,往来信件运送无阻,渐侵我自主之权,将欲收回利柄,亦应先理邮政。但发轫之初,局面暂宜收敛,只可小试其端。俾华人见闻习熟,然后逐渐开拓。周道等所拟各节大致似尚妥恰。此事或先试行于通商各口,或暂由出使大臣派员往观再商办法,应俟钧署核夺施行。转肃布复。敬叩钧安。

光绪九年三月十七日(1883-4-23)　总署致署北洋大臣张树声函

邮政会事已函李大臣派员往观俟复到再行核办又北洋各关存票并德船在荣搁礁事由　01-27-005-01-005

九年三月十七日,致署北洋通商大臣张树声函。称:

三月初五日接函,开巴使请附邮政会一事,于中国富强之图不无裨益。又十一日接准咨称,北洋各关存票并无延搁,亦无不准作抵。又十五日复准咨,称德国夹板船在荣成搁礁,经拯济局拖救,应否照会驻京公使各等因前来。本衙门查以上各节,邮政会已函致出使德国李大臣于举行此会时派员往观,将详细情形复知本处,再行酌核。其银行存票既无延搁,应俟南洋大臣查复到日一并照复美国杨大臣。至德船在荣城遇救,应即照会德国谭署使,以昭睦宜。除分别办理外,特此布复。顺颂勋祉。

光绪九年六月十九日(1883-7-22)　南洋大臣左宗棠致总署咨文

邮政会事据苏松太道禀称拟请拣员前往旁观体查情形再行定止由

01-27-005-01-006

九年六月十九日,南洋大臣左宗棠文。称:

据苏松太道邵友濂禀称,本年二月十九日接奉钧札,光绪九年二月初五日,准总理衙门公函,据德国翻译阿恩德面递巴使信一件,并称各国邮传公会请中国派员先去阅看,然后赴会等语。究竟此事于中国有无关系,无从揣度。照录巴使来函并译汉文,希饬核复札关详议,禀复核办等因。

奉此。伏查泰西各国设立邮传公会,递送商民信物,定章收费,每年进款不少作为国课,以邮传为利国便民之举,是以各派大臣会议章程,因入款有关国计也。向来中国驿站专送公文,不递商民私信。每岁动支驿站钱粮为数甚巨,为部库出款大宗,与泰西各国情形迥然不同。现奉抄发邮传公会说帖,内载中国尚未入会,惟中国各路紧要海口俱设英法两国邮政司,并设有俄国陆路邮政司直达北京,而各国往来信件得以运送无阻,是以中国即与入会之国无异等语。所谓紧要海口俱设邮政司者,谅即洋商所开之信馆也。现就上海而论,英法两国公司轮船往来系有定期,华洋商民寄带信物甚为便捷。近来洋人又在租界内开设书信馆,无论中国官报以及商民私信交馆转寄,系以斤两之重轻定信资之多寡,即邮传公会计斤收费办法。惟是否与会章定数相符,无从稽考。该馆收信件,亦交公司轮船带送。开馆之初,洋人并未报由该管领事照会中国地方官立案。是否洋商私开,抑由西国邮传公会分派设立,亦属无从查悉。因外洋书信馆不过与中国信局相等,事与地方无碍,致未由官禁止。现在中国官商遇有紧要信,皆由电线传递。其寻常文函,均交轮船信局转寄,信资各自付给。商民私信官不过问,官寄信件一体出资,相安已久。此复若仿西国办法,将华人私信由官取费代递,不特事近琐屑,且与政体不符,似属难行。当此库藏支绌,与其墨守成宪,耗费驿站之资,不若同时改章借取邮传之利。所有泰西邮传公会开办已历数十年,入会者有三十余国之多,一切通行章程想必易从。既经德国公使欲请中国派员往看,拟请总理衙门捡派前往,作为会外旁观,不即入会,即由往看之员体察中外情形,将该会定章何者有利有弊,何者中国可以仿办,何者中国未能照办,悉心审度,详加核议,复请总理衙门裁夺。倘可入会,不妨暂允试办,如不可行即作罢论,似属有益无损。梼昧之见,是否有当,理合禀祈核复总理衙门酌办,实为公便等情到本爵阁督大臣。

据此,除批:查泰西各国设立邮传公会,本为裕国便民起见。然中国未设电线之先,各省商民行函皆由轮船信局转寄。现在各省已有电线,官商遇有紧要之事,多系改由电线传递,似此与信局尚无损碍。今若仿照西国办法,再将商民私信由官取费代递,不但夺华民信局之利,抑与政体有关。兹据该道,拟请捡派前往作为会外旁观,体察情形,再定行止,尚属有见。仰候据禀,咨请总理衙门查照酌办缴印发外,相应咨请为此令咨贵总理衙门请烦查照办理,示复施行。

光绪十二年三月初二日(1886-4-5)　德国公使巴兰德致总署说帖

德邮政所辖地方及户等数目与历年入出款之比较由　01-27-005-01-007

十二年三月初二日,德国公使巴兰德面递说帖。称:

德国邮政所管地方四十四万九千五百六十三方齐勒迈当,户口三千七百九十七万八千一百六十五名,入款一万六千六百二十万零七千一百二十八码克,出款一万四千二百一十六万五千四百九十五码克,入浮于出二千四百零四万一千六百三十三码克。其入款内信脚共一万五千零九万六千八百九十五码克,较上年多约一百分之三分零七十二。再,查一千八百八十四年入浮于出二千一百十七万二千四百零七码克,一千八百八十三年入浮于出者二千一百三十三万七千二百零二码克。

光绪二十二年三月二十九日到(1896-5-11)　总署致出使美国大臣杨儒咨文

奏准议办邮政联会事恭录原奏附章程咨行钦遵办理由　01-40-004-06-002

总理各国事务衙门为咨行事。

光绪二十二年二月初七日,本衙门具奏议办邮政,请由现设邮递推广,并与各国联会一折。本日奉朱批。钞录原奏,并总税务司所拟章程,咨行贵大臣钦遵办理可也。须至咨者。粘钞。

右咨钦差出使美日秘国大臣杨。光绪二十二年二月十四日。

光绪二十三年三月(1897-4)　美国邮政部致驻美使馆函
万国邮政在华盛顿开会中国政府派员与会甚为欣悦由　01-40-004-06-003

敬启者。

万国邮政公会不日在华盛顿都城公同聚会。本大臣现奉明文,得悉贵国政府派员来都入会,以便详细考究万国邮政之法,本大臣闻之甚为欣悦,业已饬知管理各国邮政总办矣。如贵大臣欲悉此次邮政公会之事,自当将详细开呈尊处,以便交给该员收览可也。特此奉布。顺颂日祉。

光绪二十三年三月十六日(1897-4-18)　驻美使馆致美国邮政部函
奉函备悉中国派员与会借以考究邮政良规至为感佩由　01-40-004-06-004

敬覆者。

昨奉惠函,备悉一切。贵邦现兴万国邮政公会,洵属非常之盛举。中国派员入会,既申欣慕之悃,亦借以考究邮政良规。贵大臣欲以此次会条详细见示,以便本大臣转交入会之员收览,本大臣尤为感佩。即祈早日详示为荷。此覆。顺颂日祉。

光绪二十九年八月初三日(1903-9-23)　意国公使嘎厘纳致外务部照会
义使称罗马开设第六次博驿会请派全权专员俾得签该会所订办法由　01-27-005-01-008

光绪二十九年八月初三日,义国公使嘎照会。称:

照得西历一千九百零四年四月二十一日,在罗马府开第六博驿会之聚会。若贵国能派委员,本国政府甚为欣幸。因此托本大臣转请贵爵查照办理。如蒙贵国政府允准,请派一全权专员方好,俾能签博驿会所商订之办法也。理合照会贵爵查照,并希照复为盼。

光绪二十九年八月初八日(1903-9-28)　外务部致总税务司赫德札

义使照请派员入博驿会事应否选派邮政之员前往希核复由　01-27-005-01-009

光绪二十九年八月初八日,发总税务司赫德札。称:

光绪二十九年八月初三日,准义国驻京嘎大臣照称,照得西历一千九百零四年四月二十一日在罗马府开第六博驿会之聚会。若贵国能派委员,本国政府甚为欣幸。如蒙允准,务请派一全权专员方好,俾能签博驿会所商订之办法等因前来。本部查中国正在讲求邮政逐渐推广之际,义国所开博驿会应否选派办理邮政之员前往入会?相应札行总税务司酌核声复,以凭核办可也。

光绪三十年正月初四日(1904-2-19)　美国公使康格致外务部函

万国邮政会章由新西兰三处批准日期备函知照由　02-02-009-02-001

光绪三十年正月初四日,收美国公使康格函。称:

兹奉本国政府嘱达知贵亲王,西历一千九百零三年十二月二十四号,英国驻华盛顿头等钦差将纽西兰、好望角、那达勒三处政府批准前在华盛顿于一千八百九十七年六月十五号所定万国邮政会之章交本国外部备案。其各批准日期,纽西兰政府系于一千九百零一年十一月五号,那达勒政府亦系于是年十月二十一号批准,好望角政府批准系于一千九百零三年十月八号。相应备函达知贵亲王查照,即希备案可也。顺颂新祺。

光绪三十年正月十一日(1904－2－26)　美国公使康格致庆亲王奕劻信函

为危地马拉批准万国邮政会章请查照备案事

径启者。

兹奉本国外部大臣嘱,为达知贵亲王,在一千九百零四年正月八号,有驻华盛顿瓜地玛拉国使馆,将该国所批准一千八百九十七年六月十五号在华盛顿所定万国邮政会内二条文凭送交本国外部备案。所批准之二条章程,一系万国邮政会章,一系运送包件之章。其批准之日系于一千九百零三年十一月二十六号等因。相应函达贵亲王查照,即希备案可也。特泐。即颂爵祺。附送洋文。名另具。正月十一日。

光绪三十年二月初十日(1904－3－26)　总税务司赫德致庆亲王奕劻申呈

为罗马万国邮政总会改于一九〇五年四月召开俟明年春再议派员事

钦加太子少保衔花翎头品顶戴二等第一宝星总税务司赫德为申复事。

前奉光绪二十九年八月初三日,准义国驻京嘎大臣照称,照得西历一千九百零四年四月二十一日在罗马府开第六博驿会之聚会。若贵国能派员,本国政府甚为欣幸。如蒙允准,务请派一全权专员方好,俾能签博驿会所商订之办法。本部查中国正在讲求邮政推广之际,义国所开博驿会,应否选派办理邮政之员前往入会?相应札行总税务司酌核声复,以凭核办。又奉十二月二十日钧札,内开:查义国在罗马府开第六次博驿会之聚会,请派全权专员前往入会一事,前于本年八月初八日札行总税务司酌核办理在案,现尚未据声复。兹复准义国驻京嘎大臣函称,今接到本国外部来电,内称万国邮政总会业经展限,拟于一千九百另五年四月改为聚会之期,请将以上情形转达贵国政府得知等语。本大臣自应将来电函达贵部查照等因前来。相应札行总税务司查照各等因。

奉此,查应否派员入会一节,前美国华盛顿开会时当经派员前往,此次义国依序开会,亦应照办。惟所请特派全权专员一节,似可无庸照行,缘中国迄今尚未联入邮会。且一千九百四年之期改展至一千九百五年,派员一节可以从缓商订,容俟明春再议可也。现奉前因,理合备文申复贵部鉴查。须至咨呈者。

右申呈钦命全权大臣便宜行事军机大臣总理外务部事务和硕庆亲王。光绪三十年二月初十日。

光绪三十年六月二十九日(1904-8-10)　美国公使康格致外务部照会

奥斯达利亚合国代出邮政文凭由　02-02-009-02-017

光绪三十年六月二十九日,收美国公使康格照会。称:

兹接本国外部来文云,一千八百九十七年六月十五号在华盛顿所定万国邮政章程。现有英国所属之新南维里斯、斐多利亚、棍斯兰、南奥斯达利亚、西奥斯达利亚同达斯美尼亚此数属国，现在合为一国，即名为奥斯达利亚合国。是以英国藩政大臣于本年五月二十四号为奥斯达利亚合国代出允此邮政章程之文凭，由驻华盛顿英国头等钦差大臣于六月二十号将所出文凭交美国外部存案等因。相应将以上所收训条之言照会贵亲王查照，转饬贵国政府及邮政衙门备案可也。

光绪三十年七月初五日(1904－8－15)　外务部致美国公使康格照会

为英代属国允认万国邮政章程一节已札总税务司转饬邮政总办备案事

榷算司呈为照复事。

光绪三十年六月二十九日，准照称，一千八百九十七年六月十五号在华盛顿所定万国邮政章程，现英国藩政大臣于本年五月二十四号为奥斯达利亚合国代出允此邮政章程之文凭，由驻华盛顿英国头等钦差大臣于六月二十号将所出文凭交美国外部存案，应转知贵国邮政衙门备案等因前来。本部业经札行总税务司转饬邮政总办查照备案，相应照复贵大臣查照可也。须至照复者。美康使。

光绪三十年七月初五日(1904－8－15)　外务部致总税务司赫德札文

为英代属国允认万国邮政章程请转饬邮政总办查照备案事

榷算司呈为札行事。

光绪三十年六月二十九日，准美国驻京大臣照称，接本国外部来文，一千八百九十七年六月十六号在华盛顿所定万国邮政章程，现有美国所属之新南维里斯、斐多利亚、棍斯兰、南奥斯达利亚、西奥斯达利亚同达斯美尼亚此数属国,现在合为一国,即名奥斯达利亚合国,是以英国藩政大臣于本年五月二十四号为奥斯达利亚合国代为允此邮政章程之文凭,由驻华盛顿英国头等钦差大臣于六月二十号将所出文凭交美国外部存案等因。应请转知贵国邮政衙门备案等因前来。相应札行总税务司转饬邮政总办查照备案可也。须至札者。

右札花翎头品顶戴太子少保衔总税务司赫。准此。

光绪三十年七月十三日(1904-8-23) 总税务司赫德致外务部信函

为英代属国允认华盛顿万国邮政章程一节已饬邮政总办查照备案事

敬覆者。

奉到七月初五日钧札,以准美国驻京大臣照称,在华盛顿所定万国邮政章程,有英国所属之奥斯达利亚合国,由英国藩政大臣代出允此邮政章程之文凭,交美国外部大臣存案等因。札行转饬邮政总办查照备案等因。奉此,总税务司除遵饬邮政总办查照备案外,理合函覆贵部鉴查可也。此覆。顺颂升祺。名另具。光绪三十年七月十三日。

光绪三十年九月二十四日(1904-11-1) 翰林院编书处致外务部咨文

本处编辑邮政请将万国邮政条例一书咨送以资编集由 02-02-009-02-025

光绪三十年九月二十四日,收翰林院编书处文。称:

查光绪二十二年,前总理衙门奏请开办邮政折内称,光绪十九年税务司葛显礼呈万国邮政条例等因。现在本处编辑邮政书籍,外间并无此项译本。相应咨行贵部,可否将原本书籍咨送前来,以资编集可也。

光绪三十年九月二十七日(1904-11-4) 外务部致翰林院编书处咨文

咨复翰林院编书处万国邮政条例因乱佚失现无别项存本由 02-02-009-02-026

光绪三十年九月二十七日,发翰林院编书处文。称:

光绪三十年九月二十四日,接准咨称,前总理衙门奏请开办邮政折内称,光绪十九年税务司葛显礼呈送万国邮政条例等因。现在本处编辑邮政书籍,外间并无此项译本。可否将原本书籍咨送,以资编集等因。本部因乱佚失,现在亦无别项新本。应咨复贵处查照可也。

光绪三十一年六月十八日(1905-7-20) 意国公使巴乐礼致庆亲王奕劻照会

第六期罗马万国邮政会定于一九〇六年四月召开事

大义国钦差驻京便宜行事全权大臣世职巴为照会事。

所有万国邮政第六期公会缓办一事,本大臣曾经照知贵爵声明,俟有妥定日期再行达致贵部在案。今接本国政府之谕令,本大臣照会贵爵,万国邮政第六期公会今已妥定于西历一千九百零六年四月初礼拜内开会,再无迟缓。本大臣应将以上情形照知贵爵,并请转致各该衙门阅悉照办可也。须至照会者。

右照会大清钦命总理外务部事务和硕庆亲王。大清光绪三十一年六月十八日,大义一千九百五年七月二十日。

光绪三十一年六月二十二日(1905-7-24) 外务部致总税务司赫德札文

为罗马万国邮政公会已定会期请酌核派员事

榷算司呈为札行事。

光绪三十一年六月十八日,准义国驻京大臣照称,所有万国邮政第六期公会缓办一事。今接本国政府之谕,已妥定于西历一千九百零六年四月初礼拜内开会,再无迟缓。应照知并请转致各该衙门阅悉照办等因前来。本部查义国在罗马府开第六博驿会之聚会,经义国前驻京大臣照请派一全权专员,俾能签博驿会所商对之办法,并两次函达改期,均经本部于二十九年八月初八、十二月二十,暨三十年十二月初四等日札行在案。兹准照称,妥定会期。相应札行总税务司查照,应如何派员之处酌核声覆可也。须至札者。

右札总税务司赫。准此。

光绪三十二年二月初一日(1906-2-23) 总税务司赫德致外务部申呈

义国邮政会一事请电许大臣观会并贺副税司随往由 01-27-005-01-011

光绪三十二年二月初一日,收总税务司申呈。称:

案查万国邮政第六期公会一事,前于三十一年六月二十二日曾奉钧札内开,光绪三十一年六月十八日,准义国驻京大臣照称,所有万国邮政第六期公会缓办一事,今接本国政府之谕,已妥定于西历一千九百零六年四月初礼拜内开会,再无迟缓。应照知并请转致各该衙门阅悉照办等因前来。本部查义国在罗府开第六次博驿会之聚会,经义国驻京大臣照请派一全权专员,俾能签博驿会所商订之办法,并两次函达〔改〕期,均经本部于二十九年八月初八、十二月二十,暨三十年十二月初四等日札行在案。兹准照称妥定会期,相应札行总税务司查照,应如何派员之处酌核声复等因。

奉此,查中国邮政奉旨推广之时,系在光绪二十二年间。彼时因开办伊始,进入邮政公会并徒无益,且多掣肘。迨至该会第五次在美国华盛顿开会时,曾由前总理衙门专饬派员前往赴会。然中国尚非入会之国,是以到会之员只能旁听各国议订办法,俾增益其办理邮政之见识,并无会订办法之责。自彼时历办邮务,以迄于今。随觉步武各国,日有进步。盖惟中国现在仍非入会之国,此次义国大臣请派专员,仍不能有所谓签订办法之事。但既请特派全权之员,则不若由贵部奏派中国驻意大臣作为观会之员,仍无与议之责。再,二十二年奉旨推广之时,曾由前总理衙门行文与瑞士国邮政公会之总理,意谓中国现已开设邮政局,早晚必当入会,现正学习会中之办法。倘此时有与泰西各国邮务应行联络交涉之事,即由驻英税务司金登干料理云云。现拟由金税务司转派前曾赴第五次邮会之副税务司赫承先届时前往罗马,随同中国驻意大臣入会观听,并将会中商议订定各事随时报知总税务司知悉备案。刻因开会之期为日无多,如蒙允行,希即电达驻意大臣,一面由总税务司详细电饬赫副税务司知照,届时前往随同入会可也。

光绪三十二年二月初四日(1906-2-26)　外务部致意国公使巴乐礼照会

为已咨驻贵国大臣及饬副总税务司届时赴万国邮政会希优待事

榷算司呈为照会事。

上年六月间准照称,所有万国邮政第六期公会已定于西历一千九百零六年四月初礼拜开会,请转致各该衙门照办等因前来。本部查中国邮政系属创办,自开办迄今,虽已逐渐扩充,日有进步,惟尚非入会之时,只可派员作为观会,不能予以签订办法之权。现即令驻贵国黄大臣就近观会,并另派前曾赴第五次邮会之副税务司赫承先届时随同往观,将该会中商议订定各事随时报知备案。除电咨黄大臣届时前往罗马观会,并由总税务司转饬赫副税务司随同往观外,相应照会贵大臣查照,即希电达贵国政府,于黄大臣等到罗马观会时优予接待可也。须至照会者。义国巴使。

光绪三十二年二月初五日(1906-2-27)　外务部致出使意国大臣黄诰咨文

为请届时赴罗马万国邮政会并已转饬副总税务司随往事

榷算司呈为咨行事。

所有义国举行第六期万国邮政公会一事,前准义国驻京公使照称,定于西历一千九百零六年四月初礼拜内在罗马开会,请派一全权专员,俾能签定该会所议办法等因。本部查中国创办邮政以来,虽已渐著成效,然尚非入会之时。既经义国公使照请派员,应由贵大臣届时赴罗马作为观会,并无会订办法之责,毋庸与议。并由部札饬总税司另派曾赴第五次邮会之副税务司赫承先随同前往,将该会中商订各事随时报知总税司存案,以备参考。除电达暨照会义使外，相应咨行贵大臣查照可也。须至咨者。驻义大臣黄。

光绪三十二年二月初五日（1906－2－27） 外务部致总税务司赫德札文

为已咨驻意大利大臣届时往观罗马邮政会请饬副总税务司随往事

榷算司呈为札行事。

光绪三十二年二月初一日，据申覆，本年西四月义国举行第六次万国邮政会应请派员前往观会，并派前曾赴第五次邮会之副税务司赫承先届时随同前往，将该会中商订各事随时报知备案等因前来。查中国邮政虽已办成有效，尚非入会之时，自应由驻义大臣就近往观，无庸予以议订办法之权。除电咨驻义黄大臣届时赴罗马观会，并照会义国驻京大臣转达义政府外，相应札行总税务司查照，即转饬副税务司赫承先随同前往可也。须至札者。

右札总税务司赫。准此。

光绪三十二年闰四月初七日（1906－5－29） 出使意国大臣黄诰致外务部函

详陈罗马第六次博驿会情形 01－27－005－01－018

光绪三十二年闰四月初七日，收驻义国大臣黄诰函。称：

昨十四日罗马开第六次万国博驿会，此会曾在华盛顿举行。日前奉到钧署来电，令诰前往观会，并由钧署饬总税务司派曾赴第五次邮会副税务司赫承先随同前往等因。该副税司经已抵义，诰于十四日带同暨副税司、暨翻译官翟青松前往会场。该会设在城主衙门，入会者约一百三十余人，各国公使均到观会。义王及义后亦到。先由邮部大臣演说，后由城主演说，均系恭贺开会之意，旋散会场。十六日设在哥纳禄王宫议事。诰带同副税司暨翻译官前往。会员齐集，会主登座演说，共分三门。第一门议寄信，第二门议寄物件，第三门议寄钱财。演说既毕，即向会员索取各国政府文凭，诰推以文凭尚未寄到。现查外洋各国均派员入会，我中国邮政程度未足，自难入会。因与副税司商议，嘱其查取会中章程，借资取则，以为将来入会地步，该副税司已允尽力办理。统希费神，代回堂宪。是所奉恳。敬请升安。

光绪三十二年六月十八日(1906－8－7)　出使意国大臣黄诰致外务部信

罗马第六次博驿会演说中国将来随时可以入会并附万国邮政会英文报告册译稿由　01－27－005－01－019

光绪三十二年六月十八日，收驻意黄大臣信。称：

敬再启者。日前准罗马开第六次万国博驿会，诰奉钧署饬总税务司派赫承先随同前往等因在案。诰自开会后与各国会员晤谈，尚属投契甚欢。会员演说有提及中国将来随时可以入会者，众皆鼓掌。会事既毕，赫承先交来洋文一纸，系呈报总税务司者。诰即令馆中随员译就汉文，特行附呈，并祈回堂为荷。诰再启。

光绪三十二年八月初二日(1906－9－19)　意国公使巴乐礼致庆亲王奕劻照会

为呈万国邮政盖印总簿请查阅存案事

大义国钦差驻京便宜行事全权大臣世职巴为照会事。

西历本年五月间，本国罗马已开万国邮政公会，所有拟定总簿，贵国同别国早经允准照办，当经议定。该总簿但缮一册，以便均行画押,在本国外务部存案。并刊印数册,照例盖印,专送允准之各国政府存案,以为证据。本大臣顷接本国外部来文,附贵国邮政总簿,照例盖印一册,理应遵谕。即将该册附送贵部查阅存案可也,仍希见复为荷。须至照会者。附件总簿一册。

右照会大清钦命总理外务部事务和硕庆亲王。大清光绪三十二年八月初二日,大义一千九百六年八(九)月十九日。

光绪三十二年八月初五日(1906－9－22)　外务部致税务处咨文为转万国邮政盖印总簿及抄录照会咨札等件请查照备案事

榷算司呈为咨行事。

光绪三十二年八月初二日,准义巴使照称,西历本年五月间,本国罗马已开万国邮政公会,所有拟定总簿,各国早经允准照办,当经议定。该总簿但缮一册,以便均行画押,在本国外务部存案。并刊印数册,照例盖印,专送允准之各国政府存案,以为证据。本大臣接本国外部送来盖印之邮政总簿一册,附送贵部查阅存案等因。查此事,本部前准驻京义国使臣照请派员入会,当于本年二月初五日咨行驻义黄大臣届时前往观会,并札行总税务司转饬副税务司赫承先随同前往在案。兹义使将盖印之邮政总簿一册附送前来。除照复外,相应将原送盖印之邮政总簿一册,并抄录照会、咨、札等件咨行贵大臣查照备案可也。须至咨者。附件。税务处。

光绪三十二年八月初五日(1906－9－22)　外务部致意国公使巴乐礼照会为收到万国在总簿并已查阅存案事

榷算司呈为照复事。

光绪三十二年八月初二日，接准照称，西历本年五月间，本国罗马已开万国邮政公会，所有拟定总簿，贵国同别国早经允准照办，当经议定。该总簿但缮一册，以便均行画押，在本国外务部存案。并刊印数册，照例盖印，专送允准之各国政府存案，以为证据。本大臣顷接本国外部送来盖印之邮政总簿一册，附送贵部查阅存案等因。查邮政总簿一册，本部业经收到，查阅存案。相应照复贵大臣查照可也。须至照复者。义国巴使。

光绪三十二年八月初九日(1906-9-26)　督办税务大臣铁良等致外务部咨呈

为副总税务司赫承先报告往观罗马万国邮政大会情形请查照事

钦命督办税务大臣军机大臣户部正堂铁、会办税务大臣外务部右堂唐为咨呈事。

本年七月二十日，据赫总税务司申称，案查万国邮政第六期公会一事，前奉外务部札开，以义国在罗马开第六博驿会，经义国驻京大臣照请派一专员，俾能签会所商订之办法，应如何派员酌核声复等因。当请外务部奏派中国驻义大臣作为观会之员，并拟由驻英税务司转派副税务司赫承先随同入会观听，业于本年二月初一日申复在案。

兹悉该副税务司随同中国观会大臣，在会各项情形并据申报一切。随饬邮政总办帛黎将该申文并另寄演说一篇，一并译就汉文，送呈前来。查原申所陈，系按期记载各项酬酢事宜，并新经议定之联邮条款，该条款定于西历明年十月初一日起办。中国既系照常遵行，自应早为筹备。其中之最要者即系入会各国彼此互寄信件之重限，向系十五格拉迈，今改为二十格拉迈。又互寄信件资费,每逾重限一次,不照现加之满费二十五桑笛迈,改为仅加十五桑笛迈。又改订于五年内应再开会一次,准在日斯国京都举办。在此时期之前,中国如愿入会,即可施行。至于演说所陈,大致系表明刻下中国邮政日有进步,并称续行筹办一切,以备附入联邮,业经会中许可。总之,中国虽非入会之国家,未能一同参议,但又演说一篇,可使联邮各邦愿与中国联步并进,而中国亦悉各国对待之情。所有罗马驿会赴讫各缘由,合备申文,并附译原申演说各一分呈请鉴核等因前来。除存查外,相应抄录原申、演说各一分,咨呈贵部查照可也。须至咨呈者。附抄件。

右咨呈外务部。光绪三十二年八月初九日。

附件一:赫承先申报往观罗马邮政大会情形

译副税务司赫承先申报前赴罗马驿会情形。

窃前奉总榷宪第二百七十号钧札,以外务部奏派赴罗马驿会黄大人系充中国观会大臣,本副税务司系充随带会员。旋又奉到第二百七十一号钧札,指示本副税务司应如何在会办理一切。随附光绪三十年暨三十一年之邮政情形节略各一分,并附有预备在会演说一纸各等因。奉此,合将遵示赴会各情详列于后。

本副税务司于西历四月初二日行抵罗马,次日赴中国使署谒见黄大人,略谈会务一次。下午遍往各大宪处投刺,特谒义国总邮政司嘉孟,接待极其款洽,随将会中情形讨论详明。

初七日十一句钟经始开会,系以加彼得里殿廷为会所,义皇、义皇后并义国首相及各国使臣等咸临会场。罗马城总董古沙尼恭词迎迓。旋有义国邮电大臣巴士礼声称,各友邦不弃敝国之请,均派大臣专临敝国,实有光宠。所有邮会应办之事,现既日见扩开,故拟商订新章,采取众论,以广公益。该大臣复代义皇声称,驿会即已开办矣。是日晚间,邮电大臣特开公宴,各国会员共约一百四十员,其黄大臣暨本副税务司偕同陪观员蔡敬宗亦均在座。

初九日,初于克伦纳王府开议,吾三人亦陪座其中。

次日十句钟,邮政大臣莫布格归入首座,总理一切,并道迎迓。旋有德国会员凯德吉称道数语。即有年齿最尊之瑞士会员德雷色,声称谢义国政府之约请,并称前次华盛顿之会员今未全在,颇觉动人感情。又称邮会日见扩张,将来中国必有入会之一日,以后四百兆人众之事务,定增邮会之内容。今请推荐总邮政司嘉孟作为本会之总理。言毕,众会员哄堂许可。邮政大臣莫布格君起立,声称愿观会务逐渐竣事,一面即告辞出堂。嘉孟乃入首座,派令瑞士联邮总局督办卢飞坐于其右,而令副督办加类坐于其左,并将某某等员派为本会之记室官。既而宣读开会章程,核对赴会各员之国书。随将应议之事分为三部分,各派专员稽查。一系改良公会内各项章程,派出英国赴会之员巴秉盾掌管其事。一系筹酌信及包裹寄带之法,派出法国赴会之员扎可克掌管其事。一系汇票、新闻纸类之办法,派出德国赴会之员冀可吉掌管其事。旋有阿比西尼亚国之观会员起,称:大约该国不日即入联邮公会。其后,会员论及册登会书之事,论毕,随即散堂。按此次聚议,系四月初十日延至五月初九日。其一月之内,均系各部分之专员提商。各该部分之专务,均不设会议公堂。但每提商时,各国会员亦可往听。本副税务司获闻议内各节,即系定信件之重限、减邮寄之资费,编辑散订之数册联邮章程俾归一册,并核议其西比利亚之铁路运费如何定夺,等等,均详见会书册簿之内。

五月初九日,系第二次开堂聚议,专为第一部分公会章程之事详细调查。此次当聚会时,嘉孟先起谢各国会员,因彼等赈济斐苏飞火山之灾民,并以花圈示敬前义皇之墓,谢讫,乃办会务。此次所议,不过联邮章程之前五条,其内第四条运费一项,减令极廉。其第五条信件之重限十五格拉迈者,改为二十格拉迈。至信件资费所见不同。英员拟每加重一倍,减为二十桑笛迈,纽西兰拟改为十桑笛迈,两议均作罢论。后乃从英员之请,每信重过二十格拉迈,计每加重一倍,不照满费,加为二十五桑笛迈改为仅加十五桑笛迈。此次堂齐,于中国最为紧要,因彼时将中国所备之演说在会宣明,内称:自华盛顿举行大会以来,中国邮政步步推广,其现在之地步亦均陈明,并望中国在下次开会之时得入联邮公会,预请如早能备妥一切,即早准附入联邮,不必以下次开会为限。演说既讫,阖堂鼓掌称赞,即由匈牙利国邮政大臣韩尼崖会同英员巴秉盾起而陈词,谓中国如能于下次开会之前入会,实属欣盼之事。

五月初十日,系第三次堂齐,再行查核第一部会议章程之事。第十条已入联邮之局,如在未入联邮国内开设分局,则应帮同定立联邮资费,按该国圜法行情如何折算。第十一条预付回信满费之法,本拟照准办理,但详查其事,办理颇难。会中业见有几项条议,其后卒取一法为定式,系令寄件者预购小邮单附于函内,一经寄到,即由收件人到局换取二十五桑笛迈之邮票粘函寄发。惟内有会员拟将二十五桑笛迈之限再为增展,而会中以为事属试办,勿庸再加。第十七条系联邮各国互寄之事,凡往来联邮境界之内外海道运送者,每信重一基罗,运费不逾十五佛郎。若他项邮件每一基罗,运费不逾一佛郎。如两国或数国有交通之事,此项运费数目由联邮总局计程摊派。第二十五条系自新章定妥实行后五年之内,应再举行会议一次。第二十七条定订会议之事,英国会员请公署准令南非属地得占两名集议之额。此事辩驳许久始经许可,而法、义、德及大西洋等国亦均准令南非洲各该属地各占议额一名。

五月十八及二十一两日,有第四、第五次之会议,专查第二及第三部所订保险、信件、包裹、汇票、注明价值之包裹并邮局代派新闻纸之办法。此等核议略有分辩,即经准行。遂查五月十九日所议信件重限以二十格拉迈为定,并逾限核减满费一节,经法国会员刊发传单,声称此事议可者仅多一人,遂竟照准。但有数国明有窒碍,不愿准办。是以此章所议,应再磋商。

旋于五月二十二日将此事开会磋商,颇有争执之事,以为此事业早定准,理难再商。卒于善后章程第三条内定明此事,可随各该国之情形遵否任便。又于善后章程第五条内订明,所有波斯国寄送刷印之件,准加邮费五桑笛迈,系于投到之时取收。中国如认联邮各章,亦可准其照办。其第六条系按邮件经过西比利亚之铁路核算账目之法,俄会员原议之数公会未准。其第七、第九两条准中国及阿比西尼亚附入联邮末后声明。实行各章之办法一本,均经准行。其中第五款内有一要条,以联邮各国之斤重若有碍难,照法国枚量法合算者,亦可照英两合计信件,每重一英两即合二十八格拉迈又万分之三四六五。他项邮件每重二英两,即合五十格拉迈。新闻纸一类每重以四两为限,惟其寄费至少须十桑笛迈。又数项新闻纸虽在一包,每项须各交纳满费。第七款提及满费回信小邮单。此单系由瑞士联邮总局印就,售与各国应用,每单一纸价售二十八桑笛迈。第十六款系改良明信片之章。第十八款系推广运送货样之章。第十九款系准明信片一项与刷印物一律纳费。第二十三款立有新办法一项,即系专程运寄之办法。

至五月二十五日,系第七次会议。是日各项商议之事告竣,奥国会员请届下次会期在澳洲之美利渤海口开会,而日斯国会员请在日京举行。因澳洲路程较远,故让从日员之议,阖堂翕然乐从。

次日,系第八次聚会。开会之前,先有各国会员公备厚仪,馈赠嘉孟及其协办加那尼,计赠得上等自鸣钟一架、大铜像一尊,以达谢忱而表纪念。未几,各员均经入堂,将所议各章挨次签字。嗣有英及大西洋、巴西、日斯巴尼亚等国之会员起陈祝辞,均系称谢义国接待之美意,嘉孟亦以礼辞相答,并赠临别之言。内有数语,系望下届会期中国得入邮会。于是乎会务至此告成。在开会之期,发有铁路准单,任各会员随意游览。而酬应亦觉甚殷。即如义皇于宫廷开宴一次;罗马总董在加彼得里约请一次;他若看剧、夺花均有约请;最后则由邮电大臣约请一次,各国公使、参赞亦咸在焉。本副税务司查此次会议之时限较长,因距华盛顿开会以来多延三年,未克依限再开,以致商订各项过于繁多,而所议之章又较往时力求完备也。合将观会情形备文,恭呈钧阅可也。须至申呈者。

附件二:中国赴罗马邮政会之演说

译中国赴罗马驿会之演说。于西历五月初九日在会中用法文宣读。

敬告在会诸公。兹者,中国虽未附入联邮公会,然义国政府已知中国邮政办有规模,特请派委会员来赴盛会,是以仆等到此,第一义务即系代表中国政府酬谢义国政府之美意,一面恭谢诸位会员之欢迎。中国今日之举,系第二次派员赴邮会。前曾初赴华盛顿之博驿会,惟彼时中国邮政发轫伊始,临会无可表明,仅述创办之难暨预筹推广之法,并指明已开之局能按联邮章程于各国互寄往来者设在某省地方。此等语言,业经载入前次会书之内。今之再行提及者,系欲著见所办之事及所造之地位,目前究系何如。查彼年至今,已有九年之久。尔时中国仅于通商口岸及其附近数处设有邮政局所,今则遍于十八省及东三省,计有总、分各局四百三十余处,其支局则有一千一百九十处之多。综此广大之邮疆晰有若干总界,每界设有专辖之员,由界而分之则有属区,每区立有编号之分局环列各等支局,以资联络。惟是简派管辖之员最为不易。当其选者,必谙悉中国之风俗语言。其人既一时难寻,其事亦不免卒就,故特令各口税务司兼各界邮政司之职任,俾邮员无异夙备,而应办之事立地即可推行。至于运寄之法,已与著名之各轮船公司商定,运则任在中国沿海沿江往来装运邮袋,其内河小轮亦听邮政需用而已。开之铁路,计长三千五百基罗迈,即华度九千里,均代邮政运寄无殊。内以北清一带铁路最为繁盛,所有大小火轮车船运寄邮件之处,统谓之汽机通行之邮域,其域内一切章程、模范、资费等项,均以联邮公会为凭。惟此域外仍有闭关之省分,汽机尚未通行,其运寄邮件则以马步等差常川来往,计程十二万余里,统谓之内地邮域。凡邮件归此域内者,除信件及明信片仍照联邮资例收取,他项邮件均加内地之另费,以敷差役繁众之开销。此项另费粘有欠资票为凭,概不格外需索。又,前次赴会曾论民局有碍于邮政,至今情势如旧。惟中国政府尚不欲妨其营业,随致民局一项不入邮政之范围。然而邮政发达依然自若,即如一千八百九十七年,各项邮件仅及十兆有半,今则增至七十六兆矣。而代民局由轮船运寄之件,约有九兆,尚不在此数内。至于邮政入款,大致亦系如此,可望数年之后得与出款持平。兹更有诸公所乐闻者,中国不但如前会所云,酌照联邮章程办事,且与数国订有互寄信件之合同,即如一千九百年之与法国,一千九百三年之与日本及英属印度、香港,一千九百四年之与德国及英属之那达其那达合同,专为斐洲华工信件便于来往,又一千九百四年复与法国订有包裹互寄之法,均经照议施行。以上所陈,在诸公识见高明,定当有所感触。可知开国最古、人民最繁之境内,其创办贵会节制之邮政,应有何等设施。且诸公已知中国文名夙著,风雅代传,现更步武泰西政法学术,大开风气,则其影响于邮政者,必有后效可观。职是之故,本总理邮务人员预计后此之程途,任事愈觉勇往。是以极力措施,妥为筹备,深盼下期附入联会,获邀贵会之欢迎。如其各项事宜早日能备妥,更望贵会早准入会,仍暂由兼办邮务人员照常襄助办理云云。

于是宣演既终,阖堂鼓掌称赞。即有年齿最尊之匈牙利国即马甲国会员韩尼崖起立,声称中国刻下如能入会,吾等实为欣盼,俾邮会二十五年之大庆典,增一完美之谈。如前所述,中国邮务情形,吾等已铭五内,乘此即贺中国邮政之地位,并壮其功绩之艰辛。何则办理中国邮务殊费周章,不但特启新机,仍须融化旧制,势必力起直追,方有成效。不似各国之易于徐徐图进也。且吾等知中国邮政如此之难,不胜代为悬念。惟望下期开会,见此立国最古、人民最繁之友邦,得于此座联袂协议,则庆幸当无既也。今者可允该会员所请,准其何时备妥,何时即入联邮。所有此次驿会商定之新章,亦准中国照前华盛顿办法一律遵守无异云云。言毕,英员巴秉盾起立,声称以该匈牙利员所称,伊亦甚表同情,亦望中国于下期开会之前,早将邮务扩张,以备入会。并此次驿会所订之新章一书,可以待其随时任便允认云云。此他国会员酬答演说之语意也,合并附录于此。

附件三:赫承先呈报邮政会议情形

照译副税务司赫承先呈报邮政会情形稿。

西历一千九百零六年五月二十七号，义大利罗马都城举行万国邮政会英文报告册译稿。

为呈报事。窃赫承先于西历本年二月二十八号即华二月六日奉到第二百七十号特别公文一纸，内开：罗马举行第六次邮政会，驻义星使黄大人为正会员，赫承先着充副会员，当即谨遵在案。旋于本年三月一号即华二月七日又奉到第二百七十一号特别公文一纸，内开：一千九百零四、五两年之邮政事宜，均着副会员详记报告前来等因。遵将邮会详记事宜详记如左。

本副会员于四月二号行抵罗马，次晨即赴中国使署禀到，并与黄大人商量入会事宜。是日下午，往拜邮政各官及邮政总监督加孟地君，款待殷勤，并蒙告邮会一切大纲。邮会开会式于四月七号上午十一点钟举行，义王及义后亦皆临会，义政府之大员及外交团体均到。有罗马长官阿里勃让地君读欢迎光临词，词属义文。继有邮政电报大臣巴奇礼君演说，云：十九世纪之初，义国实首举行万国邮政会，光荣莫大，且关于邮政进步亦非浅鲜。今日之聚会，亦以邮政发达为宗旨。演毕，则以义王之名开第六次万国邮政会。即晚于爱格司克雷斯哇尔客店茶会。到会者，邮电部大臣及会员等约四十人，外国代表人在内，中国则有黄大人、赫承先及补助员翟参赞青松等。开会议事时，逐次前往。议事处在哥伦那宫，系为邮会特行预备者。

次晨十点钟，邮政帮办大臣毛尔普尔哥君暂充会长，与众人相见，登台演说。其意为欢迎会员等，并开会以后之事。继而演说者有德人克辣第柯君，答词有得尔瑟尔君。此人为会中最年高者，其意则谢义政府之优待，且有伤于前在华盛顿开会时之会员，有今已物故不能到会者，并将邮会进步情形略言梗概。伊意谓中国入会之事不致失望。现中国四百兆人,已享有邮政之利益。演毕,公议以义国邮政总监督加孟地君为会长。即毛尔哥尔君亦韪此议,并云:加孟地君为会长,则将来于义国邮政管理之法,不难推陈出新,别有锐敏政策也。言毕,鲁斐君为会中事务长,前充总事务局副总理。加尔君为参赞。前充总事务局副总监督。将会中规条宣毕后,所有各国政府派来会员,逐一交呈该国政府之完全有力国书。

旋于十点半钟派出三总代。第一总代管理辨论紧要约文,英人巴宾敦司密司君为首。第二则以管理交换贵重邮函及小包邮件之赔补保证,法人贾科第为首。其次则德人纪司寇君为第三总代,管理邮局汇票所有大小票纸,及将票纸人名登报之事。又南非洲黑人代表委员宣言云:将来伊国亦能入会。又,总事务局交到会中各种改良邮政之提议单。下午散会。自西四月十号以后,总代每日各将其担任之事集议,以备报告会中。于每日开议时前往听议,所议不止三总代事,随事可议。赫承先忝为中国代表,故尽心听议。最要之议,将邮件之重划一,及减轻邮费及回信费为一件草约。西伯利亚递信费一节亦经论辨。据副总代之报告,或由传递或由别法。

五月九号,开第二次大会,研究第一总代所报告之要约。入座之后,会长宣言,谢会员赠金恤维苏威火山被难之举。随有法人欲献花圈于皇陵,以志不忘前义王爱麻努尔第二及杭罢尔第一之功德,此举拟于日内所有会员共举行之。晚六点钟散会。所议者仅商首列五条,其最要之变更即重须核算运费。无论水陆均须核减,将邮件之重划一,从十五格至二十格。其减邮费之事,英国之意则从二十五生丁减至二十生丁,纽西兰则减至十生丁,皆无人韪。此议其为众人所韪者,二十格邮件或稍多,于二十格可减至十五生丁也。此次议会官场报告则另有中国纪事编,其意谓从一千八百九十七年华盛顿开会以后,邮政日有进步。且中国欲于下次开会时亦附入会中,罗马邮会约文则留一地步以待中国。当读此编时,众人皆鼓掌称善。答词则匈牙利人痕利君代司查雷君邮政侍郎并管匈牙利全国邮政。及英人巴宾敦司密司君起而言曰:伊等甚愿中国于未来入邮会之前,预备能入邮会地步。

五月十号,第三次大会仍研究第一总代所报告之紧要条件。第十条内云,如各国可于未入邮会各国立一联合邮局,以便与未入会各处可以通行邮政。第十一条云,回信先付邮费一事久无便法,若创一合宜之法似易而实难。会议时所有种种提议,为将信封贴双分邮票已经传知。最后之一法则用小票本。此法系送信者可将官制小票一张封入信中,而收信者欲送回信,于送信者可将此小票送到邮局,邮局收此小票后,即将值二十五生丁之邮票给与收信者,收信者可贴此票于信上送致送信者。此种小票本所载数目亦可不拘,尽用二十五生丁之票以期便利。其易新小票之时,只须签名而已。第十七条,所有海上运费,已否入会各国信件及邮片,每千格不得过十五佛郎,其他项邮件每千格不过一佛郎。倘遭意外,其赔偿则以道路之远近为比例,其赔费由运局赔出。第二十五条,邮会经定有力之约后,执行不得少过五年。第二十七条,则英国请会中准其关于特、哇两国之事投票。经会议后,得有两票。此事移在纽西兰核办,而南非洲殖民地须结而为一。此后则阿尔纪里亚国亦请会中准其投票,德国因保护南非洲亦有请,葡萄牙国南非洲殖民地亦有请,义大利亦有请。第二十八条,谓罗马万国邮政会于一千九百零七年十月一号起实行。下午六点钟随即散会。

五月十八、二十一两日开第四、五两大会。第二总代将其所应报告者陈明会中,亦皆允纳。九月五号开会之后,提议加增信件分量,从十五格至二十格,及减轻二十格之邮费。而法国会员宣言曰:管理邮件革新事宜从公议,而今日以为然者只有一票,仍须从新提议。第六次大会之后,经公家集议后始得决定所有条规。经投票多数韪议,不得再有更改。如邮政要约第三条减轻二十格信件邮费一节,目前尚可随便,因大家不能一致改革也。第五款,印成邮件类驿递至波斯国时,准其征收五生丁,并言中国有自由入会之权。第六款,统计由西伯利亚之运费。关于此事之特别条例,俄国会员请会中加入议定稿件内,会中未允。第七款及第九款,中国及南非洲黑人关于邮政将来如何结议,尚待一千九百零七年七月一号也。第七款关于回信小票事,公家皆认可,拟即行出售,其价二十八生丁。第十六款,邮片从新定议。第十八条系样本类,于此类之类目须增广。第十九款,各种印成邮件,此款细目又增三十六则,邮篇亦附此类中。前华盛顿开会,第八款所载邮片上如已经印明为邮片者不得附入印成邮件类,照今日之议,则前议已作罢论。第二十三条,快车传送邮件事亦须议妥。

五月二十五号开第七次大会,有细小问题数则,已经结议。澳人请下次开会于美尔布尼,西班牙亦请开会于伊国都城以马得利为集会之所。澳人之请因会员过半以路程迢远不便却之,西人之请大家皆认可。

此次大会于五月二十六,第八次大会之长加孟地君及会中总参赞皆受有礼物钟及古铜像以为纪念,随有各员签名约稿。作颂词者有葡、英、巴西、西班牙诸国会员,会长亦以美调答之,意谓于第七次开会时甚望中国亦附入会中。此会义国铁路为会员便宜起见,可乘车游览各处及制造等厂。义王请大餐于齐林纳尔宫,罗马城代表人请戏及大餐于巴拉丁游览园囿,尽饰以灯彩。行闭会式时,有邮电部大臣请听乐及茶会、花会等。此外,则各国使臣请各该国前来入会之员。罗马开会之延迟,实因格外增加三年之故。因华盛顿开会期与罗马开会期有差,因此故不能将条约搜集完全。其中有数事,则以各国管理邮政不能一致,故甚难处置。

光绪三十三年正月十六日(1907-2-25)　意国署使威达雷致外务部照会

为报告罗马邮政公会章程事

义国代办全权大臣威为照会事。

顷奉本国政府文称,驻义塞非亚国使臣现于正月十二号将罗马邮政公会章程代该国政府签订,下开各条:

邮政总章,汇银章程,包件章程,信包之注明价值者章程,寄新闻纸章程。令报告贵国等因。相应照会贵部查照可也。须至照会者。

光绪三十三年正月二十二日(1907-3-6)　外务部致邮传部咨文

为意使照称塞非亚国驻使代表政府签订邮政公会章程请查照事

榷算司呈为咨行事。

光绪三十三年正月十七日,接准义国代办威使臣照称,顷奉本国政府文称,驻义塞非亚国使臣现于正月十二号将罗马邮政公会章程代该国政府签订,下开各条:

邮政总章,汇银章程,包件章程,信包之注明价值者章程,寄新闻纸章程。令报告贵国等因前来。相应抄录,原照咨行贵部查照可也。须至咨者。邮传部。

光绪三十三年四月十九日(1907-5-30)　外务部致税务处咨文为转罗马邮政会全书及目录译文请查收事

榷算司呈为咨行事。

光绪三十三年四月十三日,据罗马万国邮政会寄到全书二册,咨税务处送罗马万国邮政会全书及译出目录一分,并将原书式册咨送贵处查收可也。须至咨者。附钞件一分,原书二册。税务处。

附件:罗马万国邮政会全书目录

《一千九百六年罗马万国邮政会全书》

上册目录

第一页至六十九页

各项办法大概情形

第七十页至二百四十三页

一千八百九十七年六月十五日正约专条及施行章程

第二百四十四页至二百九十页

互递标明价值之书信盒件办法告条

第二百九十一页至三百三十六页

使用邮局汇寄凭单办法专条及施行章程

第三百三十七页至四百三十页

互递包封邮件约章专条及施行章程

第四百三十一页至四百五十三页

使用邮局回单办法专条及施行章程

第四百五十四页至四百六十一页

邮局凭账办法专条

第四百六十二页至四百七十三页

邮局经手定寄报纸及各项限期刊行物办法专条

第四百七十四页至四百九十页

增订各项办法专条

第四百九十一页至五百三页

按字母编次全书细目

下册目录

上卷　协议文件

第一页至第三页

开会演说

第四页至二十四页

初次集议各说帖

第二十五页至一百页

附属开会说帖之文件

第一百一页至三百五十八页

初次会议专件即总约。

第三百五十九页至四百八十页

二次会议专件即标值之函件及包封邮件局凭账各办法。

第四百八十一页至五百五十四页

三次会议专件即邮局汇寄凭单及回单并经手定寄报纸等办法。

第五百五十五页至六百八十二页

各次集议说帖自第二次起至末第九次止

下卷定议文件

第六百八十三页至七百八十六页

总约、议定书、施行章程

第七百八十七页至八百二十四页

标值函件之办法、议定书、施行章程

第八百二十五页至八百五十八页

汇寄凭单之办法、议定书、施行章程

第八百五十九页至九百十四页

包封邮件之条约、议定书、施行章程

第九百十五页至九百三十六页

邮局回单之办法、施行章程

第九百三十七页至九百四十四页

邮局凭账之办法

第九百四十五页至九百六十二页

经手定寄报纸之办法、施行章程

第九百六十三页至九百七十八页

按字母编次全册细目

光绪三十三年七月初四日(1907－8－12)　意国署使博尔济斯致外务部信函

为美洲尼噶尔瓜国已签押邮政总约希查照备案事

义博署使文。西八月十二号。

美洲尼噶尔瓜共和国派赴罗马第六次万国邮务公会之全权大使,因该国政府承认乙九另六年五月二十六日邮政总约第七款所载各条,于六月十八号将该总约以及附属之规章一律承其政府之命签押。本署大臣奉政府命,嘱将以上各节声告贵部,即希查照备案可也。此布。顺颂日祉。博尔济斯。

光绪三十三年七月初九日(1907-8-17)　外务部致邮传部咨文为意使函称美洲尼噶尔瓜国已将邮政总约签押希即查照备案事

榷算司呈为咨行事。

光绪三十三年七月初六日,准义博署使函称,美洲尼噶尔瓜共和国派赴罗马第六次万国邮务公会之全权大使,因该国政府承认一九另六年五月二十六日邮政总约第七款所载各条,于六月十八号将该总约以及附属之规章一律承认其政府之命签押。本署大臣奉政府命,嘱将以上各节声告贵部备案等因前来。相应咨行贵部查照备案可也。须至咨者。邮传部。

光绪三十三年七月二十五日(1907-9-2)　意国署使博尔济斯致外务部照会

为万国邮政第六次会议协约施行日期已迫请贵国批准事

义国博代办来文。

准本国外部文开,各国批准一千九百六年五月二十六号,光绪三十二年闰四月初四日。万国邮社第六次会议协约文凭,至西本年七月二十五号。中本年六月十六日止。所有各国批准日期开列于左:

比利时1906年十月十八日,光绪三十二年九月初一日。谷斯大利加十一月九号,九月二十三日。挪威1907年正月八号,十一月廿四日。埃及正月十号,十一月廿六日。俄罗斯正月十二号,十一月廿八日。奥斯马加为博士尼及海在谷维痕两处二月十九号,光绪三十三年正月初七日。美国三月七号,正月二十三日。丹马三月廿六号,二月十三日。公谷四月十四号,三月初二日。瑞典五月廿二号,四月十一日。和兰五月廿九号,四月十八日。罗马尼六月四日,四月二十四日。暹罗六月六号,四月二十六日。英吉利并五印度及各属地六月十号,四月三十日。瑞士七月二号,五月二十二日。古巴七月十号,六月初一日。义大利七月二十五号。六月十六日。

查照大合同第二十八款,所有前项义京协约,应自西本年十月一号中本年八月二十四日起一律施行等因。准此,本代办查前项施行日期已甚迫促,应恳贵爵务于施行之日以前,将贵国政府批准文凭文交给本国政府,是为至荷。

光绪三十三年七月二日五日,一千九百七年九月二号。北京发。

光绪三十三年八月初二日(1907－9－9)　外务部致税务处咨文
为意使照请批准万国邮政第六次会议协约希核办事

榷算司呈为咨行事。

接准义博署使照称,准本国外部文开,各国批准一千九百六年五月二十六号光绪三十二年闰四月初四日万国邮社第六次会议协约文凭,至西本年七月二十五号中本年六月十六日止。查照大合同第二十八款,所有前项义京协约,应自西本年十月一号中本年八月二十四日起一律施行等语。查前项施行日期已迫,务请于施行之日以前,将贵国政府批准文凭文交给本国政府等因前来。相应钞录照会译文,咨行贵大臣查照核办声复,以凭转复可也。须至咨者。附抄件。税务处。

光绪三十三年八月初七日批文(1907－9－14)　税务处致总税务司札文
为意使照请批准万国邮政第六次会议协约希酌核速复事

督办铁、会办吕、帮办梁呈为札行事。

本年八月初二日,准外务部咨称,准义博署使照称,准本国外部文开,各国批准一千九百六年五月二十六号光绪三十二年闰四月初四日万国邮社第六次会议协约文凭,至西本年七月二十五号中本年六月十六日止。查照大合同第二十八款,所有前项义京协约,应自西本年十月一号中本年八月二十四日起一律施行等语。查前项施行日期已迫,务请于施行之日以前,将贵国政府批准凭文交给本国政府等情,抄录照会译文,咨行查照核办声复,以凭转复等因前来。

查义国开办万国邮政第六期公会,前经外务部咨行驻义黄大臣赴会,并札总税务司转饬副税务司赫承先随同前往观会。嗣又准外务部将义使送到盖印之邮政总簿一册咨送本处各在案。中国为未入邮会之国,当时会议亦无议定办法之权。至其协约详细情形,本处亦未知确。兹准外务部咨称前因,究应拟何办理之处。相应将原送之总簿并钞录前咨,与此次抄件一并札行总税务司查照,迅即酌核申复可也。须至札者。附抄件,义国盖印之邮政总簿一本。

光绪三十三年八月十八日(1907-9-25)　督办税务大臣致外务部咨呈

为中国于预备入会期限内并未声明入会则于协约等件毋庸签字画押事

钦命督理税务大臣为咨呈事。

本年八月初二日,准贵部咨称,准义博署使照称,准本国外部文开,各国批准一千九百六年五月二十六号光绪三十二年闰四月初四日万国邮社第六次会议协约文凭,至西本年七月二十五号中本年六月十六日止。查照大合同第二十八款,所有前项义京协约,应自西本年十月一号中本年八月二十四日起一律施行等语。查前项施行日期已迫,务请于施行之日以前,将贵国政府批准文凭交给本国政府等情,抄录照会译文,咨行查照核办声复等因。当经本处札行总税务司酌核申复。

去后,兹据申复称,查第六次万国邮政联会系在义国京师聚集,当由义国驻京大臣照请中国派员会议,蒙外务部饬派驻义黄大臣带同副税务司赫承先届时就近往观。彼时中国尚为未入会之国,因未予以议订办法之权,是以该大臣等不克与议。而他国会员公同商订之总约、议定书及施行章程等三项,该大臣等当时亦不能签字画押。惟议定书内第七、九两条载明,中国拟入联邮公会,但未预定时期,是以此次协约及总簿之内凡应行画押之处留有空白地方,以便如其按期入会,随时知照义国补行签字。惟此预备入会之期限,系至西历本年七月初一日即光绪三十三年五月二十一日即行截止。若过此期尚未入会,则第六次议定各件均不能签字等语。兹查所定预备入会之时限刻已过期,中国于其限内并未知照义国声明入会情事,则此项协约等件,自无庸签字画押。即可按此情形备发复文,并照请义国转达邮会,以中国现虽未及入会,惟于会中所订章程办法仍愿恭酌本国情势,将邮政一切事宜竭力遵照施行,俟有定期入会时再议等因前来。相应咨呈贵部查照转复义使可也。须至咨呈者。

右咨呈外务部。光绪三十三年八月十八日。

光绪三十三年八月二十三日(1907-9-30)　外务部致意国署使博尔济斯照会

为中国因未入会于协约等件毋庸签字惟会中所定章程办法自必参酌事

榷算司呈为照复事。

前准照称，准本国外部文开，各国批准一千九百六年五月二十六号即光绪三十二年闰四月初四日万国邮社第六次会议协约文凭，至西本年七月二十五号即中本年六月十六日止。查照大合同第二十八款，所有前项义京协约，应自西本年十月一号即中本年八月二十四日起一律施行等语。查前项施行日期已迫，务请前期将贵国政府批准文凭交给本国政府等因。当经本部咨行税务处核办。去后，兹准复称，查第六次万国邮政联会议定书内第七、九两条载明，中国拟入联邮公会，但未预定时期，是以此次协约及总簿之内凡应行画押之处留有空白地方，以便如其按期入会，随时知照义国补行签字。惟此预备入会之期限，系至西历本年七月初一日即光绪三十三年五月二十一日即行截止。若过此期尚未入会，则第六次议定各件均不能签字等语。兹所定预备入会之时限刻已过期，则此项协约自无庸签字画押。应照请义国转达邮会各国，以中国现虽未及入会，惟于会中所订章程办法仍愿恭酌本国情势，将邮政一切事宜竭力遵照施行，俟有定期入会时再议等因前来。据此，相应照会贵署大臣查照转达贵国政府暨万国邮政联会可也。须至照复者。义博署使。

光绪三十三年九月初六日收文(1907－10－12)　总税务司赫德致外务部说帖

为详陈中国未入邮政总会之缘故事

邮政说帖。

中国现已多年办理邮政，尚未入邮政公会，其故有四。一系中国不入会，各国不撤在华之邮局。然纵使中国入会，而各国之局亦未必即能闭歇。一系中国若入此会，则恐各国代寄之邮政轮船索取津贴事所不免。一系历年所办邮政虽进步不为不速，然仍恐各局不及入会各国邮政之完全。一系若入此会，即恐有人云邮政须与海关分办，另立衙署，则经费较多。因有以上各故，是以至今未敢请办入会之事。惟所虑各节，或系过虑，亦未可定。现因有人谓东三省南北段铁路代中国邮政寄件，若已入会，必较不入会时易办。倘因此言以为应行入会，则其办法有二。一系责成驻法中国大臣会同告假在籍之邮政总办帛黎前往瑞士国商办，一系责成驻英大臣会同去岁前往罗马观会之副税务司赫承先前往瑞士国商办此事。即希贵处裁夺可也。

光绪三十三年九月十九日(1907-10-15)　督办税务大臣致外务部咨呈

为东三省互寄邮件须与日人妥商再与俄人定章或趁此入会希酌核事

钦命督理税务大臣为咨呈事。

派员另行会议东三省互寄邮件章程一事，前准咨称，俄国欲知详细办法，以便在森彼得堡复加详核咨行声复，以凭转复等因。当经本处札行总税务司妥议申复。去后，兹据申复称，查俄国之铁路，西界自满洲里，东界自绥芬河，汇归于哈尔滨，迤南至宽城子为止。中国之铁路，西由汉口至京，东以达山海关外，经新民屯迄，东至奉天为止。其由奉天至宽城子之一段既非中国之路，亦非俄国之路，乃归日本管理。是此时中俄在东三省互寄事宜，尚不能直接办理，必须由中国先与日本商订由奉至宽之邮寄办法，方能再订。中俄邮寄各事，现已派员与东三省日本邮政人员会议妥章。未定以前，中俄邮务尚可缓议。一俟中日邮章就绪，再本其意，拟议中俄合式之章,遵饬呈明一切。又,俄国大臣文内有因中国未入邮会,不能互办赍送万国邮件之事一语。阅此可知,若中国入会,俄国必允按照会章互寄联邮之件。至中国入会一节,若诸事俱已备妥,则入会实较不入会为愈。惟因历办推广各事,虽未入会,想来亦无窒碍之端。是以数年以来,凡提议入会一事时,总以缓办为请。今既遇有此项事机,应否即乘此时入会之处,希即酌核施行。现奉前因,除将钧札钞交邮政总办细阅拟办外,先行备文,复请钧鉴等因前来。查入邮会一事当经本处据总税司所呈说帖,咨呈贵部查照酌夺声复在案。兹据前因,相应咨呈贵部查照办理可也。须至咨者。

右咨呈外务部。光绪三十三年九月十九日。

光绪三十三年九月二十日(1907-10-26)　外务部致邮传部咨文为中国入万国邮政总会应如何办理希酌核事

榷算司呈为咨行事。

接准税务处咨称,本年九月初十日,总税务司来本处面呈邮政说帖一件,内称:中国现已多年办理邮政,尚未入邮政公会,其故有四:一系中国不入会,各国不撤在华之邮局。然纵使中国入会,而各国之局亦未必即能闭歇。一系中国若入此会,则恐各国代寄之邮政轮船索取津贴事所不免。一系历年所办邮政虽进步不为不速,然仍恐各局不及入会各国邮政之完全。一系若入此会,即恐有人云邮政须与海关分办,另立衙署,则经费较多。有以上各故,是以至今未敢请办入会之事。惟所虑各节,或系过虑,亦未可定。现因有人谓东三省南北段铁路代中国邮政寄件,若已入会,必较不入会时易办。倘因此言以为应行入会,则其办法有二。一系责成驻法中国大臣会同告假在籍之邮政总办帛黎前往瑞士国商办,一系责成驻英大臣会同去岁前往罗马观会之副税务司赫承先前往瑞士国商办此事,即希裁夺等语。查中国邮政入万国邮政公会,关系至为重要,究应如何办理之处,希酌夺声复等因前来。查此事已由税务处分咨在案。事关邮政,应归贵部主持。究应如何办理之处,相应咨行贵部酌核声复可也。须至咨者。邮传部。

光绪三十三年九月二十四日(1907-10-30)　外务部致邮传部咨文

为是否趁会议东三省互寄邮件章程之时加入万国邮政公会希与前咨核复事

榷算司呈为咨行事。

前准俄国照称,派员另行会议东省互寄邮件章程一事,本国政府复训内阁,因中国未入万国邮政会,则中国邮政官员不能互办赍送万国邮件之事,须由中国入会始可妥办。而本国政府欲副贵国政府所愿,并不阻碍在满洲妥办邮政之举,请将详细办法示知等因。当经本部咨行税务处。去后,兹准复称,据总税务司呈称,查俄国之铁路,西界自满洲里,东界自绥芬河,汇归于哈尔滨,迤南至宽城子为止。中国之铁路,西由汉口至京,东以达山海关外,经新民屯迄,东至奉天为止。其由奉天至宽城子之一段既非中国之路,亦非俄国之路,乃归日本管理。是此时中俄在东三省互寄事宜,尚不能直接办理,必须由中国先与日本商订,由奉至宽之邮寄办法方能再订。中俄邮寄各事,现已派员与东三省日本邮政人员会议妥章。未定以前,中俄邮务尚可缓议。又俄国大臣文内有因中国未入邮会,不能互办寄送万国邮件之事一语。阅此可知,若中国入会,俄国必允按照会章互寄联邮之件。至中国入会一节,若诸事俱已备妥,则入会实较不入会为愈。惟因历办推广各事,虽未入会,想来亦无窒碍之端。是以数年以来,凡提议入会一事时,总以缓办为请。今既遇有此项事机,应否即乘此时入会之处,酌核施行等情,咨请查照办理等因前来。查邮政隶于贵部,前已将应否入万国公会之处咨请酌核声复在案。兹准前因,相应咨行贵部查照,归入前咨,一并核复可也。须至咨者。邮传部。

光绪三十三年十一月初八日(1907-12-12)　意国署使博尔济斯致庆亲王奕劻照会

为开列批准罗马万国邮政会章程协约之国请查照并转贵国政府事

大义国署理钦差便宜行事全权大臣博为照会事。

现接本国政府来文,嘱本署大臣转达贵国政府,除已承认罗马万国邮政第六次联会所办章程协约之各国外,今将现行批准之各国开列于左:

德国于华历本年六月二十八日,墨西哥国七月十四日,黑山国七月二十七日,卢森布尔格国七月二十九日,法国八月初七日,杜呢西亚国八月初七日,大西洋国八月初九日,克雷达国八月十五日,日本国八月二十日,布路嘎里亚国八月二十日,乌拉外戈国八月二十四日,吕宋国八月二十四日。

本署大臣应将以上等情照知贵爵查照,并望转达贵国政府可也。须至照会者。

右照会大清钦命总理外务部事务和硕庆亲王。大清光绪三十三年十一月初八日,大义一千九百七年十二月十二日。

光绪三十三年十一月十二日(1907－12－16)　外务部致邮传部等咨文

为意使开列批准罗马万国邮政章程协约之国现抄录来文请查照事

榷算司呈为咨行事。

光绪三十三年十一月初八日,接准义博署使照称,现接本国政府来文,嘱本署大臣转达贵国政府,除已承认罗马万国邮政第六次联会所办章程协约之各国外,今将现行批准之各国开列照知贵部,并望转达贵国政府等因前来。相应抄录原照,咨行贵部/大臣查照可也。须至咨者。附抄件。邮传部、税务处。

光绪三十三年十一月十二日(1907－12－16)　外务部致意国署使博尔济斯照会

为已悉贵国所列批准罗马万国邮政章程协约之国并转邮传部等查照事

榷算司呈为照复事。

光绪三十三年十一月初八日,接准照称,现接本国来文,嘱本署大臣转达贵国政府,除已承认罗马万国邮政第六次联会所办章程协约之各国外,今将现行批准之各国开列照知贵爵,并望转达贵国政府等因。本部业已阅悉。除抄录原照咨行邮传部暨税务处外,相应照复贵大臣查照可也。须至照复者。义博署使。

光绪三十三年考证(1907)　邮传部收录文件

万国邮政公会章程

由德国及其所保护之国、美国及其所属之各岛埠、阿根廷国、奥国、比国、玻利非亚国、波斯尼亚国、黑塞哥维那国、巴齐国、勃牙利国、智利国、中国、可伦比亚国、刚果国、高丽国、哥斯达黎加国、革里底岛、古巴国、丹麦国及其属地、多明衣加国、厄瓜多尔国、西班牙国及其属地、爱提乌披亚国、法国、阿尔及耳国、安南内法国所属及其所保护之地方以及其余法国属地、英国及英国各属地、英属印度、澳斯他利亚、坎拿大国、新支兰国、南阿非利加洲之英国属地、希腊国、廓提马拉国、哈依提岛、开都拉斯国、匈牙利国、义大利国及其属地、日本国、赖比利亚国、鲁生堡、墨〔西〕哥国、门第内哥国、尼加拉瓜国、那威国、巴拿马国、巴拉圭国、和兰国及其属地、秘鲁国、波斯国、葡萄牙国及其属地、噜满尼国、俄国、萨尔瓦多耳国、塞尔维亚国、暹罗国、瑞典、瑞士国、突尼斯国、土耳其国、乌拉乖国、委内瑞辣国公同订定。

上列各国，于本章程后署名之全权代表，依照阳历一千八百九十七年六月十五日在美立华盛顿订立之万国邮政公会章程第二十五条，于罗马邮政博议大会特将该章程公同修订，俟由各该国政府批准施行。所有修订之章程如左。

第一条　万国邮政会之意义

现在商订今章程及将来加入之各国，以万国邮政公会名义，均归统一通邮境界之内，以便各该国之邮局互相交换转运邮件。

第二条　适用本章程之邮件

凡平常信件、单双明信片、各项印刷物、贸易契货样等类由已入邮会内之此国寄交邮会内之彼国，均按此项万国邮政公会章程办理。

以上各项邮件，由已入邮会之国与未入邮会之国往来互寄，中途至少经过两处已入邮会之国者，亦按照此项万国邮政公会章程办理。

第三条　比邻两国互寄邮件之法以及用第三国转寄邮件之法

一、比邻两国之邮局，或两国邮局直接运送邮件不经第三国代为转寄者，可因边境互换之邮件，或由此境寄至彼境之邮件，公同商订运送该项邮件之办法。

二、凡两国直接由海路用邮船等寄运邮件，而该邮船等系属两国中之一国者，除另有专章不计外，即作为用第三国之运送方法；此项运送方法以及一国中彼此两局来往之邮件，而由海道或陆路间他国所办事业转寄者，均照下条之规定办理。

第四条　转运费

一、凡在万国邮政公会之国发寄之邮件，所有入会之国应皆为之转寄。

二、凡在万国邮政公会各国之邮局，得按交通及邮政上之情势，互寄封固总包或零星散寄之邮件，经由邮会中一国或数国代转。

三、封固总包之邮件，由已入邮会之两国互寄，经由邮会中之其他一国或数国代转者，应按下开之转运费，付给经过之每国及运寄中在事之每国查收。

（一）陆路转运费

（甲）运送之路程不逾三千基罗迈当者，信件、明信片每重一基罗按法银一佛郎克五十生丁姆收费，他项邮件每重一基罗按法银二十生丁姆收费。

（乙）运送之路程在三千基罗迈当以外、六千基罗迈当以内者，信件、明信片每重一基罗按法银三佛郎克收费，他项邮件每重一基罗按法银四十生丁姆收费。

（丙）运送之路程在六千基罗迈当以外、九千基罗迈当以内者，信件、明信片每重一基罗按法银四佛郎克五十生丁姆收费，他项邮件每重一基罗按法银六十生丁姆收费。

（丁）运送之路程在九千基罗迈当以外者，信件、明信片每重一基罗按法银六佛郎克收费，他项邮件每重一基罗按法银八十生丁姆收费。

（二）海路转运费

（甲）运送之路程不逾三百海里者，信件、明信片每重一基罗按法银一佛郎克五十生丁姆收费，他项邮件每重一基罗按二十生丁姆收费。惟在事邮局如已收所运邮件之陆路转运费，则此不逾三百英里之海路即不另索海路转运费。

（乙）信件、明信片于欧罗巴洲各国之间互相往来者，或由欧罗巴洲各国与阿非利加洲以及亚西亚洲之地中海、黑海一带各口岸往来者，或该口岸之间互相往来者，或于欧罗巴洲及北美利加州之间往来者，如在三百海里之外，每重一基罗按法银四佛郎克收费，他项邮件每重一基罗按法银五十生丁姆收费。如由运寄邮会各国邮件之邮船往来运送，其往来之处皆在一国境内，或往来之处虽在两国境内，而中途并未换乘其他公司之邮船，且归程不逾一千五百海里者，所有运寄之费均与以上一律。

（丙）所有运寄之事不在以上一、二两节所言种类之内者，信件、明信片每重一基罗按法银八佛郎克收费，他项邮件每重一基罗按一佛郎克收费。

凡由海路运寄邮件，如系由两国或数国转运者，信件、明信片之全路运费每重一基罗至多不得逾法银八佛郎克，他项邮件每重一基罗至多不得逾一佛郎克。此项运费届时应由经手转寄之各国邮局按运送之程途若干分配，但各该在事国如系订有专章者，仍不得与所订之专章有所抵触。

四、零星散寄之邮件，于已入邮会之两国间往来寄运者，无论寄往何处及分量之轻重，每件均照左列之数照付转运费：

信件，每件六生丁姆。

明信片，每件二生丁姆有半。

他项邮件，每件二生丁姆有半。

五、邮会各国间运送之邮件，如有已入邮会之一国或数国商请已入邮会之他国为其筹设特别运送之法者，则一切转运费即不适用本条所规定，应由各该国公同另订。由陆路或海路运送之邮件，照章应行免费或取费较廉者，则仍照旧办理。

收法银二十五生丁姆。如未付资，则加倍补索。其有已逾二十格兰姆者，如预付资费，每加重二十格兰或不及二十格兰姆之零数，均加收十五生丁姆。各未曾付资，亦加倍索取。

明信片类，凡系单明信片或双明信片之半片，均预付资费者，每月均收法银十生丁姆。其未曾付资者，一律加倍补索。

各项印刷物、贸易契货样等类，每件有地名、人名者，每重五十法衡五十格兰姆或不及五十格兰姆之零数，均收五十生丁姆。但此项邮件内不得夹带信件，以及缮写之件叙及个人之事者，且其封志之法亦不得严密，务使邮局易于察验为合。

贸易契之资费，每件至少以五十生丁姆为始；货样类之资费，每件至少以二十生丁姆为始。

二、除上列第一段内所定之邮费外，尚可另加邮资，其例如左。

（一）应照上列第四条第三段第二节丙目交纳海路转运费之邮件，或照此项运费有关之邮件，均可另收划一之额外邮资，即系每信一件不得逾廿五生丁姆,明信片每件五生丁姆,他项邮件每重五十格兰姆或不及五十格兰姆之零数者五生丁姆。

(二)如邮件顷由未入邮会各国之邮局寄递,或由已入邮会各国特设之法寄递,因而邮局须有另外之费用者,则须按费用多寡酌定相当之数加索额外邮资。

三、凡各项邮件未曾付足资费者,应按所欠之数加倍补索,由收件人照付。但此项补索之数,不得逾于投递国补索种类重量及原寄处相同并未付资之邮件。

四、除信件、明信片外,其余邮件至少须预付资费数成。

五、货样包封内皆不得封有售价之物,重量不得逾法衡三百五十格兰姆,长不得逾法度三十桑迪迈当,宽不得逾法度二十桑迪迈当,厚不得逾法度十桑迪迈当。若系成卷者,长不得逾法度五十桑迪迈当,径宽不得逾法度十五桑迪迈当。

六、贸易契、印刷物两项,每件重不得逾法衡二基罗,长宽厚各不得逾法度四十五桑迪迈当。如系成卷,其径宽不逾法度十桑笛迈当,其长不逾法度七十五桑笛迈当者亦可收寄。

七、除本章程第二十条提及之详细章程以内所准者外,所有邮票及各项用以预付款项之件,无论已经注销或未注销者,以及印刷之件系属银钱票类者,均不得按减轻资类寄送。

第六条　挂号邮件及收件人回执并查询邮件等项

一、凡在第五条内开列之邮件皆可挂号,但双明信片之回片不得由原寄之人呈请挂号。

二、挂号邮件应由寄件人预付资费如左:

(一)依照该件之种类应付之平常邮资。

(二)额定之挂号资费至多不逾法银二十五生丁姆,所给寄件人之收据，其费亦一并在内。

三、挂号邮件之寄件人，可请给予收件人之回执，但须于声请时交付额定之回执资费，其费至多不逾法银二十五生丁姆。如寄件人于寄挂号邮件时未曾交付收件人回执之资费，而于日后请为查询该件者，邮局得向寄件人收纳等于其数之续费。

第七条　代货主收价

一、挂号邮件上可注明代货主收价字样，于投递时代为索取。如两国订有此项办法者即可互为施行。

此项包件须照挂号资费及挂号条程一律办理。

挂号邮件每件代货主所收之价，至多不得逾法银一千佛郎克，或等于一千佛郎克之数。

二、除往来之两国另有专条外，所有向收件人索取货价之款项，即先扣留代收之资费，计法银十生丁姆，另按下余之款扣出汇费，即用汇票汇交寄件人查收。

如此项汇票无法投递，可由原寄代货主收价，包件之国之邮局将该款随意处分。

三、凡挂号之件，计有代物主收价字样而遗失者，所有邮政局之责成与下开第八条所订挂号之件未曾注有代货主收价字样者相同。

凡代货主收价之件，除投递之局证明该件情形实不合本章程第二十条所提及之详细章程者不计外，均应于投递之后担负该项货价之责成。寄信清单上无论曾否注明　　字样以及应收之数目等，投递之局概须负有索取货价款项之责成。

第八条　挂号邮件之责成

一、挂号邮件如遇有遗失情事，除人力难施之事外，可由寄件人请为赔偿法银五十佛郎克。若寄件人欲将此款交给收件人查收亦可。

二、挂号之件如有某国愿为担承人力难施之赔偿者，该国邮局即可由寄件人加收每件至多不得逾法银二十五生丁姆之费。

三、所有赔偿之款应由原寄局之该管国照付，该管国可向负有责成之国索问，其有责成之国即系该件在其境内或经手时遗失之国。凡挂号邮件遗失，如在其境内或经手遗失之国，对于遗失他国之挂号邮件担承人力难施之赔偿一如上条之所述。而发寄之国对于本国内寄件人亦系担承人力难施之责成者，则遗失之国应向发寄国担负赔偿之责成。

四、除能证明与此相反之事项外，某局接收邮件如未将该件情形声明，亦无已投收件人或照章转交他局之凭据，则该件设有遗失损坏情事，其赔抵责成即归某局承认。

挂号之件注有存局候领字样，或收件人函请邮局存局候领者，如收件人到局承领时遵照该局章程，证明其为本人，具其姓名、住址等与封面所写相符，邮局将该件照交后，其责任即为完毕。

五、原寄局遇有应行赔偿之事，即须迅速办理，自请赔偿之日始，至迟须尽一年内赔付。倘应赔之责成系在他局者，则他局应得原寄局所赔之款迅行偿还。如原寄局早经通知，该他局无论系属经过局或投递局，至一年尚未赔偿了结者，则原寄局即准代其将应赔之数照付，一面仍惟该他局是问。倘证明责在某局而某局坚不认赔，以致多延时日，则某局即不但将所赔者应行如数赔付，并应将衍期一切特别花费一律缴出。

六、呈请赔偿一事，只能于交寄挂号邮件后一年之内办理。如逾一年，寄件人即无要求赔偿之权。

七、凡挂号邮件于运送之时遗失,不能分辨其责任究在何国地方者,则在事之局即应分认赔偿。

八、挂号邮件经应收之本人照收给有收据后,邮局责任即为完毕。

第九条　撤回及改寄邮件等类

一、凡寄件人欲将已寄之件撤回或欲改寄者,如在未曾投交收件人以前,邮局即可允为办理。

二、凡请撤回邮件,或由邮局发函,抑由邮局代发电报办理,所有由寄件人应付之费如下:

甲,如由邮局发函者,须付挂号邮件之资费。

乙,如由邮局代发电报者,须付普通电报之费。

三、邮件注有代货主收价字样者,原寄人得按呈请改寄之办法,呈请邮局将该件上所注之价目或改减,或全行注销。

第十条　用佛郎克以外之币制核定邮费

凡在邮会之国而无佛郎克之币制者,得照本章程各条内所定之邮费,用各该本国之币制者合等于佛郎克之数,惟折合时得按本章程第二十条所提之详细章程内列之表,任便将零数加减整数。

凡在未入邮会之国中设立邮局作为邮会之局者,得按上段所载,照该国本地币制折合。如有已入邮会之两国或数国同在未入邮会之一国中设有邮局者,则须彼此互订与佛郎克值价相等之邮费,均照该国本地币制折合。

第十一条　预付资费及回信兑换邮票之用片并免邮票费等件

一、各项邮件之邮资,只能用原寄国对于个人寄信发生效力之邮票粘贴,但以特别原因,所发之纪念票系暂用一时以垂纪念者,只可用于本国之内,不得于寄往外国之邮件上贴用。

双明信片之回片，其上印有发行国之邮票者，即为预行付足邮资之件。

新闻纸无论单张或成包，其上未经粘贴邮票，惟由邮局注有立券（　　）字样，系照本章程第十九条所言之新闻纸专章寄递者，亦即为预行付足邮资之件。

二、回信兑换邮票之用片，于许可兑换之各国间均可互相兑换，其信价每件至少需法银二十八生丁姆，或按发售国之币制折合相等之数。

回信兑换邮票之用片，可在凡系订有此项办法各国之邮局兑换价值二十五生丁姆之邮票，或按兑换国币制折合数与之相等之邮票。其余一切兑换情形暨万国邮会公署对于制造及发给以及结算此项用片应行参预等事，均在本章程第二十条所言之详细章程订定。

三、凡系邮政公事函件，由各国邮政总署彼此往来寄递者，或由各国邮政总署与万国邮会公署往来者，以及已入邮会各国之邮局彼此往来寄递者，皆一律无庸粘贴邮票，并免补索邮资。

四、往来信件关于交战时被掳禁之人者，或系直寄，或系由交战国，或在其境收留交战国军人之中立国特为该项掳禁人等所设之通报局转寄，一律免索邮资。

信件等寄交被掳禁之人，或由被掳禁之人所寄发者，无论在接收之国，或投递之国，以及转寄之国，皆一律免索邮资。交战国之军人被中立国所收留安置者，均作为被掳禁之人，按照以上所规定，一律办理无殊。

五、船行海面时，如寄发信件投入该船上信箱内，或交该船上之邮政经理人，或交该船之船主者，可照该船所属或所雇国之邮费则例，粘贴该国之邮票。

如在船上发寄信件,该船停泊时,无论在开放之处,或抵所往之处,以及中途经过暂停之处,均一律照该船现时停泊国之邮章办理,并粘贴该国之邮票。

第十二条　邮资归收取之国存用

一、每国邮政依照本章程上列第五、六、七、十以及十一等条第二节所收之款均一律由该国存用。惟第七条第二节所言收入汇票之款以及第十一条所言回信免兑换邮票用片之款不在此列。

二、收入之款除上节之汇票以及回信兑换邮票用片外,所有邮已入邮会之国皆无须彼此设备账单。

三、信件及他项邮件等类之邮资,除照上列章程所索取者外,无论发寄之国或投递之国,一律不得再向收件人或寄件人索取邮费或他项资费。

第十三条　快递邮件

一、凡在邮会之国,如彼此均定有互寄快递邮件办法者,无论何项邮件寄到时,如系寄件人呈请快递之件,即须立派专差投交收件之人。

二、此项另为快递之邮件,须付特别投递费。其费每件定为法银三十生丁姆,一律由寄件人于发寄时连同寻常资费预先付清。所收此项快递邮件之资费款项,均归原寄国之邮政存用。

三、快递邮件寄往之处如系该处邮局并无快递之办法者,则投递国之邮局可按其所定本国快递资例另行加索,惟须扣除寄件人已经付过额定资费之数,或按加索国之币制扣除等于该项额定资费之数。

以上加索之资费如遇原寄改寄他处,或无法投交者,可将加索之款领回。凡加索之款均归加索国之邮政存用。

四、注明快递之信件等类,如预先付清各项资费者,除原寄国已将该件作为快递之件办理外,其余一律按寻常之件投送。

第十四条　改寄及无法投递之邮件

一、凡邮件改寄,已入邮会之国者,一律无庸另索资费。

二、无法投递之邮件退回原寄之国时,其从前所付中途各国之转运费一概不能重付。

三、未曾付过资费之信件、明信片及邮资未曾付足之各项邮件,如因改寄或无法投递之故退回,原寄之国应由收件人或寄件人按投递国直寄原寄国该类邮件之资费缴纳邮费。

第十五条　与兵船互寄邮件之办法

一、已入邮会之国之邮局,可与其驻泊外国之本国舰队或兵船之统带彼此互寄封固总包之邮件,或由此处海军舰队或兵船之统带与他处海军舰队或兵船之统带皆系属于一国者彼此互寄,可由他国水路或陆路所办之事业运送。

二、此项封固总包邮件内装之各项邮件,必须皆系发件军舰中之官员兵丁寄交收件军舰中之官员兵丁者,其邮资及办法等项皆照该舰队所属之国之邮局内章程办理。除在事各邮局订有他项专章不计外,应由发收此项邮件之邮局按照本章程内第四条,付给代为转寄之他国转运费。

第十六条　禁令

一、贸易契、货样、刷印物等类,其情形不含本章程第五条及第二十条所言之详细章程者,一律不得为之寄递。

二、凡遇以上情形者,邮局即将原寄之件退回原寄之局,以便尽力退回原寄之人。但原寄之件如已付过资费,或至少付过资费若干,则投递之国按其法律或其国内章程可为投递者即须一律投递。

三、禁寄之物如左：

（一）禁交邮局寄递者

甲，货样及他项邮件之性质能伤害邮政人员或损污邮件者。

乙，易于引火轰爆及危险物品以及一切生死之动物昆虫，惟第二十条所言之详细章程内载者不在此列。

（二）禁止封入平常或挂号信件内交寄者

甲，钱币。

乙，应税之物。

丙，金银珠宝物件及其他贵重之物，但此项物件封装信内寄递者，只在订有禁寄章程之国方为禁寄。

丁，无论何项物件，为投递之国禁止入口或传寄者。

四、交寄之邮件如系为上列之第三节章程所禁寄者，倘邮局未经查明误为寄递，一经察出，应即退回原寄之国。但投递之国如按其法律或国内章程另有办法者不在此例。邮件内如封装易于引火轰爆以及危险物品者，一经查出，由查明之局立时销毁，并不退回原寄之局。

五、凡在邮会内之邮局，如遇按减轻资例件（付）资之邮件有犯该国关于出版寄递所颁之法律、条例、命令等项，或遇邮件外面所书之字样或所绘之图画等类为该国法律章程所不许者，得拒绝于其境内为之运寄投送。

第十七条　邮会内与邮会外各国之交际

一、已入邮会国之邮局如与未入邮会之国互有交际者，则须襄助其他邮会之国。其襄助之事如左：

（一）邮件寄往未入邮会之国，或由未入邮会之国所寄者，无论零星散件或封固总包，均应代为转寄，但寄封固总包必须原寄与寄往之局彼此互订有此项合同者始可。

（二）往来之零尾散件或封固总包，须经未入邮会之国，或由未入邮会国所办之事业运寄者，应一律为之转寄。

（三）未入邮会各国代为运寄之邮件，其转运费得按已入邮会各国内运寄之邮件照本章程第四条核付。

二、邮件由已入及未入邮会国之海路运寄者，其全路资费，信件、明信片每重一基罗不得逾法银十五佛郎克，他项邮件每重一基罗不得逾法银一佛郎克。如须分派者，则此项资费即由各经手运寄之国按运寄之路程彼此均分。

三、本条所括之邮件，无论由陆路或海路，于未入邮会之国及已入邮会之国寄运，其转运费结算之法，应与往来邮会两国之邮件而用邮会内地国转运应付之转运费相同。

四、邮件寄往未入邮会之国，其转运费皆须由原寄之国照付该项邮件之邮费，亦即由原寄之国订定，但不得较邮会所定通行之资例低减。

五、邮件由未入邮会之国寄发者，其转运费不由接收国之邮局付给。

接收国之邮局收到此项邮件后，如已预先付足邮资者，即为投递不再索资。倘未付过邮资，即按同类之邮件由本国寄往原寄国应行预付之资费加倍索取。其有未经付足邮资者，即按所欠之数加倍补索。但补索此项欠资邮件之资费，不得较多于并未付资其种类分量及原寄局亦皆相同之邮件。

六、挂号邮件之责成分两类如下：

甲，邮会各国互寄之件，一切遵照本章程办理。

乙,往来未入邮会各国之件,系照居中转寄之已入邮会国之邮局声明之办法办理。

第十八条　伪造之邮票

订立本章程之国,均经约定必须定邮专律,或请由各本国立法机关订律,以为惩治行用伪造之邮票,以及已经用过之万国邮票。且须订有专律,或请由各本国立法机关订律,以为惩禁私造、私售、私发仿照本国或入邮会之他国印就或备粘之邮票。

第十九条　特订某项事务之专章

凡注明值价之信件或箱匣,以及邮政汇票包裹、银行期票、银行汇票、认知证据,并定购新闻纸等类,在邮会之各国以及数国之联合者,皆可彼此互相订立专章办理。

第二十条　详细章程并邮会各国彼此互定之特章

一、邮会各国之邮局得以彼此商订详细章程,以使规定视为必要之一切办法及详细手续。

二、邮会各国之邮局亦可彼此订立特章,专为办理各项不关在会各国全体之事件,但所定之特章不得与本章程有所妨害。

三、但在事各局对于寄递在三十基罗迈当以内之邮件,得以互订特章核减邮费。

第二十一条　国内律例及有限之联邮

一、各国所定之律例等关于各项事件为本章程所未提及者,本章称概不牵令删改。

二、订立本章程之国如遵守或新立合同,及维持或新立有限之联邮,以便核减邮资,扩充邮务,本章程概不干涉。

第二十二条　万国邮政公署

一、邮会各国公同设立中央机关,称为万国邮政公署,归瑞士国邮政总署监督，其经费由已入邮会之各国担负。

二、万国邮政公署对于有关万国之一切事实应有收罗、编校、公布、分送之责任，如有彼此争执之事，经在事之国咨询者，亦应为之评论。凡遇提议修改邮政公会章程之事，或遇邮政公会章程有所更改者，即应由万国邮政公署传知各国。此外，凡遇关于联邮全体之事，一经托付，均应代为研究办理。

第二十三条　争执之事由公断裁决

一、在邮会之两国或数国，如因解释本章程，或因按照本章程，责任应在某局而互相争执者，遇有此项情事，即由公断裁决，由互相争执之国之邮政总署各择举一在邮会之他国而不与其争执之事者出而为之公断。

二、公断人之裁决以投票得多数之同意者为准。

三、如公断人之投票可否均半不能裁决者，则应由公断人另择一在邮会之他国亦不与其争执之事者出而为之了结。

四、根据以上第二十九条所订之专章，于本条亦适用之。

第二十四条　附入联邮

一、现在未经与订本章程之国，日后呈请入会，准其随时加入。

二、如请入会者，应按照外交上之程式，照会瑞士国政府，由该国政府通知已经联邮之各国。

三、日后入会之国自当承诺本章程所规定，本章程所载之利益亦得一体享受。

四、日后入会之国，即由瑞士国政府与之订定应摊万国邮政公署经费之数目。如系必要，并代该国按本章程第十条订定纳取之邮资。

第二十五条　博议大会以及公议会

一、邮会各国之政府或邮政总署,至少有三分之二要求或首肯开会者,则即察视事务之重轻,或由在会之国遣派全权代表公开博议大会,或仅开公议会。

二、博议大会每于上届开会所定事件实行之日起,至迟于五年内必再开会一次。

三、每国可派代表一员或数员莅会,或请他国代表兼替亦可。但一国所派之代表无论一员或数员,合其本国在内只准代表两国。

四、议论之事,每国只能有投一票之权。

五、每次开博议大会时,即决定下次开会之地点。

六、公议会开会之地点,由万国邮政公署拟择,然后由各国邮政总署决定。

第二十六条　提议事件在前后两会已开未开之间者

一、在前后两会已开未开之间,凡系在邮会之国对于联邮一切办法而有提议之事件,均得由此国致书彼国,经由万国邮政公署转为交接提议事件。除提议之本国外,至少须有两国出具同意之声明单方可开议商办。倘万国邮政公会于同时并未接有其他两国之同意单,则其提议一节即可勿庸置议。

二、凡提议之事项应如何传布声覆,兹特讲明如左:

在会之国对于万国邮政公署通知提议之事项,限于六个月内考查。如有意见,亦须尽该期限内声复万国邮政公署,其声复文内不得有删改情事。

所有各国声明之意见,即由万国邮政公署开列表册,寄交各国以视各国之认可与否,然后裁决。倘各国接到万国邮政公署所寄之表册后,自该表册所标之日起至六个月以内而并不投文声覆可否者,则万国邮政公会即以该国为中立之国。

三、提议之事项如何裁决如左:

(一)如提议之事项乃系增改本条或第二、第三、第四、第五、第六、第七、第八、第九、第十二、第十三、第十五、第十八、第二十七、第二十八、第二十九等条者,则各国令须同意方可实行。

(二)如提议之事项乃系更改本章程之所规定而不涉及第二、第三、第四、第五、第六、第七、第八、第九、第十二、第十三、第十五、第十八、第二十六、第二十七、第二十八、第二十九等,则各国须有三分之二之同意方可实行。

(三)如因解释联邮章程所定各条意义之故者,除第二十三条所载争执之事项不计外,则各国须有过半数同意方可实行。

(四)关于上段第一、第二两节各国提议之件,如经决议允准实行者,则瑞士国政府应照外交上之程式照会各在会之国一并办理。其关于上段第三节者,即由万国邮政公署知照在会之邮局。

(五)凡更改或决议之各项,至早须在知照三个月以后方能有效。

第二十七条　左列属他国保护之国以及他国之属地对于以上第二十二条、第二十五及第二十六条均作一国或作一局。

一、属德国保护之国在阿非利加洲者。

二、属德国保护之国在亚细亚以及在奥斯大剌拉西亚者。

三、属英国之印度。

四、坎拿大。

五、属英国之澳斯他利亚以及新几内亚。

六、属英国保护之国及属地之在阿非利加洲者。

七、其余英国之属地。

八、属美国之各岛埠,即如夏威夷岛、斐力宾岛、波陂黎各岛以及瓜木岛均亦在内。

九、丹麦国所有之属地。

十、西班牙国所有之属地。

十一、阿尔及耳国。

十二、安南内法国所属及其所保护之地方。

十三、其余法国之属地。

十四、义大利国所有之属地。

十五、和兰国所有之属地。

十六、葡萄牙国属地之在阿非利加洲者。

十七、葡萄牙国其余之属地。

第二十八条　本章程有效之期限

本章程定于阳历一千九百七年十月一号实行,并无期限。凡与邮会之国而欲中途出会者,则该国之政府须预先一年照会瑞士国政府。

第二十九条　注销以前之章程及本章程之批准

一、本章程自有效力日起,所有各国或各邮政机关从前所订条约章程或他项议定之件,倘其中条款有与本章程规定不合者,一概作为无效。其在以上第二十一条所准之事,不必因本条作废。

二、本章程应即速行批准,其批准之文书即在罗马彼此交换。

三、本章程以下所列各国之全权代表,均已于西历一千九百六年五月二十六号在罗马彼此签押,以资信守。

为德国及其所保护之国签押者。

为美国及其所属之各岛埠签押者。

为阿根廷国签押者。

为奥国签押者。

为比国签押者。

为波利非亚国签押者。

为波斯尼亚及里塞哥维纳两国签押者。

为巴齐国签押者。

为勃牙利国签押者。

为智利国签押者。

为中国签押者。

为可伦比亚国签押者。

为刚果国签押者。

为高丽国签押者。

为哥斯达黎加国签押者。

为革哩底岛签押者。

为古巴国签押者。

为丹麦国签押者。

为多明衣加国签押者。

为埃及国签押者。

为厄瓜多尔国签押者。

为爱提乌披亚国签押者。

为法国及阿尔及耳国签押者。

为安南内法国所属及其所保护之地方签押者。

为其余法国属地签押者。

为英国及英国各属地签押者。

为英属印度签押者。

为澳斯他利亚签押者。

为坎拿大国签押者。

为新支兰国签押者。

为南阿非利加洲之英国属地签押者。

为希腊国签押者。

为廓提马拉国签押者。

为哈依提岛签押者。

为开都拉斯国签押者。

为匈牙利国签押者。

为义大利国及其属地签押者。

为日本国签押者。

为赖比利亚签押者。

为鲁生堡签押者。

为墨西哥签押者。

为门的内哥国签押者。

为尼加拉瓜国签押者。

为那威国签押者。

为巴拿马国签押者。

为巴拉圭国签押者。

为和兰国签押者。

为和兰国之属地签押者。

为秘鲁国签押者。

为波斯国签押者。

为葡萄牙国及其属地签押者。

为鲁满尼国签押者。

为俄国签押者。

为萨尔瓦多耳国签押者。

为塞尔维亚国签押者。

为暹罗国签押者。

为瑞典国签押者。

为瑞士国签押者。

为突尼斯国签押者。

为土耳其国签押者。

为乌拉乖国签押者。

为委内瑞辣国签押者。

宣统二年七月初二日(1910-8-6)　邮传部致外务部咨呈

为请将总税务司于光绪十八年所译各国联约条款章程饬抄送部以备参考事

邮传部为咨呈事。

邮政司案呈,光绪十八年十二月十九日,总税务司赫德函致总理衙门,内开:欲入各国联约邮政会如何办法,并将各国联约条款暨详细章程译汉两本一并呈览等因。本部现拟筹备万国邮政联合会,该税司所译条款暨章程当可预备参考。相应咨呈贵部查照,饬抄过部,以备参考可也。须至咨呈者。

右咨呈外务部。宣统二年七月初二日。

宣统二年七月十一日(1910-8-15)　外务部致总税务司信函

为请将前总税务司译呈各国邮政联约条款章程抄送二分以便咨送邮传部事

致总税务司函。

径启者。

准邮传部咨称，光绪十八年十二月十九日，赫总税务司函致总理衙门内开：欲入各国联约邮政会如何办法，并将各国联约条款暨详细章程译汉两本一并呈览等情。本部现拟筹备万国邮政联合会，该税司所译条款暨章程当可预备参考，应请饬钞过部等因。查庚子乱后，本部案卷多有遗失。所有赫前总税务司送来所译之邮政联约条款暨详细章程，现在无从检查。为此函达阁下，将此项条款暨章程抄送二份，以便咨送邮传部以备参考可也。此泐。顺颂日祉。

宣统二年七月二十日(1910-8-24)　代理总税务司安格联致外务部函

欲入各国联约邮政会事　02-02-009-09-009

宣统二年七月二十日，收代理总税务司函。称：

奉到钧函，以准邮传部咨称，光绪十八年十二月十九日，赫总税务司函致总理衙门内开：欲入各国联约邮政会如何办法，并将各国联约条款暨详细章程译汉两本一并呈览等情。本部现拟筹备万国邮政联合会，该税司所译条款暨章程，当可豫参考，应请饬钞过部等因函达，将此项条款暨章程钞送二份，以便咨送等因。奉此，查敝署案卷，庚子乱时均被焚，如前项条款章程无从钞送。惟三年前不知何故，前任总税务司曾向驻英税务司电询入会办法，业据电复，合特译录，函呈钧鉴可也。附译稿一件。

附件：驻英税务司答复总税务司致电稿

总理衙门知照瑞士国执政衙门，请准中国附入联邮公会。该知照应随有相合之法文一纸，送由驻英或驻他国之中国钦差，交由该驻国之瑞士钦差转达瑞士执政衙门,由该执政衙门复核无异,即行通知在会各国,已准中国入会。再者,请入邮会之知照内,应声明何时承认邮会章程,邮资如何折合外国圜法,并按何等国级交纳会费。此外,仍有办法系中国钦差亦可径行知照瑞士钦差直接办理,惟须给予全权之执照,以便随时知照为凭。

万国电信联盟

万国电信联盟的前身是万国电报公会和万国无线电公会。1865 年,各国在法国巴黎签订《国际电报公约》,成立国际电报联合会(International Telegraph Unition),在晚清也称作万国电报公会、电学公会。1906 年,各国又在德国柏林签订《国际无线电公约》,成立国际无线电联合会(International Radio Telegraph Unition),即万国无线电公会,在晚清也称作电学比律公会、万国电线公会、万国电务公会等。1932 年,各国在西班牙马德里开会,将两个公约合并为《国际电信公约》,并成立新的国际组织——万国电信联盟(International Telecommunication Union)。该组织旨在制定电信标准,协调各国电信政策,维持和扩大国际间的电信合作。1947 年,其成为联合国下属的专门机构。本册共收录 77 件档案。

一、万国电报公会

光绪九年二月初五日(1883－3－13)　法国公使宝海致总署照会各国在法京设立电学公会请派员会商　01－09－006－04－003

二月初五日,法国公使宝海照会。称:

查学习电气之事,在法国巴黎京城设立各国公议会总局,谅贵亲王早经知之。兹于外历一千八百八十一年十月初五日,公会总局呈请法国转行别国派员前来,在分局三处详查电气内三条最要根源。今将三条列后:一、测量电气之效率;一、学习详查天下地面上之电并流行电气之情形;一、考订光学之率数。大法国允准所请,即按照公会总局各员切盼各事转行各国派员至巴黎京城,会同商酌学习以上三条电气各事宜。外历一千八百八十二年十月十六日,各国均派员至法国京都外部署内公议,以总理邮电部丞相为首领,共计二十八国,中国官员亦在内。并因法国相离中国遥远,未能按时行知,本大臣另请派员前往,即同驻法曾钦使商确,派员会商办理。当将此事先应办者会商就绪。其三条未尽各事宜,应俟详查明确声覆。总局定于一千八百八十三年十月初一日,各国在巴黎京城再行互相商定。再,去年十月二十六日,在会各员分手时,各拟有办法节略数条,论明何事应查,并各事应止之界限,当用何妙法详细查勘,应俟查明各处情形声明总局后再行会商。至在总局各员公论，均当如此。查此事原由法国兴办，故总局公拟应请法国将办法节略代为分行各国查酌，并云测量电气率数一事最为紧要，极为有益。倘贵国有才具明敏愿学习此事者，理应优待协助，以襄此美举，此法国之望切也。今将电气总局所作办法节略一本送呈贵亲王查阅。听闻贵国意愿相帮查办此事，曷胜欣悦，且各处仕商人等皆可获其益也。并将各国各员在电气总局商论各事宜五本，又该员等在保护海内电总线局内商论各事宜五本一并送上，以便分送阅看。为此照会贵亲王查照见覆可也。

光绪九年三月三十日(1883-5-6)　总署致法国公使宝海函

法国电报公会已分咨南北洋核议俟复到再行照复由　01-27-005-01-027

光绪九年三月三十日，致法国公使宝海函。称：

本年二月初五日准贵大臣照称，巴黎设立各国公议会总局，请转行别国派员详查电气内最要根源。倘贵国有才具明敏愿学此事者，理应优待协助，并送电气办法节略一本、电气商论事宜五本、电线事宜五本等因前来。案查上年十二月间曾准曾大臣咨呈，贵国外部请会议电学兼议保护电线章程，当经本衙门分咨南北洋大臣核议，现尚未据声复。兹准前因，除电气节略等件均已收讫外，相应俟南北洋大臣查复到日，再行照复。先此布达。即颂日祉。

光绪九年十月二十四日(1883-11-23)　出使英国、法国、俄国大臣曾纪泽致总署咨文

各国电学会议展期举行　01-09-007-04-002

十月二十四日，出使大臣曾纪泽文。称：

窃照电比律名目一事，上年八月十三日接准前任法国外部尚书杜格来文称，约请各国派员会议，比经本爵大臣派委翻译官马格里、庆常二员暂行入会，不与议论。并将来文及各国所派入会名单分别译汉钞稿，咨呈在案。兹于八月初十日接准法外部尚书沙梅拉库西历九月初十日文称，电学会议拟请各国展至明年四月初二日再行续议等语。查议正电学比律名目系属学问专门，于各国政事无甚关系，而于保护海底电线之事情形不同。本爵大臣是以未由电报咨商，即具牍声明已准中国国家允许展期等语，于八月二十四日照覆署外部尚书茹勒斐理查照。所有往来照会各一件，相应译汉抄稿，咨呈贵衙门谨请查核。

附件一：照译法国外部来文

为照会事。

照得上年各国委员在巴黎会议电学比律一事，比经各国委员定于本年西历十月初一即礼拜一日为第二次会议之期，想贵爵大臣早已闻知矣。本国邮部尚书、电学会议首领郭士里近接德、俄两国专学委员函称，该员等按照各国委员所定考求电学法式分投察验，第此项课程至本年会议之期，断难竣事，是以合词声明，愿请邮部尚书展至明年西历三月十五日及四月二十日之间酌定会议日期等因。本部堂及邮部均以为会议电学之事，欲收实效，必须精通学问。如该委员者襄助其成，其所请展缓会议之处，自应允准。兹邮部尚书拟于明年西历四月初二日为会议之期，以便续议电学比律之事。应请贵爵大臣转饬贵国是否允许，统希作速示覆为荷。一千八百八十三年九月初八日，即光绪九年八月初八日。

附件二：照会署法外部覆文

为照会事。

照得本爵大臣接准贵部西历九月初八日文称,贵国邮部尚书拟请各国展至明年四月初二日始行重议电学比律之事等因。本爵大臣现准中国国家允许展期,即由本爵大臣示知本国委员一体遵照。相应照覆贵部堂请烦查照。须至照会者。光绪九年八月二十四日。

光绪九年十一月二十日(1883-12-19) 法国署使谢满禄致总署函

各国电学会议展期举行 01-09-007-04-005

十一月二十日,法国署公使谢满禄函。称:

查在本国巴黎京城各国公议电学总局一事,前于本年二月初五日由本国驻京宝大臣照会详述一切情形,并云总局于各员分手之时定于西历一千八百八十三年十月初一日,各国在巴黎京城再行互相商定等因在案。兹接准外务部大臣咨称,查此事迩因大德国、大俄国所委各员以先定日期过促,深恐未能将所欲详细考察各节届期考察完竣,是以转请总局首领即我本国邮电部丞相可否稽迟各国再会时日,则可期各处学习考察得有端倪等情。经邮电部丞相查照,即拟改期定于西历一千八百八十四年四月初二日,即光绪十年三月初八日为再会日期。理应先行文各国询及允准否,合行专咨,以便请问大清国照办各等因前来。特为函请诸位大臣,将贵国委员谅无妨碍照办之处迅速覆示,以便由本署大臣咨复为望。专此。顺颂日祉。

光绪九年十二月初三日(1883-12-31) 法国公使谢满禄致总署函

各国电学会议改期事请转曾大臣径覆 01-09-007-04-008

十二月初三日,法国公使谢满禄函。称:

本国巴黎京城立有各国公议电学总会一节,前于本年十一月二十日本署大臣函致诸位大臣云,现拟改期定于西历一千八百八十四年四月初二日即光绪十年三月初八日为再会之期等因。兹接回函,以中国委员未能届期前往等语各在案。本署大臣查贵国先已由驻法大臣曾特委二员至该会行走,此二员业已亲至该会而今仍在欧洲也。是以本署大臣相应函询可否由贵衙门将本国邮电部丞相酌拟改期于光绪十年三月初八日之意,行文达知曾大臣,即转问贵国二位委员允应所拟改期可否之处,以便由曾大臣径为答覆本国外务部大臣,以免周折为妙。缘此再会日期,原系该会各员公同商订,而我邮电部大臣未能于未问询各员之先,擅行改期,此乃礼节攸关,谅诸位大臣亦已为然也。专此。顺颂日祉。

光绪九年十二月初七日(1884-1-4)　总署致出使英国、法国、俄国大臣曾纪泽咨文

各国保护海线会议改期同意派员出席各国电学会议　01-09-007-04-010

十二月初七日,行出使大臣曾纪泽文。称:

光绪九年十一月二十日,准法国谢署使函称,电学总局一事,改定于十年三月为再会之期,应先询及允准与否,请速复等因。经本衙门以电学一事,中国向未讲求,尚应详细考核,改期之时未能委员前往函复。去后,当将往来信稿录寄查照在案。旋准咨称,保护海底电线一事,接准该外部文称,第二次会议改于九月十六日仍在外部聚集开议,并询中国此次所派委员是否上年会议时所委之官。本爵大臣照复声明,仍派翻译官马格里、庆常二员届期入会听议,并札该翻译等循照前届不与议论等因亦在案。兹于十二月初三日准法国谢署使函复,查公议电学总会一节,先已由贵国驻法曾大臣特委二员至该会行走,可否由贵衙门将本国邮电部丞相酌拟改期之处达知曾大臣,以便答复本国,此乃礼节攸关各等因。查电学总局改期再会一节,既经贵处照复,仍派翻译官马格里、庆常届期入会听议,并札该翻译等循照前届不与议论办理,自无窒碍。除由本衙门函复谢署使仍由贵处派员届期入会外,相应抄录来往函件咨行贵大臣查照办理可也。

光绪十年四月初二日(1884-4-26)　出使英国、法国、俄国大臣曾纪泽致总署咨文

请示应否派员出席各国电学二次会议　01-09-007-05-007

四月初二日,出使大臣曾纪泽文。称:

本年二月初二日,承准贵衙门上年十二月初七日咨开,法国谢署使函询电学总局一事,改定于十年三月为再会之期,应先询及允准与否,钞录来往函件咨行查照办理等因。承准此,查电学比律名目,各国委员仅于光绪八年九月初五日在法外部集议一次,即行停止。比以电学比律系属学问专门,于各国政事无甚关系,于八年八月十八日咨呈文内声明,不必视为当务之急。嗣准法外部上年西历九月初八日文称,邮政尚书拟请各国将电学比律之事展至本年四月初二日始行重议。经本爵大臣照复该外部,已准中国国家允许展期,于九年九月初五日钞稿咨呈各在案。按谢署使所询系专为电学比律名目,与保护海底电线系属两事。刻下保护海底电线既已辞却画押,其电学比律之事现尚未接法外部来文。如届期请派员入会,是否即以一时无员刻选具牍婉辞之处,谨请贵衙门酌核示遵。

光绪十年四月初二日(1884-4-26) 出使英国、法国、俄国大臣曾纪泽致总署函

拟辞不参加各国电学会议并照付阿讷马力呈览书价 01-09-007-05-009

四月初二日,出使大臣曾纪泽函。称:

正月二十一日,两奉堂宪佛字三十五号、咭字四十一号钧函,并钞示谢、巴两使来往照会函件,敬承一二,献岁以来。敬维续与时新,福同春茂,至以为颂。法国谢署使函询电学总局一事,系为电学比律名目而设。鄙意保护海底电线之案既已辞却,其电学比律专为讲求学问,无关政事。即使吾华拣选得人,然海洋穹远,亦难如期入会。似不若一律辞却,以免琐屑。现已另牍咨请衙门酌核示遵,如荷堂宪核准,并望先为电示,以便遵照办理。法国女史阿讷马力上年屡次函称,已将自著书籍进呈中国大皇帝御览,求使署给予书价云云。比因该女史不识中朝体制,又疑其设词骗财,是以权宜函覆云:贵女史以书籍进呈中朝,所有发给书值之事,乃系户部专政,非本大臣所敢干预云云。不意该女史既未由此间使署,亦未由驻京使署,而径将所著之书装箱,由书信馆递呈衙门。此出乎意料之外,而各国所罕见者也。至言纪泽授意献书,尤为谬妄。惟既蒙堂宪格外恩施,饬由纪泽拨给书价,谨当询明确数,付给佛郎,一面遵照堂宪函谕,将中朝体制尊崇情形婉词达之。肃泐。敬请勋安。

光绪十年五月初九日(1884-6-2) 出使大臣曾纪泽致总署咨文

派马格里庆常出席各国电学二次会议经过 01-09-007-05-010

五月初九日,出使大臣曾纪泽文。称:

窃照电学比律名目一案,上年接准法外部文称,展至本年四月初二日始行重议,比经本爵大臣照复该外部。已准中国国家允许展期,于上年九月初五日钞稿咨呈。嗣准贵衙门上年十二月初七日咨开,据谢署使函询,前项电学改为十年三月再会之期,允准与否,钞录往来函件,咨行派员届期入会。旋于咨覆文内声明,现尚未接法外部来文,如届期请派员入会,是否即以无员可遴,具牍婉辞,于二月初十日咨请酌核示遵各在案。现接法外部文称,拟改西历四月二十五日即中历四月初一日集议,仍请中国派员入会等情。查此项电学,前因该国初次集议,业经饬派马格里、庆常二员入会。此届二次会议,势难拒绝。自应仍照前年初次集议饬派该员等前往听议,不与议论。除饬庆常照覆该外部届期入会,并札该员等遵照外,所有来往照会各一件分别译汉,连同饬派马格里等札文一件,相应钞稿咨呈贵衙门,谨请查核。须至咨呈者。

附件一:照录法外部照会

为照会事。照得各国商议电学比律第二次会议日期,曾经前任外部尚书咨商各国,缓至本年西历四月初二日开会,并于上年九月初九日照会曾爵大臣查照在案。本部堂查此次会议期限既承各国允许之后,复经本国邮部尚书查明,各邦考求电学之课程尚未竣毕,是以拟改四月廿五日集议,于各国委员甚为方便。凡照一次会议所定课程考求电学之各国委员皆已允许改期。相应照会,请烦查照,并转饬马格理届期入会。须至照会者。一千八百八十四年三月二十九日,光绪十年三月初三日。

附件二:照录给法外部照会

为照覆事。接准贵部堂西历三月二十九日文称,电学比律第二次会议日期拟改四月二十五日集议,请饬马格里届期入会等因。

查前准贵部堂上年九月初九日来文,展至本年四月初二日重议,比经曾爵大臣报明本国国家允许展期,于九月二十四日照覆在案。查中国所有能通电学之士,均因兼摄他项职业,难以抽身远来,是以中国未另派员。本参赞现奉曾爵大臣饬委,偕马格里届期仍当前往听议也。相应照覆贵部堂,请烦查照。须至照会者。光绪十年三月十三日。

附件三:抄札参赞庆常、马格里稿

为札派事。现准法国外部尚书茹勒斐理文称,电学比律第二次会议日期拟改西历四月二十五日即中历四月初一日集议,请派员届期入会等因。查电学比律系为讲求学问专门,虽无关系政事,然两准该外部展期会议,势难拒绝。自应仍照前年初次集议,饬由该员等前往入会,不与议论。除咨呈总理衙门查核外,合行札饬,札到该参赞即便遵照,届期会同庆、马参赞入会听议,并将会中逐日所议事宜开具简明节略,呈送查核,毋稍挂漏。切切!特札。光绪十年三月二十一日。

光绪十年闰五月十六日(1884-7-8) 出使英国、俄国大臣曾纪泽致总署咨文

各国电学比律公会无须订约画押因无关国政故未具牍辞却 01-09-007-05-012

闰五月十六日,出使大臣曾纪泽文。称:

窃照电学比律名目一案,叠经抄稿咨呈查核在案。本年四月十九日,承准贵衙门电示,法电学比律既难入会,自应辞却,可转告丹崖等因。查此项电学,前因法外部订于西历四月二十八日即中历四月初四日,邀请各国派员入会。比循前案,仍饬马格里、庆常前赴该会察看情形。如须订约画押,即当婉辞。嗣据该二员回署面禀,各国委员多谓电学比律系属学问之事,无须订约画押,即前议量电量光分数多寡,约各国定用一律之数,以昭画一,亦系学问门中,彼此关照,以取方便之意,并无关于国政等语。本爵大臣因其无关国政,又不须订约画押,遂未具牍辞却。除于是日遵电转告李大臣查照外,所有前次法外部邀请重议电学比律公会,无关国政,无须订约画押,是以未经具牍辞却情形,相应咨呈贵衙门,谨请察核。

光绪十年闰五月十六日(1884-7-8) 出使英国、俄国大臣曾纪泽致总署咨文

英外部请一律遵守各国电线条约请示应否照覆入会 01-09-007-05-013

闰五月十六日,出使大臣曾纪泽文。称:

现准英国外部尚书伯爵葛兰斐尔西历五月初六日文称,据邮部尚书声称,中国既将电线陆续引入内地,宜一律遵守各国电线和约等情。查此案上年接准英外部西历五月三十一日文称,各国曾定电线条约,设立总局办理各国电线事务,并由邮部将局印之法文条款、添印法文价额章程汇印一册咨送前来,并于文尾所询三端,统望明示等因。比经本爵大臣照覆英外部,声明所送之通行条约拟报中国国家,俟接覆示再行知照。一面将该外部尚书所送法文电线条款逐条译汉,连同来往照会各一件,于上年九月初五日抄稿咨呈贵衙门誊核。陈明此项电线条约,入会之国可得享受约中之权利,不入会之国不能独违约中之章程,似中国亦以入会为便。且约中第二十条载明,如有某国情愿停止,于一年后照停。是入会后遇有不便,仍有先一年请停之权。较之法外部集议保护海底电线情形迥不相同,应否照覆入会?该外部文尾所询三端,应如何答覆之处,统候贵衙门核明定议,咨覆到洋,再行遵照办理在案。兹准前因,相应译汉抄稿咨呈贵衙门,谨请查核,并请会同本爵大臣上年九月初五日咨送所译英外部之法文通行电线条约,及英外部文尾所询三端,一并核见覆施行。

附件: 英外部照会

为照会事。

西历上年十月初二日,准贵爵大臣咨称,英国拟请中国一律遵守各国电线和约一节,已蒙贵爵大臣据情转达贵国在案。兹准本国驻华使馆报称,南京、汉口电线现经引至芜湖等语。又据本国邮部尚书声称,现在中国既将电线陆续引入内地,实宜一律遵守各国电线和约等情前来。本爵部堂理合据情照会贵爵大臣,请烦查照施行。

光绪十年闰五月二十四日(1884-7-16) 出使德国大臣李凤苞致总署咨文

各国电学比律会议无关国政不须画押亦无须牍辞 01-09-007-05-014

闰五月二十四日,出使大臣李凤苞文。称:

窃照本月二十一日接准出使英俄大臣函开,十九日承准贵衙门十八日电咨,内开:法电学比律既难入会,自应辞却,可转告接署者等因。本爵大臣承准此,查此次电学比律前派参赞马格里、庆常赴会察看情形,如须订约画押,即须委婉辞却。旋据该员等回署面禀,各国委员多谓电学比律系属学问之事,欲测量电气之发力、阻力、光力，各国约定公共之数，以昭画一，不过取其方便，无关于国政等语。本爵大臣因其无关国政，又不须订约画押，遂未具牍辞却，只令该员等听议而不与议。现已会毕，承准电咨，应即转告，请烦咨覆等因。本接署大臣准此，检查接管卷内情形，一一相符。相应将电学比律无画押亦无须辞却缘电转咨呈覆。为此咨呈贵衙门，谨烦查照。

光绪十年七月二十三日（1884－9－12）　总署致出使大臣曾纪泽咨文

中国决暂缓加入各国电线和约　01－09－007－05－016

七月二十三日，行出使大臣曾纪泽文。称：

光绪十年闰五月十六日，接准咨称，准英国外部尚书文称，据邮部尚书声称，中国既将电线陆续引入内地，宜一律遵守各国电线和约等情。查此案上年接准英外部来文，并将局印之法文条款、添印法文价额章程汇印一册咨送前来，并于文尾所询三端，统望明示等因。经本爵大臣照复，声明拟报中国国家，俟接复示再行知照，一面咨呈誊核应否照复入会。并陈明约中第二十条载有某国如情愿停止，于一年后照停。暨该外部文尾所询三端，应如何答复之处，统候核明定议，咨复到洋，再行办理。兹准前因，相应咨请核议见复等因前来。

本衙门查上年十月间接准来文并译汉各抄件咨请查核，至英外部文尾三端应如何答复，亦候核议咨复等因，当即照录行知北洋大臣，令即饬查逐细声复。嗣准咨称，兹据总办电报总局候补道盛宣怀详称，查阅电线条款，即系前年局中译刻之万国电报通例，已酌仿其意，逐渐施行。惟中国电报，虽于三年之内展线几及万里，然章程不一,似宜简练揣摩,循序扩充,冀得媲美泰西,方受会盟之益。所询中国取费一节,兹就本年与大东公司议约及上海至内地价表录具清折鉴核。又询电会应居何等一节,应俟将来入会之时再议。又询中国银比较佛郎一节。查现在电报定价以通用银圆核计,每银圆一百分中之一分,即一百分中五分之比;每佛郎一枚,又即中国通用铜钱二百二十文之比。已将该局送到原折咨送曾大臣查核。相应咨会等因各在案。前准咨称前因,除英外部文尾所询三端已由北洋大臣咨复查核外,至应否入会一节,查中国办理电线,行之未久,始臻周妥。况中外情形不同,更应倍加详审。与其入会后遇有不便仍请停止,不如照现时暂不入会为是。相应咨复贵大臣查照办理可也。

光绪十一年十月十八日(1885-11-24)　总署致李鸿章函

函启曾大臣咨英外部请入电线公会一事详慎核议声复由　01-09-016-01-015

光绪十一年十月十八日,发李爵相一件。

少荃中堂阁下密启者。案查前准劼刚星使咨送英国外部所送各国电线通行条约及额价章程,并请中国遵守各国电机条约一案,本处业于光绪九年十月间照录原文条款,咨行冰案。嗣准咨称,据总办电线总局盛道宣怀详称,查阅电线条款,即系局中译刻之万国电报通例,已酌仿其意,逐渐施行等因,亦经本处于上年七月间咨复劼刚。去讫,兹于十月十二日又准劼刚来文,称入会之国可得享受约中之权利,不入会之国不能独违约中之章程。近又派参赞马格里至各国使署及深明电线情形之士绅处详细访察,该参赞所言亦似甚有关系等语。

查电线公会入会一事,本处所办理电线行之未久,恐入会之后遇有不便,仍须停止。且电线公会不知每年约出若干,恐其为费太巨,故以暂不入会咨复。今查此次来文内所开各节,是中国入约以后倘有不便,尽可于先一年内咨明请停。且约中所载应设公用电线一层,亦非必须照设。入会之后,可以革除洋电加价之弊,似亦关系权利不小。至公费等第,可由中国自择。以二等而论,每年不过库平银三百二十两左右,为数亦属无多。第马格里所论虽属详明,而究竟能否受其权利,必须详细斟酌,慎益加慎,庶无后悔。用特函达台端,即希大才筹度,并即转饬电局盛道详慎核议,声复本处,以凭核复。兹将来文照录附阅。专此布达。顺颂勋祉。

光绪十二年正月初一日(1886-2-4)　北洋大臣李鸿章致总署咨文咨据盛道宣怀详称中国电线入会有损无益情形由　01-09-010-01-001

正月初一日,北洋大臣李鸿章文。称:

据总办电报事宜道员盛宣怀详称,窃职道前奉宪札,光绪十一年十月十九日准总理各国事务衙门函开,中国电线入会一事,现准出使英国曾大臣咨呈各节,似有关系权利,函请筹度,并饬电局盛道详慎议复核办等因。准此,查曾大臣所称各节,似中国入电线公会可议减洋电加价之费,且有管辖东、北各公司在华境之权,洵关国体而保权利,合行照录来函,并抄件密饬该道遵照,妥速核议具复,以凭核酌转咨毋违等因。

奉此,当即照会上海电报局总董会同职局洋参赞、洋总管核议具复。兹据沪局总董复称,会同洋参赞博来、洋总管博怡生详细商酌。据博来议称,中国电线现俱仿照公法,似尚有利无弊,不如援照美国电务不入公会例办理为妥等情前来。窃思中国电务虽渐推渐广，究系创办，难保所定之章程、所设之线道尚有未尽美善而须更张之处。若此时遽入公会，措置偶或未能周妥，不免贻讥外邦。且查入会各国均隶欧洲，中国设线仅于华地，尚未通及泰西各埠，与各国电线交涉之事甚少。至上海、福州、厦门、香港与东、北两公司交接处，均立合同照约办理。再四复核，洋参赞所称中国电务宜援美国不入公会各情尚为妥协，合将博来拟议各条照录粘单咨复等情到局。

职道复查中国电线入会，如欲议减洋电加价之费，查华文电报须用号码，欧洲断不肯将华文号码电报照洋文核算。如能用其洋文字母以代号码，仍可将三个字母编一华字，乃能不受其亏。若不自行设法另编电书，而欲强其减价，势必与以别样权利较倍于此者方办得到。至欲借入会以管辖东、北各公司在华境之权，查大东、大北与电局未订合同之先，骎骎乎已有全侵华电权利之势。自定合同以后，屡求更改。职道坚持之，但期不逾范围。东、北司无可奈何，惟欲诱我入会，受其管辖。盖中国电局决无越境占夺之心，特欲保我自有之权利不被彼族占拿而已。此中利害，职道身亲其役，玩索较深。电局洋参赞博来所请援照美国不入会之例尤为扼要。理合缮折呈请察度咨复施行等情到本阁爵大臣。

据此，除批示外，相应将清折咨送。为此合咨贵衙门请烦查核转覆施行。

附件：照录清折

敬启者。

奉饬议中国应否准英外务入会之请，敢以管见敬谨陈之。窃中国电报局系商局非官局也，倘一入会，实无益而有损。谨拟第十六次条陈,申明中朝应保护本局权利,当谢绝入会之请。刻下外国商人水线公司受公会章程逼迫过甚,而势又不能不遵照。故大东股商聚议之时,其公司总董宣言曰:前次公会聚议于伯灵,报资一节,本公司甚至与诸国争论,是该公司之悔其入会无疑也。然英外务此请,未必非由大东怂恿所致,而大东屡欲以公会诸章程不便者以约束本局。本局于粤港增价一节辨驳,已可见其居心。而英电局之在华者,只一大东公司。西历一千八百八十三年,该公司水线登岸时,驻京英星使实从中保护。兹者英外务忽又有请中朝入会之举,想因据大东之禀,实为大东利权起见,马格里似乎未虑及此。况英外务署政事繁多,又何暇思及中国电报局之权利。此必系大东从中播弄,怂使中朝以有利而入会者,使本局受狭害而无可申。设或偶有细故,则东、北两公司与本局争辨公例字义。意见不合,其驻京英使署必以文件烦渎总理衙门,再三再四,务得俯准所请而后已也。

第十六次条陈伏查英外务署拟请中国附入万国电报公会,驻英中国曾星使检陈马格里面禀一切情形,以为应该入会。一、万国公会之设,本为公利起见。泰西各国皆悉附入,本局不特遵照章程办事,且必须入会方能均沾利益。若公会聚议之时,须派员前往代本局出面,以期更改凡与本局有损之章程,如每字算字母、号码之别。二、入会之费为数不多。至以派员入会,可于就地使臣署内捡择干员代劳,以节经费。三、本局入会,有利可沾,并无不便之处。即有不便之处,亦可于一年前预先关照,届时即可退出。四、公款第四条注有另设公线一节,不过具文而已,可无庸遵照。第三条订明传递公报倘有干咎,与本朝廷无涉。第五款载明国家官报收发,应在商报之先,于中国朝廷大有益处。五、中国附会,其权益广,可以管辖东、北两公司。此曾大臣以为入会之好处也。

其不应入会之由,又谨陈之。窃中国电线犹在初创之际,告成之日尚待他年。现与他国官线并不相接,论交易者仅东、北两公司。而签名入会者,系欧洲之官线,一气联络。各国线之两端,由各廷派员司理,其接壤实逼相处。以入会之十八国地方,不及中华之广大。若中国今即入会,未免过速。后来中国入会,果能得沾利益与否,须熟思审虑,方可定度。若遽许入会,恐西人又多一法以制中国,则将来权利尽归于彼也。其公约虽载明一年前预先关照方可退出,然一年之期甚远,何能忍受诸多不便之处。他国电线未告成之先,皆郑重其事。查英国电线创始之时,阅廿年之久,悉归商办。今中朝之于本局亦然,而给予权衡,以成商举。至于欧洲与各国之办电务者则迥有不同。盖各国官线,不虑亏本,只图其便捷以传递消息耳。现在中国所办电务,与美人制度相同。美不入会,中亦不宜入会。盖中美两国俱距欧甚远,重洋相隔。如真有利益于已之公会章程,可遵照之。或有损者,可姑置之。似美国之办电务,较中国稍胜一筹。前他国之水线登彼岸时,美人与之严订合同,使之无以自专,故实不欺主也。至本国之打报诸事,则皆与美国一例,系遵公会章程办理。电报之中,皆用明白号码字语,密码隐语,公报言语,皆遵次第。如以违礼灭法之商报收发紧急,其回报宜先付报资,覆报防讹,只云电报收到字样,由书信馆转寄;其报存簿,庶便更正,迟则还资;以及种种有益于寄报之中西商人,均遵公会条例办理。本局之权利与公利不同。取资一节,更大关系。中国朝廷自可措置裕如,英外务何用哓哓。其入会之费为数不多,固非子虚。然派员入会,即就使署捡员与议,以节经费。今再四思维,殊欠妥当。因出使随员,岂能深悉电务中之详细有轻重关系之别。倘一误议,则本局吃亏无穷矣。由此观之,则曾大臣之请劝入会,是勤于政务,专为敦睦外邦起见,于电务则有损无益。即使中朝果委精熟电务者赴会,聚议定章,亦未必真可受益。以一国之所欲,敌十八国之所不欲,势已难矣,不待智者而后辨也。以算字数一节论之,欧人肯改旧章之宜于西人之言语文字,以就新章而利于华人之言语文字乎?

曾大臣云,中朝入会则权衡推广,可管辖东、北两公司。详细按之,亦恐不能。本局昔与两公司订有合同,须俟后来期满之日,再行改议、加订条款以约束之,而万国公会何能竞授中国管辖该公司之权耶?该公司来华贸易,所设今居境内,须以中国自主土地之权,方能约束其所为。是以上节已指明英外务之请,非固有益本局起见,实欲推广该公司之权利也。其第四款建设公线一节,不必认真等因,恐非的确。不知中国入会之后,稍有违逆章程之处,大东公司即可怂恿英廷多方烦渎总署,恃公约为护符,则中朝何堪其搅扰,此乃入会后枝叶将丛生矣。其第五款载明国家官报传递先于商报大有关系,即使中朝官报由京都至伦敦果压于商报之后,亦只多延一、二点钟之久。况前者本局与东、北公司之合同,经已订明中国官报在两公司线上经过者,均较商报先发。中朝与欧洲通线,亦只由该两公司海线上经过,然则何患不速耶?以上诸节论之,西商等虽受本局之利,实与本局权利毫无关碍。若一入公会,损碍多端,真不如今日之不入会而照公约办事之便宜也。

再将于本局有碍诸章程谨申明之。其第四款各国朝廷皆充准彼此电线交涉,惟要处须各尽力添设专线,以备应用,则传递之际,快捷如神。凡此等添设之线,其所订章程均须尽善尽美,仿照成法而行。打报交易章程第一章第一节云,凡两镇相连,为生意交易要处,则须建设电线,直达往来。此线径英尺一分九厘七毫为准,专传两镇信息。其往来即以两镇为止境,他处信息不传。第二章第一节云,此会议所定各事,凡总局之近在疆界者,当互相遵照,以便遵行。第二章第一节云,诸总局会合办理,各尽力之所能。至于水陆电线互相保护,所有商酌之事,亦须会议。使一线之设,仅一线之用。第四章第一节云,立约之国遇紧要镇头,则电线传音之事,倘非因事势所阻,须日夜如常不停。公约第十款云,下文所列诸款电报价目,合约议允遵行。两国同路往来,其信息价目多寡,皆同一体。第十六章云,定价之法,须使首尾两总局划一,无所层次。则无论从何线发电音,而价亦如一。若遵公约之第四款,中国朝廷保护东、北两公司在中国海面置设水线之责。倘一旦事出意外,必多周折,或需赔偿,亦未可定。至第十款办理报资,则本局所定价目宜一律更改,将来难与该两公司争衡生意,因所取价资须与该两公司定例一样。前者该两公司与本局多方争辨,欲除粤港一线所增报价,后究不能夺本局之定见。倘遽入会,则由粤至香港,由镇至印度,由高至日本,由津至恰克图、至珲春,其所定价目,彼等从中干预,不特挟制本局,而举动之间,皆不得自主矣。受害之深,当悔憾于无穷也。

博来谨禀。

光绪十二年正月二十三日(1886-2-26)　总署致出使大臣曾纪泽咨文

准北洋咨称电线公会应照美国不入会办理抄录原文咨复由　01-09-010-01-004

正月二十三日,行出使大臣曾纪泽文。称:

案查前准贵大臣咨开电线公会入会一事,当经本衙门于光绪十一年十月十八日，照录原文函知北洋大臣转饬妥速核议。去讫，兹于本年正月初一日准北洋大臣咨称，据总办电局事宜盛道宣怀详称，遵即照会上海电局总董会同洋参赞、洋总管核议。兹据复称，中国电线现俱仿照公法，似尚有利无弊，不如援照美国电务不入公会例办理为妥等情。查电局洋参赞博来所议各节，至为扼要，抄录清折，据详咨请查核转复等因前来。本衙门详阅各节，似电线公会入会之后，枝节丛生，洵属无益有害。相应照录原文并洋参赞博来详陈各节清折，咨复贵大臣查照可也。

光绪二十一年十月二十六日（1895－12－12） 英国署使宝克乐致总署照会

请中国入电报公会并请派员与议章程由 01－27－005－01－028

二十一年十月二十六日，英国署公使宝照会。称：

前数日在贵署会晤时，曾谈及本署大臣近奉本国外部大臣咨嘱，请贵国入天下各国电报公会，并以迟日备文，将详细情形奉达之语面陈。查光绪九年经本国外部大臣特备公牍，将入会获益之处送请贵国出使大臣省阅。当经贵国出使大臣将该会所立章程译呈贵署查夺，嗣经本国外部大臣与贵国出使大臣屡以文牍议及此事。光绪十一年贵国出使大臣文致本国外部，以此事业经详细咨报，专候贵国示下。旋因是年该会设立于德国，经德国屡请贵国入会，未克相从等因各在案。查光绪十一年本国外部接准曾袭侯文称，电报一事在中国尚属开创之初，是以入会之举未肯相从云云。今中国设立电报已多年，似可入会，与天下共议关系各国之章。盖公会所立电报章程亦有关系中国之处，而贵国竟不得与订此章，未免可惜。况天下各国率以为入会获益良多，独贵国则不然也。查入会章程,如有欲行入会之国,应视该会近日设于何国,即赴该国声明入会,由该国转知已入会各国查照。上次该会设于法国,如贵国欲行入会,请即知会法国,是为至幸。

光绪二十一年十一月初四日(1895-12-19) 总署致英国署使宝克乐照会

照复电报公会事已咨驻法庆大臣查核入会由 01-27-005-01-029

十一月初四日,给英国署公使宝照会。称:

光绪二十一年十月二十六日,准照称,近奉本国外部大臣咨,嘱本署大臣请中国入天下各国电报公会。缘此会从前中国未允入会,今中国设立电报已届多年,似可入会。盖公会所立章程,亦有关系中国之处。查上次该会设于法国,如中国欲行入会,请即知会法国等因。本衙门查光绪八年间前出使曾大臣准法国外部照会邀入万国电报公会,并请派员与议章程。当经曾大臣派参赞官马格里及现在升任庆大臣入会,静听议正电学比律名目之事咨报本衙门在案。诚以从前中国尚未创设电报,虽已入会,未经派员画押。兹准贵外部大臣咨嘱前因,自系为裨益中国电报起见,本衙门已咨行出使法国庆大臣查覆章程。倘能与中国电报有益,自应入会画押。相应照复贵署大臣,并希转达贵外部大臣可也。

光绪二十一年十一月初四日(1895-12-19) 总署致出使法国大臣庆常咨文

电报公会事请酌核章程入会画押由 01-27-005-01-030

十一月初四日,行出使大臣庆常文。称:

光绪二十一年十月二十六日,准英国宝署使照称,近奉本国外部大臣咨,嘱本署大臣请中国入天下各国电报公会。缘此会从前中国未允入会,今中国设立电报已届多年,似可入会。盖公会所立章程,亦有关系中国之处,而中国不得与订,未免可惜。查上次该会设于法国,如中国欲行入会,请即知会法国等因。本衙门查光绪八年间前出使曾大臣准法国外部照会邀入万国电报公会,并请派员与议章程。当经曾大臣派参赞官马格里及贵大臣入会听议,并咨报本衙门在案。现复据英外部转邀入会。其所立章程,究竟有无裨益中国电报之处,贵大臣谅必详悉。除由本衙门照复英署使转达外部外,相应抄录往来照会,咨行贵大臣查照,即请酌核该会章程。若果有益中国电报,应行入会画押,并声复本衙门可也。

光绪二十一年十一月初四日(1895-12-19)　总署致津海关道盛宣怀札

英使照请入电报公会事已咨出使庆大臣酌核章程入会由　01-27-005-01-031

十一月初四日,交津海关道札。称:

光绪二十一年十月二十六日,准英国宝署使照称,近奉本国外部大臣咨,嘱本署大臣请中国入天下各国电报公会。缘此会从前中国未允入会。今中国设立电报已历多年,似可入会。公会所立章程,亦有关系中国之处,而中国不得与订,未免可惜。查上次该会设于法国,如中国欲行入会,请即知会法国等因。本衙门查光绪八年间前出使曾大臣准法国外部照会邀入万国电报公会,并请派员与议章程。当经曾大臣派参赞官马格里及现在升任之庆大臣入会听议,咨报本衙门在案。惟当时以中国尚未设立电报,虽经入会,未曾派员画押。兹据英署使转外部咨邀请入会,未识该会所立章程,究竟有无裨益中国电报。庆大臣系曾经听议,谅必洞然。本衙门已咨行出使法国庆大臣酌核章称入会画押,并照复英署使外,相应抄录往来照会及庆大臣咨文,札行该道查照可也。

光绪二十一年十一月十三日(1895-12-28) 总署致出使大臣庆常电

中国入电公会咨到请缓画押由 01-09-016-01-026

发庆大臣电。光绪二十一年十一月十三日。

英使请入电报公会,已咨贵大臣酌核章程,入会画押。顷电局盛道禀请由局派员往议,以保华电权利等语咨到,请缓画押。元。

光绪二十一年十一月十三日(1895-12-28) 总署致北洋大臣王文韶电

电报公会已电庆大臣从缓画押并饬盛道派往德议事由 01-09-016-01-027

发北洋大臣王电。光绪二十一年十一月十三日。

锡电悉,已电庆大臣暂缓画押,请饬盛道派员前往会议。元。

光绪三十二年九月初八日(1906-10-25) 法国公使巴斯德致庆亲王奕劻照会

为一九〇八年拟在里斯本开万国电务公会之国是否入会请查照见复事

大法钦差全权大臣驻扎中国京都总理本国事务巴为照会事。

昨奉本国外务部大臣咨称,葡国京都黎思本于一千九百零八年拟开万国电务公会，并询中国政府愿否入会。且查当此我两国电政酌议电务条款之时，在本国亦愿预知中国拟否于此次会议时随附圣彼得堡公约，俾得我两国应商条款细节时有所把握等因前来。为此，相应照会贵爵，请烦查照见覆，以便转达本国外部大臣为荷可也。须至照会者。

大清钦命总理外务部事务和硕庆亲王。光绪三十二年九月初八日，西历一千九百零六年十月二十五日。

光绪三十二年九月十九日（1906－11－5） 外务部致法国公使巴斯德照会

为已咨驻贵国大臣届时派员赴里斯本万国电务公会事

考工司呈为照复事。

光绪三十二年九月初九日，接准照称，昨奉本国外务部大臣咨称，葡国京都黎思本于一千九百零八年拟开万国电务公会，并询中国政府愿否入会。且查当此我两国电政酌议电务条款之时，在本国亦愿预知中国拟否于此会议时随附圣彼得堡公约，俾得我两国应商条款细节时有所把握。即请见复，以便转达本国外部大臣等因前来。除由本国咨行驻扎贵国刘大臣就近酌派妥员前往赴会外，相应照复贵大臣查照可也。须至照会者。法国巴使。

光绪三十二年九月十九日（1906－11－5） 外务部致出使法国大臣刘式训咨文

为葡京拟开万国电务公会希就近派员前往事

考工司呈为咨行事。

光绪三十二年九月初九日，准法国巴使照称，昨奉本国外务部大臣咨称，葡国京都黎思本于一千九百零八年拟开万国电务公会，并询中国政府愿否入会。且查当此我两国电政酌议电务条款之时，在本国亦愿预知中国拟否于此次会议时随附圣彼得堡公约，俾得我两国应商条款细节时有所把握等因前来。相应咨行贵大臣查照，就近酌派妥员前往赴会，并将派出人员衔名咨复本部可也。须至咨者。出使法国大臣刘。

光绪三十三年正月十八日(1907－3－2)　出使法国、日斯巴尼亚国大臣刘式训致外务部信

中国如愿加入万国电报公会请商邮传部酌派专员赴会并附俄京改定之公约由　01－27－005－01－035

光绪三十三年正月十八日，收驻法刘大臣致丞参信。称：

奉本年九月十九日大咨，以一千九百零八年葡京拟开万国电务公会，法使照询愿否入会，嘱就近酌派妥员前往赴会。弟查万国电务公会，每五年举行一次。千八百七十五年在俄京订定公约至今奉行。惟所附章程，每次皆有增损。前者曾使、庆使任内，均经英法二国先后邀请入会，迄未允行。探悉此次法使照会，亦重在劝我入会，附入圣彼得堡公约。惟下届会在葡京，无论我国入会列约与否，必须俟葡政府或会首邀请，方能派员前赴也。

查欧美各国境内电资不分远近，定价惟一。我国设立电线二十余年，渐臻周备。惟境内收费参差，定价太昂以致有碍推广。各国之再三邀请，大约为此。际此大同世界，在我势难永远立异，自处公例之外。惟目前能否入会，须有钧署会同邮传部统筹核定。如有入会之意，则葡京之会尚距年余，似可商请邮传部酌派精于电务之专员前往葡京，会同使馆人员届时赴会。凡有碍中国电务利益之事,皆可当众陈说,俟会议毕时决定入会列约与否。愚见如此,祈代回堂宪酌夺示遵。弟现觅得俄京公约及迭次改定之电务通章,督员赶译,俟译竣录咨大部,以备查考。再请钧安。式训再顿首。

光绪三十三年正月二十五日(1907-3-9) 英国公使朱尔典致外务部照会

中国如愿入各国电政会请将所开四条逐一声明由 01-27-005-01-036

光绪三十三年正月二十五日,收英朱使照会。称:

照得贵国列入各国电政会一事曾于光绪九年商议,当时贵国政府谓尚非其时。惟今年时局变迁,贵国各省电报较昔广远,且与各他国电政增添接通,想贵国现在或愿列入会中。凡有初入会者,此时既归本国通告列邦。本大臣现奉训条,询问贵国是否愿将此事斟酌相从。若贵国愿为列入,则须先行文告本国政府,并将以下四层逐一声明:一、贵国拟收本线及通线费各若干;二、法郎克值中国银币若干;三、分任各国电政公所之费,贵国愿列何等;四、贵国列入此会由何日为始。为此照会。

光绪三十三年二月初二日(1907-3-15) 外务部致邮传部等咨文

为英使照询我国如入各国电政会希将所开四条逐一声明请核复事

考工司呈为咨行事。

光绪三十三年正月二十五日,准英国朱使照称,贵国列入各国电政会一事曾于光绪九年商议,当时贵国政府谓尚非其时。惟今年时局变迁,贵国各省电报较昔广远,且与各他国电政增添接通,想贵国现在或愿列入会中。凡有初入会者,此时既归本国通告列邦。本大臣现奉训条,询问贵国是否愿将此事斟酌相从。若愿为列入,则须先行文告本国政府,并将以下四层逐一声明:一、贵国拟收本线及通线费各若干;二、法郎克值中国银币若干;三、分任各国电政公所之费,贵国愿列何等;四、贵国列入此会由何日为始等因前来。相应咨行贵部大臣查照,酌核见复可也。须至咨者。邮传部/电政大臣。

光绪三十三年二月十二日(1907-3-25)　督理电政大臣杨士琦致外务部咨呈

为目前似非入电务公会之时并拟派员私行赴葡京会议调查事

督理电政事务农工商部右堂杨为咨呈事。

光绪三十三年二月初二日,承准贵部咨开,准英使照称,以中国目下是否愿入各国电政公会。若愿为列入,则须先行文告并将以下四层逐一声明等因,照由贵部咨行前来。

本部堂承准此,当经电饬上海电报总局详核速复。兹据电称,伏查中国电政列入各国公会,以期咨借联络。近数年来中国早具此意,惟恐尚未及时。因中国电政线路虽极为广远,而管理与岁修二者,尚未能迅速完备。故拟俟各处铁路造齐,将所有电报线路均能管理得宜,然后再行列入,目前似非其时。即西历一千九百零八年该会在葡京开会之时,亦只拟派员私行赴会,调查一切。至能否如此办理,业经私函商请瑞士京城之各国电政公会总董酌示矣。相应禀复等情。据此,合就咨复。为此咨呈贵部,谨请查照转复施行。须至咨呈者。

右咨呈外务部。光绪三十三年二月十二日。

光绪三十三年二月十七日(1907-3-30)　外务部致英国公使朱尔典照会

为俟铁路造齐电报线路管理得宜后再入电政公会此次拟派员私行赴会事

考工司呈为照会事。

前准照称,贵国列入各国电政会一事曾于光绪九年商议,当时贵国政府谓尚非其时。惟今年时局变迁,贵国各省电报较昔广远,且与各他国电政增添接通,想贵国现在或愿列入会中。须先行文告,并将以下四层声明等因。当经本部咨行督理电政大臣。去后,兹准复称,中国电政列入各国公会,以期咨借联络。近数年来中国早具此意,惟恐尚未及时。因中国电政线路虽极为广远,而管理与岁修二者,尚未能迅速完备。故拟俟各处铁路造齐,将所有电报线路均能管理得宜,然后再行列入,目前似非其时。即西历一千九百零八年该会在葡京开会之时,亦只拟派员私行赴会,调查一切。至能否如此办理,业经函商瑞士京城之各国电政公会总董酌示等因前来。相应照会贵大臣查照可也。须至照会者。英朱使。

光绪三十三年二月二十日(1907-4-2)　外务部致出使法国大臣刘式训信函

为电政大臣称目前似非入电政公会之时并拟派员私行赴会请查照事

芝笙仁兄大人阁下:

敬启者。

葡京拟开万国电务公会,法使照称询入会一事。前准函称,目前能否入会,似可商请邮传部,酌派精于电务之专员前往葡京,会同使馆人员届时赴会。凡有碍中国电务利益事,皆可当众陈说矣。会议毕时,决定入会列约等情。正核办间,复准英使照询中国是否愿入公会,本部当经咨商邮传部/电政大臣。去后,兹准电政大臣复称,饬据上海电报总局详称,中国电政列入各国公会以资联络,近数年来中国早具此意,惟恐尚未及时。因中国电政线路虽极为广远,而管理与岁修二者尚未能迅速完备,故拟俟各处铁路造齐,将所有电报线路均能管理得宜,然后再行列入,目前似非其时。即西历一千九百零八年该会在葡京开会之时,只拟派员私行赴会,调查一切。至能否如此办理,业经私函商请瑞士京城之各国电政公会总董酌示等因。除照复英使外,为此函达台端查照。专布。借资颂勋。

光绪三十三年十二月(1908－1)　出使法国、日斯巴尼亚国大臣刘式训致外务部电

万国电政公会派员听讲事瑞京电局已否覆允邮部是否派员乞示由

01－27－005－01－041

光绪三十三年十二月　日,收驻法刘大臣电。称:

西四月葡京举行电务会,葡使曾否照请派员。查二月钧函,邮传部拟派员赴会听讲,由沪局函商瑞京电政公局等因。该公局已否覆允,邮传部是否派员,乞示训。

光绪三十三年十二月十四日(1908－1－17)　外务部致邮传部咨文

为驻法大臣乞示邮传部是否派员赴葡京电政公会现抄录本部函件请查复事

考工司呈为咨行事。

准驻法刘大臣电称,西四月葡京举行电务会,葡使曾否照请派员。查二月钧函,邮传部拟派员赴会听讲,由沪局函商瑞京电政公局等因。该公局已否覆允,邮传部是否派员,乞示等因前来。查葡京举行电政公会一事,上年九月间法使照请入会,当经咨行驻法刘大臣就近酌派妥员前往赴会,并照复法使。去后,本年正月间,英使复请入会,并开具四条,经本部咨行贵部暨电政大臣核复。旋准电政大臣复称,俟各处铁路造齐,将所有电报线路均能管理得宜,然后再行列入该会。在葡京开会之时,亦只拟派员私行赴会,业经函请瑞士电政公会总董酌示等语,当照复英使并函达刘大臣在案。兹准电称前因,相应抄录本部致刘大臣原函咨行贵部查照,即希声复,以便电复该大臣可也。须至咨者。抄件。邮传部。

光绪三十三年十二月二十日(1908-1-23)　邮传部致外务部咨呈

为拟派电政局襄办周万鹏等赴葡京电政会听讲请电达驻法大臣事

邮传部为咨呈事。

电政司案呈,接准咨开,准驻法刘大臣电称,西四月葡京举行电务会,邮传部是否派员赴会听讲,乞示等语。查葡京举行电政公会一事,上年九月间法使照请入会,当经咨行驻法刘大臣就近酌派妥员前往赴会。本年四(正)月间,英使复请入会,并开具四条,经本部咨行贵部暨电政大臣核复。旋准电政大臣复称,俟各处铁路造齐,将所有电报线路均能管理得宜,然后再行列入该会。在葡京开会之时,亦只拟派员私行赴会,业经函请瑞士电政公会总董酌示等语,当照复英使并函达刘大臣在案。兹准电称前因,相应抄录本部致刘大臣原函咨行查照,即希声复,以便电复该大臣可也等因前来。

查中国电政线路管理岁修诸事,现尚未能完备,入会自应从缓。至派员赴会听讲一节,昨据电政洋总管德连升暨该局委员等禀称,接准电政公会总董来函,中国电报局已允入会,请即将代表人名单寄来等语。正核办间,兹准前因,现本部拟派电政局襄办周道万鹏、电报总管德连升赴会听讲。除札饬该员遵照外,相应咨呈贵部查照,并请转电驻法刘大臣可也。须至咨呈者。

右咨呈外务部。光绪三十三年十二月二十日。

光绪三十四年二月初一日(1908－3－3)　葡国署使柏德罗致庆亲王奕劻照会

为里斯本将开万国电报会中国如派员入会本国政府应欣接待事

大西洋国署理钦差全权大臣柏为照会事。

在本国京城理思波阿将有万国电报会。虽然中国尚未入结万国电报事务约章,以致不能有里斯波阿会投定言意之权。若中国愿派委员前往本国里斯波阿入万国电报会,本国政府应欣接待。为此照会贵爵大臣查照可也。须至照会者。

右照会大清钦命总理外务部事务和硕庆亲王。光绪三十四年二月初一日。

光绪三十四年二月十一日(1908－3－13)　外务部致出使法国大臣刘式训电文

为已复葡使派电政局襄办周万鹏等赴里斯本万国电政会希查照事

发驻法刘大臣电。二月十一日。

上年腊月漾电计达。顷准葡使照称,理思波阿万国电报会中国若派员前往,政府应欣接待等语。除由本部复照,已派周道万鹏、电报总管德连升赴会听讲外,希查照。外。□

光绪三十四年二月十二日(1908－3－14)　外务部致葡国署使柏德罗照会

为拟派电政局襄办周万鹏等赴里斯本万国电报会请查照事

考工司呈为照复事。

本年二月初一日,准照称,本国京城理思波阿将有万国电报会。若中国愿派委员前往入会,应欣接待等因。查此事前准邮传部来咨,已派电政局襄办周道万鹏、电报总管德连升赴会听讲等情。相应照复贵署大臣查照可也。须至照复者。葡柏署使。

光绪三十四年三月初一日(1908－4－1)　英国公使朱尔典致庆亲王奕劻信函

为挪威驻沪总领事函请中国赴电政会人员顺便来挪研究电话事宜希查复事

径启者。

现据那威国驻沪总领事函称,顷奉本国外部电开,嘱请中国准派赴葡京各国电政会之戴、周二君顺便来那,以为研究电话事宜等因。合行函请代达中国政府,并望赐复等情前来。本大臣据此,相应专函奉至,即希贵亲王查照见复,以便转达。是所切盼。此布。顺颂爵祺。

朱尔典启。戊申三月初一日。

光绪三十四年三月初七日(1908－4－7)　外务部致邮传部咨文

为英使函称挪威邀请中国赴电政会人员顺便来挪研究电话事宜请核复事

考工司呈为咨行事。

光绪三十四年三月初一日,准英国朱使函称,现据那威国驻沪总领事函称，顷奉本国外部电开，嘱请中国准派赴葡京各国电政会之戴、周二君顺便来那，以为研究电话等事，请代达中国政府，并望赐复等情。本大臣据此函请查照，即希见复等因前来。相应咨行贵部查核见复，以便转复该使可也。须至咨者。邮传部。

光绪三十四年三月初十日（1908－4－10）　邮传部致外务部咨呈拟派周万鹏等顺道赴那威研究电话请照复英使并转电驻法刘大臣令周道遵照由　01－09－016－03－002

邮传部为咨呈事。

电政司案呈，接准咨开，准英国朱使函称，现据那威驻沪总领事函称，顷奉本国电开，嘱请中国准派赴葡京各国电政会之戴、周二君顺便来那，以为研究电话等事，请代达中国政府，并望赐复等情。本大臣据此，函请查照，即希见复等因，相应咨行查核见复，以凭转复该使等因前来。查本部前派电政局襄办周道万鹏、电报总管洋员德连升前赴葡京电政会听讲，业经咨呈查照在案。嗣又添派本部候补主事吴烓灵、局员荣永清随同前往调查电务，借图改良。兹准前因，自应饬令周道等顺道赴那，以资研究。相应咨呈贵部照复英使，并请转电驻法刘大臣就近饬令周道等遵照可也。再，戴、周即德连升、周万鹏，合并声明。须至咨呈者。

右咨呈外务部。光绪三十四年三月初十日。

光绪三十四年三月十三日（1908－4－13）　外务部致出使法国大臣刘式训电文

为挪威函请赴葡京电政会之周万鹏等顺道赴挪研究电话事宜希转饬遵照事

发驻法刘大臣电。三月十三日。

周道万鹏等赴葡京电政会。现邮传部因那威国请嘱该员等顺道赴那研究电话，希转饬遵照。

外务部。元。

光绪三十四年三月十三日（1908－4－13）　外务部致英国公使朱尔典函

函复英使中国派员赴葡京电政会已电饬顺道前往那威研究电话由

01－09－016－03－003

径复者。

前准函，据那威国驻沪总领事函称，奉本国电开，嘱请中国派赴葡京各国电政会之戴、周二君顺便来那，以为研究电话，请见复等因。当经咨行邮传部。去后，兹准咨复称，本部前派电政局襄办周道万鹏、电报总管洋员德连升前赴葡京电政会听讲。嗣又添派本部候补主事吴炷灵、局员荣永清随同前往调查电务，借图改良。兹准前因，自应饬周道等顺道赴那，以资研究。请贵部函复，并电饬周道等遵照等因前来。除电饬周道等遵照外，相应函复贵大臣查照，转行知照可也。再，邮传部称，戴、周即德连升、周万鹏，合并声明。此颂日祉。

光绪三十四年五月十二日收文（1908－6－10）　法国公使巴斯德致外务部记略

为请授权赴葡京电政会之员俾与法国会员酌商中法通电费目事

记略。

葡国都城所开电政万国公会一事，早经本大臣照会外务部在案。兹奉本国工部咨称，如能乘此中国派员赴会之机，得以会同法国会员酌商中法通电费目条则,实所欣便。为此商请中国政府特授该委员等足敷之权,以便商办一切云云可也。

巴思德。

光绪三十四年五月十五日(1908-6-13)　外务部致邮传部咨文为法使请授赴葡京电政会人员敷足之权俾酌商中法通电费目希核办事

考工司呈为咨行事。

顷准法巴使函送节略,称葡京所开电政万国公会。兹奉本国工部咨称,如能乘此中国派员赴会之机,得以会同法国会员酌商中法通电费目条则,实所欣便。为此商请中国政府特授该委员等足敷之权,以便商办一切等因前来。相应咨行贵部查核办理并咨复,以便转复该使可也。须至咨者。邮传部。

光绪三十四年五月十七日(1908-6-15)　邮传部致外务部咨呈为赴葡京电政会人员拟中历四月末起程赴英故法使所请恐虑不及事

邮传部为咨呈事。

电政司案呈,接准咨开,顷准法巴使函送节略称,葡京所开电政万国公会,兹奉本国工部咨称,如能乘此中国派员赴会之机,得以会同法国会员酌商中法通电费目条则,实所欣便。为此商请中国政府特授该委员等足敷之权,以便商办一切,咨行查核办理等因前来。查前据本部派赴葡会会员周道万鹏等电,称葡京公会将次停止,现拟中历四月杪起程赴英调查一切等语。计期周道等均已离葡赴英,法使所请虑赶不及。除电饬周道等遵照外,相应咨呈贵部查照转复法使可也。须至咨呈者。

右咨呈外务部。光绪三十四年五月十七日。

光绪三十四年五月二十日(1908-6-18)　外务部致法国公使巴斯德信函

为赴葡京电政会人员拟中历四月末赴英贵国所请会商通电费目一节恐虑不及事

径启者。

前准函送节略内称,葡京所开电政万国公会,兹奉本国工部咨称,如能乘此中国派员赴会之机,得以会同法国会员酌商中法通电费目条则,实所欣便。为此商请中国政府特授该委员等足敷之权,以便商办一切等因前来。当经本部咨行邮传部。去后,兹准复称,查前据本部派赴葡会会员周道万鹏等电,称葡京公会将次停止,现拟中历四月杪起程赴英调查一切等语。计期周道等均已离葡赴英,法国大臣所请会通法国会员酌商中法通电费目条例一节应赶不及等语。相应函达贵大臣查照可也。此布。顺颂日祉。

宣统元年三月初九日朱批(1909-4-28)　署邮传部尚书李殿林等奏折由军机处抄交外务部

为请赏葡萄牙等国电政洋员宝星事

署邮传部尚书臣李殿林等跪奏,为恳请赏给洋员宝星折仰祈圣鉴事。

窃光绪三十四年二月间,葡京举行万国电政会。叠准外务部来咨,转据驻京英法各使照请赴会,当由臣部咨明外务部派委电政局总办候选道周万鹏、主事吴桂灵、洋员德连升前赴该会听讲,并饬就近分赴丹马、那威、英、法、德、美、日本各国，大东、大北各公司考求电政在案。兹据该道等禀称，在葡京时极承公会会长厚遇。大东、大北两公司素与我电局联合办事，交谊尤深。迨至丹马、那威两国，并各承该国主赠给宝星，派员款待。若论酬酢之文，宜尚往来之礼。拟请给予各该洋员宝星，以敦邦谊。谨缮具清单，呈请酌核前来。臣等查该道等此次周历各邦，极承优待，考查电务，备得参观。现在整顿电政，仿照各国办法，深资裨益。所有各该洋员自应酌量给予宝星，以笃邦交而敦睦谊。谨将各该洋员拟给宝星按章分别等第，缮具清单，恭呈御览，吁恳恩施照拟赏给。如蒙俞允，即由臣部咨明外务部照章制造，并填具执照赍送过部，分别发交，祗领所有。拟请赏给洋员宝星缘由，谨恭折具陈。伏乞皇上圣鉴训示。谨奏。

宣统元年三月初九日奏。

附件：拟赏各国电政洋员宝星等第清单

谨将拟给各国电政交涉各洋员宝星分别等第缮具清单恭呈御览。

计开：

葡国电政督办毕利雷，一千九百八年充电报公会会长，拟请赏给二等第三双龙宝星。

英京东电报公司办事督办兼大东电报公司督办滕泥生烹德，拟请赏给二等第三双龙宝星。

大东电报公司英京总办海西，拟请赏给三等双龙宝星。

大东电报公司派驻中国总办蒲勒德，拟请赏给三等双龙宝星。

丹京大北电报公司督办散秩大臣史温生，拟请赏给三等双龙宝星。

丹京大北电报公司总工程司古斯答德，拟请赏给三等双龙宝星。

丹国驻华总办比德生，拟请赏给四等双龙宝星。

那威外部大臣克理斯都福森，拟请赏给二等第一双龙宝星。

那威商部大臣亚白拉亨生，拟请赏给二等第三双龙宝星。

那威工部大臣尼尔斯意伦，拟请赏给二等第三双龙宝星。

日本邮电督办小松，拟请赏给二等第三双龙宝星。

日本电话总工程司大井，拟请赏给三等双龙宝星。

宣统元年三月十一日(1909－4－30)　邮传部致外务部咨呈为奏赏葡萄牙等国电政洋员宝星一折现录旨抄奏请钦遵事

邮传部为恭录咨呈事。

电政司案呈，宣统元年三月初九日，本部具奏，请给洋员宝星一折。本日奉旨：著照所请。外务部知道。单并发。钦此。相应恭录谕旨，抄录原奏，咨呈贵部钦遵查照办理可也。须至咨呈者。计粘原奏。

右咨呈外务部。宣统元年三月十一日。

宣统二年正月十二日(1910－2－21)　邮传部致外务部咨呈为译成上年新定万国电报通例请查照以备考核事

邮传部为咨呈事。

电政司案呈，据总办电政局周道万鹏禀称，窃职道于光绪三十四年尊奉钧部檄饬，前往葡京万国电报公会听讲，顺道周历各国，考察电政，以为借镜改良张本。业将一切情形分条报告，并声明应译之件缮写须时，俟就绪后再行寄呈在案。兹据通译处总管容令永清将上年新定万国电报通例翻译华文,详加校察,呈送前来。职道逐条核对付刊成本,以备考证。除移札发外,理合将译刊万国电报通例禀呈钧部察核,并乞分咨查照等情前来。除批仰候分咨外,相应将译刊万国电报通例一本咨呈贵部查照,借备考核可也。须至咨呈者。

右咨呈外务部。宣统二年正月十二日。

附件:万国电报通例,上海电政局译刊,宣统纪元孟冬

序　言

处全球交通时代,则一国之政教设施不能不随世界为转移,苟自域焉,其弊岂止隔阂而已。考万国电报公会创设于法兰西之巴黎,时在同治四年,我中国电报尚未成立,即外洋各国亦甫发轫。会中所议,仅及邻国接递各要端。迨光绪元年续开会于俄国之圣彼得堡,欧洲各国相率入会,于是有公约、有章程,公议设总会于瑞士,越五年会议一次,奉行以迄于今。上年开会于葡萄牙,万鹏奉邮传部之命,前往代表赴会听讲,借广见闻,为入会之预备。计与会者五十国,未入会而与者尚有美利坚。随行者吴君烓灵、荣君永清、洋员德连升君。会中规模完备,成效昭著。修正之《万国电报通例》,计公约二十一款,章程二十二章,凡八十八条、四百五十七节,条分缕析,概括靡遗。因属荣君悉照原文迻译,其价表则以取费规则为各国特定,故略焉。谨按公约,经各国政府允准,含有国际公法性质者也。章程则原本公约,各视其国之商业引伸而参订之,不啻为国际私法焉。故公约无更改,而章程则屡有损益。是编所译即上年所修而入会各国本年实行者也。夫以万国之大小强弱不同,而断断焉谋各扩其权利,则不得不借法约以规定范围。盖匪特公理之得伸，抑亦众长之可集，道固应如是也。我邮部分年筹备电政，案内定宣统五年入万国电政公会。爰举斯编亟付梓印，俾我同人得资考镜，即当世搜辑之士或可为研究之一助云尔。

宣统元年十月，宝山周万鹏谨序。

万国电报通例目录

公约计二十一款。

第一款　传递之权

第二款　传递之法

第三款　责任

第四款　通行线道

第五款　电信种类

第六款　密语

第七款　违律

第八款　停止之权

第九款　同等之利便

第十款　价目

第十一款　免费

第十二款　结算

第十三款　议改办法

第十四款　设立总会与会费

第十五款　章程之修订与会议之处所

第十六款　票权

第十七款　交涉

第十八款　入约

第十九款　未入约国之交涉

第二十款　约款之施行

第二十一款　约款之订期

第二十二款　入约与不入约电局交涉凡三条九节。

万国电报通例公约

第一款

同约各国承认,无论何人皆有行用各路电报传递音信之权。

第二款

同约各国当探用良法,以保电信之机密与传递之迅速。

第三款

同约各国声明,凡行用万国电报,彼此均不担责任。

第四款

各国允许专设万国通行电线若干道,足敷妥速传递电信之用。此项通行电线应随时按照试验有效最为妥善之法设立行用。

第五款

凡电信分为三类:一曰国家电信,乃同约各国君主、部院大臣、水陆将帅、公使领事发寄者也。其答覆此项电信,亦一律作为国家电信。

二曰电局公电,乃同约各国电局彼此传递万国电报事务及有关公益之事。

三曰商电。原文曰私家电信。

凡发递电信,应以国家电信居先。

第六款

凡国家电信及电局公电,各国来往均可行用密语。

各国人民来往商电，譬如甲乙二国皆准行用密语者，即可自该两国往返行用。

如某国收发商电，虽不准行用密语，仍准密语电信假道过境，惟遇本约第八款所载，电线暂停之时则一律停止。

第七款

凡遇商电有碍及国家治安，违犯本国法律，或滋事生乱，或伤风败俗者，同约各国皆可截留，不许发递。

第八款

各国遇事皆可将万国电线暂行停止，或一律皆停，或专停某处某线，或某种电信皆可。惟一面停止，一面须通报同约各国以便周知。

第九款

凡同约各国电局所订传递投送电信一切稳妥利便之法，一经议定，即由各国一体施行，务令发寄电信之人皆得其益。

凡某国有特定传递投送电信之法，一经该国议定通知各国，即许发寄电信之人同沾其益。

第十款

同约各国声明，所定万国通行电报价目，应照下载之例而行。

凡两国来往电信由同路传递者报价，彼此应归一律，但在欧洲境内报价，若有应分段落之处，每国分段不得逾两大起。

报价数目系由此国至彼国加并而成，由首尾及中间经过各国彼此议定。所定通行报价，同约各国可以随时协商更改。

凡万国通行电费以法郎克为准。

第十一款

同约各国因万国电信公事来往，电信皆免收费。

第十二款

同约各国彼此所收报费应互相结算。

第十三款

本约后附章程详载一切办法,同约各国电局随时可以议商酌改。

第十四款

同约各国中应按照后载章程,推举一国设立电报总会,归该国电报总局统辖。凡关系万国通行电报之事,皆由该处汇集编纂,刊印布告。至拟更改报价数目及电报章程,亦由该处遍布。凡商定如何改易,即当通布各处。总之凡有应行查考之事,及举办之工有益于万国通行电报者,皆归该处承办。

所有设立总会费用,应由同约各国电局摊派。

第十五款

本约第十款暨第十三款所载电费则例及电报章程,今附列于后,与本约同时一律施行。

此项则例、章程可会议修订,由同约各国派员到会议商。

每届会议应将下次会议处所、期候先期酌定。

第十六款

各国所派会议之人系代表同约各国电局。

会议之时,每国电局只有一票之权。若某国电局部属不一者,须于会议前由公使行文会所之国,声明其故,则每部各有代表投票之权。

凡会议改定之事,须与议各国政府允许方可施行。

第十七款

同约各国遇有电务专涉某国而不与各国关涉者,可彼此自行商定办法，互相遵守。

第十八款

凡此次订约未经列入之国，准其商请入约。

上次会议在某国者，即由公使将商请入约之事行文某国，转行各国。

既经入约，则电报公约所载利益各事，准其一律享受。

第十九款

凡与未入约之国及与各处私家电局电务交接，应照本约第十三款所载章程办理，以公同好而广事利。

第二十款

本约应自一千八百七十六年正月一号起施行，不定年限。如有自请停止者，即于所请之日起一年后照停。

某国请停，即停某国，他国仍当照行。

第二十一款

本约批准文凭应在俄国圣彼得堡都城从速交换。

一千八百七十五年七月二十二日，订于圣彼得堡。

按：右文系一千八百七十五年各国原定电报公约后附章程，则本公约而引伸之。自是各国电报公会每五年一举，因时制宜，章程屡有损益，而公约迄未稍改。上年葡京公会，勃尔忌利亚国代表倡议宜将公约更改，洛逊白克国代表以公约系国际文件，公会中无权可以议改，经各国赞成其议，遂寝。译者注。

万国电报通例章程(部分)

一千九百八年葡京烈斯本改定，按照公约第十三款议定。

第一章　设立万国电线之法按照公约第四款议定。

第二章 开局及通报时刻

第三章 发寄电信一切办法按照公约第一、二、三、五、七、八款办理。

第四章 书写电信及收纳之法按照公约第五、六款议定。

第五章 国家电信按照公约第五、六款议定。

第六章 电局公电按照公约第五、第十一款议定。

第七章 计算字数

第八章 报价按照公约第十款议定。

第九章 收取报费

第十章 传递电信

第十一章 投送电信

第十二章 特别电信按照公约第九款议定。

第十三章 汇兑银钱电信

第十四章 新闻电信

第十五章 电话

第十六章 存档

第十七章 退还报费

第十八章 账目按照公约第十二款议定。

第十九章 特有之权按照公约第十七款议定。

第二十章 万国电报总会按照公约第十四款议定。

第二十一章 电报公会按照公约第十五、十六款议定。

第二十二章 入约与不入约电局交涉按照公约第十八、十九款议定。

以上各章程于一千九百八年六月十一日由下列各国代表按照俄京电报公约第十五、十六款议定于葡京烈斯本，于一千九百九年七月初一日施行。

派员代表各国计：德意志，阿成丁，澳大利亚，奥地利，恒加利，卜斯尼黑士古芬，比利士，玻利非亚，巴西，勃尔忌利亚，好望角，锡兰，智利，葡萄牙属地，克雷德，丹麦，埃及，意雷色利，西班牙，法兰西，英吉利，希腊，英属印度，荷属印度，法属安南，爱斯兰，意大利，日本，洛逊白克，马达嘎斯加，蒙德尼格罗，奈德尔，脑威，纽嘉尔都尼，新锡兰，哇兰治，荷兰，波斯，葡萄牙，罗美尼亚，俄罗斯，塞内加尔，塞尔维亚，暹罗，瑞典，瑞士，脱兰斯哇尔，土尼斯，土耳其，乌拉圭。

二、万国无线电公会

光绪三十二年三月十六日(1906-4-9)　德国公使穆默致庆亲王奕劻照会

为中历五月拟在柏林会议万国无线电章程请派员事

大德钦差驻扎中华便宜行事全权大臣穆为照会事。

前于光绪二十九年间，德、法、英、义、奥、俄、日、美等国派出各员，曾在德国柏林会议，预备万国商订无线电章程。该会预商各卷宗业经刷印成本，附送查阅。兹奉本国外部札开，在事各国现拟定于华历本年五月初七日在柏林开会，以便将此电事商定万国约章并办法章程。除已赴预备会各国外，拟请埃及、阿尔壤丁、比利时、巴西、布勒加利、智利、中国、丹国、日本、墨西哥、摩纳哥、黑山、和兰、瑙威、波斯、秘鲁、葡萄牙、鲁麻尼亚、瑞典、暹罗、土耳其、乌拉乖等国政府派员赴会商议。本大臣现遵本国政府之命，请贵国政府派员赴五月初七日之会，并将预备会议拟无线电万国约章及办法章程草稿附送察阅。按本国政府意见，须将此项草稿作为秘密之件以昭慎重，并思所请各国政府意见亦必相同。据本国外部又称，该会不为办理外交之事，系照应商各节而办专门学问者。至应议定万国约章，拟由各国派出特奉全权各员自行商定，其每一国拟派员若干有全权画押约章者，本国政府以为应听各国自便。至本国政府派出官员衔名，容后再达，应请贵亲王将贵国拟派官员衔名见复为荷。相应照会贵亲王查照。须至照会者。外附章程二本。

右照会大清钦命全权大臣便宜行事总理外务部事务和硕庆亲王。大清光绪三十二年三月十六日，大德一千九百六年四月初九日。

光绪三十二年三月十九日（1906－4－12） 外务部致电政大臣咨文

为德使照请派员赴柏林会商万国无线电章程希酌办事

考工司呈为咨行事。

光绪三十二年三月十六日，准德穆使照称，奉本国外部札开，现拟定于华历本年五月初七日在柏林拟开会议，预备万国商定无线电章程，请贵国政府派员赴会，并将万国约章及办法章程草稿附送察阅。至应议约章，由各国派出特奉全权各员自行商定。其每一国拟派员若干有全权画押约章者，本国政府以为听各国自便，应请贵国将拟派官员衔名见复等因前来。相应照抄来文，并将原送章程二分咨行贵大臣查照酌核见复，以便转复该使可也。须至咨者。附抄件并原章程。电政大臣。

光绪三十二年四月初一日（1906－4－24） 电政大臣袁世凯等致外务部咨呈

为因无熟悉无线电之人此次会议暂不派员俟二次开会再行核办事

钦命会办电政大臣署江西巡抚部院吴、钦命督办电政大臣直隶总督部堂袁、钦命帮办电政大臣商部左议堂杨为咨复事。

按准贵部咨开，光绪三十二年三月十六日，准德穆使照称，奉本国外部札开,现拟定于华历本年五月初七日在柏林拟开会议,预备万国商定无线电章程,请贵国政府派员赴会,并将万国约章及办法章程草稿附送察阅。至应议约章,由各国派出特奉全权各员自行商定。其每一国拟派员若干有全权画押约章者,本国政府以为听各国自便,应请贵国将拟派官员衔名见复等因前来。相应照抄来文,并将原送章程二分咨行查照,酌核见复,以便转复该使可也等因到本大臣。

准此,查德国开会议备万国无线电报章程,如果派员,必须熟悉此项专门无线电学之人,华员中尚无是选。且从前欧洲各京屡开万国陆线电报公会,向未派员前往,此次似尚可不必与议。若就无线电权利而言,去年已经奏明禁例,由贵部立案,谅经照会各国公使查照。目前已可自保,不至遽受损害。现在会期迫促,此次拟暂不派员。俟其初议章程宣布后较有端绪可寻,将来二次开会,中国电学程度渐高再行核办。相应咨复贵部,谨请查照酌核,转复施行。须至咨呈者。

右咨呈外务部。光绪三十二年四月初一日。

光绪三十二年四月初五日(1906-4-28) 外务部致德国署使葛尔士照会

为中国暂不派员赴柏林无线电会议请转达贵国外部事

考工司呈为照复事。

光绪三十二年三月十六日,准穆大臣照称,奉本国外部札开,现拟定于华历本年五月初七日在柏林拟开会议,预备万国商定无线电章程,请贵国政府派员赴会,并将章程草稿附送察阅等因。当经本部咨行电政大臣。去后,兹准咨复称,议备万国无线电报章程,如果派员,必须熟悉此项专门无线电学之人,华员中尚无是选。且从前欧洲各京屡开万国陆线电报公会尚未派员前往,此次似可不必与议。现在会期迫促,此次拟暂不派员。俟其初议章程宣布后较有端绪可寻,将来二次开会,中国电学程度渐高再行核办等语。相应照复贵署大臣查照,转达贵国外部可也。须至照会者。德葛署使。

光绪三十二年四月二十二日(1906-5-15) 德国署使葛尔士致庆亲王奕劻照会

为柏林会商无线电章程展期至中历八月十六日请设法派员事

大德署理钦差驻扎中华便宜行事全权大臣葛为照会事。

各国拟定于华历本年五月初七日在德京柏林开会商定无线电章程一事,经前任穆大臣遵本国政府命,照请贵国政府派员赴会等语。因嗣于四月初五日接准复文,内开:现在会期迫促,此次拟暂不派员等因各在案。兹奉本国外部电称,开会一事已向后展至华历八月十六日矣。本署大臣遵本国政府之命,请贵亲王设法以便贵国政府派员赴八月十六日之会,并请示复为荷。须至照会者。

右照会大清钦命全权大臣便宜行事总理外务部事务和硕庆亲王。大清光绪三十二年四月二十二日,大德一千九百六年五月十五日。

光绪三十二年闰四月初一日(1906-5-23) 德国署使葛尔士致庆亲王奕劻照会

为本国派出官员十一人参加无线电会议并添请希腊派员事

大德署理钦差驻扎中华便宜行事全权大臣葛为照会事。

照得各国拟定在德京开会,商定无线电章程。遵本国政府命,请贵国政府派员赴会一事,业经于光绪三十二年三月十六、四月二十二等日先后照会贵亲王在案。顷奉本国外部札开,本国派出赴会官员十一员,开列如下:邮部尚书、邮部侍郎、海军部参议、邮部参议四员,海军部参将、外部参议、兵部游击、海军部格物专门员等。且除三月十六日照会内所提已请各国外,兹又添请希腊国政府派员赴会。合并声明,相应照会贵亲王查照。须至照会者。

右照会大清钦命全权大臣便宜行事总理外务部事务和硕庆亲王。大清光绪三十二年闰四月初一日,大德一千九百六年五月二十三日。

光绪三十二年闰四月初二日(1906-5-24)　外务部致电政大臣咨文

为柏林会商无线电章程已展期并德使仍请派员赴会希酌核事

考工司呈为咨行事。

案查德京开会商定无线电章程,请派员赴会一事。前准来咨内称,议备万国无线电章程,如果派员,必须熟悉此项无线电学之人,华员中尚无是选。现在会期迫促,此次拟不派员。俟其初议章程宣布后,较有端绪可寻,将来二次,中国电学程度渐高再行核办等因。当经本部照会德国葛署使。去后,兹据复称,兹奉本国外部电称,开会一事已向后展至华历八月十六日矣。本署大臣遵本国政府之命,请设法派员赴八月十六日之会等因前来。相应咨行贵大臣查照,酌核见复可也。须至咨者。

电政大臣。

光绪三十二年闰四月初七日(1906－5－29)　电政大臣袁世凯等致外务部咨呈

为中国现无通晓无线电学之员实属无人可派事

钦命会办电政大臣署江西巡抚部院吴、督办电政大臣直隶总督部堂袁、帮办电政大臣京张铁路事宜商部左议堂杨为咨复事。

案准贵部咨,案查德京开会商定无线电章程请派员赴会一事,前准来咨内称,议备万国无线电章程,如果派员,必须熟悉此项无线电学之人,华员中尚无是选。现在会期迫促,此次拟不派员。俟其初议章程宣布后,较有端绪可寻,将来二次,中国电学程度渐高再行核办等因。当经本部照会德国葛署使。去后,兹据复称,兹奉本国外部电称,开会一事已向后展至华历八月十六日矣。本署大臣遵本国政府之命,请设法派员赴八月十六日之会等因前来。相应咨行查照,酌核见复可也等因到本大臣。准此,查中国现无能通无线电学之员,实属无人可派。相应咨呈贵部谨请查照转复施行。须至咨呈者。

右咨呈外务部。光绪三十二年闰四月初七日。

光绪三十二年闰四月十二日(1906－6－3)　外务部致德国署使葛尔士照会

德京无线电会中国现无通此电学之人无员可派由　01－27－006－02－067

光绪三十二年闰四月十二日,发德国署公使葛照会。称:

案查德京开会商定无线电章程一事,本年四月二十二日接准照称,奉本国外部电称,开会一事已向后展至华历八月十六日,本署大臣遵本国政府之命,请设法派员赴八月十六日之会等因。当经本部咨行电政大臣。去后,兹准复称,中国现无能通无线电学之员,实属无人可派等因前来。相应照复贵署大臣查照,转达贵国外部。

光绪三十二年八月初九日(1906-9-26)　出使德国大臣杨晟致外务部电报

为可否照会德使即派杨晟等赴柏林无线电会议事(电码)

第一千三百一十八号,由德京局寄来一等电报,录呈:

驻德杨大臣:德开无线电会,可否照会驻京德使,即派晟与福兰克、吴桂灵赴会。乞示由。

外务部衙门钧察。

分外务部官电局谨缄。

光绪三十二年八月初十日(1906-9-27)　外务部致出使德国大臣杨晟电

无线电会业经照复德使无人可派入会由　01-27-006-02-069

光绪三十二年八月初十日,发出使德国大臣杨电。称:

庚电悉。前德使照请入会,兹准电政大臣复称,现无能通无线电学之员,实属无人可派。业经照复该使。

光绪三十二年八月二十五日(1906-10-12)　出使德国大臣杨晟致外务部信函

为详陈柏林无线电公会宗旨及章程要端事

敬肃者。

前上柏字第十三号函,谅蒙钧鉴。德国政府现开万国无线电会,定于西十月三号在柏林举行,曾请各国派员赴会。各国政府于此事均极注意,各派大员与会。晟于八月初八日庚电将各国派员情形,暨现有留美电学毕业生吴桂灵在德,可否请照会驻京德使电达外部,派晟同参赞衔福兰克及吴桂灵赴会,以张国誉等情,电请钧示。旋奉电示,庚电悉前德使照请入会,咨准电政大臣复称,现无能通无线电学之员,实属无人可派,业经照复该使等因。

查该电学毕业生吴桂灵学术明通,志趣超远,原应早回北洋效用,只因此会之故,欲研求其宗旨学说,故特来柏林听候开会,借资考察。晟明知此会章程,非国家特派之人不能入会,但因此事关系紧要,且既有能通电学之人在此,故试与外部相商,格外通融,准令该生作为私人入座听议,俾资研究。现在该会业已开议,查其宗旨所在,盖谓无线电之为用甚大,凡水陆交通贸易往来在在相需,而于海陆行军尤为利用,势不得不赖各国公同考究以求完善。所议者,一因无线电局日多,一因无线电制造进步日速,一因无线电致远之力日增,亟需妥定通行章程,俾全球各国有所遵守。其章程之要旨闻有八端:一、凡无线电设在陆路者谓之陆局,在船上者谓之海局,所有各局无论何国之电机,遇有无线电往来,须一律收发。一、各国政府须于陆局用专线与寻常电局相接,或用他法彼此传递,以期无误。一、各国政府除设立无线电局以便通商外,应准另设专局,专为政府秘电之用。一、凡船舶在海上遭险,有用无线电呼救者,电局须立即传递,然后收发他项电报。政府专设之局,遇有船舶遇险吁救之电报,亦须一律收发。一、各国所有无线电局处,所须逐一编列成册。一、酌订报费。一、设立各国公共办事所,遇有不守规则者,公同商办。一、设立各国公共裁判所,遇有意见不合等事,公同裁判。以上各条,俱由德政府拟定,交请各国委员在会公同参酌。探闻所请各国,只有两国辞谢,余均派员赴会,统计不下百人。德为倡会之邦,派至十二员之多,尤为济济。

窃维无线电学发明未久而已盛行于世界,其制造之巧、致远之速,固为海陆军之利用,而一切航海之业赖以保护者,厥功尤伟。近闻北洋创设无线电报业已奏明开办,若各省逐渐推广,并令电学毕业诸生加意研求,仿照办理,实于海陆军政及一切海船往来大有裨益。除俟会毕,再令吴生桂灵将会议情形以及各国意见详禀转报外,是否有当,伏祈鉴察。特此肃请钧安。杨晟。谨肃。柏字第十四号。

附件:为摭译奥地利伯爵论中国情形之函以备采择事

敬再肃者。

昨接奥国西伯爵来函,论中国情形。其言曰:中国现在维新,所有文明各国无不代为欣悦。缘中国系数千年文明帝国,武备工艺反至退步,今幸一旦变计,颇有前四十年日本初行变法气象,欧美各大国皆亲睦之。然日本维新之速,实系大有幸福。本爵常闻伊藤、山县诸君云日本变法,如在此时,绝不似当初之急遽无序。夫风俗教化,自古流传,万难遽改,必须不忘根本,始获治安。人见日本变法收效之速,遂将其危险亦复遗忘,不知树之生也,本固乃能枝荣。若拔其根,则鲜有不枯者。况中国教化久已沦恰于民心,不啻树之有根。若欲变迁,是非熟思审虑不可。虽他洲之人,皆羡慕欧洲文明。然欧洲之文明,又未免太过。试问欧洲文明之百姓,果真事事文明否。若徒事外观之文明,而不同时致力于道德上文明,则亦野蛮之文明而已。外国政治家名之曰红危险,非无故也。中国而有意修明政事,则前人成法似不宜一概抹煞等语。其于中国现在维新机关,不无中肯之言。又论遣派留学生一节,据称中国派往东西洋留学诸生实繁有徒而成效太少。查日本之派生游学，绝不多给学费。其功课既多，其章程甚严，使其不能分心干预政事。盖少年心性类多粗浮，其持论也又多愤激学术，见识复不足以裨实事，徒乱人意耳。日本于诸生留学之地，皆派有人监察，令其专心学习医、律两门。该生等在日本时已经学有根底，故留学外国进境亦易。其学法律毕业者，欲夺外国人裁判利益，当时日本会议此事，本爵亦得与闻。外国人颇予日本以至难之问题，因日本彼时尚少裁判官资格，而律例亦未修订。今则学法律者，已能自行裁判，律例亦皆修订，故不复觉其难矣。中国此时亦重律学，但习此门者，非通各国方言不可学成。后派充裁判，再令外国律学名家辅助之，仍参酌旧律，编订新律，夫而后有约各国自愿弃去治外法权矣云云。窃维今日我国举行新政，内外大小臣工莫不仰体朝廷旨意，极力措施。该伯爵所言，未始非养成法人资格，栽培学生根底之一道用。特摋译来函，以备采择。是否有当，伏乞钧裁。专此再肃。敬请钧安。晟，谨再肃。

光绪三十三年二月初十日(1907－3－23)　德国公使雷克司致庆亲王奕劻照会

为呈无线电会议拟定条款章程并视作暂行俟各国批准再达事

大德钦差御赐参议驻扎中华便宜行事全权大臣伯爵雷为照会事。

照得各国无线电会在德国京城于光绪三十二年八月十六日开会，以便商定万国无线电章程，于九月二十七日毕会。所有遴派委员赴会各国开列如下：德国、美国、阿尔然丁国、奥国、比国、巴西国、布勒加利国、智利国、丹国、埃及国、日国、法国、英国、希腊国、义国、日本国、墨西哥国、莫那哥国、黑山国、诺威国、和兰国、波斯国、西洋国、鲁吗尼亚国、俄国、暹罗国、瑞典国、土耳其国、乌鲁桂国。此会所有商定各节编订法文书意系万国无线电条款,并有附款及发电通例章程,均系下列各国签字者:德国、美国、阿尔然丁国、奥国、比国、巴西国、布勒加利国、智利国、丹国、日国、法国、英国、希腊国、义国、日本国、墨西哥国、莫那哥国、诺威国、和兰国、波斯国、西洋国、鲁吗尼亚国、俄国、瑞典国、土耳其国、乌鲁桂国。查此项条款并章程,是为整理岸上与船上之无线电互相通信。所有各船与他船通电一节,有另附条规一册。签字此册之各国如下:德国、美国、阿尔然丁国、奥国、比国、巴西国、布勒加利国、智利国、丹国、日国、法国、希腊国、莫那哥国、诺威国、和兰国、鲁吗尼亚国、俄国、瑞典国、土耳其国、乌鲁桂国。查该条款第十六款提及未经与议之国其入会办法。本大臣兹遵本国命令,将法文各项条款章程共三分照送贵亲王查照,一分系本国外部大臣校定签字者。按:彼此商定各节,会议各国尚未批准,故现照送条款只视暂未行知,一俟批准后再奉达也。为此照会。须至照会者。附件三。

右照会大清钦命全权大臣便宜行事总理外务部事务和硕庆亲王。大清光绪三十三年二月初十日,大德一千九百七年三月二十三日。

光绪三十三年二月十四日(1907-3-27) 外务部致邮传部咨文为转德使所送法文无线电章程并钞录来文希查核事

考工司呈为咨行事。

光绪三十三年二月初十日,准德国雷使照称,各国无线电在德国京城于光绪三十二年八月十六日开会,以便商定无线电章程。

兹遵本国命令,特将法文各项条款章程共三分照送,只视暂为行知,一俟批准后再奉达等因前来。相应将所送法文章程一分并抄录来照,咨行贵部查照核复。须至咨呈者。附章程一分并抄件。邮传部。

光绪三十三年二月二十一日(1907-4-3)　邮传部致外务部片呈为拟请由贵部饬译无线电章程汉文一份并抄送过部存案事

邮传部为片呈事。

光绪三十三年二月十四日,接准咨称,德雷使照称,各国无线电会在德国京城于光绪三十二年八月十六日开会,以便商定无线电章程。兹遵本国命令,将法文各项条款章程共三分照送,只视暂为行知,一俟批准后再奉达等因前来。相应将所送法文章程一分并抄录来照,咨行贵部查照核复等因前来。查德雷使所送法文无线电章程,应由本部译成汉文存案。惟本部现未有法文翻译,拟请再由贵部饬译员将译出汉文章程一分一并抄录咨送过部存案,以备检查。相应片呈贵部查照,并祈见复可也。须至片者。

右片呈外务部。光绪三十三年二月二十一日。

宣统三年十月十六日(1911-12-6)　英国公使朱尔典致外务部节略

第二次射光电报会拟于明年西六月在伦敦开议请派员与会希见复由　01-27-006-02-078

宣统三年十月十六日,收英朱使节略。称:

顷准本国外部大臣咨称,第二次射光电报会拟于明年西历六月初四日在伦敦开议,嘱将此会开议日期转达中国政府,或愿派员与会云云。合将以上各情告知贵部并请见复,以便回报本国政府为盼。

宣统三年十月二十二日(1911-12-12) 外务部致邮传部咨文英开射光电报会派员与否请核复由 01-27-006-02-079

宣统三年十月二十二日,发邮传部咨。称:

准英朱使节略称,顷准本国外部大臣咨称,第二次射光电报会拟于明年西历六月初四日在伦敦开议,嘱转达中国政府,或愿派员与会,并请见复等语。相应咨行贵部查核见复,以凭转复该使可也。须至咨者。

图书在版编目(CIP)数据

清政府与万国公会交涉档案选编 / 刘洋整理. 上海 : 上海古籍出版社, 2024. 9. -- (近代中外交涉史料丛刊). -- ISBN 978-7-5732-1320-4

Ⅰ. D829

中国国家版本馆 CIP 数据核字第 2024EY3163 号

近代中外交涉史料丛刊

清政府与万国公会交涉档案选编

刘　洋　整理

上海古籍出版社出版发行

(上海市闵行区号景路 159 弄 1-5 号 A 座 5F　邮政编码 201101)

(1) 网址: www.guji.com.cn

(2) E-mail: guji1@guji.com.cn

(3) 易文网网址: www.ewen.co

浙江临安曙光印务有限公司印刷

开本 890×1240　1/32　印张 16　插页 6　字数 359,000

2024 年 9 月第 1 版　2024 年 9 月第 1 次印刷

ISBN 978-7-5732-1320-4

K·3688　定价: 78.00 元

如有质量问题,请与承印公司联系